Deutschländer, Armin; I

Der Handel mit Getreide, seine Einrichtungen und Grundlagen

Deutschländer, Armin; Kunis, Wilhelm

Der Handel mit Getreide, seine Einrichtungen und Grundlagen

Inktank publishing, 2018

www.inktank-publishing.com

ISBN/EAN: 9783747755075

Der

Handel mit Getreide

seine

Einrichtungen und Grundlagen

in allen maßgebenden

Ländern der Erde.

Handelsgebräuche, Frachtberechnungen, Wochendurchschnittspreise, Umrechnungstafeln, Anbauflächen, Erntemengen, Ein- und Ausfuhr, Vorräte, Verschiffungen, Verbrauch, Zölle usw. usw.

Nach den besten Quellen bearbeitet von

Armin Deutschländer,   und   **Wilhelm Kunis,**

Mühlenbeamter in
Budapest

Redakteur der Wochenschrift:
Die Mühle in Leipzig.

Verlag von **Moritz Schäfer** in Leipzig.

1906.

Vorwort.

Herr Armin Deutschländer hat auf Auffordern der Franklin-Gesellschaft in Budapest in der: Bibliothek ungarischer Kaufleute (Magyar Kereskedök Könyvtára) ein Werk über den Getreidehandel in ungarischer Sprache (A Nemzetközi Gabonakereskedés) veröffentlicht. Die Überarbeitung dieses Buches in deutscher Sprache bildet die Grundlage für das vorliegende Werk, das meinerseits besonders nach der statistischen Seite wesentliche Vermehrung und Ausgestaltung gefunden hat. Wie umfänglich die Zusätze sind, erhellt daraus, daß die ungarische Ausgabe 178 Seiten, das vorliegende Werk aber 432 Seiten Text umfaßt.

Das Buch enthält genaue Nachweise über Lage und Stand des Getreidebaues in den einzelnen Ländern: Anbauflächen, Flächenertrag, Erntemenge, ferner über Aus- und Einfuhr und Verbrauch von Getreide, die Platzgebräuche der verschiedenen Getreidehandelsplätze, Frachten usw. Die zahlreichen Übersichtstafeln weisen nach die Welterzeugung: Anbauflächen und Erntemengen von Weizen, Roggen, Gerste, Hafer und Mais, den Verbrauch in den wichtigsten Staaten, die Wochendurchschnittspreise an den hauptsächlichsten Plätzen der Welt in den Jahren 1904 und 1905, die Verschiffungen, schwimmenden Mengen und sicht baren Vorräte jeder Woche von 1895 bis März 1906 die monatlichen Verschiffungen von 1895 bis 1903, Umrechnungstabellen der verschiedensten Art usw. Kurz alle Ziffern, die für den Getreidehandel von Nutzen, und zum Vergleichen mit früheren Marktlagen notwendig sind.

Für alle am Getreidehandel Beteiligten ist es heutzutage notwendig, möglichst zuverlässige Unterlagen zur Beurteilung der gegebenen Marktlage zu haben. Nur durch Vergleichen mit früheren Jahren unter Berücksichtigung aller maßgebenden Umstände wird man zu richtigen Schlüssen gelangen. Diese ziffernmäßigen Unterlagen waren bisher in einem deutschen Werke nicht zu finden, nur Broomhalls Corn Trade Year Book (letzte Ausgabe 1904) enthielt solche für einen längeren Zeitraum, aber der Preis des Werkes (1 Guinea = 21.5 Mk.) ist seiner Verbreitung in Deutschland hinderlich gewesen. Ich hoffe deshalb, daß der deutsche Getreidehandel ein Werk mit Freuden begrüßen wird, was ihm die notwendigen und wünschenswerten Unterlagen für etwa den dritten Teil des Preises jenes englischen Werkes bietet.

Das Buch ist nach den zuverlässigsten Quellen bearbeitet worden, sie alle einzeln zu nennen und den Ursprung jeder einzelnen Zahl nachzuweisen ist unmöglich und — zwecklos. Wohl aber seien die Hauptwerke hier kurz aufgeführt:

1. *Die Mühle.* Wochenschrift zur Förderung des deutschen Mühlengewerbes Leipzig 1902 bis 1906. Verlag von Moritz Schäfer, Preis jährlich 4 Mk.

2. *Deutsches Handels-Archiv.* Monatlich 1 Heft. Berlin 1898 bis 1905. Preis jährlich 18 Mk.

3. *Nachrichten für Handel und Industrie.* Vom Kaiserlichen Reichsamt des Innern in Berlin. (Nicht im Handel.)

4. *George Broomhalls Corn Trade News.* Wöchentlich 6 Nummern. Liverpool 1902 bis 1906. Preis jährlich 102 Mk.

5. *Das Getreide im Weltverkehr.* Vom k. k. östr. Ackerbauministerium. Wien 1900, 3 Teile und 2 Beilagen. Preis 20 Mk.

6. *Das Getreide im Weltverkehr.* Neue Folge. Wien 1905. Preis 12 Mk.

7. *Broomhalls Corn Trade Year Book.* Liverpool 1904. Preis 21.5 Mk.

8. *Blitz.* Handbuch für das überseeische Geschäft in Getreide usw. Von Gustav Wieger. Düsseldorf 1899. Preis 15 Mk.

Vielfach hat die Beschaffung einzelner Zahlen usw. große Schwierigkeiten gemacht. Manche waren, trotz aller aufgewendeten Mühe, überhaupt nicht zu beschaffen; es hat auf sie, um die Ausgabe des Werkes nicht noch länger zu verzögern, überhaupt verzichtet werden müssen.

Ein Werk wie das vorliegende wird überhaupt nie fertig (das beweist schon der Nachtrag), man muß zu irgend einer Zeit einen gewaltsamen Abschnitt machen; das ist unvermeidlich. Auch empfindet man erst, wenn man mitten in der Arbeit ist, daß in diesem oder jenem Punkte eine andere Anlage des Werkes vielleicht besser gewesen sei.

Trotz aller Mühe, die aufgewendet wurde, um das Buch so brauchbar und zuverlässig wie nur möglich herzustellen, ist es doch möglich, daß sich beim Gebrauch hier oder dort kleine Mängel herausstellen werden. Ich bitte die Benutzer des Werkes, mich auf diese Punkte aufmerksam zu machen, denn mein eifrigstes Bestreben wird es sein, das Werk fortgesetzt zu verbessern und zu vervollständigen und wenn es den erwarteten Anklang findet, zu einem *Jahrbuche des Getreidehandels* auszubauen, so daß dem Getreidehandel Jahr für Jahr die notwendigen Zahlen und Unterlagen zur Beurteilung der Marktlage wohlgeordnet zur Verfügung stehen. Auch hierzu bitte ich um die Unterstützung der beteiligten Kreise.

Leipzig, Comeniusstraße 3.   **Wilhelm Kunis.**

Zur Beachtung.

Vor dem Gebrauch des Buches sind die Nachträge Seite 422 und folgende, an den angegebenen Stellen des Buches zu vermerken. Im Inhaltsverzeichnis, Länder- und Ortsregister ist dies bereits geschehen.

Inhaltsverzeichnis.

Getreide-Ausfuhrländer.

Seite

Frachten.

Tabellen.

Länder- und Ortsregister.

Einleitung.

Der Getreidehandel der früheren Zeit reichte über einen gewissen örtlich beschränkten Kreis nicht hinaus und erst mit der Entwickelung des Verkehrs und später durch die Zunahme der Bevölkerung, erweiterte er die ihm bisher gezogenen engeren Grenzen. Mit der Entwickelung der Eisenbahn- und Dampfschiffahrt spannte er sein Netz von Land zu Land und gewann die heutige, über die ganze Welt reichende Bedeutung. Die billigere Fracht ermöglichte es Getreide weitere Strecken zurücklegen zu lassen, als dies früher geschehen konnte. Für die wachsende Bevölkerung reichte die heimische Erzeugung nicht aus, und mußten die Erzeugnisse anderer Länder aushelfen. Infolgedessen entwickelte sich nach und nach aus dem örtlichen und Landes- der Weltgetreidehandel.

Im heutigen Getreideverkehre, der seinen Bedarf aus den verschiedensten Ländern der Welt deckt, spielt der Nachrichtendienst eine bedeutende Rolle und je mehr und sicherer dabei die Statistik arbeitet, auf um so zuverlässigeren Grundlagen geschehen die Handelsabschlüsse. Welchen Einfluß die Höhe der Frachten[auf den Verkehr ausüben, geht daraus hervor, daß im Jahre 1872 noch[die Frachtkosten für 1000 kg Weizen von Chicago bis [Liverpool (rd. 9000 km) 63¹/₂ Mark betrugen, während sie im Jahre 1900 auf etwas weniger als 16 Mark gesunken waren. Dadurch ist naturgemäß der Weltverkehr in Getreide immer mehr gewachsen und es war möglich, aus den entferntesten Weltteilen Getreide für den europäischen Bedarf heranzuziehen.

Die Preisbildung des Getreides hängt infolgedessen nicht mehr, wie früher, von der heimischen Ernte ab, sondern sie wird durch die Lage des Weltmarktes bedingt. Wer sich heute dem Getreidehandel widmen will, oder wer mit Kauf oder Verkauf von Getreide zu tun hat, der muß eine große Anzahl Umstände ins Auge fassen und zu beurteilen wissen, wenn er sich ein richtiges Urteil bilden will. Bei der Beurteilung der Marktlage ist zunächst zu unterscheiden zwischen der Tages- oder Wochenlage und der sog. Jahreslage des Marktes. Für die Preisbewegung von heute auf morgen und von einer Woche zur anderen sind vorzüglich die Vorräte in der Hand des Handels maßgebend. Die Preisbildung für Getreide richtet sich jetzt fast ausschließlich nach den Warenmengen, die der Handel selbst zur Verfügung hat. Nehmen diese Vorräte zu, so sinken die Preise, nehmen sie ab, so steigen sie, und zwar derart, daß im allgemeinen jede Veränderung der Vorräte in der Hand des Handels um 1 %, die Preise um mindestens 10 % verändert. Es ist von großer Wichtigkeit, die kommende Veränderung der Handelsvorräte durch Zu- oder Ablieferung schon im voraus einigermaßen beurteilen zu können. Dazu dient die sog. Getreidebewegungsstatistik, Ablieferung der Landwirte, Bewegung der sichtbaren Bestände, Verschiffungen, Ausfuhr usw. Im Weltverkehre für Getreide spielen dann die schwimmenden Vorräte auf Europa eine gewisse Rolle, weil man daraus ersehen kann, ob demnächst Ware in genügender Menge für den Verbrauch zur Verfügung steht. Einen weiteren Einfluß haben die Erntearbeiten, weil namentlich in den Ausfuhrländern, aber auch teilweise in den Verbrauchsländern, größere Mengen Getreide unmittelbar vom Felde weg an den Markt geliefert werden.

Alle diese Erhebungen helfen die Veränderung der Preisbewegung von heute auf morgen oder von Woche zu Woche beurteilen, für längere Zeitabschnitte müssen selbstverständlich andere Hilfsmittel zu Rate gezogen werden. Hierzu gehört der Ausfall der letzten heimischen und Welternte, ferner die Vorräte, die aus der alten Ernte in das neue Erntejahr mit herüber genommen werden, zumal der Weltmarkt für Getreide nicht nur mit einer Ernte im Jahre, sondern fast das ganze Jahr hindurch mit immer neuen Ernten, je nach der Breitenlage auf der nördlichen oder südlichen Halbkugel, zu rechnen hat, ebenso mit der auf dem Halme stehenden Ernte und ihren Aussichten (Saatenstandsberichte). Dazu kommen noch die Erntemengen der einzelnen Länder und die Gesamtmenge, die Veränderung der Frachten und Spesen im Weltverkehre, Störungen in der Getreidebeförderung durch Arbeitseinstellungen in den Häfen, durch Wagenmangel usw., Veränderungen in den Geld- und Wechselverhältnissen, die staatliche Getreidepolitik (Zölle, Ausfuhrverbote usw.) und endlich außerordentliche politische Ereignisse, wie Krieg u. dgl. Außerdem spielen auch die Stimmung und der Geldbedarf der Landwirte sowie der Händler, die Marktstimmung und auch die Bewegungen am Terminmarkte mit dem Festhalten oder Loslassen von Beständen und endlich auch der Umstand, daß bei teuren Preisen der Verbrauch sinkt, eine Rolle. Alle diese Einflüsse lassen sich zunächst und im voraus nicht in dem ziffermäßigen Ausdrucke des Verhältnisses von Angebot und Nachfrage, von Vorrat und Bedarf erfassen und sind trotzdem von so weittragender Bedeutung, daß jede Bildung einer Marktmeinung ohne Rücksichtnahme auf diese in 9 unter 10 Fällen in die Irre gehen wird. Hieraus ergibt sich, daß der heutige Getreidehandel eine große Menge Tatsachen und Umstände kennen und berücksichtigen muß.

Das vorliegende Werk soll, soweit dies möglich ist und zu beschaffen war, Mitteilungen und Angaben über die für den Getreidehandel wichtigen Tatsachen und Umstände der jüngsten Vergangenheit geben, weil nur aus deren Kenntnis und richtigen Beurteilung im Vergleich mit den Angaben im laufenden Jahre es möglich ist, zutreffende Schlüsse zu ziehen. Ohne Kenntnis der Vergangenheit ist es unmöglich, mit einiger Wahrscheinlichkeit auf die Zukunft zu schließen.

In diesem Umstande ist der Wert und die Bedeutung des vorliegenden Werkes begründet.

Ernteschätzung und Ernteertrag.

Die Schätzung der zu erwartenden Ernte und die Bestimmung des Ertrages ist von großer Wichtigkeit für den Welt-Getreidehandel.

Die Regierungen der einzelnen Staaten sorgen dafür, daß die Handelswelt durch die amtlichen Veröffentlichungen immer rechtzeitig über das zu erwartende Ernteerträgnis unterrichtet sei. Diese Zahlen sind für die Preisbildung des Getreides von wesentlicher Bedeutung.

In Deutschland sammeln die Berichterstatter des kaiserl. statistischen Amtes die einschlägigen Angaben (rd. 7481); in Frankreich befassen sich die Professoren der landwirtschaftlichen Schulen und Versuchsanstalten mit den Berichten über den Saatenstand und leiten diese an das Ackerbauministerium. In Nordamerika ist es das Agricultural-Departement der Union in Washington, das durch ständige und Sonderberichterstatter, Erkundigungen einzieht. In Ungarn veröffentlicht das königliche Ackerbauministerium die durch die landwirtschaftlichen Berichterstatter gesammelten Angaben. In Spanien ist es die Aufgabe der Kulturingenieure (ingenieros agrónomos) das Handels- und Ackerbauministerium vom Stande der Saaten zu verständigen. In Rußland sind es die Behörden, die der Zentralkommission für Statistik beim Ministerium für Landwirtschaft über den Stand e r Saaten und den Ertrag der Ernte Mitteilung machen. In ähnlicher Weise geschieht dies in den anderen Ländern.

Diese Tätigkeit der Regierung wird von den beteiligten Kreisen überwacht und nachgeprüft. So haben die großen amerikanischen Börsen ihre eigenen Berichterstatter und Statistiker, die sich nicht nur mit den Schätzungen ganz gründlich befassen, sondern auch die Entwickelung der Saaten fortgesetzt im Auge behalten und von Zeit zu Zeit die vorgekommenen Veränderungen veröffentlichen.

Auch einzelne Fachblätter befassen sich ganz eingehend mit

der wichtigen Frage, der Schätzungen und ihrer Bekanntgebung; z. B. in Deutschland das Fachblatt „Der Getreidemarkt", dem etwa 3500 Berichterstatter zur Verfügung stehen, in England die „Evening Corn Trade List" von Beerbohm in London und Corn Trade News" von George I. S. Broomhall in Liverpool, in Nordamerika der „Cincinnati Price Current", „Bradstreet" und der „American Agriculturist", in Frankreich die „Bulletin des Halles", in Argentinien der „El Diario". Nicht unerwähnt sollen die schätzenswerten Mitteilungen von Dornbuschs „Floating Cargoes Lists" in London bleiben.

Die auf den Stand der Saaten bezüglichen Mitteilungen bilden die Grundlage für die Schätzung des zu erwartenden Ernteertrages.

In Nordamerika wird der günstigste Stand der Saaten mit 100 bezeichnet und wird der jeweilige Stand in Hundertsteln ausgedrückt. Zum vollen Verständnisse dieser Zahlen ist es aber notwendig, daß man auch die Anbauflächen kennt, die ebenfalls von Zeit zu Zeit veröffentlicht werden.

So enthielt die Schätzung des „Agricultural Departements" vom März 1902 folgende Angaben:

Die Anbaufläche für Winterweizen beträgt 34.070.510 acres
Stand: 99.7
„   „   „ Roggen   beträgt 1.242.993   „
Stand: 98.1

In Deutschland bezeichnet man den Stand der Saaten mit Zahlen von 1—5, sie bedeuten:

1. Sehr gut, 2. gut, 3. mittelmäßig, 4. schlecht, 5. sehr schlecht. Die Abstufungen werden in Bruchteilen angegeben.

So finden wir im August 1903 folgende Veröffentlichung: Weizen 2.4, Roggen 2.7, Gerste 2.8, Hafer 2.5.

In Frankreich bedeutet 100 = sehr gut, 80 = gut, 60 = ziemlich gut, 50 = zufriedenstellend, 30 = mittelmäßig, 20 = schlecht.

Für die Bestimmung des Ernteertrages sind 2 Umstände maßgebend, nämlich:

1. Wieviel beträgt das Erträgnis auf einer Flächeneinheit und zusammen? und

2. Welche Beschaffenheit (Qualität) weist die Ernte auf?

Auf die erste Frage gewinnen wir die Antwort, wenn wir

das Maß der Anbaufläche mit dem Durchschnittsertrage des auf
einer Flächeneinheit gewonnenen Menge multiplizieren.
Z. B. Es betrage die mit Weizen angebaute Fläche Ru-
mäniens im Frühjahre 1.486.485 ha, das Metersystem ist wohl
offiziell eingeführt, doch wird auch das alte Maß noch benützt.
Pogon = 0.499 hl und Faltsch = 1.41 ha. Auf Grund der
aus den verschiedenen Gegenden des Landes eingetroffenen
Meldungen durch Probedrusch erfahren wir, daß per Hektar im
Durchschnitte 18.1 hl W e i z e n geerntet worden sind, der Ernteertrag wird sich also auf etwa 26.905.397 hl belaufen, eine
Menge, die bis zur vollständigen Einheimsung des Getreides noch
Veränderungen erfahren kann, denn man hat noch mit der Ver-
änderlichkeit der Witterung und der dadurch hervorgerufenen
Schäden zu rechnen, denen ein Teil der Halmfrucht da und dort
zum Opfer fallen kann.

In den Vereinigten Staaten von Nordamerika schätzt man
die Maisernte z. B. auf 20 Bushel per Acres of Land; die Anbaufläche beträgt 18.200.000 Acres of Land. Das Ernteergebnis
wird auf 36.400.000 Bushels geschätzt.

In den Zeitungen und anderen Veröffentlichungen erscheinen
diese Schätzungen ohne Angabe der Anbaufläche in folgenden
Sätzen:

„Das Resultat der Weizenernte Rumäniens wird heuer auf
18.1 hl geschätzt.

In der Union erwartet man in Mais einen Ertrag von 20
Bushels.

Der Ertrag der russischen Weizenernte wird auf 8 Tschetwert
geschätzt." (8 Tschetwert per Dessjatine.)

Aus diesen Meldungen kann der Gesamtertrag berechnet
werden, weil zur Zeit ihrer Veröffentlichung die Anbauflächen
bereits bekannt sind.

Solche Meldungen, die den Ertrag in Gewicht (kg Pfund usw.)
für eine Flächeneinheit angeben, sind nicht unbedingt richtig,
denn sie lassen das Naturalgewicht (Qualitätsgewicht) des
Getreides, das sehr verschieden ausfällt, außerhalb der Berechnung.

Die in den verschiedenen Maßen ausgedrückten Angaben
können miteinander verglichen werden, wenn man sie auf ein
einheitliches Maß (hl und ha) umrechnet. Am einfachsten geschieht dies mit dem Kettensatze.

Vereinigte Staaten von Amerika		Rußland	
x hl	1 ha	x hl	1 ha
0.4047	1 Acre	1.0925	1 Dessjatine
1	20 Bushel	1	8 Tschetwert
1	35.238 Liter	1	2.0991 hl
x — 17.414 hl		x — 15.37 hl	

Am Schlusse des Werkes befindet sich eine Zusammenstellung der in den verschiedenen Ländern gebräuchlichen Flächen- und Getreide-Maße und damit man nicht genötigt ist, fortgesetzt den Kettensatz anzuwenden, auch die Verhältniszahlen, mit deren Hilfe im Wege einer einfachen Multiplikation die Umrechnung auf hl für ha, bewerkstelligt werden kann.

Deutschland, Östreich, Frankreich, Italien, Ungarn, Belgien, Holland, Schweiz, Dänemark, Schweden gebrauchen im amtlichen und im Handelsverkehre Hektoliter und Hektar als Maße, während Spanien, Portugal, Rumänien, Serbien im Handelsverkehre auch noch die alten Maße anwenden.

Auch die Zahlen über die Vorräte der einzelnen Getreidemärkte, die Zufuhren nach diesen, die Verschiffungen aus den Häfen der wichtigen Ausfuhrländer sind von sehr großer Wichtigkeit. Diese Angaben werden in den Fachblättern veröffentlicht, die wichtigsten sind: die Ablieferungen (Zufuhren) der Landwirte (Farmer's Supplies) an den 8 Hauptgetreidemärkten der Vereinigten Staaten (Chicago, Milwaukee, Toledo, Detroit, Cleveland, St. Louis, Minneapolis, Duluth), die Vorräte in den öffentlichen Lagerhäusern (Elevatoren) der Vereinigten Staaten (sichtbare Bestände, visible stocks), die Vorräte in Rußland, die Verschiffungen der Vereinigten Staaten, Rußlands, Argentiniens, Indiens, Australiens usw., die Ankünfte in England. Diese Zahlen werden in Bushels oder in Quarters (von 480 Pfd. engl.) angegeben. Die unter W e l t - v e r k e h r befindlichen Zusammenstellungen enthalten die Angaben über die letzten Jahre. Zur Umrechnung kann man die am Schlusse des Werkes befindlichen Umrechnungstabellen benutzen.

Laut „Corn Trade Circular" vom 21. September 1903 betrugen die „visible stocks" der Vereinigten Staaten am 11. September 1903: 14.200.000 Bushel Weizen. Aus der Tabelle können wir das in Hektoliter ausgedrückte Quantum leicht berechnen.

Die Bestimmung der Qualität (Probe).

Wir können die Qualität des Getreides, abgesehen von seiner äußeren Beschaffenheit, u. a. auch in der Weise bestimmen, daß wir eine gewisse Menge Getreide abwiegen. Die Menge bestimmen wir mit einem Hohlmaße, z. B. mit einem Hektoliter, Liter, und das Gewicht dieser Menge ist sodann ein wichtiger Anhaltspunkt für die Beurteilung der Qualität des Getreides. Je größer dieses natürliche Gewicht (Qualitäts-, Naturalgewicht) ist, desto besser ist auch das Getreide.

Die zu dieser Art der Qualitätsbestimmung als Grundlage dienenden Maße und Gewichte sind je nach den Gebräuchen der Länder verschieden und ist auch mit Rücksicht darauf, daß beim Abschlusse von Geschäften die Vereinbarung hinsichtlich der Qualität der zu liefernden Ware auf Grund dieser Art der Qualitätsbestimmung zustande kommt, gesetzlich geregelt.

Die heute gebräuchlichen, wichtigsten Getreideproben sind die folgenden*):

1. Metrische Probe. Bei dieser Probe gelangt als Hohlmaß das H e k t o l i t e r, als Gewicht, in dem die Qualität ausgedrückt wird, das K i l o g r a m m zur Anwendung. Sie steht im Gebrauche: in Süddeutschland, Östreich, Ungarn, Schweiz, Belgien, Holland, Italien, Spanien, Portugal und in Frankreich, mit Ausnahme von Marseille.

2. Holländische Probe. Als Hohlmaß dient das alte holländische Getreidemaß, der „Zack" (43.44 L), und bestimmt man das Gewicht desselben mit dem alten „Troy Pfund" (492.2 Gramm). Diese Probe wird heute nur noch in den russischen Häfen der Ostsee (Libau, Reval, Riga) und in Dänemark angewendet.

Die deutschen Häfen besonders die der Ostsee, Königsberg und Danzig, Hamburg, Bremen, Stettin, benützten bis 1888 diese Probe im Transitverkehr.

3. Marseiller Probe. In Marseille und in den mit diesem

---

*) Die weniger wichtigen sind bei den betreffenden Ländern erwähnt.

23

Hafen in lebhaftem Verkehre stehenden Algier findet das alte französische Getreidemaß, die Charge (160 Liter) Verwendung und drückt man ihr Gewicht, zur Qualitätsbestimmung, in Kilogrammen aus.

4. Russische Probe. Mit Ausnahme der bereits erwähnten russischen Häfen bestimmt man in ganz Rußland das Naturalgewicht des Getreides für 1 Tschetwert in Puds.

5. Türkische Probe. Das Gewicht, das „Kilé" von Konstantinopel (oder von Smyrna, Saloniki, Varna, Rahovo usw.) wird in Oka's ausgedrückt.

6. Englische Probe. Bei dieser Probe wird ein Imperial Quarter oder Imperial Bushel Getreide abgewogen und das Gewicht in englischen Pfunden ausgedrückt. — Diese Probe findet in England, Argentinien, Ost-Indien, überhaupt überall dort Anwendung, wo das Getreide auf Grund der englischen Handelsgebräuche (Usanzen) gehandelt wird. — Auch in den Ausfuhrhäfen der Balkanhalbinsel (Rumänien, Bulgarien) kommt sie noch zur Benutzung.

7. In den Vereinigten Staaten Nordamerikas, so auch in Kanada, bestimmt man die Qualität des Getreides mit der **amerikanischen Probe**, deren Grundlage das amerikanische oder Winchester Bushel und das engl. Pfund bilden.*)

8. Berliner Probe. Diese Probe ist die sachgemäßeste, deshalb soll sie eingehender beschrieben werden.

Die „alte Berliner Probe" stand bis 1872 in Verwendung. Das Gewicht des Scheffel (50 L) Getreides wurde in deutschen Pfunden ($\frac{1}{2}$ kg) angegeben. — 1872 trat die Neue Berliner Probe ins Leben. Bei dieser wird das Gewicht von einem Liter Getreide in Grammen ausgedrückt, doch mußte das Gewicht noch mit den von der Berliner Normal-Eichungskommission festgestellten Füllungskoëffizienten multipliziert werden.

Die Feststellung dieser Koëffizienten wurde aus dem Grunde für nötig befunden, weil man die Erfahrung machte, daß die Schichten des in die Hohlmaße gefüllten Getreides mit der Größe des Hohlmaßes an Dichtigkeit zunehmen. In einem größeren Hohlmaße üben die übereinander liegenden Schichten einen größeren Druck aufeinander aus, als dies in einem kleinen

---

*) Im Uebrigen besteht dort auch die Gradierung (Klassifizierung) des Getreides; s. das Kapitel: Nordamerika.

Hohlmaße der Fall ist, wo weniger und kleinere Schichten vorhanden sind. Zufolge des stärkeren Druckes werden auch die Zwischenräume zwischen den einzelnen Getreidekörnern kleiner, diese liegen viel dichter beieinander und haben daher in einem größeren Hohlmaße (hl) verhältnismäßig viel mehr Getreidekörner Platz, als in einem kleinen Hohlmaße (L). Dieselbe Art der Füllung und des Abstreichens angenommen, wird das mit größerem Hohlmaße festgestellte Naturalgewicht ein verhältnismäßig größeres sein, als das auf Grund der Abwage eines kleineren Maßes von Getreide festgestellte Naturalgewicht.

Der durch Umrechnung (Reduktion) vorgenommene Vergleich der auf Grund verschiedener Proben festgestellten Naturalgewichte ist arithmetisch wohl richtig, doch tatsächlich ist das Ergebnis des Vergleiches nicht richtig, denn die Hohlmaße der verschiedenen Proben ;sind von verschiedener Größe und wird das Resultat eben zufolge der erwähnten Dichtigkeits- oder Füllungskoëffizienten — abgesehen von der Art und Weise der Füllung und des Abstreichens, die überall anders ist — im Handel unbedingt verschieden sein. —

Der Tschetwert ist gleich $2_{,0091}$ hl, es ist dies also ein größeres Hohlmaß, als ein Hektoliter [oder gar als ein Liter]. Zufolge des erwähnten Druckes der übereinander liegenden Schichten,˙ haben im Tschetwerte verhältnismäßig mehr Getreidekörner Platz, als in dem viel kleineren Hektoliter und würde das im Tschetwerte abgemessene Getreide in 2 einzelnen und einem $0_{,0091}$ Hektoliter-Maße keinen Platz finden.

Die Berliner Normal-Eichungskommission hat nach langwierigen Versuchen die Erfahrung gemacht, daß der Füllungs-Unterschied erst bei Maßen, die 20 Liter*) übersteigen, so klein ist, daß der Handel diesen nicht zu beachten braucht.

Es zeigen somit solche Getreideproben, die mit einer kleineren, als einer 20-Liter-Schale versehen sind, nicht das tatsächliche Naturalgewicht (Qualitätsgewicht) weil sie die Füllungskoëffizienten außer Acht lassen, die laut dem Resultate der Untersuchungen der Berliner Normal-Eichungskommission**) ziffernmäßig die folgenden sind.

bei Weizen $1_{,036}$

---

*) Siehe Deutsch-niederländischer Getreidevertrag.
**) Siehe deren Denkschrift von 1870/71.

bei Roggen $1_{,047}$
„ Gerste $1_{,049}$
„ Hafer $1_{,074}$

Diese Zahlen werden, wie erwähnt, bei der Neuen Berliner Probe in Betracht gezogen.

Seit 1892 sind obige Füllungskoëffizienten bereits in den Gewichten inbegriffen; diese Gewichte, die bei den Getreide-probern mit $^1|_4$ oder 1 Liter-Schale verwendet werden, sind keine wirklichen Teile des Kilogramms, sondern sogen. Proportions-gewichte, durch die die Füllungskoëffizienten ausgeglichen werden und somit gewinnen wir auf Grund dieser Probe das tatsächliche Naturalgewicht des Getreides. — Diese Probe ist in Norddeutschland verbreitet. —

Das Verhältnis der auf Grund dieser Probe gewonnenen Gewichte wurde von der Berliner Normal-Eichungskommission mit dem Ergebnisse der anderen Proben verglichen und in zwei Tabellen zusammengefaßt, doch nicht nur hinsichtlich des Weizens, sondern auch für Roggen, Gerste und Hafer, da die Füllungs-koëffizienten bei jeder Getreideart andere sind.

Die I. Tabelle zeigt das Verhältnis der auf Grund eines Hohlmaßes von einem viertel Liter bestimmten Qualitätsgewichten von $^1|_2 - ^1|_1$ Gramm zu den Qualitätsgewichts-Zahlen der met-rischen, englischen, amerikanischen, russischen und holländischen. Probe. Die II. Tabelle — (die im Anhange abgedruckt ist) — gibt diese Verhältniszahlen von Gramm zu Gramm an.

Bezüglich der Art der Ausrechnung dieser Zahlen möge folgendes dienen:

Aus den auf Grund der metrischen Probe erzielten Qualitäts-gewichtszahlen*) wurden jene der anderen Proben berechnet, wobei man annimmt, daß die Art und Weise der Füllung und des Ab-streichens die gleiche ist.

Nehmen wir nun an, daß „B" das Qualitätsgewicht, laut metrischer Probe, darstellt, x das unbekannte Qualitätsgewicht — (im fol-genden Beispiele — jenes der holländischen Probe) so ist:

---

*) Das Verhältnis der Ergebnisse der metrischen Probe zu jener der Berliner Probe wurde durch langwierige und gründliche Messungen festgestellt, wobei man die Erfahrung machte, daß dieses Verhältnis bei jeder Getreidesorte ein anderes ist; die Tabelle weist also 4 Zahlengruppen auf.

```
x Troy Pfd.  |  1 Zack Roggen
    1        |  83.44 L (Liter)
   100       |  „B" kg
  0.4922     |  1 Troy Pfd.
     x = 1.6954 „B".
```

Setzen wir nun „B" mit 71 kg, so ist der auf 1 Hektoliter 71 kg schwere Roggen, laut holländischer Probe 120,4 holl. Troy Pfd. schwer. —

Am Schlusse des Werkes befindet sich eine Tabelle zur Umrechnung der auf Grund der metrischen Probe von $1\frac{1}{2}$ kg zu 1 kg festgestellten Qualitätsgewichte auf jene der anderen wichtigen Proben.

Da die auf die Qualität des Getreides bezüglichen Tatsachen für den Getreidehandel sehr wichtig sind, so folgen noch einige Beispiele, bei denen die Tabellen nicht gebraucht werden können. —

1. Eine Münchner Brauerei wünscht Braugerste zu kaufen. Es gehen ihr unter anderen auch Angebote aus Burgas in Ostrumelien zu. Im Ausfuhrhandel bestimmt man dort die Qualität per Imp. Bushel in engl. Pfd. Das Angebot lautet auf Gerste 450 Pfd. Qualitätsgewicht. Wie schwer ist diese Gerste laut metrischer Probe?

```
 x kg  |  1 Hl
   1   |  100 L
 36.37 |  1 Imp. Bushel
   1   |  450 Pfd.
   1   |  0.4536 kg
```

x = 56,12 kg, was auf eine sehr geringe Qualität hinweist,

2. Ein Liverpooler Getreide-Makler hat den Auftrag erhalten, eine größere Menge Hafer zu beschaffen. Er wendet sich auch nach Dänemark und wird ihm ein Posten Hafer v. 78 holl. Pfd. Qual. angeboten. Er will dieses Angebot seinem Auftraggeber vorlegen, und hat das Qual.-Gewicht in engl. Pfd. per Imp. Bushel oder Imp. Quarter anzugeben.

```
x Pfd.  |  1 Imp. Bushel      x Pfd.  |  1 Imp. Quarter
   1    |  36.37 L               1    |  8 Bushel
 83.44  |  1 Zack              83.44  |  36.37 L
   1    |  78 Pfd. holl.          1    |  1 Zack
   1    |  0.4922 kg              1    |  78 Pfd. holl.
 43.36  |  1 Pfd.              45.36  |  0.4922 kg
     x = 36.9 Pfd.                 1    |  1 Pfd.
                                   x = 292.5 Pfd.
```

oder

x Pfd.	1 Imp. Quarter
1	290.8 L
83.44	1 Zack
1	78 Pfd. holl.
1	0.4922 kg.
45.56	1 Pfd.

$$x = 292.5 \text{ Pfd.}$$

Das Angebot lautet also auf Hafer von 37 Pfd. oder 293 Pfd. Qualitätsgewicht,

Es ist hier noch zu erwähnen, daß das Getreide während des Transportes an Gewicht abnimmt*), was bei den einzelnen Geschäftsabschlüssen von Fall zu Fall hinsichtlich des vereinbarten Qualitätsgewichtes der Ware festgesetzt wird, oder aber es sind die Gebräuche (Usanzen) der Handelsplätze hierfür maßgebend, wenn darüber keine besondere Vereinbarung getroffen wird.

---

*) Schwindung, die erfahrungsgemäß folgende ist:

$$\left.\begin{array}{c} \text{Weizen} \\ \text{Roggen} \end{array}\right\} 1._0 \% \quad \text{des Raumes}$$

$$\left.\begin{array}{c} \text{Gerste} \\ \text{Hafer} \end{array}\right\} 2._0 \%$$

Getreide-Einfuhrländer.

Großbritannien und Irland.

In Großbritannien und Irland oder, wie es dort genannt wird, dem Vereinigten Königreiche (United Kingdom) geht die dem Getreidebau dienende Fläche seit der Mitte des vorigen Jahrhunderts fortgesetzt zurück. Während im Durchschnitt des Jahrfünftes 1871—1875 die Anbaufläche noch betrug: von Weizen 3 373 140 Acres, von Gerste 2 598 713 und von Hafer 4 233 277, war sie 1902 gesunken für Weizen auf 1 772 840, Gerste 2 083 014 und Hafer 4 157 079. Der Rückgang des Weizenbaues ist außerordentlich stark, weniger der Anbau der Gerste und am geringsten der Anbau des Hafers. Dagegen ist die zum Anbau von Futtergewächsen aller Art dienende Fläche in derselben Zeit von 29 525 126 auf 34 517 065 gestiegen, in Verbindung damit steht die wesentlich vermehrte Viehzucht.

Mit der geringeren Anbaufläche sank auch der Durchschnittsertrag der heimischen Ernte, nämlich 1871—1875 (Jahrfünftdurchschnitt)

	Weizen	Gerste	Hafer	
	82 066 964	79 917 115	161 403 749	Bushel.
1902	58 278 443	74 439 203	184 184 361	„

Trotz der höheren Erträge, die von der Flächeneinheit geerntet werden, was besonders beim Hafer, der bei geringerer Anbaufläche größere Erntemengen ergab, sich auffällig bemerkbar macht, ist der Ertrag der heimischen Ernte besonders in Weizen erheblich zurückgegangen und das Land immer mehr auf die Einfuhr ausländischer Brotfrüchte angewiesen.

Die Einfuhr betrug (Quarters von 480 Pfd. engl.)

	Weizen	Gerste	Hafer	Mais
1870	7 210 286	2 020 863	3 990 232	3 909 916
1902	18 900 523	7 056 234	5 835 437	10 381 798

Außerdem stieg die Mehleinfuhr von 1870: 1 921 563 Sack (von 280 Pfd. engl.) auf 1902: 7 758 822.

Der Weltgetreidehandel.   2

31

Die Ausfuhr, die an und für sich nicht bedeutend war, ist dabei gleichzeitig gesunken.

Wie sich diese Verhältnisse im einzelnen stellen, ergibt sich aus den folgenden Zusammenstellungen.

Anbaufläche in Acres.

Jahr	Weizen	Roggen	Gerste	Hafer
1890	2 483 595	69 458	2 300 994	4 137 790
1891	2 392 245	60 148	2 298 978	4 128 127
1892	2 298 607	61 392	2 220 243	4 238 036
1893	1 955 213	69 526	2 251 293	4 435 944
1894	1 980 228	102 676	2 268 193	4 524 167
1895	1 456 042	80 293	2 346 367	4 527 899
1896	1 734 118	88 634	2 285 933	4 303 967
1897	1 938 956	89 621	2 213 529	4 226 231
1898	2 158 465	81 285	2 068 760	4 097 791
1899	2 055 000	64 000	2 159 000	4 109 000
1900	1 901 000	65 000	2 172 000	4 145 000
1901	1 746 000	68 000	2 140 000	4 112 000
1902	1 778 000	78 000	2 083 000	4 157 000
1903	1 621 000	69 000	2 022 000	4 257 000

Durchschnitts-Ertrag auf 1 Acre in Bushel.

Jahr	Weizen	Gerste	Hafer
1890	30 · 66	35 · 23	41 · 54
1891	31 · 30	34 · 72	40 · 46
1892	26 · 48	34 · 78	39 · 82
1893	26 · 08	29 · 30	38 · 14
1894	30 · 70	34 · 77	42 · 34
1895	26 · 33	32 · 09	38 · 67
1896	33 · 63	34 · 16	37 · 97
1897	29 · 07	32 · 91	38 · 84
1898	34 · 75	36 · 24	42 · 12
1899	32 · 73	34 · 98	40 · 76
1900	28 · 58	32 · 01	40 · 07
1901	30 · 70	31 · 58	39 · 32
1902	32 · 94	35 · 71	44 · 30
1903	30 · 15	32 · 38	40 · 81
1904	26 · 97	31 · 25	40 · 80

Erntemenge in Quarters (= 8 Bushels).

Jahr	Weizen	Gerste	Hafer
1890	75 992 000	80 793 600	171 296 000
1891	74 742 400	79 552 000	166 472 000
1892	60 776 200	76 936 000	168 176 000
1893	50 912 000	65 744 000	168 584 000
1894	60 704 000	78 600 000	190 856 000
1895	38 284 800	75 028 000	174 472 000
1896	58 248 000	77 824 000	162 856 000
1897	56 296 000	72 616 000	163 552 000
1898	74 884 800	74 728 000	172 576 000
1899	67 260 000	74 525 600	167 492 000
1900	54 320 000	69 560 000	165 120 000
1901	53 600 000	67 600 000	162 000 000
1902	58 400 000	74 400 000	184 160 000
1903	48 800 000	65 600 000	172 000 000

Einfuhr in Quarters.

Jahr	Weizen	Gerste	Hafer	Mais
1890	14 110 642	4 669 840	4 688 963	10 168 827
1891	15 473 024	4 930 396	6 115 934	6 259 312
1892	15 143 753	3 997 644	5 769 987	8 255 618
1893	15 274 463	6 396 460	5 141 310	7 677 250
1894	16 362 787	8 747 592	5 518 644	8 251 843
1895	19 074 989	6 609 320	5 720 956	7 920 348
1896	16 339 395	6 293 650	6 479 321	12 080 156
1897	14 639 373	5 308 436	5 937 772	12 549 922
1898	15 219 848	6 847 960	5 739 226	13 339 501
1899	15 548 624	4 813 004	5 757 179	14 629 916
1900	16 009 400	4 775 400	7 408 400	12 635 100
1901	16 267 000	6 124 000	8 280 000	11 986 000
1902	18 900 523	7 056 234	5 835 437	10 381 798
1903	20 563 990	7 433 480	5 998 600	11 689 500

2*

Ausfuhr in Quarters.

Jahr	Weizen	Gerste	Hafer	Mais
1890	110 453	18 984	45 405	100 817
1891	152 173	18 480	42 729	56 413
1892	208 320	19 544	14 976	52 969
1893	162 722	9 800	94 498	17 087
1894	85 600	32 200	102 000	28 000
1895	70 700	21 400	91 700	14 000
1896	68 600	53 200	53 800	142 800
1897	70 700	43 800	92 400	172 200
1898	155 400	43 600	87 000	241 500
1899	169 500	22 300	34 000	178 000
1900	66 800	18 900	44 900	123 900
1901	82 800	16 500	64 800	77 000
1902	45 800	8 400	25 000	19 700
1903	45 000	77 100	23 900	32 900

Die Ernte findet im südlichen, östlichen und mittleren König-reiche im Juli, im übrigen Königreiche im August statt.

Die mitgeteilten Zahlen geben ein Bild des großen Verkehrs, in Getreide auf den englischen Märkten, deren wichtigste London, Liverpool, Hull, Southampton, Manchester, Glasgow, Leith und Belfast sind.

London und Liverpool sind nicht nur vom Standpunkte des englischen Getreidehandels von Wichtigkeit, sondern weil sie Zufuhren von Getreide aller möglichen Erzeugungsländer erhalten, nehmen sie auch im Welthandel die hervorragendsten Stellen ein, weshalb die Platzgebräuche (Usanzen) dieser Märkte eingehend dargelegt werden sollen.

London. Im Jahre 1897 wurde die Preisbestimmung des Getreides nach der Gewichtseinheit eingeführt und zwar für 100 Pfd. engl. (Centweight). Der Londoner Getreidehandel be-hielt jedoch die seit dem 31. Dezember 1878 eingeführten Preis-bestimmungen für den Handel in effektiver Ware bei und nur im Terminhandel notierte man die Preise nach der Gewichtseinheit. —

Die Notiz lautet also für 1 Imperial Quarter (oder Bushel) in Shillingen und Pence.

Da jedoch das Imp. Quarter (= 8 Bushel) ein Hohlmaß ist, so wird es bei der Bestimmung des Preises, je nach der Qualität der Getreidesorte, durch Durchschnittsgewichte ersetzt, die bei den einzelnen Getreidesorten die folgenden sind:

Weizen 504, 500, 496, 492, 480 engl. Pfd.
Roggen 480, 472, 464, 456 engl. Pfd.
Gerste 448, 432, 416, 400 engl. Pfd.
Hafer 336, 320, 304 engl. Pfd.
Mais 496, 480 engl. Pfd.

Im Londoner Getreidehandel werden die Geschäfte auf Grund der von der London Corn Trade Association festgestellten Bedingungen (Conditions of the London Grain Trade) abgeschlossen und die von dieser Vereinigung aufgestellten Schlußbriefe benutzt, die heute etwa 52 Arten aufweisen.

Geschäfte in ausländischem Getreide werden zu folgenden Bedingungen abgeschlossen:

I. Weizen. *1. Ostindischer Weizen* wird in guter Durchschnittsqualität der letzten Ernte oder laut Muster verkauft.

Es kann 2 % mehr oder weniger geliefert werden.

2730 Bazaar Maund á 82 Pfund = 100 Ton.

Der Preis wird für 492 Pfd. Nettogewicht festgesetzt und schließt in sich die Fracht, Versicherung und den Preis des gebräuchlichen Gunny Sackes oder jenes der Borneo Compagnie, oder eines gleichwertigen Sackes. Für Übergewicht wird keine Vergütung geleistet. Die Ware ist laut Ladeschein und laut Brauch zu übergeben.

Die Ware ist in London bar zu bezahlen, innerhalb 7 Tagen nach Empfang der Rechnung (Faktura), abzüglich der Zinsen für jene Zeit, die, von der vereinbarten Frist vom Datum des Ladescheines gerechnet, noch nicht abgelaufen ist. Der Zinsfuß ist jener der Bank, am Tage der Zahlung gültig, doch kann er niedriger als 5 % jährlich nicht sein. — Gegen diese Zahlung sind die Ladescheine und der Versicherungsschein, Police, die die Kriegsgefahr nicht deckt, auszufolgen. Für die Zahlungsfähigkeit (Solvenz) der Versicherer ist der Verkäufer nicht haftbar.

Die Dock-Gesellschaft, auf deren Landungsstelle man die Ladung löscht, hat die Anweisung (Instruktion) zu bekommen, daß auf Wunsch des Käufers von je 20 Säcken ein vollkommen unbeschädigter Sack oder auch jeder einzelne Sack der Ladung abzuwiegen sei.

Zur Feststellung des Gewichtes der Verpackung (Tara) sind . von je 100 Säcken 2 Säcke zu entleeren und abzuwiegen.

Das auf der Wage der Dock-Gesellschaft festgestellte Gewicht dient als Grundlage der endgültigen Verrechnung.

Zu bemerken. ist, daß, bei Feststellung des Durchschnittsgewichtes von je einem Sack nach 20 Säcken, die fehlerhaften Säcke nicht zählen und gesondert gewogen werden müssen.

Wenn die zur Ablieferung gelangende Warenmenge einen Teil einer Ladung bildet, so werden die beschädigten Körner und das Gefegsel nach Verhältnis verteilt. — Das vom Seewasser beschädigte Gefegsel kann zurückgewiesen werden.

Ausfuhrverbot, Blockade oder Feindseligkeiten geben Grund zur Ungültigkeitserklärung (Annullierung) des Geschäfts.

Die vorläufige Rechnung (provisorische Faktura) enthält den Namen des Schiffes, die Anzahl der Säcke, das Datum des Ladescheines usw. und ist dem Käufer binnen 32 Tagen von der Verladung an gerechnet zuzusenden, wenn die Ware mittels Dampfers verschifft wird; binnen 37 Tagen, wenn sie mittels Segelschiffes zur Verladung gelangt.

Es bleibt auch dem Käufer überlassen ⁵|- für jeden Quarter binnen 7 Tagen, vom Empfange der Rechnung an gerechnet, zu hinterlegen und den Rest bei Ankunft der Ware zu zahlen oder bei Ablauf des Termins, je nachdem, was früher eintritt.

2. *Australischer Weizen.* Dieser Weizen wird auf Grund von Standard-Mustern gehandelt, die in Australien zusammengestellt und von der London Corn Trade Association oder der Liverpool Corn Trade Association angenommen wurden, je nachdem, wo die Begutachtung seitens der Sachverständigen vorgenommen wurde.

480 Pfd. ist die Einheit. Der Verkäufer kann 5 % mehr oder weniger liefern. Der Unterschied wird zu jenem Preise (einschl. Spesen, Fracht und Versicherung) ausgeglichen, der zur Zeit der Ausstellung des Ladescheines bestand.

Der Weizen ist in guten, noch marktfähigen Säcken zu liefern, die mit dem Weizen zusammen gewogen werden, also Rohgewicht für Reingewicht (Brutto für Netto).

Auf Lieferung verkaufte Ware ist in London gegen auf 60 Tage á vista lautende Akzepte zu begleichen, die die Ladescheine begleiten, oder aber, je nach Wunsch des Käufers, in

Bargeld, gegen Ausfolgung der Ladescheine, bei Ankunft des Schiffes im Hafen, abzüglich der Zinsen, zu jenem Zinsfuße, der aufs Jahr berechnet mit $^1|_2$ % höher ist, als jener Zinsfuß, den die bedeutenderen Londoner Banken nach Einlagen für kürzere Zeit bezahlen. Dem Käufer steht das Recht zu, seine Akzepte nach Abzug dieser Zinsen einzulösen.

Wenn das im Ladeschein angegebene Gewicht vom tatsächlich übernommenen Gewichte abweicht, so bezahlt der Verkäufer das Fehlende (Manco); ein Übergewicht hat dagegen der Käufer zum Vertragspreise zu vergüten; ist das Übergewicht durch Wasser verursacht worden, so gebührt dem Verkäufer keinerlei Vergütung.

Teilladungen (Parcels) werden zu denselben Bedingungen gehandelt, wie ganze Ladungen, nur können hinsichtlich der Menge 2 % mehr oder weniger geliefert werden, eine weitere Abweichung bis zu 3 % ist auch statthaft, doch den Wert dieser bestimmen die Sachverständigen.

Bei ganzen Ladungen, die in hölzernen Schiffen geliefert werden, geht der durch Seewasser verursachte Schaden zu Lasten des Verkäufers.

3. Kalifornischer Weizen (Ganze Ladungen). Dieser Weizen wird laut Standard-Muster verkauft, das in San Francisco festgestellt (aufgemacht) und von der London oder Liverpool Corn Trade Association anerkannt wird.

Das Einheitsgewicht beträgt 500 Pfd. Der Preis versteht sich einschließlich Fracht, Versicherung und Sack. Rohgewicht wird für Reingewicht (Brutto für Netto) gehandelt und bezahlt.

Wenn das zur Ablieferung gelangende Getreide einen Fehlbetrag (Manco) gegen die im Ladeschein aufgegebene Menge aufweist, so ist dieser dem Käufer zu ersetzen; für Übergewicht hat der Verkäufer Anspruch auf Ersatz. Wegen des Fehlbetrages oder des Übergewichtes wird im Vertrage keine Grenze festgesetzt. Die vorläufige Rechnung ist dem Käufer binnen sieben Tagen, vom Tage der Ankunft der Frachtscheine in London an gerechnet, zu übergeben.

Die Ware wird in London gegen Barzahlung beglichen, wogegen die Frachtscheine auszufolgen sind. Vom Rechnungsbetrage sind die Zinsen abzuziehen, die für jene Zeit zu berechnen sind, die von den, vom Tage der Ankunft der Scheine in London oder Liverpool zu rechnenden 63 Tagen noch nicht abgelaufen sind.

Der Zinsfuß ist mit einem $1\frac{1}{2}$ % über dem von Londoner Banken für Einlagen auf kurze Zeit gewährten Zinsfuße zu nehmen.

Dem Verkäufer jedoch steht es frei, den Betrag auf den Käufer wechselmäßig zu entnehmen (trassieren), und sind den auf 60 Tage nach Sicht (á vista) laufenden Wechseln (Tratten) die Ladescheine beizuschließen. — Die Einlösung dieser Wechsel kann jedoch unter keinen Umständen später geschehen, als 3 Tage vor Ablauf des Termins.

(Für Übergewicht, das durch Wasser verursacht wurde, ist kein Ersatz zu leisten.)

Was den Zustand (Condition) der Ware anbelangt, so wird diese bei ganzen Schiffsladungen, wie bei australischem Weizen, tale quale gehandelt; die Käufer übernehmen die Ware, wie sie das Schiff bringt, nur wenn die Ladung mit einem hölzernen Schiffe ankommt, geht der von Seewasser verursachte Schaden zu Kosten des Verkäufers.

Die Ladung wird laut dem Platzgebrauch des Löschungshafens übernommen und jeder 5te Sack abgewogen, aber nicht weniger als für 5 Cwt oder, wenn es der Käufer wünscht für 250 lbs. Wenn Käufer und Verkäufer darüber einig geworden sind, kann auch bedungen werden, daß der Weizen auf der automatischen Wage gewogen werde mit einem Nachlaß von 2 Pfd für je 2000 Pfd.

Wenn der Weizen auf (Verschiffung) Lieferung gekauft wurde, so steht es dem Käufer frei, das Schiff vom Verladungshafen, vor Zeichnung der Ladescheine, nach jedem im Vertrage vorgesehenen sicheren Hafen zu senden und vom Preis einen Abzug von 3 d für je 500 Pfd. zu machen.

4. *Oregon- und Washington-Weizen.* Das Standard-Muster dieser Weizensorten wird von der Handelskammer in Oregon aufgemacht. Der Preis wird für je 500 Pfd. festgestellt und sind die sonstigen Bedingungen mit jenen für kalifornischen Weizen übereinstimmend.

5. *Chilenischer Weizen* wird für je 500 Pfd. auf Grund eines von der Liverpool Corn Trade Association genehmigten Standard-Musters gehandelt. Der Käufer ist zum Zurückweisen der gelieferten Ware wegen deren Minderqualität nicht berechtigt, aber er hat Anspruch auf eine Ermäßigung des Preises.

Der Weizen muß in Säcken verschifft werden, wenn das

Schiff aus Holz ist, aber in einem eisernen oder stählernen
Schiffe kann bis 40 % der Menge in losem Zustande (alla rinfusa)
geliefert werden. — Die Säcke gehen zu Lasten des Käufers.
Gegen Austausch der Ladescheine wird die Barzahlung bewerkstelligt und zwar 3 Tage vor Ablauf der 63 Tage, die nach
Empfang der Ladescheine gerechnet werden, oder bei Ankunft
des Schiffes in einem Zwischenhafen, oder bei direkter Verschiffung im Bestimmungshafen. Bei der Zahlung werden die
Zinsen zu 5 % jährlich oder zum Bankzinsfuße, wenn dieser über
5 % steht, für die noch nicht abgelaufene Zeit der 63 Tage, abgezogen. Der Käufer hat die Wahl, die Ladescheine vor
Fälligkeit der Rechnung zurückzuhalten, indem er bei der Zahlung
Wechselzins (Diskont) zum Bankzinsfuße in Abzug bringt.

Die vorläufige Rechnung hat der Verkäufer binnen 7 Tagen
nach Eintreffen der Ladescheine in London oder Liverpool bei-
zubringen.

Was die Beschaffenheit der eintreffenden Ware anbelangt,
so bestehen für chilenischen Weizen dieselben Bedingungen, wie
bei den anderen weißen (gelben) Weizensorten (nämlich tale quale).

6. Amerikanischer roter, Sommer- und Winterweizen.
Diese Weizensorten werden für je 480 Pfd. einschl. Spesen, Fracht
und Versicherung gehandelt. Für die Qualität ist die amtliche
Bestätigung der Inspektion endgültig maßgebend.

Bei ganzen Ladungen kann 5 % mehr oder weniger geliefert werden, bei Teilladungen 2 %. Über diesen 5 % oder
2 % können weitere 5 % oder 3 % mehr oder weniger geliefert werden. Diese Abweichungen werden entweder zu einem
vorher vereinbarten Preise oder auf Grund eines Sachverständigen-
Urteils verrechnet.

Die Abwage mit der automatischen Wage ist gestattet und
wird für 2000 Pfd. eine Abweichung von 2 Pfd eingeräumt. Bei
ganzen Ladungen ist jedes Mindergewicht, das 1 % der im
Ladescheine angegebenen Menge überschreitet, dem Käufer zu
ersetzen. Teilladungen werden in ihrer ganzen bestimmten
Menge (full out turn) gehandelt.

Bei der Löschung von Teilladungen gehen die Leichter-
spesen zu Lasten des Verkäufers.

Die Zahlung ist in London gegen Aushändigung der Scheine
bar zu leisten u. z. vor oder bei Ankunft der Ware, abzüglich
der Zinsen zu einem $\frac{1}{4}$ % über dem Zinsfuße der Londoner

Banken, für die noch nicht abgelaufene Zeit der 60tägigen Frist, die von Ankunft des Ladescheines in London gerechnet wird. — Es steht dem Verkäufer oder Verschiffer auch frei, durch Wechsel auf den Käufer mit 2 Monaten Ziel zu entnehmen, aber die Zahlung kann keinesfalls später als zur Fälligkeit erfolgen.

7. *La Plata-Weizen.* Dieser wird laut Muster gehandelt, und bedingt man gute Durchschnittsqualität der jeweiligen Verschiffungen, oder aber der Verkäufer übernimmt die Gewähr für ein gewisses Qualitätsgewicht.

Es ist bei Ablieferung die ganze Menge zu übernehmen, das vom Seewasser oder auf andere Weise geschädigte Getreide auch zu einem Nachlaß, der von der Sachverständigen-Kommission in London bestimmt wird. Die Muster werden im Entlöschungshafen von den Agenten des Verkäufers und Käufers gemeinsam genommen und gesiegelt.

Der Preis wird für je 480 Pfd. festgesetzt und schließt Fracht und Versicherung bis zu den gebräuchlichen Häfen des Vereinigten Königreichs oder des Festlandes ein; bei Verschiffung in Säcken sind auch diese im Preise inbegriffen.

Bei ganzen Ladungen ist ein Frachtabzug von 1|- für 1 Tonne statthaft, wenn die Ladung vor Zeichnung des Ladescheines unmittelbar nach einem Hafen gelenkt wird.

Es können 5 % mehr oder weniger als die vereinbarte Menge geliefert werden. Jede weitere Abweichung wird durch das Urteil der Sachverständigen-Kommission geordnet, wenn keine andere Vereinbarung getroffen wurde.

Jeder Fehlbetrag bei der Übernahme, der 1 % der in der vorläufigen Rechnung angeführten Menge übersteigt, muß vergütet werden.

Die Ware wird in London gegen Aushändigung der Scheine bar beglichen, vor oder bei Eintreffen der Dampferladungen, aber keinesfalls später als 14 Tage nach Empfang der Rechnung. Vom Rechnungsbetrage kommen Zinsen in Abzug (zu einem Zinsfuße, der mit $\frac{1}{4}$ % über den für kurze Zeit gemachte Einlagen seitens der Londoner Banken bewilligtem Zinsfuße, steht) für die noch nicht abgelaufene Zeit der 90 Tage nach Ankunft der Ladescheine in London oder Europa gerechnet. Der Verkäufer kann auch des Käufers Akzept an Zahlungsstatt fordern.

8. *Weizen vom Schwarzen Meer und Donau-Weizen.* Diese werden gewöhnlich laut Muster gehandelt, obgleich der

Donau-Weizen manchmal nach Qualitäts-Gewicht verkauft wird. Russischer Weizen wird für je 492 Pfd., Donau-Weizen für je 480 Pfd. verkauft. Seewasserbeschädigte Ware belastet den Verkäufer.

Der Verkäufer kann bis 2 % mehr oder weniger liefern und weitere 8 % über die im Vertrage festgesetzte Menge. Diese Abweichung wird zu jenem Preise beglichen, der am Tage der Ausstellung des Ladescheines gültig war; wenn nötig, bestimmt die Sachverständigen-Kommission den Preis.

Die Zahlung wird laut Londoner Platzgebrauch geleistet: Barzahlung gegen die Scheine binnen 7 Tagen vom Empfange der Rechnung gerechnet, mit Abzug von 2 % und der Zinsen zu 5 % jährlich (oder zum Bankzinsfuße, wenn dieser 5 % übersteigt) für die noch nicht abgelaufene Zeit von 3 Monaten vom Tage des Ladescheins.

St. Petersburger Weizen wird für je 496 Pfd. cif, netto, laut Muster gehandelt, oder laut Petersburger Platzgebrauch mit 5 % auf 3 Monate.

9. *Persischen Weizen*-handelt man für je 492 Pfd. zu den Bedingungen des ostindischen Getreides.

II. Mais. Odessaer, Galatzer, Fokschaner und bessarabischer Mais wird für je 492 Pfd., Mais aus der Donaugegend für je 480 Pfd., zu Londoner Bedingungen,[*] La Plata-Mais für je 480 Pfd., tale quale oder auf Grund der rye terms,[**] amerikanischen Mais für je 480 Pfd. zu den amerikanischen Bedingungen[***] und rye terms.

Die Muster werden von den Agenten des Käufers und Verkäufers im Löschungshafen gemeinsam gezogen und versiegelt.

---

[*] Londoner Bedingungen: Die ganze Menge gelangt zur Übernahme, seewasserbeschädigte Ware zu Verkäufers Lasten, 2 % dem Käufer, ¼ % dem Sensal; Zinsenabzug für 2 Monate zu 5 % (oder Banksatz, wenn höher) für greifbare Ladungen, und für 3 Monate bei schwimmenden Ladungen.

[**] Rye terms (Roggenlieferungsbestimmungen): Leichte, trockene Wärme kann nicht beanstandet werden; Beschädigungen, auch durch Seewasser, werden vom Verkäufer auf Grund eines Sachverständigen-Urteils vergütet und muß die Ware übernommen werden.

[***] Amerikanische Bedingungen: Wenn keine andere Vereinbarung besteht, so ist die Menge der Ware mit einem Spielraume von 1 % zu übernehmen. Die Zahlung erfolgt abzüglich Zinsen zum mit ¼ % erhöhten Bankzinsfuße, dem Käufer werden keine 2 % gewährt.

Der Verkäufer hat die Wahl bei Lieferung von Mais vom Schwarzen Meer oder aus der Donaugegend 2 % mehr oder weniger zu liefern, auch eine weitere Abweichung von 8 % ist gestattet, deren Verrechnungspreis, wenn es notwendig, von den Sachverständigen bestimmt wird.

III. Gerste. *1. Persische Gerste* handelt man für je 400 Pfd. einschließlich Spesen, Fracht und Versicherung; 5 % kann mehr oder weniger geliefert werden. Wenn über diese 5 % noch mehr geliefert wird, so bleibt dieser Mehrbetrag zugunsten des Verkäufers; wenn weniger geliefert wird, als 5 % unter der vereinbarten Menge, so muß dem Käufer Ersatz geleistet werden.

Bezüglich der Beschaffenheit der gelieferten Ware ist tale quale in Geltung.

Die Zahlung ist in London bar, 7 Tage nach Empfang der Rechnung, abzüglich 5 % Zinsen (oder zum Bankzinsfuße, wenn er über 5 % steht) für die noch unabgelaufene Zeit von 3 Monaten von der Ausstellung des Ladescheines gerechnet, zu leisten.

2. Kalifornische Gerste verkauft man für je 448 Pfd. laut Standard-Muster, von der Merchants Exchange in San Francisco aufgemacht. Die Ware wird in Säcken, Brutto für Netto geliefert. Die Zahlung wird wie beim kalifornischen Weizen geleistet.

3. Russische und Donau-Gerste wird in guter Durchschnittsqualität (faqu = fair average quality) oder laut Muster, für je 400 Pfd. gehandelt.

Beisatz über 3 % ist allgemein gestattet, die Muster werden auf gemeinsame Kosten beider Teile gezogen und analysiert. Die Zahlung wird binnen 7 Tagen vom Empfang der Rechnung gerechnet, abzüglich 5 % Zinsen (oder zum Bankzinsfuße, wenn dieser 5 % übersteigt) für die noch nicht abgelaufene Zeit von 3 Monaten von der Ausfertigung des Ladescheines ab. Wenn es sich um bereits angekommene Ladungen handelt, so ist der Termin 2 Monate.

IV. Hafer. Weißer und schwarzer Libauer und St. Petersburger Hafer wird in Durchschnittsqualität für je 304 Pfd., oder bei verbürgtem Qualitätsgewicht von 40 Pfd. oder mehr, für je 320 Pfd. gehandelt. Südrussischer und Donau-Hafer für je 304 Pfd. Schwarzer schwedischer Hafer für je 336 Pfd., während schwedischer Hafer von der Westküste manchmal für je 320 Pfd. gehandelt wird.

Schwarzer irischer Hafer für je 304 Pfd., amerikanischer und kanadischer Hafer für je 320 Pfd., auf Grund der amtlichen Bescheinigung (Certificat).

Bei weißem Libauer Hafer, der in Durchschnittsqualität gehandelt wird, ist ein Beisatz von 5 % statthaft. Im schwarzen Libauer Hafer (Durchschnittsqualität) kann 5 % Staub (Schmutz) und 15 % weißer Hafer vorhanden sein. Für südrussischen und Donau-Hafer ist 5 % Beisatz statthaft. Im weißen Libauer Hafer, in Durchschnittsqualität von 40 Pfd. wird allgemein nur ein Beisatz von 3 % gestattet. Die Zahlung für nordrussische Ware ist in bar zu leisten, abzüglich der Zinsen für die noch nicht abgelaufene Zeit von 3 Monaten von der Ausstellung des Ladescheines gerechnet.

Für südrussischen und Donau-Hafer sind 2½ %, ferner die Zinsen zu 5 % für die noch nicht abgelaufene Zeit von 3 Monaten abzuziehen.

Für schwedische Ware ist die Zahlung bei Empfang der Rechnung abzüglich 5 % für 3 Monate zu leisten.

Amerikanischer und kanadischer Hafer wird auf Grund der amerikanischen Bedingungen bezahlt.

Die oben angeführten Bedingungen werden allgemein gestellt, natürlich sind auch besondere Vereinbarungen statthaft, so bezüglich der Beschaffenheit der Ware (tale quale, rye terms), der Bestimmung der Ware (direkt nach London, nach einem bestimmten Hafen, für Ordre usw.). Die Abschlüsse geschehen für ganze Ladungen, Teilladungen, für eintreffende (fällige), eingetroffene, schwimmende Ware, für kommende Verschiffung, für greifbare (prompt disponible) Ware, ferner unterscheiden die Abschlüsse für Getreide in Dampfern oder Seglern verladen.

Terminhandel. Der Terminhandel in Weizen und Mais wurde in London 1887 eingeführt. Die Geschäfte werden durch The London Produce Clearing-House Limited abgewickelt.

Handelsgebräuche (Usanzen) für W e i z e n:

Anfangs wurden die Preise für je 500 Pfd. festgesetzt, während sie heute für je 100 Pfd. Reingewicht (netto) angegeben werden einschließlich der Kosten der Zufuhr und der Abwage.

Jedes Geschäft bezieht sich auf Amerikanischen Weizen.

— 30 —

Unter diesen ist Northern Sommer No. 1, Duluth Certificate*) oder Hard Sommer No. 1 mit Qualitätsschein (Seabord oder Western Certificat) oder Hard Manitoba No. 1 mit Qualitätsschein (Certificat) der Inspektion des Manitoba-Distriktes oder Northern-Manitoba No. 1 mit gleichem Qualitätsscheine zu verstehen.

Diese Qualitätsscheine sind bezüglich der Qualität als unanfechtbar zu betrachten, sobald sie in Ordnung sind. Der Käufer hat das Recht, diese Qualitätsscheine in der Urschrift (Original) zur Einsichtnahme zu verlangen und wenn diese zur rechten Zeit nicht bei der Hand sind, so kann er das Urteil der Sachverständigen anrufen. Die Qualitätsscheine bewahrt das Clearing-House.

Der Verkäufer kann auch anderen amerikanischen Sommerweizen anbieten, doch nur dann, wenn die Sachverständigen bescheinigen, daß dieser in Qualität nicht geringer ist als Northern Spring No. 1, Duluth Certificate.

Es steht dem Verkäufer frei, auch anderen gesunden Weizen anzubieten, doch muß es von den Sachverständigen bescheinigt werden, daß das Naturalgewicht nicht geringer als 60 Pfd. für 1 Bushel ist und nicht mehr als 3 % nicht mehlartiger Beimengung enthält. In diesem Falle tritt eine Strafe von 3 d. per Cental ein und der Wertunterschied, den die Sachverständigen feststellen. — Solche Angebote müssen von einem Zeugnis obigen Inhalts begleitet sein, das innerhalb der Lieferungsfrist von den Sachverständigen ausgestellt wurde. — Wenn der Verkäufer ein Zeugnis beibringt, laut dem irgend ein anderer amerikanischer oder kanadischer Sommerweizen, der nicht geringer ist als mit 2½ d. für 1 Cental, bewertet gegenüber den die Grundlage des Vertrages bildenden Weizensorten, so kann er solche mit einer Strafe von 1 d. für 1 Cental und dem Ersatz der von den Sachverständigen festgestellten Minderwert anbieten.

Der angebotene Weizen muß gesund und marktfähig sein, schwache, trockene Wärme, die das Getreide nicht schädigt, kann nicht beanstandet werden.

Die Einheit (Unit) des Vertrages auf Grund der Bestimmungen für den Terminhandel sind 100 Pfd. = 1 Cental. Kein Vertrag wird für eine geringere Menge als 4800 Einheiten ausgestellt und jede verkaufte Menge soll stets durch 4800 teilbar sein.

*) s. das Kapitel über Nordamerika.

44

Der Preis gilt für amerikanischen Weizen für je 100 Pfd. Reingewicht (netto) im Haufen oder in den Säcken der Dock-Compagnie ohne Abzug (Sconto) und einschließlich der Kosten der Abwage und der Zufuhr, wie bereits erwähnt. — Andere Weizen können entweder in losem Zustande oder in Originalsäcken sich befinden; im letzteren Falle werden die Säcke gleich Weizen gewogen und bezahlt (also Rohgewicht für Reingewicht, brutto für netto).

Die Rechnung wird auf Grundlage des Verladegewichtes oder des letzten Nachwägens aufgemacht. Die Wägescheine dürfen nicht früher als volle 21 Tage vor dem Tage des Angebotes ausgefertigt sein.

Der Verkäufer von amerikanischem Weizen darf bei wiederholten Angeboten die letzten Wägungen als Grundlage annehmen, indem er dem Übernehmer von diesen für gutes Gewicht, für die ersten 28 Tage $^1|_{10}$ % und für die folgenden 14 Tage je weitere $^1|_{10}$ %, vom Tage der Abwage bis zum Tage des Angebotes gewährt. — Für das Gewicht der angebotenen Menge (für je 4800 Einheiten) ist 6 % Spielraum zugelassen. Diese Abweichungen (mehr oder weniger) werden in Rechnung gestellt und auf Grund der Schlußpreise (Schlußkurse) am Angebotstage oder der letzten Notierung des Lieferungsmonates ausgeglichen, je nachdem, was früher eintrifft.

Für das Angebot gelten je 4800 Einheiten als ein Vertrag für sich und jedes Angebot hat in nur einer Sorte Weizen zu bestehen, doch kann es zwei Posten bilden. Der Weizen muß in den üblichen, von der Compagnie (nämlich dem Clearing-House) gutgeheißenen Docks oder Werften eingelagert werden. Jeder angebotene Posten muß so gelagert sein, daß er leicht zu erkennen ist, braucht aber nicht blos aus einem Haufen oder Stoß zu bestehen. Der Anbieter gewährt dem Empfänger 14 volle zinsfreie Tage, von dem Tage an gerechnet, an dem das Angebot der Compagnie überreicht wurde, und es wird eine Quittung für die Spesen ausgefolgt oder der Betrag bar zugestanden. Die Dock-Compagnie oder der Speicherbesitzer hat in den Lagerscheinen (Warrants) anzuführen, daß die Feuerversicherung durch ihre Policen gedeckt ist, und es muß der für Zins und Versicherung wöchentlich berechnete Preis angegeben werden, sonst hat der Verkäufer einen Beleg in diesem Sinne beizustellen und ihn zur Befriedigung der Compagnie bestätigen zu lassen.

Der Käufer hat das Recht, das Urteil der Sachverständigen-Kommission zu verlangen, aber nicht später als 12 Uhr mittags jenes Wochentages, der dem Tage folgt, an dem die Ware dem ersten Käufer vorgewiesen wurde. Wenn diese Zeit verstreicht, ohne daß das Urteil der Sachverständigen in Anspruch genommen wurde, so hat der Käufer die Verpflichtung, die Ware, so wie sie geht und steht, zu übernehmen.

Sollte der Weizen abgewiesen und die richtige Zeit für das Angebot abgelaufen sein, so wird er dem Verkäufer zu der letzten amtlichen Notierung des betreffenden Monates berechnet, nebst einer 5 % nicht übersteigenden Strafgebühr, die von den Sachverständigen bestimmt wird. Ist diese Berechnung durchgeführt, so gelten die bezüglichen Verträge des Verkäufers und Käufers als gehörig erfüllt, sobald die Urkunden ausgefolgt wurden.

Mais. Alle Geschäfte verstehen sich auf London Maize, der aus gemischtem amerikanischen (Mixed American) für Verschiffung mit Seglern (No. 2 Corn) gut befundenem Mais besteht, oder aber aus der Durchschnittsqualität von Mais aus der Donaugegend, Odessa, Galatz, Fokschan oder Bessarabien (die letzteren 3 Sorten werden als identisch betrachtet) oder gelber La Plata-Mais. Der Verkäufer kann irgend eine der angeführten Sorten anbieten, für den Mixed American gilt hinsichtlich der Qualität der gebräuchliche Qualitätsschein (Certificat) für Mais No. 2 (Corn) oder für Seglerverladung geeignet lautend.

Für die anderen Maissorten, die oben angeführt sind, hat der Käufer das Recht zur Inanspruchnahme des Sachverständigen-Urteils. Der Käufer muß solchen Mais übernehmen, bei dem die Sachverständigen feststellen, daß er blos 1 d. für je 100 Pfd. weniger wert ist als die Durchschnittsqualität; in diesem Falle gewährt der Verkäufer auch einen Nachlaß, den die Sachverständigen bestimmen. Finden die Sachverständigen jedoch, daß der Mais ganz oder teilweise geringer in Qualität ist, als 1 d für je 100 Pfd., so steht es dem Käufer frei, die Ware zurückzuweisen, oder sie mit einer Vergütung, die die Sachverständigen bestimmen, zu übernehmen, doch muß er sich gleich bei Inanspruchnahme der Sachverständigen für Annahme oder Zurückweisung entscheiden. Hat der Käufer die Übernahme der Ware begonnen, so ist eine Zurückweisung nicht mehr gestattet. Sonst sind die gleichen Bestimmungen wie beim Handel in Terminweizen geltend. Hinsichtlich der Zurückweisung und des Verzuges bestehen folgende Regeln: Wenn der Mais zurückgewiesen wird und die für das Angebot bestimmte Zeit verstrichen ist, oder aber der Verkäufer in anderer Weise im Verzuge ist, so wird der Vertrag zu einem Preise erledigt, den die Sachverständigen als den Preis an jenem Tage anerkennen, an dem der Verzug eintrat. Die Sachverständigen sind ermächtigt, außerdem eine ihrem Gutdünken überlassene Strafe, die 3 d. für 1 Cental nicht überschreiten darf, dem Verkäufer aufzuerlegen.

Die Compagnie macht die Abrechnung und der Preisunterschied zwischen dem durch die Sachverständigen festgestellten Preise (einschließlich Strafe, wenn eine ausgesetzt wurde) und dem Vertragspreise ist sofort in Barem zu entrichten.

Außer dem regelmäßigen Termingeschäfte in Mais können noch Geschäfte in *Amerikanischem Mais zu besonderen Bedingungen* gemacht werden: Die Ware, die angeboten wird, soll als gemischter amerikanischer Mais, für Seglerverladung (i. e. Corn No. 2) begutachtet (gradiert) sein, wobei es dem Verkäufer frei stehen soll, in guter Durchschnittsqualität Mais aus der Donaugegend, Odessa, Galatz, Fokschan, Bessarabischen Mais mit einem Abschlag von 3 d. für je 1 Cental anzubieten, unter Hinzurechnung jenes Preisunterschiedes für solchen Mais (wenn er geringer ist als der amerikanische gemischte Mais), den die Sachverständigen bestimmen, und in dem Scheine (Certificat), den sie während des Lieferungsmonats ausstellen, ersichtlich gemacht ist. Die Sachverständigen-Scheine sind den Angeboten beizuschließen.

Neuestens wurde auch das Geschäft für *Amerikanischen Mais ex ship* eingeführt. Dieser Mais ist gleichfalls gemischter amerikanischer für Seglerverladung begutachteter Mais (Mixed American Sail Grade or No. 2 Corn), dessen Qualitätsschein maßgebend ist.

Die Verträge werden für je 1000 Einheiten von 480 Pfd. Mais (Quarters) gemacht, der von jedwedem atlantischen oder Golfhafen oder Häfen der Union, oder Kanada mittels direkten Dampfers nach London während des im Vertrage

Der Weltgetreidehandel.   3

angeführten Monats verschifft wird, wenn es von atlantischen oder kanadischen Häfen geschieht und nicht später als dem 23. des Monats, wenn dies ab Golfhäfen vorgenommen wird. Der Preis gilt für 1 Einheit von 480 Pfd. Reingewicht im losen Zustande (alla rinfusa), aus dem Schiff geliefert. — Leichte trockene Wärme, die die Ware nicht beschädigt, kann nicht zurückgewiesen werden, aber durch Seewasser oder in anderer Weise beschädigter Mais muß vom Käufer mit einer von den Sachverständigen bestimmten Entschädigung für jede Einheit von 480 Pfd. übernommen werden, die auf der Grundlage des am Tage der endgültigen Erledigung des Vertrages bestehenden Preises festgestellt ist.

Die Muster werden während der Entladung gemeinschaftlich von den Agenten der Vertragschließenden genommen und versiegelt. Die Einheit des Preises ist ¼ d. für 1 Quarter von 480 Pfd.

Die Angebote können aus zwei Posten bestehen und zu verschiedenen Zeiten gemacht werden.

Besteht ein Posten aus weniger als 200 Quarters, zu je 480 Pfd., so hat der Käufer das Recht, eine Vergütung von 3 d. für je 480 Pfd., mit einem Mindestbetrage von 1 £, zu fordern.

Der Verkäufer kann auch Mixed American Corn No. 2 in gutem marktfähigem Zustande zum Vertragspreise aus einem Speicher zu den Bedingungen für London Maize anbieten, u. z. binnen 10 Tagen vor oder nach dem letzten Tage des für die Verschiffung angegebenen Monats.

Alle Streitigkeiten werden durch zwei vom Käufer und Verkäufer ernannte Sachverständigen, die, wenn erforderlich, einen dritten wählen, endgültig erledigt. Dem Clearing-House steht das Recht zu, auf Verlangen eines Beteiligten die Schlichtung der Streitigkeiten laut den Bestimmungen für London Maize vorzunehmen, wenn binnen 7 Tagen, von der endgültigen Erledigung an gerechnet, kein Urteil erfolgt.

Bezüglich der Form der Termingeschäfte ist zu bemerken, daß zwischen Käufer und Verkäufer zwei Schlußbriefe gewechselt werden, deren eine Hälfte beim Clearing-House, mit der Unterschrift des Verkäufers oder Käufers hinterlegt werden. Die Unterschrift des vermittelnden Agenten (Broker) gehört gleichfalls dazu.

Einen Begriff gibt der folgende Text eines Schlußbriefes, der dem Käufer eingehändigt wird:

Wheat Contract

London, 10ton January 1905.

Bought for

James Waterborough

4800 Units of 100 lbs. each, American Wheat (Basis No. 1. Northern Spring, Duluth Certificate.

Delivery: February 1905.

Price: $\frac{4}{5}$ per Unit of 100 lbs. Subject to the Regulations and Conditions of The London Produce Clearing-House Limited, for Wheat future delivery business.

Brokerage $\frac{1}{2}$ %.

Bruce, Broker.

Wheat Contract

to The London Produce Clearing-House, Limited.

Bought for

James Waterborough, London.

4800 Units of 100 lbs. each American Wheat (Basis No. 1 Northern Spring, Duluth Certificate)

Delivery: February 1905.

Price: $\frac{4}{5}$ per Unit of 100 lbs. Subject to the Regulations and Conditions of The London Produce Clearing-House, Limited, for Wheat future delivery business.

Brokerage $\frac{1}{2}$ %.

Bruce, Broker.

Confirmed, James Waterborough,

Buyer.

Reg. No. 206.

Der Mais muß aus den gebräuchlichen Londoner Docks, mit Ausnahme der Tilbury Docks, oder aus dem Speicher der London Grain Elevator Co. geliefert werden.

Der Verkäufer hat das Clearing-House vom Angebot, binnen 8 Tagen von der Ausfertigung des Ladescheines gerechnet, zu verständigen und mit einem Nachlaß von 3 d. per 480 Pfd. an zwei weiteren Tagen, aber nicht später als zur Mittagsstunde des letzten Tages, keinesfalls aber später als 24 Stunden vor der Zeit, zu der der Käufer bereit sein muß, die Ware aus dem Schiff oder Speicher zu übernehmen. Diese Anzeige muß unbedingt zuverlässig sein und hat der Verkäufer nur für telegrafische Fehler (Verstümmelungen) und Verzögerungen keine Verantwortung.

3*

Die Ausfertigung des Ladescheines ist Beweis für den Zeitpunkt der Verschiffung, wenn kein gegenteiliger Beweis vorliegt.

Das Clearing-House kann das Angebot einem ihr passenden Käufer, der einen unerfüllten Vertrag in den Händen hat, übermitteln und dann Käufer und Verkäufer in Verbindung bringen. Alle Angelegenheiten, mit Ausnahme der Zahlung, werden unmittelbar zwischen Verkäufer und dem letzten Käufer geregelt. Wenn ein Angebot zurückverkauft wird, so ist das Clearing-House vom Käufer sofort zu verständigen, das dem Verkäufer den Namen des letzten Käufers, der Mitglied des Clearing-Houses ist, angibt.

Der Verkäufer hat die Ablieferungs-Verfügung dem Clearing-House zu übergeben und der Käufer hat diese rechtzeitig zu übernehmen, um den Mais aus dem Schiffe oder Speicher zu empfangen. Die fällige Zahlung des Käufers an das Clearing-House geschieht gegen diese Ablieferungs-Verfügung. Sobald sich das Clearing-House Überzeugung geschaffen hat, daß der Mais in gutem Zustande abgeliefert oder daß eine endgültige Abrechnung auf Grund eines etwaigen Sachverständigen-Urteils ausgemacht worden ist, so ist der Ertrag dem Verkäufer auszuliefern.

Liverpool. Nächst London ist Liverpool für den Getreidehandel von großer Bedeutung für das Termingeschäft sogar von größerer Wichtigkeit für den Weltmarkt. Die Führung und Aufsicht des Geschäftes in Liverpool liegt in Händen der Liverpool Corn Trade Association und sind die Bestimmungen, von kleinen Aenderungen abgesehen, mit jenen der London Corn Trade Association, die ausführlich mitgeteilt wurden, übereinstimmend. Abweichungen zeigen besonders jene Bestimmungen, die mit dem Preise zusammenhängen, denn dieser wird in Liverpool auch im Effectivgeschäfte für je 1 Cental (= 100 lbs) in Shillingen und Pence festgesetzt.

Das Termingeschäft wird durch das Liverpool Clearing-House abgewickelt, das eine Gründung der Association ist.

Die Geschäfte beziehen sich auf American Mixed Maize faqu. und American Red Winter Wheat, dessen Qualität dem von der Liverpool Corn Trade Association festgestellten Standard-Muster für Red Winter Wheat No. 2 oder No. 2 Spring Wheat entsprechen muß. Ein Schluß muß auf 5000 Centals ausgestellt sein.

Der Schlußbrief für Termingeschäfte in Liverpool lautet:

No. 26. — Future Delivery Contract — Amercian Red Wheat.
The Liverpool Corn Trade Association, Limited.

Liverpool, ... 190.

We have this day Sold to .... on the terms of the Printed Rules of The Liverpool Corn Trade Association, Limited .... say .... Centals American Red Wheat (grown East of the Rocky Mountains Standards of No. 2 Winter or No. 2 Spring, as adopted by the Liverpool Corn Trade per 100 lbs be delivered during .... ex store in Liverpool, or at Sellers option, in Birkenhead at an allowance to the Buyers of One Farthing per Cental. The Wheat to be in fair merchantable condition; a slight dry warmth not to be objected to. Payment — as per Rule 8, allowing interest equal to three months from date of being ready for delivery.

This Contract is made between yourselves and ourselves and not by or with any person, whether disclosed or not, on whose instructions or for whose benefit the same may have been entered into.

Frankreich.

Obgleich in Frankreich im Verhältnis das meiste Brot gegessen wird, so deckt dieses Land doch seinen Bedarf zum größten Teil durch Eigenbau, während seine Hauptzufuhr aus Algier und Tunis stammt. In Frankreich werden im Durchschnitt 250 kg Brotfrucht (Roggen und Weizen) von jedem Einwohner verbraucht, in Deutschland 238 kg, in Rußland 211 kg, in Großbritannien und Irland 162 kg, in den Vereinigten Staaten von Amerika 134 kg. Frankreich wird auch in der nächsten Zeit seinen Bedarf zur Hauptsache selbst decken, weil sich seine Bevölkerung nur im geringen Maße vermehrt, denn die Einwohnerzahl betrug 1876: 36 905 788, 1901: 38 961 945, wogegen sie in Deutschland von 1875: 42 727 360 auf 1900: 56 367 178 belief.

Die Anbauflächen für Weizen, Roggen, Gerste und Hafer sind im Laufe der Jahre etwas zurückgegangen, die auf der Flächeneinheit erzielten Ernteerträge sind dagegen gestiegen.

Wie die folgenden Zusammenstellungen ergeben, unterliegen die Erntemengen ziemlich bedeutenden Schwankungen, besonders bei Weizen, denn in den 14 Jahren von 1890 bis 1903 finden sich Erntemengen von 77 266 000 Hektoliter (Mindestbetrag) und 128 837 000 (Höchstbetrag). Es ist deshalb der Stand der Saaten und die Erntemenge in Frankreich von viel größerem Einfluß auf den heimischen Getreidehandel als z. B. in England.

Den Schwankungen der Erntemenge entsprechend, schwankt auch die Ein- und die Ausfuhrmenge. Für die im Süden Frankreichs, besonders in Marseille vorhandene Hartgrieserzeugung (zur Teigwarenfabrikation) fehlt es in Frankreich an der dazu notwendigen Frucht, diese muß von Nordafrika (Algier, Tunis), besonders aber vom Schwarzen Meere zugeführt werden, selbst in solchen Jahren, in denen Frankreich Überfluß an heimischem Weizen haben würde.

Die einzelnen Zahlen über Anbaufläche, Ernteertrag, Erntemenge, Ein- und Ausfuhr finden sich in den folgenden Zusammenstellungen.

Anbaufläche in 1000 Hektar.

Jahr	Weizen	Roggen	Gerste	Hafer
1890	7 062	1 589	878	3 781
1891	5 760	1 499	1 223	4 243
1892	6 987	1 542	916	3 813
1893	7 073	1 530	875	3 842
1894	6 991	1 556	890	3 881
1895	7 002	1 534	891	3 969
1896	6 870	1 500	854	3 916
1897	6 584	1 452	858	3 991
1898	6 964	1 475	814	3 888
1899	6 940	1 489	806	3 939
1900	6 864	1 420	757	3 941
1901	6 790	1 394	789	3 866
1902	6 796	1 390	777	3 975
1903	6 536	1 341	758	3 934
1904	6 575	1 299	704	3 876

Durchschnitts-Ertrag auf 1 Hektar.

Jahr	Weizen	Roggen	Gerste	Hafer
1890	17	15	20	25
1891	13	14	21	25
1892	16	15	18	22
1893	14	15	14	16
1894	18	17	19	24
1895	17	16	19	24
1896	17	16	19	23
1897	13	12	17	20
1898	18	11	20	27
1899	18	15	19	24
1900	16	16	19	22
1901	16	14	17	20
1902	16	14	20	26
1903	19	16	22	28

Erntemenge in 1000 hl.

Jahr	Weizen	Roggen	Gerste	Hafer	Mais
1890	116 916	23 127	17 157	93 635	8 393
1891	77 266	24 170	25 420	106 145	9 350
1892	109 538	21 589	16 249	83 991	9 375
1893	97 792	23 558	12 241	62 562	9 186
1894	122 469	22 516	17 074	91 879	9 662
1895	119 968	26 407	17 015	94 878	9 220
1896	119 742	25 168	16 241	92 003	10 722
1897	86 900	24 465	14 504	80 204	10 713
1898	128 096	16 964	16 520	98 064	8 280
1899	128 419	23 524	15 966	95 301	9 003
1900	114 711	23 577	14 394	88 310	7 835
1901	109 574	20 889	13 693	79 389	9 301
1902	115 531	20 509	16 130	106 295	?
1903	128 837	21 481	16 689	111 145	?

Einfuhr in 1000 dz.

Jahr	Weizen	Roggen	Gerste	Hafer	Mais
1890	10 552	10	1 700	1 493	6 483
1891	19 602	3	1 368	979	629
1892	18 842	1	1 110	395	2 064
1893	10 032	8	2 505	3 076	2 727
1894	12 496	67	2 915	5 485	2 491
1895	4 507	2	1 472	2 640	1 361
1896	1 585	15	1 421	1 935	3 297
1897	5 227	479	1 938	1 984	3 965
1898	19 545	432	1 727	3 100	5 607
1899	1 445	?	?	?	?
1900	1 295	?	857	2 200	3 341
1901	1 588	17	1 893	4 179	2 947
1902	2 457	17	1 546	2 066	2 203
1903	?	?	?	?	?

Ausfuhr in 1000 dz.

Jahr	Weizen	Roggen	Gerste	Hafer	Mais
1890	6	76	532	30	83
1891	7	405	1228	181	9
1892	8	811	1253	803	5
1893	18	111	155	40	18
1894	32	10	234	19	19
1895	21	29	330	30	2
1896	11	91	215	31	8
1897	6	1	137	22	14
1898	17	5	372	24	57
1899	19	?	?	?	?
1900	?	?	?	?	?
1901	?	?	?	?	?
1902	8	2	466	40	3
1903	?	?	?	?	?

Außer den angegebenen Mengen kommen im Mahlverkehr noch etwa 5 Millionen dz Weizen zur Einfuhr, auf Grund des Gesetzes vom 29. Januar 1901, nach dem der Zoll von 7 Frcs. für 100 kg nur an jene Müller zurückgezahlt wird, die den Weizen in Form von Mehl wieder zur Ausfuhr bringen (70 kg Mehl = 100 kg Weizen).

Die wichtigsten Getreide-Handelsplätze Frankreichs sind: Paris, Marseille, Hâvre, Dunkuerque (Dünkirchen), Cette, Lyon und Bordeaux.

Marseille gilt als größter Einfuhrhafen, Paris als bedeutender Terminmarkt und Dunkuerque als Markt für das landeinwärts gehandelte Getreide.

Marseille ist der Hauptstapelplatz für das aus Rußland, Rumänien, Ostindien und Afrika eingeführte Getreide. Außer dem in effektivem Getreide geschlossenen Geschäfte werden auch Terminschlüsse gemacht, die die Caisse de Liquidation des affaires en marchandise abwickelt.

Die Geschäfte in effektiver, greifbarer Ware sind zweierlei: 1. Promptgeschäfte und 2. Lieferungsgeschäfte. Diese sind nun entweder feste Geschäfte e n m a r c h é f e r m e oder Designations-verkäufe.

Der Preis der Ware wird für je 100 kg in Francs, seltener für Charge (160 l) festgesetzt. Das Qualitätsgewicht bezieht sich auf das Gewicht von 1 Charge in Kilogrammen.

Allgemein gültige Schlußbriefe (Contracte) sind nicht im Gebrauch, ebensowenig niedergeschriebene Handelsgebräuche (Usanzen).

Allgemein werden die Geschäfte wie folgt abgeschlossen: Amerikanisches Getreide handelt man auf Grund des Originalcertificats, russisches und rumänisches Getreide mit garantiertem Gewicht oder laut Muster oder mit beiden Bedingungen zugleich. Bei tunesischer Ware bedingt man gute Durchschnittsqualität der Ernte, bulgarische und türkische dagegen nur laut Muster oder laut Muster mit vorherbestimmtem Höchstbeisatz.

Es ist gebräuchlich, für das Qualitätsgewicht zu garantieren, und zwar für ein Minimum. Ist das Gewicht geringer als dieses, so hat der Käufer das Recht, die Ware einfach zurückzuweisen oder aber, er kann sie mit einer Vergütung über die sich Käufer und Verkäufer freundschaftlich einigen oder, die die Schiedsrichter bestimmen, annehmen. Man garantiert manchmal auch ein Gewicht, dessen unterste und oberste Grenze angegeben wird, also z. B. 128/126 kg für 1 Charge. Das heißt, daß 160 Liter 128 kg wiegen sollen; wiegen sie mehr, so ist dies zugunsten des Käufers, wiegen sie weniger, so sind $\frac{1}{4}$ % für 1 Halbkilogramm des ersten fehlenden Kilogramms zu ersetzen, und 12$\frac{1}{4}$ Centimes für das halbe Kilogramm des zweiten fehlenden Kilogramms.*)

Die Geschäfte erstrecken sich auf keine bestimmte Menge.

Wird das Geschäft mit circa geschlossen, so ist es dem Verkäufer überlassen, mehr oder weniger zu liefern, gewöhnlich 5 %. Wenn der Verkäufer nun weniger liefert, als die Mindestmenge, so hat der Käufer das Recht die ganzen Posten zurückzuweisen oder für den fehlenden Teil eine Entschädigung

---

*) Im Termingeschäft sind für Mengen folgende Durchschnittsgewichte und Vergütungen festgesetzt:

Berdiansk Girka	125 kg für 1 Charge,	12$\frac{1}{2}$ cts Vergütung für $\frac{1}{2}$ kg.
Nicolajew	124 kg für 1 Charge,	12$\frac{1}{4}$ cts Vergütung für $\frac{1}{4}$ kg.
Taganrog } hart Berdiansk }	130 kg für 1 Charge,	50 cts bis 128 kg.

Amerikanischer Weizen 127 kg für 1 Charge, Weißer Bombay-Weizen 91 % Weichweizengehalt und maximum 2 % Beisatz.

zum Tagespreise zu fordern; wenn die Höchstmenge überschritten ist, so steht dem Käufer das Recht zu, die ganze Menge zurückzuweisen, solange er noch nicht über einen Teil der gekauften Ware verfügt hat.

Kommission 1 %. Sensarie (Courtage) $\frac{1}{3}$% für Käufer am Platze, $\frac{1}{4}$% für Käufer im Innern des Landes oder aus dem Auslande.

Die Rechnungen werden mit 1 % Escompte bar beglichen.

Paris. Paris ist ein bedeutender Terminmarkt, nicht nur für Frankreich, auch das Ausland nimmt ihn stark in Anspruch. Es werden Geschäfte in Weizen, Roggen und Hafer abgeschlossen.

Die Termine sind: der laufende Monat, die einzelnen Monate, Doppelmonate und die Vier-Monatstermine.

Ein Schluß beträgt 25000 kg. Der Verkäufer kann 5 % mehr oder weniger liefern, die Abweichung im Gewicht und Qualitätsgewicht wird zu jenem Preise verrechnet, der am Tage der Lieferung gültig ist. Die Qualität wird mit der metrischen Probe bestimmt, und zwar mit dem konischen Kübel (trémie conique).

Die Handelsgebräuche (Reglements) enthalten die folgenden hauptsächlichen Bestimmungen:

I. Weizen. Der Weizen soll weich und von guter Qualität sein.

Gehandelt werden — mit Ausschluß aller anderen: Die französischen, algierischen, italienischen, spanischen, portugisischen, belgischen, holländischen, dänischen, deutschen Weizensorten, ferner aus den östreichischen Ländern, die zum einstigen deutschen Bunde gehörten, die gelben polnischen und gelben ungarischen Weizen.

Die weißen australischen Weizen, jene aus Kalifornien, Oregon, Walla-Walla zu besonderen Bedingungen, sodann neuseeländischer Weizen; die aus anderen Staaten Nordamerikas (von der atlantischen Küste) stammenden roten und weißen Weizen werden als gleicher Herkunft betrachtet. Für englischen Weizen bestehen besondere Bedingungen.

Ware verschiedener Herkunft darf nicht gemischt werden. Jede irrige oder falsche Bezeichnung der Herkunft ist Grund zum Zurückweisen der Ware.

Vom Handel ausgeschlossen sind: die gedörrten harten

Weizen-, die Mitadin, Hühnerweizen, Riesenweizen, der sogenannte
März-Weizen und alle jene Weizen, deren Handelswert zufolge
ihrer Beschaffenheit ein geringerer ist.

Wenn im Weizen über 2 % Beisatz (aus hartem, halbhartem,
Mitadin-, Hühner- oder Riesen-Weizen bestehend) vorhanden ist,
so kann die Ware zurückgewiesen werden; dies kann auch geschehen, wenn sie (abgesehen von dem obigen Beisatz) mehr als
5 % an Beimengungen (Aussiebsel, kleinem Weizen, gebrochenem
Weizen, Getreidekörner oder Fremdkörper, die auf natürliche
Weise in den Weizen gelangen) enthalten.

Eine Ausnahme von dieser Bestimmung wird in Bezug auf
Weizen gemacht, dessen Qualitätsgewicht 79,5 kg erreicht, und
zwar wird ein Spielraum von 1 % zugestanden.

Auf alle Fälle wird über 3 % dem Käufer folgende Vergütung gewährt:

½ % wenn der Weizen 3,01—3,50 % an Beimengungen enthält,
1 % „ ,. „ 3,51—4,— % „ „ „
1½ % „ „ „ 4,01—4,50 % „ „ „
2 % „ „ „ 4,51—5,— % „ „ „

mit einigen Ausnahmen (für die australischen und amerikanischen
Sorten).

Das Gesamtgewicht der Fremdkörper im Weizen darf 2 %
nicht überschreiten. Bei der Bestimmung der Beimengung wird
die Menge der Fremdkörper auf der Handfläche bestimmt. —
Die kleinen und die gebrochenen Weizenkörner werden mittels
zweier von der Börsen-Kommission angenommener Siebe festgestellt und der Befund bei der Börsendirektion niedergelegt. Das
eine Sieb ist mit einem Gewebe No. 4 versehen und dient ausschließlich zur Bestimmung der Beimengungen der roten Winter-
weizen aus Amerika, St. Louis. — Das zweite Sieb hat ein Gewebe No. 5 für alle anderen Weizensorten.

Die weißen Weizen aus Australien, Oregon und Walla-Walla
unterliegen der Untersuchung, dem Sieben der Beimengungen
und der Fremdkörper nicht; sie werden auf Grund eines einfachen Vergleichs mit dem Standardmuster eines jeden Jahres
zugelassen und beurteilt. Dieser Vergleich genügt. — Die
Sachverständigen erklären sich für die Annahme oder Zurückweisung der Ware. Diese Weizensorten müssen immer guter
Qualität sein. Ihre Qualitätsgewichte werden nachstehend angeführt.

Als Grundlage dient das Gewicht von 77 kg für 1 Hektoliter. Eine Abweichung bis zu 2 kg wird gestattet, doch hat der Verkäufer folgende Vergütungen zu leisten:

$\frac{1}{2}$ %	wenn das Gewicht des Weizens 77,—				—76,750 kg
1 %	„	„	„	„	„	76,750—76,500 kg
1$\frac{1}{2}$ %	„	„	„	„	„	76,500—76,250 kg
2 %	„	„	„	„	„	76,250—76,— kg
2$\frac{1}{2}$ %	„	„	„	„	„	76,— —75,750 kg
3 %	„	„	„	„	„	75,750—75,500 kg
3$\frac{1}{2}$ %	„	„	„	„	„	75,500—75,250 kg
4 %	„	„	„	„	„	75,250—75,— kg

beträgt.

Die Weizensorten im Qualitätsgewicht von 77,500 kg bis 78,— kg können ohne Vergütungsverpflichtung 3$\frac{1}{2}$ % Beimengungen enthalten

jene von 78,— kg bis 78,500 kg 4 %
78,500 kg bis 79,— kg 4$\frac{1}{2}$ %
79,— kg bis 79,500 kg 5 %
79,500 kg bis 80,— kg 5$\frac{1}{2}$ %
80,— kg und darüber 6 %.

Diese Regeln können jedoch auf englischen Weizen keine Anwendung finden. Diese Weizensorten werden auf dem Pariser Markte nur mit einem Qualitätsgewichte von 79 kg für 1 Hektoliter zugelassen.

Eine Abweichung von 2 kg ist gestattet, doch hat der Verkäufer dem Käufer eine Entschädigung von $\frac{1}{2}$ % für je 250 Gramm zu leisten.

Die englischen Weizen dürfen nicht gemischt werden, da sie sonst ohne weiteres zurückgewiesen werden können. Auf den Untersuchungsbescheinigungen für Posten mit Vergütungen ist dies ausdrücklich vermerkt.

II. Roggen. Das Qualitätsgewicht muß 72 kg für 1 hl betragen. Eine Abweichung von 3 kg ist dem Verkäufer wohl gestattet, doch hat er für je 250 Gramm, $\frac{1}{4}$ % zu vergüten. Also bei einem Gewichte von 69 bis 69,250 kg . . . 3 %.

III. Hafer. Der Hafer muß für 1 hl mindestens 47 kg Gewicht haben. Es wird ein Spielraum von 2 kg zugestanden und ist der Verkäufer zu einer Vergütung von $\frac{1}{2}$ % für je 250 Gramm verpflichtet. Die Courtage beträgt 5 cts per 100 kg.

Dünkirchen *(Dunkuerque)*. Der Import aus Algier, insbesondere aus Philippeville richtet sich nach diesem Hafen.

Der Preis versteht sich laut Platzgebrauch für 100 kg in Franken, frei Eisenbahnwagen oder Schiff (oder Parität) Dunkuerque).

Die Qualität die für 1 Hektoliter in Kilogramm festgesetzt wird, muß die gute Durchschnittsqualität der letzten Ernte zur Zeit und am Orte der Verschiffung sein.

Die Ware muß in gesundem Zustande zur Ablieferung kommen, d. h. ohne Seebeschädigung (Havarie) oder Erhitzung; eine gelinde trockene Wärme wird nicht beanstandet.

Der Käufer ist gehalten die Ware und ihre Beschaffenheit am Orte der Ablieferung zu prüfen. Die Verladungs-Ordre wird als formelle Annahme betrachtet.

Demzufolge hört die Verantwortlichkeit des Käufers auf, sobald die Ware verladen ist (Bahn, Schiff oder Fuhrwerk).

Bei Qualitäts-Streitigkeiten unterwerfen sich beide Teile dem endgültigen Urteile des Schiedsgerichtes (Chambre Syndicat et de Concilliation de Dunkuerque).

Jede monatliche Teillieferung bildet einen Kontrakt für sich.

Säcke hat der Käufer beizustellen, frei Bord des zu löschenden Schiffes. Stellt er sie nicht bei, so kann der Verkäufer solche für Rechnung des Käufers ausleihen.

Die Lieferung zur Bahn oder Schiff verpflichtet den Verkäufer nicht zur Beschaffung der Säcke. Falls kein Fahrzeug (Bahnwagen, Schiff) vorhanden ist, hat er das Recht, die Ware für Rechnung und Gefahr auf dem Kai zu lassen.

Es ist zu bemerken, daß bei Bahnverladung der Preis für 1 Wagenladung lautet. Die Spesen, die bei Teilladungen entstehen, gehen zu des Käufers Lasten.

Die Ware wird vom Verkäufer oder seinem Vertreter auf Kosten des Käufers verladen und gestaut.

Die Bezahlung erfolgt in Dunkuerque gegen bar mit $\frac{1}{4}\%$ Abzug (Discont) oder auf 30 Tage Ziel, mit der Berechtigung auf einen Bankplatz zu trassieren, ohne daß die Verantwortlichkeit des Käufers aufhört.

Deutsches Reich.

Trotzdem sich die Ernteerträge in dem letzten Jahrzehnt ganz bedeutend gehoben haben, macht sich doch eine vermehrte Zufuhr von Brotfrucht, besonders Weizen erforderlich. Die Ursache hierfür liegt in der steigenden Bevölkerungszunahme, wie aus den nachstehenden Zahlen hervorgeht. Es betrug die Einwohnerzahl 1871: 41058792, 1875: 42727360, 1880: 45234061, 1885: 46855704, 1890: 49428470, 1895: 52279901, 1900: 56367178. Mit diesem starken Wachstum der Bevölkerung kann die heimische Erzeugung der Brotfrüchte nicht Schritt halten, wie die folgenden Zusammenstellungen erweisen. Die aus landwirtschaftlichen Kreisen stammende Behauptung: Deutschland könne seinen Getreidebedarf selbst erzeugen, läßt sich gegenüber den Tatsachen nicht aufrecht erhalten. Die zunehmende Bevölkerung braucht immer mehr Brotstoffe, die schließlich im erhöhten Maße vom Auslande zugeführt werden müssen. So ungern dies auch gewisse landwirtschaftliche Kreise, die ihre Interessen mit der Politik zu verquicken wissen, sehen, so wenig läßt sich gegen die unerbittliche Logik der Tatsachen mit Erfolg ankämpfen. Deutschland wird in der Zukunft immer mehr vom Welt-Getreidehandel abhängig und beeinflußt werden, trotz der hohen Zölle, die Getreide bei der Einfuhr zahlen muß und die den Schutz der deutschen Landwirtschaft bilden sollen.

Die hohen Zollsätze verteuern nicht nur die Brotfrucht, sie sind auch von großem Nachteil für den Getreidehandel, der außerdem durch das Börsengesetz vom 22. Juni 1896 schwer geschädigt worden ist. Durch Paragraph 50 des 4. Abschnittes dieses Gesetzes ist der börsenmäßige Terminhandel im Getreide und Mühlenfabrikate untersagt. Die Folge davon war, daß die deutschen Getreidehändler ihre Termingeschäfte an ausländischen Getreidebörsen wie Amsterdam, Antwerpen, Neuyork usw. abwickelten. An Stelle der Termingeschäfte traten an den deutschen Börsen (Berlin) die Zeitgeschäfte in effektivem Getreide und die sogenannten handelsrechtlichen Lieferungsgeschäfte. Auch die von der Regierung begünstigten Kornhaus-Genossenschaften, obwohl sie keine guten Ergebnisse aufweisen, haben den deutschen Getreidehandel schwer geschädigt. Der deutsche Getreidehandel beruht zum Teil auf dem Durchfuhr- (Transit-)verkehr, besonders am Rhein und an der Ostsee.

Die Anbaufläche von Weizen und Spelz ist im letzten Jahrzehnt ungefähr gleich geblieben, von Roggen und Hafer etwas gestiegen, von Gerste nahezu unverändert. An eine nennenswerte Zunahme des Ackerlandes ist nicht zu denken, ganz besonders fehlt es an Weizenboden.

Durch intensivere Bewirtschaftung ist der Durchschnitts-ertrag auf der Flächeneinheit gestiegen. Diese erhöhte Kultur läßt sich aber nicht ins unbegrenzte steigern, sondern nur soweit, wie die höheren Aufwendungen durch den höheren Ertrag von der Flächeneinheit gedeckt werden. Diese Grenze scheint erreicht zu sein. Alle Getreidearten mit Ausnahme von Spelz, der ungefähr unverändert geblieben ist, weisen erhöhte Erträgnisse auf der Flächeneinheit nach.

Die gesteigerte Kultur kommt besonders in der Gesamt-erntemenge zum ziffernmäßigen Ausdrucke alle Getreidearten zeigen im letzten Jahrzehnt bedeutend größere Mengen auf, ganz besonders Roggen, die Hauptbrotfrucht des Landes.

Die Einfuhrmengen sind gewachsen, besonders von Weizen, der zur Volksernährung dient, und Mais, der zu Futterzwecken gebraucht wird. Aber auch die Ausfuhrmengen sind im Wachsen, wie die Zusammenstellungen nachweisen.

Anbaufläche in Hektaren.

Jahr	Weizen und Spelz	Roggen	Gerste	Hafer
1890	2 324 943	5 820 316	1 631 572	3 904 020
1891	2 211 601	5 479 677	1 780 540	4 154 683
1892	2 333 176	5 678 732	1 659 508	3 987 719
1893	2 391 147	6 012 315	1 594 407	3 906 969
1894	2 324 204	6 044 568	1 600 628	3 916 726
1895	2 269 490	5 893 596	1 663 080	4 028 692
1896	2 249 037	5 982 180	1 652 791	3 979 643
1897	2 246 384	5 966 776	1 643 871	3 999 052
1898	2 296 796	5 945 191	1 635 325	3 996 521
1899	2 344 762	5 871 243	1 640 865	3 999 741
1900	2 365 204	5 953 595	1 669 904	4 121 021
1901	1 897 504	5 807 658	1 858 613	4 407 546
1902	2 224 078	6 153 987	1 643 871	4 156 290
1903	2 112 718	6 025 024	1 705 312	4 301 067

Durchschnitts-Ernteertrag auf 1 Hektar in dz.

Jahr	Weizen	Spelz	Roggen	Gerste	Hafer
1890	14·4	13·4	10·1	13·7	12·6
1891	12·4	11·4	8·7	13·9	12·7
1892	16·0	13·8	12·0	14·3	11·9
1893	*17·0	15·2	*15·0	14·8	10·7
1894	*17·0	15·7	*13·9	17·8	16·8
1895	*16·7	13·9	*13·2	16·8	15·5
1896	*18·0	13·2	*14·4	16·5	15·0
1897	*17·2	14·2	*13·8	15·6	14·3
1898	*18·5	15·7	*15·3	17·3	16·9
1899	*19·3	14·7	*14·9	18·2	17·2
1900	*18·9	14·7	*14·4	18·0	17·2
1901	*15·2	13·7	*14·2	17·9	16·0
1902	*20·6	15·5	*15·5	18·9	18·0
1903	*19·3	14·9	*16·6	19·5	18·4
1904	*20·0	14·5	*16·6	18·1	16·6

*) Winterweizen und Winterroggen.

Der Weltgetreidehandel.   4

Erntemenge in 1000 dz.

Jahr	Weizen und Spelz	Roggen	Gerste	Hafer
1890	33 239	58 681	22 834	49 135
1891	27 069	47 828	25 174	52 793
1892	36 607	68 277	24 207	47 430
1893	39 325	89 419	23 597	41 805
1894	38 760	83 430	28 491	65 801
1895	36 726	77 249	27 340	62 445
1896	38 452	85 340	27 271	59 695
1897	37 258	81 705	25 644	57 196
1898	41 218	90 322	28 291	67 541
1899	43 235	86 758	29 839	68 827
1900	43 075	84 180	30 022	70 919
1901	29 310	81 627	33 211	70 502
1902	43 835	94 942	31 002	74 673
1903	40 030	99 045	33 236	78 734
1904	42 586	100 608	29 482	69 360

Einfuhr in 1000 dz.

Jahr	Weizen	Roggen	Gerste	Hafer	Mais
1890	6 726	8 799	7 353	1 877	5 619
1891	9 053	8 427	7 255	1 199	4 083
1892	12 962	5 486	5 833	878	7 173
1893	7 035	2 243	8 517	2 429	7 611
1894	11 538	6 536	10 975	4 026	5 832
1895	13 382	9 648	9 290	2 387	3 238
1896	16 527	10 307	10 281	4 951	8 214
1897	11 795	8 568	10 635	5 479	12 663
1898	14 775	9 141	11 531	4 562	15 806
1899	16 000	5 907	11 103	3 056	16 266
1900	12 939	8 933	7 815	4 624	13 842
1901	23 063	8 871	8 997	4 125	11 933
1902	22 020	9 906	11 276	3 893	9 006
1903	21 246	8 338	15 861	4 703	8 532

Ausfuhr in 1000 dz.

Jahr	Weizen	Roggen	Gerste	Hafer
1890	2	1	64	5
1891	3	1	39	4
1892	2	9	96	5
1893	3	3	82	3
1894	792	497	194	228
1895	699	360	490	514
1896	752	383	210	304
1897	1 714	1 064	185	214
1898	1 348	1 297	127	473
1899	3 339	1 528	279	1 031
1900	2 951	761	304	1 060
1901	2 382	1 051	376	1 461
1902	2 619	1 430	347	1 330
1903	3 467	2 223	416	863

Über den Verkehr in Weizen, Roggen und Mehl folgen graphische Darstellungen, die dem wohlbekannten Mühlenfachblatte „Die Mühle" vom Jahre 1904 entnommen sind.

Deutschlands Weizen-, Roggen- und Mehl-Einfuhr.

In diesen Mengen sind die im Veredelungsverkehre für Rechnung eines Inländers eingeführten Mengen mit enthalten. Bis 1897 wies die deutsche Statistik nur „Mehl" nach. Abgesehen von Weizen- und Roggenmehl, wurde hierunter auch noch Mehl aus Mais, Reis und Hülsenfrüchten verstanden. Von 1897 ab wurde dann Weizenmehl und Roggenmehl getrennt, und auch das Mehl aus anderem Getreide einer besonderen statistischen Nummer unterstellt.

Der Verkehr mit dem letztgenannten Mehle (aus anderem Getreide war nur klein, Er betrug:

im Jahre	in der Einfuhr	in der Ausfuhr	im Jahre	in der Einfuhr	in der Ausfuhr
1897	6 058 dz	36 918 dz	1901	4 371 dz	38 899 dz
1898	4 088 „	36 546 „	1902	3 712 „	42 155 „
1899	6 064 „	41 751 „	1903	3 750 „	49 083 „
1900	6 888 „	45 811 „	1904	4 300 „	45 478 „

4*

Die größte Roggeneinfuhr hat das Jahr 1896 mit 10 306 708 dz aufzuweisen, eine Folge des schlechten Erntejahres 1895/96. Auch Weizen ist aus derselben Ursache in diesem Jahre außer-

Mill. dz.	95	96	97	98	99	00	01	02	03	04	Mill. dz.

Weizen
16 597 054 · 11 795 211 · 14 774 554 · 13 708 505 · 21 842 008 · 20 745 304 · 19 291 066 · 20 211 286 · 13 351 777 · 12 988 688

Roggen
9 648 028 · 10 306 708 · 8 568 315 · 9 140 728 · 5 612 513 · 8 988 888 · 8 687 061 · 9 760 417 · 8 187 638 · 4 724 851

Mehl
825 366 | 455 351 | 878 676 | 297 805 | 482 587 | 858 051 | 404 691 | 886 698 | 888 698 | 248 780

gewöhnlich viel eingeführt worden. 1904 ist weniger Roggen und weniger Mehl eingeführt worden, als in irgend einem anderen der letzten 10 Jahre; dagegen ist die Weizeneinfuhr 1904 gegen das Vorjahr um rd. 1 000 000 dz gestiegen.

Wert der Einfuhr von Weizen, Roggen und Mehl.

Die Wertangaben sind in Millionen zu verstehen. Ein Vergleich der vorstehenden beiden Bilder läßt die Schwankungen der Preise für Weizen und Roggen deutlich erkennen. Bemerkens-

mill. Mk.	95	96	97	98	99	00	01	02	03	04	mill. Mk.
280							288,7	271,6		288,0	280
270											270
260			Weizen						262,8		260
250											250
240											240
230				231,4							230
220											220
210											210
200		197,9									200
190											190
180					180,4						180
170			173,7			171,1					170
160											160
150	144,5										150
140											140
130											130
120			Roggen								120
110								104,8			110
100			102,6			98,0					100
90		85,5					89,5				90
80	80,0		80,3						88,5		80
70					64.9						70
60											60
50										49,8	50
40											40
30					Mehl						30
20											20
10	6,2	9,0	8,4	7,1	8,8	7,8	8,8	7,2	7,1	5,7	10

wert ist, daß in 1904 die bisher höchste Geldsumme, für fremden Weizen, aber auch die bisher niedrigste Summe für ausländischen Roggen und ausländisches Mehl gezahlt wurden.

Deutschlands Ausfuhr von Weizen, Roggen und Mehl.

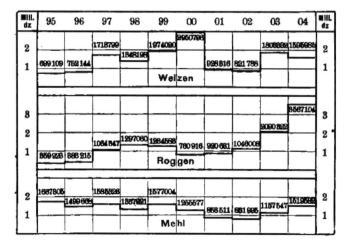

Deutschlands Ausfuhr von Weizen und Roggenmehl.

100 000 dz	97	98	99	00	01	02	03	04	100 000 dz
1 200 000	1136180		1245508						1 200 000
1 100 000									1 100 000
1 000 000								971098	1 000 000
900 000		953480		935266			894659		900 000
800 000	Roggenmehl								800 000
700 000						699470			700 000
600 000					564180			548484	600 000
500 000	449166								500 000
400 000		564441							400 000
300 000			331501	690841	289561		262898		300 000
200 000			Weizenmehl			203595			200 000
100 000									100 000

Die Ausfuhr von Weizen ist im Hinblicke auf die Einfuhr nur ganz unbedeutend und im letzten Jahre sogar etwas zurückgegangen, dafür ist die Roggenausfuhr nicht unerheblich gestiegen. Die Gesamtmehlausfuhr des Jahres 1904 übersteigt ebenfalls die des Vorjahres ganz bedeutend. Die Roggenmehlausfuhr ist in 4 Jahren um mehr als 400 000 dz gewachsen, und die Weizenmehlausfuhr 1904 übersteigt sogar sämtliche Vorjahre.

Herkunft der Weizeneinfuhr.

Die bei der Weizeneinfuhr hauptsächlich in Frage kommenden Länder und die von ihnen gelieferten Mengen sind vorstehend angegeben. Außerdem seien noch erwähnt: Serbien 1904: 85 083

1903: 151 077) dz, Österreich-Ungarn 36 199 (93 341), Belgien 48 525 (94 054), Bulgarien 233 815 (52 905), Australien 482 592 und Britisch-Indien 961 966 (53 502).

Deutschlands Weizenausfuhr nach verschiedenen Ländern.

Mill. dz	95	96	97	98	99	00	01	02	03	04	Mill. dz
Schweden											
1	265 729	331 847	303 291	845 895	904 942	932 410	305 616	383 198	985 756	712 521	1
0											0
Dänemark											
1	216 064	168 925	169 848	179 249	291 697	284 589	145 796	158 625	349 504	319 859	1
0											0
Grossbritannien											
1	83 303	205 064	219 148	185 880	208 925	218 221	258 924	50 819	129 420	89 266	1
0											0
Niederlande											
1	33 405	10 567	80 334	40 565	72 984	218 162	69 349	71 050	111 015	104 840	1
0											0
Oestreich-Ungarn											
1	—	—	249 595	261 117	150 264	12 876	2 886	9 597	897	103 878	1
0											0
Schweiz											
1	81 042	14 018	58 296	83 363	65 697	65 626	88 948	79 645	127 892	143 901	1
0											0

Herkunft der Roggeneinfuhr.

Mill. dz	95	96	97	98	99	00	01	02	03	04	Mill. dz
8	8419798					8848276	8419898				8
7		7879708					7786170				7
6			6107410	6112965				7185008			6
5											5
4					4608670					4 212000	4
3				2439126							3
2											2
1	968488	1291295	1429075		704 940	219 061		606798		209 944	1
	30 600	647 586	786 142	871 221	152 479	165 464	584 440		401 298	26 690	

----- Russland
·-·-· Rumänien
—— Verein. Staaten

Deutschlands Roggenausfuhr nach verschiedenen Ländern.

Außer den hier namhaft gemachten Ländern kommen bei der Einfuhr noch Bulgarien mit 1904: 85 773 (1903: 127 137) dz

MIL. dz	95	96	97	98	99	00	01	02	03	04	MIL. dz
1	121624	152674	205479	164688	215659 Dänemark	155151	319114	266811	587080	749898	1
0											0
1	81450	66148	64098	225698	477878 Schweden	387547	98560	253795	549905	940698	1
0											0
1	66698	60284	94014	59194	66981 Niederlande	85047	185598	195674	308854	487985	1
0											0

und die Türkei mit 94306 (18034) und bei der Ausfuhr noch Norwegen mit 549906 (317818) dz, Östreich mit 335169 (36281) und Finnland mit 107762 (126284) in Betracht.

Herkunft von Deutschlands Mehleinfuhr.

100000 dz	95	96	97	98	99	00	01	02	03	04
300000		311499			Östreich-Ungarn.					
200000	222481		222780		196656	189882	211061		207781	
				156971				160401		148242
100000	39096	61698	55896	78845	104847	95562	119687	107897	78451	59804
				Vereinigte Staaten						

Deutschlands Mehlausfuhr nach verschiedenen Ländern.

100000 dz	95	96	97	98	99	00	01	02	03	04
600000					602467					
500000		479491				510489				
400000	436139		418994						416826	
	385527									364996
300000	317741	290480	317251	275646	326152				276104	332022
		288884	250628		248021	216915	247485	280596		295898
200000				239880			234189		168728	
	213582					186840	207548	156082		224755
100000	108678	101612	174865	165045	189800	194055	158788			168571
				42496	55425	86254	18551	194824		
							85795	24684	40844	

.... Finnl., ———— Niederl., —·—·— Norwegen, ... Dänemark, —— —— Grossbritannien.

Hier ist (aus oben bemerkten Gründen) Weizen- und Roggen-mehl auch für die späteren Jahre des Vergleichs mit den Jahren 1894 bis 1896 halber zusammengefaßt worden. Bei der Mehleinfuhr handelt es sich der Hauptsache nach um Weizenmehl. Die geringen Mengen ausländischen Roggenmehls werden zollfrei von Bewohnern der Grenzbezirke eingeführt. Im Jahre 1904 wurden auf diesem Wege, soweit nachweisbar, 16 268 dz, 1903: 18 285, 1902: 20 739 und 1901: 18 948 dz eingebracht. Ausgeführt wird umgekehrt zum größten Teile Roggenmehl. Die Ausfuhr von Weizenmehl betrug im Jahre 1904 = 971 098 dz, 1903 = 262 888 dz, 1902 = 202 525 dz, 1901 = 289 381 dz.

Deutschlands Roggenmehlausfuhr nach verschiedenen Ländern.

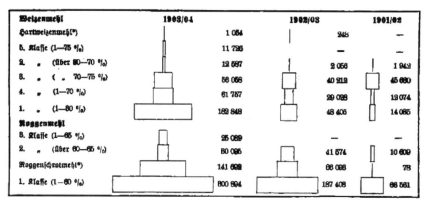

Deutschlands Mehlausfuhr in den Erntejahren 1903/04, 1902/03, 1901/02 nach Ausbeuteklassen.

Weizenmehl	1903/04	1902/03	1901/02
Hartweizenmehl(*)	1 054	248	—
5. Klasse (1—75 %)	11 726	—	—
2. „ (über 60—70 %)	12 597	2 056	1 942
3. „ („ 70—75 %)	56 068	40 212	45 680
4. „ (1—70 %)	61 757	29 098	12 074
1. „ (1—80 %)	189 848	48 405	14 085
Roggenmehl			
8. Klasse (1—65 %)	25 089	—	—
2. „ (über 60—65 %)	80 095	41 574	10 609
Roggenschrotmehl(*)	141 698	86 098	78
1. Klasse (1—60 %)	800 894	187 408	66 561

Nach § 9 des Regulativs für Getreidemühlen vom 15. März 1900 (und Nachträgen) sind abzuschreiben bei der Ausfuhr von 100 kg

Roggenmehl der	1.	Kl.	158,33	kg	Roggen	
„	„	2.	„	100,00	„	„
Weizenmehl	„	1.	„	160,00	„	Weizen
„		„	2.	„	117,50	„ „
„		„	3.	„	100,00	„ „
„		„	4.	„	135,71	„ „

Veredelungsverkehr (Mühlenlager, Weizen und Roggen, Einfuhr).

Das vorstehende Bild gibt die zur Veredelung (Mühlenlager) eingeführten Weizen- und Roggenmengen an. Die im Wege des

Veredelungsverkehrs wieder ausgeführten Posten an Weizen- und Roggenmehl gehen aus dem folgenden Bilde hervor.

Veredelungsverkehr
(Roggen- und Weizenmehl, Ausfuhr).

100000 dz	97	98	99	00	01	02	03	04
900000								
800000	784868		Roggenmehl					
700000								
600000			557740					
500000		496056			510945			
400000							408654	
300000	302721		Weizenmehl			297898	298427	
200000		208609	172601					
100000								101848
					50188	58606	29656	42568	37093

Platzgebräuche.

1. Berlin. Der Getreidehandel in Berlin wird durch den Verein Berliner Getreide- und Produktenhändler beaufsichtigt und überwacht. Die von diesem Verein zusammengestellten Orts-gebräuche beziehen sich auf Geschäfte in Getreide „loco“, „ab-geladen“, „auf Abladung“, „auf Bahn- und Kahn-Lieferung“, „schwimmend“ und „cif“, ferner auf „Zeitgeschäfte in effektivem Getreide“.

I. Handel in Getreide zur sofortigen Abnahme „loco“.

Getreide, das unter der Bezeichnung l o c o gehandelt wird, muß zur sofortigen Abnahme bereit liegen; der Verkäufer hat die Überweisung des verkauften Postens an den Käufer unverzüglich zu bewirken.

A b B a h n gekauftes Getreide hat der Käufer, a) wenn das Geschäft bis 11 Uhr vormittags geschlossen ist, im Laufe des-selben Tages, b) wenn das Geschäft in der Zeit von 11 Uhr vor-mittags bis 2½ Uhr nachmittags geschlossen ist, bis mittags des nächsten Werktages, c) wenn das Geschäft nach 2½ Uhr nach-mittags geschlossen ist, im Laufe des nächsten Werktages ab-zunehmen.

Getreide, das a b K a h n oder a b S p e i c h e r oder f r e i W a g e n oder f r e i W a g g o n gekauft ist, muß von dem Käufer bis zum Ablauf des auf den Geschäftsabschluß folgenden Werktages empfangen werden.

Für das aus einem Kahn gekaufte Getreide gilt die ergänzende Bestimmung, daß der Käufer Posten, die 200 Zentner übersteigen, innerhalb desjenigen Teiles der dem Verkäufer zustehenden freien Liegezeit abnehmen muß, die dem Verhältnis des betreffenden Postens zu der Gesamtmenge entspricht; jedoch ist mindestens die im vorstehenden Absatze erwähnte Empfangsfrist zu gewähren.

Die Gewichtsfeststellung geschieht am Lagerorte, oder, wenn das Getreide im Waggon überwiesen ist, auf einem, der Wahl des Käufers überlassenen Bahnhofe Berlins oder der unmittelbar daran grenzenden Vororte oder an einem am Bahnstrange gelegenen Speicher durch vereidete Wäger, bahnamtlich oder durch die Speicherverwaltung. Soll die Feststellung durch einen vereideten Wäger erfolgen, so hat der Käufer für Beschaffung eines solchen Sorge zu tragen.

Der Käufer hat das Recht, das in Säcken gelieferte Getreide am Lagerorte in andere Säcke umschütten zu lassen, und die Gewichtsfeststellung auch nach der Umschüttung zu bewirken, jedoch ist eine Bearbeitung des Getreides unzulässig.

Die durch das Umschütten entstehenden Kosten trägt der Käufer.

Wenn der Käufer die Abnahme von Bahnware nicht in der ortsüblichen oder vereinbarten Frist bewirkt hat, so ist der Verkäufer berechtigt, nach vorangegangener eintägiger Aufforderung wie folgt zu verfahren:

Die Abnahme ohne vorherige Gewichtsfeststellung am Lagerort berechtigt den Verkäufer, die Bezahlung der Menge zu verlangen, die ausweislich eines Frachtbriefes oder einer anderen glaubwürdigen Bescheinigung vorhanden war; oder das Gewicht nachträglich auf Kosten des Käufers in glaubhafter Weise feststellen zu lassen.

Unterläßt der Verkäufer jene eintägige Aufforderung, so muß er das später bahnamtlich festgestellte Gewicht anerkennen.

Wenn der Käufer die Abnahme von Speicherware nicht in der ortsüblichen oder vereinbarten Frist bewirkt hat, so darf der Verkäufer nach vorangegangener eintägiger Aufforderung die Ware auf Kosten des Käufers umwiegen lassen. Unterläßt der

Verkäufer die Aufforderung und die Umwiegung, so ist das bei der Abnahme vermittelte Gewicht maßgebend.

Einwendungen gegen die Beschaffenheit des Getreides sind dem Verkäufer zur Kenntnis zu bringen.

Über solche Einwendungen entscheidet eine Kommission von drei Mitgliedern aus der Zahl derjenigen vereideten Sachverständigen, die vom Verein Berliner Getreide- und Produktenhändler E. V. für die betreffende Getreideart gewählt sind.

Wird der Antrag auf Begutachtung nicht innerhalb der vorgeschriebenen Zeit gestellt, so sind die Einwendungen als nicht geschehen zu betrachten.

Werden die Einwendungen des Käufers vom Verkäufer oder durch Schiedsspruch als begründet anerkannt, so gilt das Geschäft als aufgehoben, und weder Käufer noch Verkäufer können daraus irgendwelche Ansprüche gegeneinander herleiten.

Wird nur ein Teil beanstandet oder als unlieferbar erklärt, so hat der Käufer das Recht, den für gut befundenen Teil abzunehmen.

Die Kosten der durch die Begutachtung verzögerten Abnahme trägt der unterliegende Teil.

Findet der Käufer nach der Abnahme eines Teiles des gekauften Getreides, das in Säcken geliefert wird, am Orte der Lagerung'eine Verschiedenheit in der Qualität, so soll er berechtigt sein, die Abnahme des nicht übernommenen Teiles zu beanstanden und ist dann das gleiche Verfahren in betreff dieses Teiles zu beobachten, wie dies bei Beanstandung des ganzen Postens vorgeschrieben ist.

Diese nachträgliche Beanstandung ist nur innerhalb eines Werktages nach Ablauf der ortsüblichen oder vereinbarten Abnahmefrist zulässig.

II. Handel in Getreide „abgeladen",
„auf Abladung", und „auf Lieferung" per Bahn.

Getreide, das als „abgeladen" verkauft ist, muß zur Zeit des Verkaufes bereits der Eisenbahn zur Beförderung übergeben sein.

Getreide, das „auf Abladung" verkauft ist, ist innerhalb der vereinbarten Abladefrist der Eisenbahn zur Beförderung zu übergeben. Die rechtzeitig geschehene Verladung hat der Verkäufer in angemessener Frist durch bahnamtliche Bescheinigung nachzuweisen.

Wenn *prompte Abladung* bedungen ist, so hat der Verkäufer die Abladung innerhalb der auf den Geschäftsabschluß folgenden 7 Werktage zu bewirken, wenn er selbst die Säcke zu liefern hat. Hat dagegen der Käufer die Säcke zu liefern, so muß er diese spätestens am nächsten Werktage an die aufgegebene Adresse senden, und hat alsdann der Verkäufer das verkaufte Getreide innerhalb 7 Werktagen nach Eintreffen der Säcke der Bahn zur Beförderung zu übergeben. Unterläßt der Käufer die rechtzeitige Absendung der Säcke, so ist der Verkäufer berechtigt, andere Säcke für die Rechnung des Käufers zu beschaffen.

Ist über die Abladefrist nichts vereinbart, so soll prompte Abladung als bedungen gelten.

Getreide, das *auf Lieferung* verkauft ist, hat der Verkäufer spätestens am letzten Werktage der bedungenen Frist bis abends 6 Uhr dem Käufer am Erfüllungsorte zur Verfügung zu stellen.

Wenn *prompte Lieferung* bedungen ist, so hat sie innerhalb der auf den Geschäftsabschluß folgenden 7 Werktage stattzufinden.

Ist bei einem Geschäft *auf Abladung und auf Lieferung* die Erfüllung innerhalb der vereinbarten Frist nicht erfolgt, so hat der Käufer dem Verkäufer eine angemessene Nachfrist zu stellen. Eine längere Nachfrist als vier Werktage hat der Verkäufer, nicht zu beanspruchen, und sie soll auch nur dann eintreten, wenn eine Lieferung nicht stattgefunden hat; sie ist ausgeschlossen bei nicht vertragsmäßiger Lieferung.

Sind die vorstehenden Bestimmungen nicht erfüllt, so ist der Käufer, sobald er die Nachlieferungsfrist gewährt hat, berechtigt, vom Vertrage zurückzutreten oder Schadenersatz wegen Nichterfüllung zu verlangen.

Soll der Schadenersatz auf Grund eines Deckungskaufes geltend gemacht werden, so muß der Ankauf innerhalb zweier Werktage erfolgt sein.

Der Käufer hat dem Verkäufer unverzüglich Anzeige zu machen, von welchem Rechte er Gebrauch machen will, sowie Kenntnis zu geben von der Ausführung eines etwaigen Deckungskaufes.

Bei einem Kaufe auf *Abladung ab einer Station* oder *frei Berlin* oder *frei einer andern Station* haftet der Verkäufer für die vertragsmäßige Lieferung bis zum Bestimmungsorte.

Bei einem Kaufe *ab einer Station* trägt der Käufer die Gefahr des Transportes. Die Kosten des Verladung trägt der Verkäufer, die Kosten der Entladung der Käufer.

Ist für *abgeladenes* oder *auf Abladung* oder *auf Lieferung per Bahn* geschlossenes Getreide Berlin oder einer seiner unmittelbar angrenzenden Vororte Bestimmungsort, so kommen hinsichtlich der Abnahme die entsprechenden Bestimmungen, wie für *loco* gehandeltes Getreide, zur Anwendung.

Im Falle die Sachverständigen die Ware als nicht vertragsmäßig befinden und den Minderwert nicht über 2 Mark für 1000 kg festsetzen, hat der Käufer die Ware unter Abzug des Minderwertes zu übernehmen.

Wird dagegen auf einen höheren Minderwert erkannt, so ist der Käufer berechtigt: a) die Ware unter Abzug des festgestellten Minderwertes zu übernehmen, oder, b) vom Vertrage zurückzutreten, oder, c) Schadenersatz wegen Nichterfüllung zu verlangen.

Soll der Schadenersatz auf Grund eines Deckungskaufes geltend gemacht werden, so muß der Ankauf innerhalb dreier Werktage erfolgt sein.

Der Käufer hat dem Verkäufer unverzüglich Anzeige zu machen, von welchem Rechte er Gebrauch machen will, sowie Kenntnis zu geben von der Ausführung eines etwaigen Deckungskaufes.

Wenn der Käufer die Anzeige unterläßt, so wird angenommen, daß damit der Rücktritt vom Vertrage ausgesprochen ist.

Ist Berlin nicht Bestimmungsort, so hat der Käufer die Abnahme der Ware innerhalb der vom Frachtführer gewährten Frist zu bewirken.

Der Käufer ist berechtigt, das Gewicht bahnamtlich, durch vereidete Wäger oder durch glaubwürdige andere Leute auf dem entsprechenden Ankunftsbahnhofe feststellen zu lassen; ist die Abnahme ohne Gewichtsfeststellung erfolgt, so finden auch hier folgende Bestimmungen Anwendung:

Die Abnahme ohne vorherige Gewichtsfeststellung berechtigt den Verkäufer die Bezahlung der Menge zu verlangen, die ausweislich eines Frachtbriefes oder einer anderen glaubwürdigen Bescheinigung vorhanden war; oder das Gewicht nachträglich auf Kosten des Käufers in glaubhafter Weise feststellen zu lassen.

Einwendungen gegen die Beschaffenheit der Ware sind innerhalb angemessener Frist, spätestens innerhalb zweier Werktage nach dem Tage der Überweisung am Ankunftsorte, zur Kenntnis des Verkäufers zu bringen; gleichzeitig sind zwei beglaubigte und versiegelte Proben von mindestens je 1½ kg abzusenden.

Im Falle die Sachverständigen die Ware als nicht vertragsmäßig befinden, und den Minderwert nicht über 5 Mark für 1000 kg festsetzen, hat der Käufer die Ware unter Abzug des Minderwertes zu übernehmen.

Wird dagegen auf einen höheren Minderwert erkannt, so kann der Käufer ebenso, wie bei für Berlin geschlossenem Getreide, vorgehen.

Nach erfolgter Probeziehung hat der Käufer auch in Streitfällen freie Verfügung über den betreffenden Posten Getreide, ohne sich des Rechtes gegen den Verkäufer wegen der abweichenden Beschaffenheit zu begeben; jedoch beschränkt sich das letztere in solchem Falle auf Erstattung des anerkannten Minderwertes.

Wenn der Käufer mit Empfangnahme oder Bezahlung im Verzuge ist, so kann der Verkäufer: a) vom Vertrage zurücktreten ohne Entschädigungsanspruch, oder b) die Ware für des Käufers Rechnung an einem dritten Orte lagern, oder c) die Ware bestmöglich für die Rechnung des Käufers innerhalb zweier Werktage verkaufen lassen. Ort und Zeit des bevorstehenden Verkaufes ist dem Käufer anzuzeigen.

In den Fällen b) und c) ist der Käufer zum Ersatz sämtlicher Kosten verpflichtet.

Welche Wahl der Verkäufer trifft, hat er dem Käufer 24 Stunden vor der Ausführung der erwähnten Befugnisse anzuzeigen. Dem Käufer ist es gestattet, während dieser Frist die versäumte Pflicht nachzuholen, er hat aber die˄durch die Versäumnis entstandenen Kosten zu tragen.

III. Handel in Getreide per Bahn, schwimmend, cif., auf Abladung und auf Lieferung.

Getreide, das als *schwimmend* verkauft ist, muß zur Zeit des Verkaufes den Abladeort verlassen haben.

Wenn Getreide *cif.* verkauft ist, so hat der Verkäufer sämtliche über die verkaufte Menge ausgestellten Ladescheine, mit

Ausnahme des beim Frachtführer befindlichen, als Frachtbrief
geltenden Exemplars, eine Versicherungsurkunde und drei
ordnungsmäßige, vom Frachtführer versiegelte Proben an den
Käufer zu liefern.

Ist ausländisches Getreide *transito* gehandelt, so hat der
Verkäufer den Zollbetrag mit zu versichern.

Die Versicherungsurkunde muß den Rechnungsbetrag ohne
Abzug der Fracht um 3 % übersteigen und von einer als erst-
klassig bekannten Gesellschaft ausgestellt sein.

Ordnungsmäßige Proben müssen die Durchschnittsqualität
des gelieferten Postens darstellen und einen Inhalt von mindestens
je 500 g haben.

Bei Geschäften *auf Lieferung Bahnfrei* hat der Verkäufer
das Getreide spätestens am letzten Werktage der bedungenen
Frist bis abends 6 Uhr dem Käufer am Erfüllungsorte zur Verfügung zu stellen.

Wenn *prompte Abladung* oder Lieferung bedungen ist, so
hat sie innerhalb der auf den Geschäftsabschluß folgenden
2 Wochen zu erfolgen.

Der Verkäufer hat das Recht, bis 5 % mehr oder weniger
zu liefern, wovon 2 % zum Verkaufspreise und der Rest zum
Tagespreise der Konnossementlieferung zu verrechnen sind.

Ist bei einem Geschäft *auf Abladung und auf Lieferung
per Bahn* die Erfüllung innerhalb der vereinbarten Frist nicht
erfolgt, so hat der Käufer dem Verkäufer eine angemessene
Nachfrist zu stellen. Eine längere als siebentägige Nachfrist hat
der Verkäufer nicht zu beanspruchen.

Einwendungen gegen die Beschaffenheit der *cif.* verkauften
Ware sind bei Vorlegung der versiegelten Schifferproben zu
erheben.

Hinsichtlich der Bemängelung der Qualität, der Vergütungen,
des Verzuges des Käufers, sind die für das *per Bahn* verkaufte
Getreide geltenden Bestimmungen maßgebend.

Sind mehrere Posten in einem Fahrzeuge, so entfällt auf
jeden Empfänger von der Gesamtliegezeit ein Anteil im Verhältnis
seiner Menge, und zwar in der Reihenfolge, wie der Schiffer die
Ware nach ihrer Lage im Fahrzeuge herausgeben kann. Wer
diese Bestimmungen nicht innehält, hat den anderen Empfängern
etwaigen Schaden zu ersetzen.

IV. Allgemeine Bestimmungen.

Die Zahlung hat bar Zug um Zug zu erfolgen.

Die Kosten der Begutachtung trägt der unterliegende Teil
Stellt einer der Vertragsschließenden seine Zahlungen ein, oder
liegen Tatsachen vor, die einer Zahlungseinstellung gleich zu
erachten sind, so hat der andere Teil die Abwickelung des Geschäftes spätestens am zweiten Geschäftstage nach dem Bekanntwerden der Zahlungseinstellung oder einer dieser gleich zu
erachtenden Tatsache durch Kauf oder Verkauf zu bewirken,
oder durch Feststellung des Marktpreises die Regelung vorzunehmen. Der sich ergebende Preisunterschied ist zwischen
den Parteien zu verrechnen.

In allen Streitfällen ist Berlin als Gerichtsstand anzusehen.

Zeitgeschäfte in effektivem Getreide.

Weizen.

Lieferbar ist gesunder, trockener und für Müllereizwecke
gut verwendbarer Weizen, mit einem Normalgewichte von 755 gr
für 1 Liter. Von der Lieferung ausgeschlossen sind: Rauhweizen,
Kubanka und andere ausländische Hart- (Gries-) Weizen, ferner
künstliche Mischungen von weißem und rotem (gelbem) Weizen.

Lieferbar ist nur Weizen, der vor der Andienung, jedoch
nicht früher als an dem der Andienung vorangehenden Werktage
von drei Sachverständigen begutachtet und vertragsmäßig befunden wurde. Als vertragsmäßig gilt auch Weizen, bei dem
die Sachverständigen unter Berücksichtigung der Beschaffenheit
und des Gewichtes einen Mehr- oder Minderwert zu 2 Mark für
je 1000 kg (Tonne = t) festsetzen; in diesem Falle ist der
Käufer zur Abnahme unter Vergütung des Mehrwertes oder
Abzug des Minderwertes verpflichtet. Weizen mit größerem
Minderwerte ist von der Lieferung ausgeschlossen. Wird ein
2 Mark überschreitender Mehrwert festgesetzt, so ist die Lieferung
vertragsmäßig, jedoch hat der Käufer niemals mehr als 2 Mark
für 1 t zu vergüten. Wird der Weizen für lieferbar erklärt, so
haben die Sachverständigen eine Bescheinigung darüber zu erteilen und eine Beutelprobe von mindestens 2 kg im Wägeramte
zu hinterlegen.

Die Andienung hat schriftlich zu erfolgen und muß von
dem Aussteller dem Käufer an einem Werktage bis 12 Uhr

5*

mittags zugestellt werden; endet die Lieferzeit an einem Sonn-
oder Feiertage, so hat die Andienung an dem vorhergehenden
Werktage zu erfolgen.

Der Andienung ist die Bescheinigung der Sachverständigen
beizufügen.

Die Andienung kann Dritten überwiesen werden; in diesem
Falle hat die Weiterlieferung ohne jeden Verzug zu geschehen.
Die Umlaufzeit der Andienung endigt am Tage der Ausstellung
nachmittags 6 Uhr.

Der Verkäufer ist berechtigt, innerhalb der bedungenen Zeit
den Weizen in mehreren Teilen zu liefern, und jede einzelne
Lieferung von zwei verschiedenen Stellen zu bewirken; jedoch
darf er bei Abschlüssen von 30 t und darüber niemals weniger
als 30 t auf einmal andienen. Bei Abschlüssen unter 30 t ist
die gehandelte Menge auf einmal und von einer Stelle zu liefern.
Die Abnahme hat innerhalb sechs Tagen, den Tag der Andienung
mitgerechnet, Zug um Zug gegen bare Bezahlung zu geschehen.
Endet die Frist an einem Sonn- oder Feiertage, so muß die
Abnahme am vorhergehenden Werktage erfolgen.

Roggen.

Lieferbar ist guter, gesunder, trockener Roggen, frei von
Darrgeruch, mit einem Normalgewichte von 712 gr für 1 Liter.
Als vertragsmäßig gilt auch Roggen, bei dem die Sachver-
ständigen unter Berücksichtigung der Beschaffenheit und des
Gewichtes einen Mehr- oder Minderwert bis zu $1\frac{1}{2}$ Mark für
1 t festsetzen; in diesem Falle ist der Käufer zur Abnahme unter
Vergütung des Minderwertes verpflichtet. Roggen mit größerem
Minderwerte ist von der Lieferung ausgeschlossen. Wird ein
$1\frac{1}{2}$ Mark übersteigender Mehrwert festgesetzt, so ist die Lieferung
vertragsmäßig, jedoch hat der Käufer niemals mehr als $1\frac{1}{2}$ Mark
für 1 t zu vergüten. Wird der Roggen für lieferbar erklärt, so
haben die Sachverständigen eine Bescheinigung darüber zu erteilen und eine Beutelprobe von mindestens 2 kg im Wägeramte
zu hinterlegen. Sonst gelten dieselben Bestimmungen wie bei
dem Weizen.

Hafer.

Lieferbar ist guter, gesunder, trockener Hafer, frei von Darrgeruch, mit einem Normalgewicht von 450 gr für 1 Liter. Sonst
gelten dieselben Bestimmungen wie bei Weizen.

Mais.

Lieferbar ist guter, gesunder Mais. Als vertragsmäßig gilt auch Mais, bei dem die Sachverständigen unter Berücksichtigung der Beschaffenheit einen Mehr- oder Minderwert bis zu 1 Mark für 1 t festsetzen; Mais mit größerem Minderwerte ist von der Lieferung ausgeschlossen. Wird ein 1 Mark übersteigender Mehrwert festgesetzt, so ist die Lieferung vertragsmäßig; jedoch hat der Käufer niemals mehr als 1 Mark zu vergüten. Sonst wie bei Weizen.

Die Andienungsschreiben, sowie die Bescheinigung der Sachverständigen müssen enthalten:

Bei Lieferung vom Kahn.

1. Das Datum.
2. Den Namen des Schiffers, die Nummer des Kahnes und den Ort der Abladung.
3. Den Standort des Kahnes, vorbehaltlich etwaiger Änderung durch polizeiliche Andienung.

Bei Lieferung vom Boden.

1. Das Datum.
2. Die genaue Bezeichnung des Postens nach Lagerraum und Menge.

Die Empfangnahme der Ware geschieht auf Kosten des Empfängers. Ergibt sich bei Abnahme eines überwiesenen Postens ein Fehlgewicht, das nicht über 5 % betragen darf, so wird es zum Preise des Abnahmetages, oder, falls die Abnahme nach Ablauf der vertragsmäßigen sechs Tage erfolgt, zum Preise des letzten Tages der vertragsmäßigen Abnahmefrist berechnet.

Die Begutachtung geschieht durch die vom Verein Berliner Getreide- und Produktenhändler gewählten und für den Berliner Verkehr vereideten Sachverständigen. Der schriftliche Antrag auf Begutachtung ist an den dem Lebensalter nach ältesten Sachverständigen oder dessen Stellvertreter zu richten.

Im Falle des Verzuges kommen die §§ 325 und 326 B. G. B. und § 373 H. G. B. in Anwendung mit der Maßgabe, daß der nicht Säumige dem Säumigen zur Bewirkung der Leistung unter allen Umständen eine angemessene Frist gemäß § 326 B. G. B., Absatz I, gewähren muß.

Stellt einer der Vertragsschließenden seine Zahlungen ein, so hat der andere Teil die Abwickelung des Geschäftes spätestens am Tage nach Bekanntwerden der Zahlungseinstellung durch Kauf oder Verkauf der Ware zu bewirken. Der sich ergebende Preisunterschied ist zwischen den Parteien zu verrechnen.

Die Hafenstädte der Ostsee stehen mit Rußland, als Produktions- land einerseits und Schweden, Norwegen, Dänemark und England als Absatzgebiete andererseits, in lebhafter Verbindung und sind daher besonders für den Durchfuhr-(Transit-)handel von Be- deutung.

2. Königsberg. Der Getreidehandel erfolgt nur in effektiver Ware und nach Probe.

Die Preise werden für jede einzelne, nach der Probe sich ergebende Qualität besonders festgesetzt u. z. nach jedem einzelnen Posten für 1 Tonne v. 1000 kg. Gehandelt wird inländisches und russisches Getreide. Bei R o g g e n, der Hauptfrucht, erfolgt die Preisfestsetzung für das Grundgewicht von 714 Gramm (120 Pfd.) und sind jede 6 Gramm mehr oder weniger bei inländischer Ware mit 1 Mark, über 738 Gramm mit $\frac{1}{2}$ Mark für 1 t zu ver- güten. Bei russischem Roggen ist blos $\frac{1}{4}$ Mark für 1 t zu ver- güten.

Wenn die Ware mit der Verkaufsprobe nicht stimmt oder den Verkaufsbedingungen nicht entspricht, so stellt die *ständige Kommission an der Königsberger Getreidebörse* den zu ver- gütenden Wertunterschied fest.

Wenn die Menge der zu liefernden Ware mit der Bezeichnung *circa* festgesetzt ist, so können 5 % mehr oder weniger geliefert werden. — Nach erfolgter Anweisung darf der Verkäufer von der mit *circa* bezeichneten Menge weder etwas abnehmen noch etwas hinzufügen.

3. Stettin. Eine Getreidebörse besteht hier nicht. Die Preise werden für je 1000 kg festgesetzt. Die Platzgebräuche gestatten eine Lieferung von 2 % mehr oder weniger; der Unterschied wird zum Vertragspreise beglichen. Hat der Käufer die Posten b e s e h e n und a k z e p t i e r t, so darf er hinsichtlich der Qualität keine Ansprüche an den Verkäufer machen, es sei denn, daß eine bis zur vertragsmäßigen Abnahmezeit erfolgte Ver- untreuung oder Beschädigung der Ware nachgewiesen wird. Wenn die Qualität der Ware mit der Bezeichnung *gute* *gesunde Durchschnittsqualität* bezeichnet wird, so muß die Qualität der vorgelegten Ware, dem Urteile der Sachverständigen nach, der guten Durchschnittsqualität der betreffenden Ernte und Herkunft entsprechen. Bei Verkäufen *cif Stettin* gehen etwaige Eisbrecher-Gebühren zu Lasten des Käufers.

4. Danzig. Getreide wird nach Tonnen zu 1000 kg gehandelt.

Außer dem bedungenen Preise werden dem Verkäufer 2 Mark für jede Tonne (sogenannte Factorei — Provision) gezahlt.

Wenn die Menge mit *circa* oder einem gleichbedeutenden Ausdrucke bezeichnet ist, so hat der Verkäufer den ganzen verkauften Posten unverkürzt zur Verwiegung zu stellen; er braucht nicht mehr als 105 % der bezeichneten Menge zu liefern, muß aber dafür aufkommen, daß mindestens 95 % geliefert werden.

Der Käufer braucht nicht mehr als 105 % zu empfangen, muß sich aber — falls nicht mehr vorhanden — mit 95 % begnügen.

Der Käufer ist berechtigt, zum Zwecke der Prüfung aus Posten von 10 t und weniger eine Probe, aus größeren Posten aber zwei Proben zu nehmen, und hat die Vertragsmäßigkeit der Ware, einschließlich des Börsengewichts, stillschweigend anerkannt, wenn er nicht dem Verkäufer das Gegenteil anzeigt.

Bei *unverzolltem Getreide* hat der Verkäufer dem Käufer 5 kg des verwogenen Getreides für Proben nicht anzurechnen und den Eingangszoll für 10 kg zu vergüten, wogegen der Verkäufer von dem Käufer die unentgeltliche Hergabe einer Probe bis zu 2½ kg aus der bereits zugewogenen Menge beanspruchen kann.

Wird die Vertragsmäßigkeit der Ware bestritten, so ist zu deren Herstellung dem Verkäufer eine Frist von zwei Arbeitsstunden für je zehn Tonnen oder deren Bruchteil zu gestatten. Bedarf er auf dem Speicher des Käufers zu dieser Herstellung eines Arbeitsraumes, so ist er ihm in angemessener Weite zu gewähren.

Das *Qualitätsgewicht* ist in Grammen für das Liter des Getreideprobers Mod. 91 anzugeben.

Die Feststellung eines Mehr oder Minder im Qualitätsgewicht hat die nachstehenden Folgen:

Bei Weizen und Gerste ist

für 3 gr Mindergewicht — — — — — — — — nichts

„ mehr als 3 und nicht über 5 gr Mindergewicht $\frac{1}{2}$ %

„ „ „ 5 „ „ „ 8 „ „ $1\frac{1}{2}$ %

„ „ „ 8 „ „ „ 11 „ „ 2 %

zu kürzen. Bei noch nicht durch Verwiegung empfangenen Posten aus dem Wasser hat der Käufer falls das Mindergewicht 11 gr erreicht, die Wahl, entweder 2 % zu kürzen oder die Ware zurückzuweisen.

Ein Mindergewicht von mehr als 11 gr berechtigt den Käufer — insofern noch nicht durch Verwiegung empfangen ist — zur Zurückweisung. Für Mehrgewicht wird nichts vergütet.

Bei Roggen werden gegen den für das Normalgewicht der Preisfestsetzung verabredeten Preis 50 Pfg. für jede Tonne für jede vollen 3 gr aufwärts, hinzugerechnet und für jede angefangenen 3 gr abwärts, abgezogen.

Jedoch braucht der Käufer einerseits nicht mehr als 12 gr (4 mal 3 gr) Mehrgewicht zu vergüten, andererseits Roggen, der mehr als 12 gr Mindergewicht gegen das beim Kauf angegebene Qualitätsgewicht hat — insofern noch nicht durch Verwiegung empfangen ist — nicht anzunehmen.

Als erhebliche Mängel, die den Käufer zur Zurückweisung der Ware berechtigen, sind insbesondere zu erachten:

1) wenn der Posten in der Zeit vom 15. Juni bis 10. Oktober, beide Tage eingeschlossen, Kornkrebs (Wólken) in schädlicher Menge enthält; .

2) wenn der Posten Darrgeruch oder mehr als einen leichten Boden- oder Sommer-Geruch zeigt;

3) wenn das Getreide warm ist;

4) wenn das Getreide eine wesentliche Abweichung von der vertragsmäßigen Ware ergibt, so daß es — auch trotz besserer Beschaffenheit oder höheren Wertes — den Zwecken des Käufers nicht genügen kann, z. B. bei der Lieferung weißen anstatt roten Weizens;

5) wenn der von den Sachverständigen festgesetzte Wertunterschied mehr als 5 Mark für 1 Tonne beträgt.

Wenn der Verkäufer die noch nicht gelieferte mangelhafte Ware durch andere ersetzen will, so hat er dies bei etwaiger Anerkennung der Bemängelung spätestens bis zum Mittag des der Bemängelung folgenden Börsentages zu erklären, sonst aber unmittelbar nach Empfang der Entscheidung des Sachverständigen.

Zur anderweitigen Lieferung wird dem Verkäufer die Frist eines Börsentages nach dem Tage seiner Erklärung gewährt.

Verwiegung: Die Richtigkeit des Gewichtes kann auf der städtischen Wage nachgeprüft werden. Ergibt die nochmalige Verwiegung nur $\frac{1}{4}$ % oder weniger Unterschied gegen die erste, so bleibt es bei dem Ergebnisse der ersten Verwiegung; andernfalls gilt das Ergebnis der nochmaligen Verwiegung.

Zahlung: Die Bezahlung muß sofort gegen Lieferung der Ware oder eines Teiles derselben erfolgen. Der Verkäufer hat das Recht, vor Beginn der Empfangnahme oder vor Beginn des Fortschaffens aus seinem Fahrzeug die Hinterlegung des Kaufpreises in runder Summe bei dem Vorsteheramte der Kaufmannschaft und die schriftliche Verpfändung der Hinterlegungsbescheinigung zu verlangen.

Der Käufer ist auch insoweit den Kaufpreis schuldig, als Ware von dem Augenblicke des Abtragens oder Fortschaffens von des Verkäufers Wasser- oder Landfahrzeug ganz oder teilweise beschädigt oder vernichtet wird. Die Menge des Verlorenen oder Beschädigten wird im Zweifel nach der Angabe der Kornträger festgestellt.

Falls der Verkäufer Abweichungen von den allgemeinen Bedingungen sich vorbehalten oder für schwieriger erkennbare, späterhin aus der Probe nicht sicher nachweisbare Mängel (wie z. B. Geruch, Wólken) nicht verantwortlich sein will, dann hat er dies auf dem Zettel, mit dem er die Probe ausstellt, in einer auffälligen, von dem sonstigen Inhalt des Zettels erheblich abweichenden Art kenntlich zu machen.

Außer dem Kaufpreise hat der Käufer auf Verlangen der Eisenbahn-Verwaltung Marienburg-Mlavka an diese als geschäftsführende Verwaltung des hiesigen Getreideverkehrs von Russischen Bahnen über Mlawa (Illowo) $\frac{1}{2}$ % des Kaufpreises zu zahlen.

5. Bremen. In Bremen gibt es kein Getreide-Termingeschäft. Es wird nur effektives Getreide gehandelt, in der Hauptsache amerikanisches und russisches Getreide. Für diese Bezüge sind die Londoner und Amerikanischen cif-Contracte und neuestens der Deutsch-Niederländische Getreidevertrag maßgebend. Für den Weiterverkauf nach dem Inlande ist das deutsche Handelsgesetz ausschlaggebend, und sind Schlussbriefe im Gebrauch, die auf folgenden Bestimmungen fußen:

Der Preis wird für je 1000 kg netto in Mark festgesetzt gegen Barzahlung, (pari) frei Waggon oder Schiff Bremen oder andere Plätze, unverzollt.

Das Gewicht wird bei der Abladung durch beeidigte Wäger festgestellt.

Die Qualität wird in Gramm für 1 Liter oder in Kilogramm für 1 Hektoliter bestimmt, und verbürgt der Verkäufer gesunde Qualität bei Verladung ab Bremen oder an den Unterweserhäfen.

Für Verderb auf der Reise von Bremen nach dem Bestimmungsorte hat der Verkäufer nicht aufzukommen.

Wird Ware weiter verkauft, die noch unterwegs ist oder erst abgeladen wird, so bleibt die glückliche Ankunft der Ware in guter Beschaffenheit vorbehalten. Krieg oder Ausfuhrverbot, die in der Zeit vom Abschluß des Vertrages bis zur festgesetzten Lieferfrist die Verschiffung aus dem Bezugslande verhindern, entbinden den Verkäufer seiner Verpflichtung. —

Die Lieferung geschieht stets innerhalb der vereinbarten Lieferungsfrist nach Wahl des Verkäufers.

Die Säcke stellt der Käufer zur Verfügung. Tut er dies nicht, so kann die Ware auf Kosten des Käufers eingelagert werden.

6. Hamburg. Der Getreidehandel Hamburgs entwickelte sich in Übereinstimmung mit dem großartigen Aufschwunge, den der Handel Hamburgs überhaupt nahm. Der Handel befaßt sich zumeist mit der Versorgung des Hinterlandes durch die seewärts eintreffenden Einfuhrmengen.

In Hamburg sind die vom *„Verein der Getreidehändler der Hamburger Börse"* festgestellten Platzgebräuche (Usanzen) maßgebend. Für *„Geschäfte in loco"* bestehen folgende Bestimmungen:

Der Preis wird für je 1000 kg in Mark verzollt oder unverzollt bestimmt, der Verkäufer kann 3 % mehr oder weniger, als die vereinbarte Menge liefern.

Bezüglich der Qualität, dem Mindestgewicht, der Vergütung, dem Gewicht, das den Käufer zur Zurückweisung der Ware berechtigt, verfahren Käufer und Verkäufer ganz nach eigenem Ermessen.

Wenn mehrere Posten von verschiedener Qualität und, oder verschiedenem Naturalgewicht zu einem Durchschnittspreise

gehandelt sind, so sind diese zusammen anzunehmen oder auf-
zuschießen.

Auf Böden oder in Flußfahrzeugen lose liegende Ware darf
nur in gleichmäßiger Ware zur Übernahme vorgelegt werden. —
Wenn die Qualität bei der ersten Besichtigung entsprochen
hat oder durch Vergütung beglichen wurde, so bleibt dennoch
in allen Fällen der Anspruch wegen späterer Beschädigung oder
verweislicher Vernachlässigung bis zum Empfang vorbehalten.

Der Verkäufer ist berechtigt, die Ware, sobald sie in Schuten
befindlich, überall in den Häfen und Kanälen in Hamburg oder
in Altona vorzulegen, aber auch verpflichtet, die vorgelegten
Schuten unmittelbar nach Feststellung des Natural-Gewichts an
den Bestimmungsort zu befördern. Einmal vorgelegte Schuten
dürfen ohne Bewilligung des Käufers nicht wieder zurückgezogen
werden.

Wenn durch Gutachten der Sachverständigen-Kommission ausgesprochen ist, daß Sackgut ungleich fällt, so steht es dem Verkäufer frei, resp. ist er auf Verlangen des Käufers verpflichtet,
bei der Lieferung die Ware ordnungsmäßig durchgestochen vorzulegen; erst dann hat sich der Käufer über die Qualität zu erklären und das Natural-Gewicht festzustellen.

Von jeder Ladung oder Posten stehen dem Käufer 5 kg
als Probe unberechnet zu; weitere Proben sind auf Verlangen ebenfalls zu verabfolgen, müssen aber dem Verkäufer zum Kaufpreise
des Postens vergütet werden. Zahlung: gegen bar bei Empfang.

Lieferungs-Geschäfte per Eisenbahn.

Der Empfang der Ware geschieht je nach dem Bahnhofe,
wo sie anlangt, z. B. wenn vom Berliner, Lübecker oder Venloer
Bahnhof: am Tage der gemeldeten Ankunft jedes einzelnen
Postens, wenn die betreffende Anzeige dem Käufer bis 10 Uhr
vormittags gemacht wird; bei späterer Meldung am darauf
folgenden Werktage, wenn vom Bahnhof in Altona und, oder
Altonaer Kai: am nächsten Werktage nach gemeldeter Ankunft.

Wird der Verkäufer durch einen die verkaufte Ware nach
der Abladung erweislich treffenden Unglücksfall an der Lieferung
eines Teiles derselben verhindert, so muß der sonst stimmende,
zur Lieferung vorhandene Teil geliefert und empfangen werden.

Wenn mehrere Posten von verschiedener Qualität und, oder
verschiedenem Natural-Gewicht zu einem Durchschnittspreise ge-

handelt sind, so sind selbige zusammen zu empfangen oder auf-
zuschießen.

Wenn durch Gutachten der Sachverständigen-Kommission
ausgesprochen ist, daß das Sackgut ungleichmäßig ist, so steht
es dem Verkäufer frei, resp. ist er auf Verlangen des Käufers
verpflichtet, bei der Lieferung der Ware ordnungsmäßig durchgestochen vorzulegen; erst dann ist der Käufer verpflichtet, sich
über die Qualität zu erklären, und das Natural-Gewicht festzustellen.

Die auf Lieferung von ausländischen Plätzen abgeschlossenen
Verträge gelten ganz oder für den noch unerfüllten Teil als aufgehoben, sobald die Verladung vom Abladeort oder die Lieferung
der verladenen Waren durch Ausfuhrverbot, Krieg, oder Einfuhr-
verbot unmöglich wird.

Wird die Lieferung oder Abnahme durch Streik verhindert,
so tritt eine entsprechende Verlängerung der Lieferungs- oder
Abnahmefrist ein.

Zahlung: gegen bar bei Empfang. Es ist noch zu bemerken, daß Einwendungen gegen eingereichte versiegelte Proben
dem Verkäufer am folgenden Börsentage nach ihrer Über-
lieferung bis 2 Uhr nachmittags, diejenigen gegen die ange-
diente Ware, wenn die Andienung bis 10 Uhr vormittags erfolgt,
bis 2 Uhr nachmittags desselben Börsentages, im Falle späterer
Andienung des folgenden Börsentages anzumelden sind, widrigen-
falls die Ware für genehmigt gilt.

Lieferungs-Geschäfte flußwärts nach Hamburg.

Qualität: gute, gesunde, gereinigte Ware, nicht geringer als
abgegebene zu versiegelnde Proben.

Bei allen Geschäften, bei denen eine bestimmte Frist für
die Einlieferung versiegelter Proben festgesetzt ist, ist der Verkäufer dem Käufer für sämtliche erweislichen Nachteile verantwortlich, wenn er diese Frist nicht inne hält. Den Vertrag
deshalb aufzuheben, ist der Käufer nicht berechtigt.

Innerhalb acht Tage nach erfolgter Abladung ist der Name
des oder der Schiffer oder Steuerleute und die damit abgeladene,
für jede einzelnen Posten betimmte Menge dem Käufer auf-
zugeben. Umladung ohne Verbindlichkeit (präjudiziert nicht).
Hat der Verkäufer bereits Kenntnis von dem Verlust oder der
Beschädigung (Havarie) des betreffenden Kahns, so genügt dessen

Aufgabe nur dann, wenn er beweisen kann, daß der verlorene oder beschädigte Posten schon vorher zur Erfüllung des Geschäfts bestimmt war.

Falls der ganze Posten auf der Reise nach Hamburg oder nach Ankunft verloren oder beschädigt werden sollte, so gilt der Vertrag für aufgehoben. Bei teilweiser Beschädigung oder teilweisem Verluste auf der Reise, oder nach der Ankunft in Hamburg hat der Verkäufer den gesunden Teil mit demselben oder einem anderen Fahrzeuge, nach Hamburg weiter zu verladen oder in Hamburg umzuladen, und, falls dies nicht innerhalb 14 Tagen vom Tage der Beschädigung (Havarie) geschieht, dem Käufer statt der gesund gebliebenen, sofort andere vertragsmäßige Ware loco zu liefern, oder aber dafür den Preisunterschied gegen den Tageswert zu vergüten. Der Verkäufer ist verpflichtet, sobald ihm eine Beschädigung (Havarie) angemeldet wird, dem Käufer sofort Anzeige davon zu machen.

Sobald die gehandelte Menge oder auch nur ein Teil davon in Hamburg eingetroffen ist, hat der Verkäufer die Ware auf Verlangen des Käufers, Wetter dienend, ordnungsmäßig stehen zu lassen und dem Käufer sofort darauf anzudienen; Andienungen nach 5 Uhr abends gelten erst vom nächsten Börsentage.

Das Natural-Gewicht ist bei der Lieferung festzustellen, und zwar bei jeder Schute für sich allein.

Zahlung: contant bei Empfang.

Geschäfte in seewärts eintreffenden oder seewärts eingetroffenen Getreidesorten.

Die geschlossene Menge versteht sich 3 % mehr oder weniger zugunsten des Verkäufers, wie bei den vorangeführten Geschäftsarten, doch hat dieser das Recht weitere 3 % mehr oder weniger zu liefern, die zum Tageswert am Tage der Lieferung zu berechnen sind.

Das Natural-Gewicht ist bei der Ablieferung an Bord festzustellen; in Streitfällen dient zu seiner Ermittelung die Normalwagschale in der Handelskammer.

Handelt es sich jedoch um Gerste, so ist das Naturalgewicht bei der Ablieferung aus Seefahrzeugen an Bord dieser vom Kontrolleur des Abladers, gemeinsam mit einem beeidigten Wäger, festzustellen.

In Streitfällen ist ein beeidigter Wäger, der vom Vorstande des Vereins der Getreidehändler der Hamburger Börse wöchentlich im voraus zu ernennenden unparteiischen Umstecher beim Hektolitern als Obmann hinzuzuziehen. Die entstehenden Kosten trägt der unterliegende Teil.

Wird die Ware nicht vertragsmäßig befunden, so ist sie mit der von der Sachverständigen-Kommission ausgesprochenen Vergütung zu empfangen. Seebeschädigte Ware braucht indes nicht empfangen zu werden.

Bei Sackgut ist die Qualität in der Weise festzustellen, daß wegen Probenahme 3 % der Anzahl unbeschädigter Säcke, vor der Hand weggenommen, gestürzt und durchgestochen werden. Die Kosten gehen zu Lasten des Verkäufers. Falls nach Reingewicht (Netto) gehandelt und Verpackungsgewicht (Tara) festzustellen ist, gelten gleichfalls 3 % der unbeschädigten, leeren Säcke, die zusammen zu wiegen sind, als Grundlage der Gewichtsberechnung.

Für die Lieferung vom Kai ist das Kaigewicht oder dasjenige beeidigter Wäger gültig.

Hinsichtlich des Verzuges ist zu bemerken: falls einer der Vertragsschließenden mit der Lieferung oder Übernahme im Verzüge ist, so steht es dem anderen Teile unter Anzeige frei, die Ware ankaufen oder verkaufen zu lassen; der Preisunterschied und die Kosten sind dem Verkäufer oder dem Käufer zu vergüten.

Sollte bei Nichterfüllung eine Deckung im Rahmen des Vertrages nicht mehr möglich sein, so haben durch den Vorstand des Vereins der Hamburger Börse ernannte Sachverständige den Wert der nicht gelieferten Ware festzusetzen und der Wertunterschied und die Kosten sind dem Verkäufer oder Käufer zu vergüten.

Im Falle einer Zahlungseinstellung (Insolvenz) gelten im Hamburger Getreidehandel folgende Bestimmungen:

Wenn ein Vertragsschließender seine Zahlungen einstellt oder Umstände vorliegen, aus denen hervorgeht, daß er sich im Zustande der Zahlungsunfähigkeit befindet, so soll der andere Vertragsschließende unter Anzeige an jenen befugt sein, die vereinbarten Abnahmefristen als augenblicklich abgelaufen anzusehen und die schwebenden Geschäfte sofort auszugleichen.

Der Ausgleich (Regulierung) erfolgt zu dem Preise des Werktages, der auf den Tag folgt, an dem die Tatsache, auf Grund deren der andere Vertragsschließende das Recht der Abwickelung geltend macht, ihm bekannt geworden ist.

Falls über die Höhe des Abrechnungs- (Regulierungs-)preises Meinungsverschiedenheiten entstehen, so hat der Vorstand des Vereins der Getreidehändler der Hamburger Börse auf Antrag einer der Beteiligten den Preis endgültig festzustellen. Der die Ausgleichung der schwebenden Geschäfte vornehmende Teil ist berechtigt, die übliche Vermittelungsgebühr (Courtage) zu berechnen.

7. München. An diesem Platze besteht keine Getreidebörse, nur eine freie Vereinigung der Getreidehändler und Müller, die Samstags zusammen kommen und Geschäfte in effektiver Ware meistens laut Muster oder mit Verbürgung (Garantie) eines Mindest-Qualitätsgewichtes abschließen. Besonders groß ist der Verkehr in Braugerste.

8. Leipzig. Sämtliche Getreidearten werden für je 1000 kg ohne Sack, gegen bare Zahlung gehandelt.

Die zum Kauf angebotene Ware ist im Zweifel und mangels besonderer Vereinbarung als in Leipzig befindliche, sofort lieferbare Ware zu verstehen. Solche ist spätestens am nächsten Werktage nach dem Kaufs-Abschluß zu überweisen.

Die Lieferung der Ware ist nur durch die tatsächlich vollzogene Übergabe als erfüllt zu betrachten. Der Verkäufer hat die Ware innerhalb der Stadt Leipzig in gleichmäßig abgewogenen Säcken anzuweisen. Die Überweisung kann von der Niederlage, vom Boden oder vom Eisenbahnwagen ab erfolgen, jedoch nur an einem dem Geschirr zugänglichen Orte.

Der Verkäufer hat den Käufer in den Stand zu setzen, die Menge der überwiesenen Ware vor Abnahme feststellen zu lassen. Die Feststellung geschieht auf Käufers Kosten.

Einwendungen gegen die Richtigkeit der Menge oder des Gewichtes sind, bei Verlust aller Ansprüche, dem Verkäufer sofort bei der Übernahme mitzuteilen.

Ist die Abfuhr der Ware ohne vorherige Feststellung des Gewichts oder der Menge erfolgt, so ist der Verkäufer berechtigt, nach seiner Wahl entweder die Bezahlung der nach Angabe des Frachtbriefes oder eines anderen glaubwürdigen Nachweises abgelieferten Menge zu verlangen, oder das Gewicht oder die Menge auf Kosten des Käufers nachträglich feststellen zu lassen.

Dem Verkäufer ist es nachgelassen, bis zu 5 % über oder unter der vereinbarten Menge zu liefern. Das bezügliche Mehr oder Weniger ist, wenn die Menge der zu liefernden Ware von vornherein mit *ungefähr, beiläufig* oder einem ähnlichen Ausdrucke bezeichnet war, zum Vertragspreise zu berechnen, andernfalls auf Verlangen des Käufers nach dem Tagespreise des Ablieferungsortes.

Wenn nicht etwas Besonderes ausdrücklich vereinbart oder nach Muster gehandelt ist, muß gute, gesunde, trockene Ware geliefert werden.

Wenn vertragsmäßig Ware eines bestimmten Erzeugungslandes zu liefern ist, so ist der Käufer nicht gehalten, Ware anderer Herkunft oder Ware, die mit solcher vermischt ist, anzunehmen.

Wer mit dumpfem, oder sonst der Güte der Ware schädlichem Geruche behaftete, warme, wesentlich angefressene oder ausgewachsene Ware zum Verkauf anbietet, hat dies, auch beim Verkaufe nach Probe, vor Abschluß des Geschäftes dem Käufer ausdrücklich anzugeben.

Hat jedoch der Käufer die Ware beim Kaufs-Abschluß selbst besichtigt und für gut erklärt, so ist der Verkäufer der Gewähr für die Eigenschaften dieser Ware enthoben, ausgenommen den Fall der Hintergehung.

Einwendungen gegen die Beschaffenheit der Ware sind, bei Verlust aller hieraus sich ergebenden Ansprüche, dem Verkäufer binnen 24 Stunden nach geschehener Übernahme mitzuteilen.

Über die Zulässigkeit solcher Einwendungen hat, wenn beide Teile sich nicht einigen, das Börsenschiedsgericht zu entscheiden.

Wenn die gelieferte Ware in sich verschieden und teilweise vertragswidrig ausfällt, so ist der Käufer, auch nachdem er die Ware bereits übernommen oder abgefahren hat, noch binnen 2 mal 24 Stunden zur Beanstandung des vertragswidrigen Teiles derselben berechtigt.

Beträgt nach dem Urteile des Börsenschiedsgerichts der Minderwert der beanstandeten Ware nicht über 4 Mark auf 1000 kg, so ist der Käufer verpflichtet, die Ware zu dem festgestellten Werte als Erfüllung anzunehmen und zu bezahlen; andererseits ist der Verkäufer verpflichtet, die Ware dem Käufer zu diesem Werte zu überlassen.

Wird dagegen der Minderwert der rechtzeitig bemängelten Ware vom Börsenschiedsgericht höher als 4 Mark auf 1000 kg geschätzt, so braucht der Käufer diese nicht zu übernehmen.

Der Käufer ist solchenfalls vielmehr berechtigt, vom Verkäufer die Überweisung anderer dem Vertrage entsprechender Ware innerhalb der noch laufenden vertragsmäßigen Lieferzeit, sonst binnen 3 mal 24 Stunden zu verlangen.

Zeigt auch die Ersatzware einen Minderwert über 4 Mark auf 1000 kg, so hat der Käufer die Wahl, ob er diese zu dem festgestellten Werte annehmen oder sie zurückweisen und Schadenersatz verlangen will.

Wird die Ware bei dem Geschäftsabschluß als *rollend* oder *schwimmend* bezeichnet, so trägt der Verkäufer die Verantwortung dafür, daß sie zur Zeit des Verkaufes bereits der Eisenbahn oder dem Schiffer zum Transport übergeben war.

Ware, die *auf Abladung frei an einem auswärtigen Orte zu liefern* gehandelt ist, hat der Käufer am Bestimmungsorte innerhalb der vom Frachtführer allgemein gewährten Frist zu empfangen. Der Verkäufer haftet bis dahin für vertragsmäßige Lieferung.

Die Folgen des Verzuges der Vertragsschließenden regeln sich nach den einschlägigen Bestimmungen des Bürgerlichen und des Handels-Gesetzbuches.

9. Stuttgart. Die Landesproduktenbörse Stuttgart ist eine Vereinigung von Geschäftsleuten, die mit Getreide, Mehl und dergleichen Handel treiben.

Getreide wird nach dem Gewichte von 100 kg gehandelt. Wenn der Kaufsabschluß auf Grund eines Effektivgewichtes (Qualitätsgewichtes) erfolgt, ist es im Falle von Meinungsverschiedenheiten durch den Vorsitzenden des Börsenvorstands festzustellen; hierbei ist die Börsenwage maßgebend.

Vom ersten Börsentage des Monats September jeden Jahres angefangen, werden Käufe von Weizen, Dinkel, Kronen, Roggen und Gerste — wenn nicht alte Ware ausdrücklich bedungen ist — in neuer, d. h. in demselben Jahre geernteter Ware verstanden. Bei Hafer gilt diese Bestimmung vom ersten Börsentag des Monats Oktober an.

Als lieferbare Ware gilt, wenn nicht Muster oder besondere Vereinbarungen vorliegen, gute, gesunde, trockene und handels-

mäßig geputzte Qualität, wobei vorausgesetzt wird, daß der Er-
zeugungsort (Provenienz) vertragsmäßig bedungen ist.

Weicht die gelieferte Ware in ihrer Qualität von dem beim
Geschäftsabschlusse übergebenen Kaufmuster um mehr als 3 %
ab, oder sind schädliche Beimischungen, die nicht zu entfernen
sind und im Kaufmuster fehlen, in nennenswerter Menge unter-
mengt, oder ist das Herkunftsland (Provenienz) ganz oder teilweise nicht richtig, oder ist die Ware von einem andern Jahr-
gange als dem bedungenen untermischt, so kann deren Annahme
verweigert und der Verkäufer wegen Nichterfüllung des Kauf-
vertrags belangt werden.

Wer Brauergerste ohne Muster verkauft, hat sich der streng-
sten Auslegung vorstehender Bestimmungen über die Vertragsmäßigkeit der Ware zu unterwerfen und ist insbesondere verpflichtet, nur Ware aus der bedungenen Erzeugungs-(Produktions)-
gegend zu liefern.

In diesem Falle ist nicht lieferungsfähig eine Ware, die nur
im geringsten mit Gerste anderer Herkunft (Provenienz), oder
mit Ware eines älteren Jahrganges oder mit mehr als 1 % gebrochener oder beschädigter Körner vermengt ist, endlich Ware,
die Auswuchs, wenn auch nur in einzelnen Körnern enthält.

Wenn Hafer ohne Muster verkauft und weder ein Effektivgewicht noch die Anbau-(Produktions)gegend bestimmt ist, so
kann jede Ware, sofern sie handelsmäßig geputzt und geruchfrei
ist, auch ein normales Durchschnittsgewicht hat, geliefert werden.

Bei Käufen, die auf Lieferung bis zum 1. Oktober abgeschlossen werden, ist, wenn nicht neue Ware ausdrücklich bedungen ist, alte Ware zu liefern; von da an gelten die Verkäufe
in neuer Ware und wenn alte Ware verlangt wird, ist dies beim
Abschluß zu bedingen.

Eine Vermischung von altem Hafer mit neuem, wenn
ersterer zu liefern ist, wird als Betrug angesehen. —

Eine Maislieferung kann, abgesehen von der Qualität, zurückgewiesen werden, wenn sie nicht von der gleichen Sorte wie
das Muster ist, und wenn z. B. statt einer grobkörnigen Sorte
eine kleinkörnige geliefert wird, und umgekehrt.

Wenn in einem Schlusse die Menge der zu liefernden
Ware mit dem Beisatze *zirka, ungefähr, beiläufig* bezeichnet
ist, so steht es dem Verkäufer frei, bis 5 % der genannten
Menge mehr oder weniger zu liefern, wobei dieses Mehr oder

Weniger nach Tagespreisen zur Zeit der Ablieferung zu berechnen ist.

Wenn jedoch dem Zusatz ein Rahmen angefügt ist, z. B. ungefähr 150—200 Ztr., so muß sich der Käufer mit der niedrigsten Menge (150 Ztr.) begnügen und auch die höchste Menge (200 Ztr.) zum vereinbarten Kaufpreise annehmen.

Unter *Waggonladung* (auch kurz Wagen) ohne nähere Bezeichnung sind 10000 kg zu verstehen.

Wenn Käufer und Verkäufer bei Ablieferung der Ware zugegen oder durch dritte vertreten sind, müssen Einwendungen gegen die Qualität sogleich bei der Übernahme erhoben werden, soweit es sich um Mängel handelt, die bei ordnungsmäßiger Besichtigung schon bei der Übernahme zu erkennen sind. Spätere Einwendungen (Reklamationen) sind in diesem Falle nicht zulässig.

Wird die gelieferte Ware rechtzeitig beanstandet, so kann der Verkäufer die zurückgewiesene Ware durch andere vertragsmäßige ersetzen, falls die festgesetzte Lieferungsfrist nicht überschritten wird.

Wird die Ersatzlieferung gleichfalls als nicht vertragsmäßig befunden, so treten die Rechtsfolgen vertragswidriger Lieferung in Kraft.

Für den Fall der Beschädigung oder Zerstörung einer zur Lieferung bestimmten Ware, z. B. durch Schiffshavarie oder ein Eisenbahnunglück, ist es dem Verkäufer gestattet, die beschädigte Ware durch andere innerhalb der festgesetzten Lieferzeit zu ersetzen.

Der Kaufpreis gilt, sofern nicht andere Zahlungsbedingungen vereinbart werden, stets sofort bar zahlbar ohne jeden Abzug, in deutscher Reichswährung. Hat Barzahlung einzutreten, so ist solche auf Verlangen des Verkäufers bei Übergabe der Ware und Zustellung der Rechnung zu leisten. Ebenso müssen Wechsel, Schecks und Anweisungen, wenn die Begleichung in solchen zu erfolgen hat, bei Übergabe der Ware ausgehändigt werden. Auch für teilweise übergebene Mengen kann die entfallende Zahlung verlangt werden.

Vermittelungsgebühr (Provision) 1 % des Verkaufspreises.

Für alle Streitigkeiten, die aus Geschäften, die auf der Börse gemacht wurden, entstehen, sind beide Teile, sofern sie Kaufleute sind, dem Börsenschiedsgericht unterworfen. Hierbei

6*

macht es keinen Unterschied, ob sie Mitglieder der Börse sind oder nicht.

Streitigkeiten, die aus Geschäften entstehen, die zwischen Börsen-Mitgliedern außerhalb der Börse abgeschlossen worden sind, müssen, wenn einer der beiden Teile es verlangt und beide Teile Kaufleute sind, ebenfalls durch das Börsenschiedsgericht endgültig erledigt werden.

10. **Köln** ist der wichtigste Getreidehandelsplatz von Rheinland und Westfalen.

Falls nicht nach Muster gehandelt, oder im Kaufs- oder Lieferungs-Vertrage nicht ausdrücklich ein Anderes festgesetzt worden ist, kommen folgende Bestimmungen zur Anwendung:

Die Preise werden für 100 kg Reingewicht (netto) bestimmt.

Als lieferbar gilt jede Ware von guter, gesunder, trockener Beschaffenheit, ohne schlechten Geruch (insbesondere auch Darrgeruch) und Geschmack, gleichviel, ob alt oder neu, oder alt und neu gemischt.

Bei Weizen ist der ägyptische und auch ähnliche Ware, auch gedörrter und unter die Gattung Kubanka fallender Weizen, sowie Rivett oder sogenannter Rauhweizen ausgeschlossen.

Bei Roggen ist gedörrte Ware oder gedörrt und ungedörrt vermischt lieferbar. Enos-Roggen und ähnliche mit Steinen besetzte Qualitäten sind nicht lieferbar. Weizen im Roggen soll nicht als fremder Bestandteil gelten, er darf jedoch nicht mehr als 4 % des Gewichtes ausmachen.

Die von den Sachverständigen für nicht lieferbar erklärte Ware kann nur noch einmal im verbesserten Zustande im Laufe der Vertragspflicht gekündigt werden.

Getreide gilt ferner nur dann als lieferbar, wenn das Mindestgewicht

a) bei Weizen 752 Gramm für 1 Liter (= 75,2 kg für 100 l)
b) „ Roggen 710 „ „ „ „ (= 71,0 kg „ „ „)
c) „ Hafer 446 „ „ „ „· (= 44,6 kg „ „ „)
beträgt.

Über das Naturalgewicht der übrigen Getreidesorten usw. bleibt es beiden Teilen überlassen, bei Abschluß der Kaufverträge Vereinbarung zu treffen.

Das Getreide muß sich bei der Überweisung in geschüttetem Zustande befinden.

Bei Effektivgeschäften haben die Einwendungen (Reklamationen) gegen die Beschaffenheit der Ware längstens an der zweiten Börse nach geschehener Überweisung zu erfolgen.

Wird Getreide wegen ungenügender Qualität zurückgewiesen, so haben die Sachverständigen die Qualität durch Proben, die sie an ihnen geeignet erscheinenden Stellen ziehen, festzustellen.

Zur Feststellung der Qualität einer unzulässigen Beimischung ist eine gemischte Probe, die durch Entnahme an verschiedenen Stellen eines jeden Postens geduldet wird, zugrunde zu legen. Die fremden Bestandteile sind aus der Probe auszulesen und zu wägen.

Die Feststellung des Natural-Gewichtes von Getreide ist in der Weise zu bewirken, daß die Begutachter mittels des durch Erlaß vom 14. Mai 1891 zur Eichung zugelassenen Apparates zur Qualitätsbestimmung des Getreides (1 1 = Getreideprobers) das Gewicht feststellen. Für jede mit dem Apparat vorgenommene Probe ist eine Gebühr von 1 Mark zu entrichten.

Bei Effektiv-Geschäften ist die verkaufte Ware am Tage des Vertrags-Abschlusses vor 6 Uhr abends dem Käufer zu überweisen.

Die einem Eingangszolle unterliegenden Waren sind dem Empfänger steuerfrei zu überweisen.

11. Mannheim ist der wichtigste süddeutsche Getreidemarkt, insbesondere für den Durchfuhr-(Transit)handel, denn von hier aus gelangt das nach Rotterdam und Antwerpen eintreffende Getreide russischer, amerikanischer Herkunft, das Getreide aus Argentinien und der Donaugegend den Rhein aufwärts nach verschiedenen Teilen Deutschlands und der Schweiz.

Für den Einfuhrhandel ist der *Deutsch-Niederländische Getreidevertrag* maßgebend.

Für die Platzgeschäfte und im Lande selbst gelten die Bedingungen des Mannheimer Vertrages, die im wesentlichen die folgenden sind:

Die Qualität wird laut Muster bedungen, oder aber blos: *ungefähr laut Muster.*

Geschieht in dieser Hinsicht keinerlei Vereinbarung, so sind die Verkaufsmuster nur als ungefähr zu betrachten.

Lieferzeit. Wird eine bestimmte Frist vereinbart, so kann der Verkäufer die Ware innerhalb dieser Frist, nach seiner Wahl liefern. Ist auf Abruf innerhalb einer Frist verkauft worden, so kann der Käufer nach seiner Wahl abberufen. — Bei einem Abschluß auf mehrere Monate versteht sich die Lieferung in gleichen Monatsmengen.

Zahlung wird entweder in Barem, in Bankwechseln oder mit einem eigenen Akzepte des Käufers geleistet, sobald die Ware abgeliefert ist. Wenn Bankwechsel oder Akzept bedungen war und diese nicht sofort (prompt) eingesendet werden, so steht es dem Verkäufer frei, Barzahlung mit Abzug der Zinsen für die noch unabgelaufene Frist, zu fordern.

Agenten sind ohne Vollmacht zur Empfangnahme von Geldern (Inkasso) nicht berechtigt.

Wenn der Käufer die für eine Teillieferung bedungene Zahlung nicht leistet, so ist der Verkäufer nicht verpflichtet, weitere Lieferungen zu machen, ehe die Zahlung geleistet ist. Der Käufer kann jedoch einen Teil des Kaufpreises zurückbehalten, wenn der Verkäufer mit einer Teillieferung zurückbleibt.

Verzug. Liefert der Verkäufer nicht rechtzeitig oder über- uimmt der Käufer die Ware nicht zur vereinbarten Zeit, so kann nach Ablauf der zu gewährenden Nachfrist ein Schadenersatz gefordert oder der Vertrag aufgehoben werden.

Der Verkäufer kann die Ware natürlich börsenmäßig verkaufen lassen.

Bleibt der Verkäufer mit der Lieferung wegen Krieg, Blokade usw. im Verzuge, so ist der noch unerledigte Teil des Vertrages als aufgehoben (storniert) zu betrachten.

Bezüglich des Erfüllungsortes ist das deutsche Recht maßgebend.

Streitigkeiten werden durch das *Schiedsgericht der Produktenbörse in Mannheim* entschieden.

Deutsch-Niederländischer Getreidevertrag.

Dieser Getreidevertrag trat am 1. April 1904 in Kraft. Die westdeutschen und holländischen Getreidehändler bedienten sich bis zu diesem Zeitpunkte der Londoner Kontrakte (Rye terms contract), einesteils aus dem Grunde, weil in den Ausfuhrhäfen des Ostens (Balkanstaaten, Rußland) die englischen Bestimmungen (Usanzen) im Gebrauche sind, anderenteils, weil die mit der Verschiffung des Getreides im Zusammenhange stehenden Geschäfte wie die Befrachtung (Charterung) von Schiffen, die Versicherung (Assekuranz) usw. früher in den Händen der Engländer waren.

Alle entstandenen Streitigkeiten wurden zur Entscheidung vor das Londoner Schiedsgericht gewiesen, oft zum nicht geringen Schaden des festländischen Käufers. Z. B. Wenn der Käufer gegen die Qualität des gelieferten Getreides Einwendungen machte, weil es dumpfig und naß war, so mußten die Muster, um eine Entscheidung in dieser Frage zu erlangen, nach London gesandt werden. Diese gelangten unterwegs — ob aus Zufall oder nicht — oft auf einen luftigen Platz und verloren bis zu ihrer Ankunft ihren dumpfigen Geruch und waren auch ganz trocken. — Das Londoner Schiedsgericht, das bei Beurteilung der Qualität auf diese Muster angewiesen war, konnte nur zugunsten des Verkäufers urteilen. Ende 1902 berief der *Deutsche Handelstag* die am deutschen Getreidehandel Beteiligten zu Beratungen, die die Freimachung und Unabhängigkeit des deutschen Getreidehandels bezweckten. DieseVersammlung betraute denVerein der Berliner Getreidehändler mit der Ausarbeitung des Entwurfes eines *Deutschen Getreidevertrages*. Im April 1903 konnte der Entwurf dem zu diesem Zwecke zusammengetretenen Ausschusse vorgelegt werden, in dem aber auch schon die Vertreter des niederländischen Getreidehandels zugegen waren.

Der Entwurf wurde mit einigen kleinen Änderungen angenommen und als Sitz der Schiedsgerichte Berlin, Bremen, Hamburg und Mannheim bezeichnet. — Rotterdam kam nur dann in Betracht, wenn der Entwurf seitens des niederländischen Getreidehandels angenommen würde. Dies geschah am 4. August 1903 und seit dieser Zeit führt dieser Vertrag den Namen: *„Deutsch-Niederländischer Getreidevertrag"*. Anfangs fand dieser Vertrag in den Häfen des Ostens einen sehr großen Widerstand. An den südrussischen Handelsplätzen wurde besonders heftig dagegen angekämpft. Die Börse in Odessa wies ihn einfach zurück und bestrebte sich, die anderen Börsen auch zu diesem Entschlusse zu bringen. Nach längeren Verhandlungen wurden einige belanglose Änderungen daran gemacht und nun werden die Geschäfte im Osten auf Grund dieses Vertrages flott abgeschlossen. Die Hauptbestimmungen sind die folgenden:

Menge: Es können 5 % mehr oder weniger als die vereinbarte Menge geliefert werden.

3 % der Abweichung sind zum Tagespreise zu verrechnen, der am Tage der Ausstellung des Ladescheines gültig war, 2 %

zum Vertragspreise. — Ergibt sich gelegentlich der Übernahme der Ware, daß die Abweichung 5 % übersteigt, so steht es dem Käufer frei, die Verrechnung dieses Mehr oder Weniger einschließlich der 5 % entweder zum Vertragspreise oder zum Tagespreise zu fordern, der am letzten Entlöschungstage gültig war. Kleinere Teilladungen als 50 Tonnen sind nur bei einer Vergütung von 1 Mark für 1 Tonne zulässig. Jede Teilladung gilt als besonderer Vertrag.*)

Qualität. Hinsichtlich der Qualität ist entweder das gesiegelte Muster maßgebend, oder es wird die gute Durchschnittsqualität der Verschiffungen *zur Zeit und am Orte der Verladung* mit einem festgesetzten Abladegewichte und dem Höchstbetrag des Beisatzes vereinbart. —

Die Proben zwecks Feststellung des Qualitätsgewichtes werden gemeinsam an Bord genommen und versiegelt. Die Feststellung des Qualitätsgewichtes geschieht an Land (bisher geschah dies an Bord) mit einer Zwanzig-Literschale**) (statt der bisher üblichen 1 Literschale).

Die Ware ist natürlich in gesundem Zustande zu übergeben; leichte trockene Wärme ist kein Grund zur Bemängelung der Ware. — Wenn die Ware durch Seewasser Beschädigung (Havarie) erlitten hat, so muß die Ware trotzdem übernommen werden; die Entschädigung bestimmt das Schiedsgericht.

Das Qualitätsgewicht wurde bislang im Beisein des Käufers oder seines Vertreters vom Kontrolleur des Verkäufers bestimmt, von nun an geschieht dies durch amtliche Vertreter der Handelsvorstände oder der Börse, in Ermangelung solcher durch eine zuständige Behörde.

Es ist bei Feststellung des Qualitätsgewichts zu beachten, daß für das Getreide ein Schwund von 1 %, der während der Reise eingetreten sein kann, statthaft ist. Wenn die Ware sonst

---

*) Zur Zeit, als der Raumgehalt der Schiffe noch klein war, handelte man mit ganzen Schiffsladungen und das Schiff wurde nach jenem Hafen gesandt, wo die Ladung den besten Preis fand. In solchen Fällen war es den Kaufleuten sehr erwünscht, ein allgemein anerkanntes Schiedsgericht zur Entscheidung in Streitfällen zu besitzen. Heute aber, wo die Schiffe so groß sind, daß sich der Handel auf Teilladungen (parcels) beschränkt und das Schiff entweder nach einem Zwischenhafen oder nach dem ursprünglichen Bestimmungshafen geschickt wird, ist es von Vorteil, wenn das Schiedsgericht in diesen Häfen angerufen werden kann. —

**) s. Qualitätsbestimmung S. 11.

gesund ist und das Minder-Qualitätsgewicht jenen erlaubten Spielraum von 1 % übersteigt, so gebühren dem Käufer folgende Vergütungen:

a) Bei Weizen: für jedes Kilogramm auf 1 Hektoliter (oder 5 Pfd. russ. auf 1 Tschetwert) bis $2^1/_2$ kg (oder $12^1/_2$ Pfd. russ.) 1 % vom Kaufpreise, für jedes fernere Kilogramm bis 5 kg auf 1 Hektoliter (25 Pfd. russ. für 1 Tschetwert) 2 %.

Über größere Abweichungen entscheidet das Schiedsgericht.

b) Bei Roggen:

für das 1. kg auf 1 Hektoliter (5 Pfd. russ.) . . . 1 %

„ „ 2. „ „ 1 „ (5 „ „) . . 2 %

„ „ 3. „ „ 1 „ (5 „ „) . . . $2^1/_2$ %

für größere Abweichungen bestimmt das Schiedsgericht die Entschädigung.

c) Bei Gerste, Hafer, Buchweizen für jedes kg Abweichung 1 % des Kaufpreises.

Zur Umrechnung sind die Tabellen der Kais. Normal-Eichungs-Kommission zu benutzen (s. Anhang).

Die Ware ist binnen 7 Tagen vom letzten Entlöschungstage. gerechnet zu bemängeln. — Zwischenkäufer haben dies jedoch unverzüglich zu tun. — Die Ware kann nur auf Grund eines Urteiles des Schiedsgerichtes zurückgewiesen werden. — (Z. B. wenn der Minderwert 10 % des Kaufpreises oder mehr ausmacht.)

Verrechnung. Der Verkäufer hat dem Käufer eine vorläufige Rechnung (provisorische Factura) zu erteilen, die den Namen des Dampfers, den Zeitpunkt der Verschiffung zu enthalten hat. Es ist auch ein Muster der verladenen Ware einzusenden. Mangels dieser Rechnung kann der Käufer die Aufahme der Ladescheine usw. verweigern.

Sobald die Schlußrechnung festgestellt ist, so ist diese binnen 14 Tagen zu begleichen.

Wenn die Rechnung nicht mit Akzepten, sondern in Barem beglichen wird — in welchem Falle Diskont zum Zinsfuße der Reichsbank in Abzug gebracht — so ist bei Abschlüssen auf Abladung der Zinsfuß vom Tage des Ladescheines (Konnossementdatums), bei Abschlüssen auf bereits verladene Ware jener vom Tage des Abschlusses maßgebend.

Allgemeine Bemerkungen:

Der Preis schließt die Fracht und die Versicherung ein.

Verschiffung und *Versicherung* (Assekuranz). Die Verschiffung hat mit Schiffen (Fahrzeugen) erster Klasse zu geschehen (von nun an können es auch türkische Schiffe sein).

Die Versicherung ist bei Gesellschaften ersten Ranges zu decken mit 3 % über dem Rechnungswert.

Jede Seebeschädigung (Havarie) geht zu Lasten des Verkäufers.

Nichterfüllung. Der vertragstreue Beteiligte kann im Falle eines Vertragsbruches:

1) vom Vertrage zurücktreten;

2) die Ware oder Ladescheine (Dokumente) binnen 3 Tagen für Rechnung des vertragsbrüchigen Teiles verkaufen, resp. kaufen, wobei er auch selbst als Käufer oder Verkäufer auftreten kann;

3) den Wert durch das Schiedsgericht feststellen zu lassen und den Preisunterschied vom vertragsbrüchigen Teil fordern.

Zahlungseinstellung. Im Falle der Zahlungseinstellung (Insolvenz) oder bei Schwierigkeiten anderer Art, hat der zahlungsfähige Teil das Recht, den Vertrag so zu behandeln, wie dies im Falle einer Nichterfüllung des Vertrages laut 2) und 3) geschehen kann. In jedem Falle ist ein sich ergebender Preisunterschied zu verrechnen.

Maklergebühr (Provision). Eine vereinbarte Maklergebühr (Provision) hat der Verkäufer auf alle Fälle auszuzahlen.

Östreich.*)

Die Anbauflächen der verschiedenen Getreidearten sind im großen und ganzen unverändert geblieben, nur bei Mais macht sich ein geringes Sinken bemerkbar.

Der Durchschnitts-Ertrag auf der Flächeneinheit ist großen Schwankungen unterworfen. Höchste und niedrigste Erträgnisse in Hektolitern auf 1 ha in den Jahren 1890—1904: Weizen 16.9 und 11.9, Roggen 17.1 und 11.8, Gerste 20.3 und 14.9, Hafer 21.6 und 17.1, Mais 19.0 und 12.9.

Auch die Erntemengen schwanken bedeutend, nämlich in den Jahren 1890—1904 in Millionen Doppel(Dezimal)Zentnern Weizen 9.4 und 14.6, Roggen 16.0 und 23.3, Gerste 11.0 und 16.1, Hafer 13.8 und 20.8, Mais 3.1 und 5.0.

Die besten Erträgnisse liefern Böhmen, Mähren (Gerste) Nieder-Östreich und Galizien, während die Alpenländer**) stets ein sehr kleines Erträgnis aufzuweisen haben.

An der Einfuhr ist Ungarn (Weizen und Gerste) in erster Reihe, im sog. Zwischenverkehr beteiligt, dessen Zahlen allerdings nicht bei den Nachweisen des gemeinsamen Zollgebietes sichtbar werden, ferner decken Serbien und Rumänien den weiteren Bedarf an Weizen und Mais. In den letzten Jahren kam auch amerikanisches Getreide auf die östreichischen Märkte, besonders in den Alpenländern und Böhmen.

Die Ausfuhr beschränkt sich gegenwärtig zur Hauptsache auf böhmische und mährische Braugerste.

---

*) Ungarn ist ein Getreideausfuhrland und deshalb im folgenden Teile zu suchen.

**) Z. B. Tirol erntet durchschnittlich 175 000 dz Weizen, dazu Einfuhr 766.000 dz Weizen, die eigene Ernte deckt also 20 % des Bedarfes, 75—80 % muß es einführen.

Anbaufläche in 1000 Hektar.

Jahr	Weizen	Roggen und Spelz	Gerste	Hafer	Mais
1890	1 147	2 007	1 116	1 874	372
1891	1 112	1 946	1 140	1 894	374
1892	1 125	1 975	1 112	1 873	367
1893	1 120	1 948	1 124	1 842	359
1894	1 098	1 955	1 136	1 879	326
1895	1 064	1 815	1 194	1 950	348
1896	1 059	1 841	1 178	1 917	346
1897	1 058	1 843	1 173	1 912	346
1898	1 056	1 832	1 168	1 901	339
1899	1 072	1 841	1 189	1 869	336
1900	1 067	1 705	1 235	1 903	336
1901	1 070	1 811	1 211	1 871	332
1902	1 058	1 832	1 216	1 832	332
1903	1 056	1 814	1 209	1 841	333
1904	1 115	1 926	1 184	1 809	338

Durchschnitts-Ertrag auf 1 Hektar in Hektoliter.

Jahr	Weizen	Roggen und Spelz	Gerste	Hafer	Mais
1890	13 · 53	14 · 22	17 · 19	19 · 60	18 · 21
1891	13 · 02	12 · 68	17 · 09	20 · 37	18 · 08
1892	15 · 71	15 · 00	19 · 61	21 · 18	18 · 46
1893	13 · 74	14 · 31	16 · 46	17 · 10	15 · 24
1894	15 · 47	15 · 35	18 · 77	20 · 57	14 · 91
1895	13 · 83	12 · 97	17 · 45	20 · 53	18 · 97
1896	14 · 6	14 · 7	16 · 5	19 · 1	17 · 7
1897	11 · 9	12 · 6	14 · 9	17 · 7	15 · 5
1898	15 · 8	15 · 7	18 · 1	21 · 1	16 · 6
1899	16 · 9	16 · 8	20 · 3	23 · 7	15 · 3
1900	13 · 8	11 · 8	16 · 6	19 · 5	16 · 2
1901	14 · 8	15 · 0	18 · 5	19 · 8	18 · 3
1902	16 · 7	16 · 2	20 · 2	21 · 3	14 · 2
1903	15 · 6	16 · 2	20 · 3	21 · 6	16 · 5
1904	16 · 9	17 · 1	18 · 4	18 · 7	12 · 9

Erntemenge in 1000 dz.

Jahr	Weizen	Roggen und Spelz	Gerste	Hafer	Mais
1890	11 673·4	20 172·9	12 389·4	16 702·3	5 001·8
1891	10 743·4	17 044·0	12 372·6	17 469·5	4 970·4
1892	13 492·1	21 063·6	14 117·9	18 074·3	5 019·6
1893	11 608·3	19 477·9	11 729·2	13 853·3	4 005·6
1894	12 881·9	21 089·2	13 649·4	17 538·5	3 476·5
1895	10 977·3	16 515·1	13 390·5	18 267·0	4 773·3
1896	11 363·7	18 766·2	12 267·9	15 990·2	4 483·2
1897	9 388·5	16 014·4	11 089·4	14 756·1	3 802·5
1898	12 744·0	20 287·4	13 829·4	18 678·5	4 152·3
1899	13 562·3	21 635·8	15 927·4	20 785·1	3 652·2
1900	11 100·0	13 900·0	13 400·0	17 100·0	3 900·0
1901	11 982·3	19 181·6	14 607·4	17 155·4	4 454·2
1902	13 513·8	20 951·4	16 072·1	18 216·1	3 429·8
1903	12 500·0	20 600·0	16 100·0	18 600·0	4 100·0
1904	14 619·0	23 288·9	14 547·5	15 907·1	3 181·7

Einfuhr in 1000 dz.

Jahr	Weizen	Roggen und Spelz	Gerste	Hafer	Mais
1890	42	169	130	366	968
1891	95	24	64	253	508
1892	131	72	46	144	543
1893	207	69	240	484	749
1894	278	37	800	1 395	2 239
1895	188	278	352	682	2 147
1896	133	511	97	651	1 209
1897	1 296	1 729	406	619	2 214
1898	2 026	2 284	546	339	6 652
1899	731	203	105	88	1 549
1900	359	49	218	67	1 827
1901	52	332	90	291	1 780
1902	946	106	129	177	1 492
1903	224	64	156	177	2 827

Ausfuhr in 1000 dz.

Jahr	Weizen	Roggen und Spelz	Gerste	Hafer	Mais
1890	2 369	37	3 813	97	134
1891	1 548	381	3 323	354	829
1892	751	318	3 244	1 078	1 076
1893	762	13	5 123	914	337
1894	646	7	4 178	109	111
1895	679	7	2 674	25	44
1896	562	11	4 276	13	226
1897	282	4	3 582	15	189
1898	29	8	3 319	92	30
1899	7	6	4 142	631	34
1900	82	4	2 997	332	22
1901	213	3	3 244	37	130
1902	141	3	3 731	220	765
1903	164	3	5 318	87	79

Der östreichische Getreidehandel hatte bereits einen bedeutenden Aufschwung zu verzeichnen, als die Regierung dem Drängen der Landwirte nachgebend (trotz der warnenden Stimmen, die gelegentlich der in Angelegenheit des Terminhandels abgehaltenen Ausschußberatungen laut wurden), diesen nach deutschem Muster (am 4. Januar 1903) verbot und das deutsche Börsengesetz in verschärfter Fassung einführte.

Seit dieser Zeit geht der Handel in Getreide zurück und ist die Bedeutung Wiens für den Getreidehandel stark gesunken. Die östreichischen Getreidehändler machen ihre Termingeschäfte in Budapest; auch haben einzelne Firmen Niederlassungen in Budapest, um an dem Effektivgeschäfte daselbst teilzunehmen.

Einen schlagenden Beweis für die Folgen des Terminhandel-Verbotes in Östreich bietet der Bericht des „Lagerhauses der Stadt Wien", der folgende Zahlen enthält:

„Die Vorräte in unseren Lagerräumlichkeiten sind von Ende Juni bis Ende Dezember 1903 von 12.717 dz auf 53.647 dz gestiegen, während sie in den Lagerhäusern der Ung. Escompte- und Wechslerbank in Budapest von 13.651 dz auf 391.493 dz gestiegen sind.

Wie sich die Verhältnisse des östreichischen Getreidehandels gestalteten, schildert treffend der Jahresbericht der niederöstreichischen Handels- und Gewerbekammer vom Jahre 1903. Er sagt wörtlich folgendes:

Das abgelaufene Jahr war für den Wiener Getreidehandel ein noch ungünstigeres als das vorhergegangene, denn der Verkehr erfuhr einen sichtlichen Rückgang. Die einseitige Aufhebung des Getreideterminhandels verursachte auch eine Schädigung des Verkehres in effektiver Ware. Dabei ist die Befürchtung nicht zu unterdrücken, daß der Rückgang des Wiener Getreideverkehres, der zu den wenigen Zweigen gehört, in denen Wien als Handelsplatz in den letzten Jahrzehnten einen größeren Aufschwung zu verzeichnen hatte, noch nicht abgeschlossen ist. Diese Besorgnis ist um so weniger abzuweisen, als zwar die schon seit einer langen Reihe von Jahren von den berufenen Körperschaften — auch wiederholt von der Wiener Handels- und Gewerbekammer — angestrebte Unterstützung des Wiener Getreidehandels durch zeitgemäße Ausgestaltung des hiesigen Umschlagverkehres und des Stadtlagerhauses, sowie durch Maßnahmen im Frachtverkehre gelegentlich der Beratungen über das Terminhandelsgesetz in sichere Aussicht gestellt wurde, von einer Verwirklichung dieser Versprechungen jedoch bisher noch nichts wahrzunehmen ist. Es wäre sehr beklagenswert, wenn nicht endlich an den zuständigen Stellen die Überzeugung sich Bahn brechen würde, daß die Stellung Wiens als Getreidehandelsplatz für viele volkswirtschaftliche Interessen von großer Bedeutung ist. Leider lassen die Erfahrungen, die der Handel bei uns gar oft machen muß, zuversichtliche Auffassungen auch in diesem Belange nicht aufkommen; der Berichterstattung über das Kapitel „Getreidehandel", die in früheren Jahren an dieser Stelle den Aufschwung und in den letzten Berichten den beginnenden Niedergang des Wiener Platzes zu schildern hatte, erübrigt, um sich nicht in Wiederholungen zu ergehen, nur der Wunsch, daß die Begründung oft vergeblicher Warnungsrufe nicht zu spät eingesehen werde.

Außer der Wiener „**Börse für landwirtschaftliche Produkte**" bestehen noch organisierte Börsen in Prag, Linz, Graz, Czernowitz und Triest. Der Verkehr dieser Börsen hat durch die erwähnte Maßregel keine besondere Einschränkung erfahren, denn mit Ausnahme der *„Frager Produktenbörse"* sind die anderen mehr oder minder blos von örtlicher Bedeutung, an ihnen hatte der Terminhandel im allgemeinen keine Stätte. Auf Grund

des neuen Gesetzes wurden Bestimmungen für den Geschäftsver-
kehr an den Börsen geschaffen, die nun an den östreichischen
Börsen in Gültigkeit sind. Sie unterscheiden sich blos in einzelnen
Punkten, insbesondere mit Rücksicht auf die in ihrem Kreise zumeist in den Handel kommenden Getreidequalitäten, — bezüglich
der Vergütung bei Qualitätsdifferenzen.

Im folgenden haben wir die **Bestimmungen** zusammengezogen:

Schlußbriefe. Bei allen Geschäftsabschlüssen kann die
schriftliche Anerkennung des Geschäftes — der Austausch von
Schlußbriefen gefordert werden.

Die aus einem Schlußbriefe sich ergebenden Rechte und
Pflichten kann nur der Käufer an eine andere Person übertragen,
und dies auch nur dann, wenn der Verkäufer einer solchen Über-
tragung ausdrücklich seine Zustimmung gibt. — Der Käufer bleibt
jedoch auch dann noch haftbar.

Preisbestimmung. Der Preis gilt in Kronen für je 100 kg
ohne Sack, ohne Abzug, Skonto, netto Cassa.

Für ausländische Ware ist im Preise der Zoll mit inbegriffen.

Ist der Preis mit dem Zusatz: *ab, franco, loco, frei* angegeben, so hat der Verkäufer die Ware kostenfrei an den Erfüllungsort zu bringen

Ist der Preis mit *frachtfrei* bezeichnet, so hat der Verkäufer
nur die Fracht und Versicherung (Assekuranz) zu tragen.

Menge (Quantum). Die Bezeichnung *circa, ungefähr, beiläufig* und dergl. bei den angegebenen Warenmengen gibt dem
Verkäufer das Recht, 5% mehr oder weniger zu liefern. Dieses
Mehr oder Weniger wird zum Tagespreis der Lieferungszeit verrechnet. Eine *Waggonladung* sind 10.000 kg.

Für die Gewichtsverrechnung ist das amtlich festgestellte
Gewicht des Erfüllungsortes maßgebend,

Muster. Bei Geschäftsabschlüssen nach einem Typen-Muster
(offen oder versiegelt) muß die Ware mit diesem im allgemeinen
übereinstimmen

Bei *offenem Muster* muß die Ware mustergetreu geliefert
werden, sonst hat der Käufer Anspruch auf Entschädigung oder
er kann die Ware auch zurückweisen (refüsieren).

Abweichungen, die naturgemäß eintreten, geben kein Recht
auf Entschädigungsansprüche oder Zurückweisung der Lieferung.

Bei Geschäften nach *gesiegeltem Muster* muß die Lieferung
dem Muster ganz genau entsprechen, sonst kann der Käufer

eine Entschädigung beanspruchen oder die Ware ohne weiteres zurückweisen.

Wenn bei Übernahme der Ware kein *Kompromißmuster* gezogen wird, so hat — je nach Wahl des Käufers — ein öffent. licher Notar, ein Beamter der Börse, einer Handelskammer oder eines Lagerhauses das Muster zu ziehen. Gewöhnlich sind von jedem Posten 3 Muster zu nehmen, bei in losem Zustande verladener (Rinfusa)-Ware von 3 Stellen. Bei Neumais je 10 Muster.

Wenn jemand fehlerhafte Ware verkauft, auch nach Muster, so ist er verpflichtet, den Käufer auf die nicht sichtbaren Fehler aufmerksam zu machen und diese im Schlußbrief anzuführen.

Qualitätsbestimmung und Qualitätsgrenzen.

Das *Qualitätsgewicht* wird für 1 Hektoliter verstanden.

Man ermittelt das Qualitätsgewicht in der Weise, daß man bei Sendungen in loser Schüttung (alla rinfusa) je 50 dz entnimmt, je 10 Säcke vermischt, und das dieser Mischung entnommene Muster wird mit dem Normalmeßapparate oder dem Getreideprober gewogen. Das ermittelte Gewicht ist das Qualitätsgewicht für je 500 dz. Hat man *Durchschnittsgewicht* vereinbart, so ist der Durchschnitt der ermittelten Gewichte des gesamten Quantums maßgebend.

Bei Wagenladungen wird je eine Probe entnommen und gewogen. Die Säcke wählt der Käufer aus.

Ergibt sich, daß die Ware besser ist oder ein größeres Qualitätsgewicht hat, als vereinbart war, so kann der Käufer die Ware nicht zurückweisen, wenn sie sonst dem Vertrage entsprechend geliefert wurde.

Liefert der Verkäufer Getreide anderer Herkunft (Provenienz), als vereinbart war, oder ist die Ware mit solcher anderer Herkunft vermischt, so ist der Käufer berechtigt die Ware zurückzuweisen (zu refüsieren).

Als lieferbar gilt: gesundes, trockenes, den Handelserfordernissen entsprechend gereiftes Getreide letzter Ernte (Fechsung). Mais muß bis einschließlich April blos zeitgemäß trocken sein.

Wird das Getreide in Säcken geliefert, so muß jeder einzelne Posten gleichmäßig (egal) sein. Bei Wagenladungen bildet jeder einzelne Wagen einen Posten.

Qualitätsminderwert.

Der Käufer ist berechtigt, Getreide, das einen größeren Gewichtsabgang als nachstehend angeführt, aufweist, zurückzuweisen.

Bezieht er jedoch solches Getreide, nach vorgenommener Musterziehung oder nach Feststellung des Gewichtsabganges, so kann er nur noch die nachstehend festgesetzten Vergütungen (Bonifikationen) beanspruchen.

Bezüglich der Lieferbarkeit der einzelnen Getreidesorten, des Besatzes,*) des Qualitätsgewichtes und der Vergütungen (Bonifikationen) bestehen die folgenden Bestimmungen:

I. Weizen. Bei Verkäufen ohne Muster sind von der Lieferung ausgeschlossen:

1. Spitzbrandiger Weizen, Rivets- und Kubanka-Weizen, geölter Weizen, sog. Hartweizen und mit solchem vermengter Weizen.

2. a) Weizen mit mehr als 5% (nach der Zahl) Weißweizen,

   b) mit mehr als 1% (nach der Zahl) ausgewachsenen Körnern,

   c) mit mehr als 2% (nach Gewicht) Besatz (Roggen usw.).

Der Weizen darf auch nur Spuren von Mutterkorn aufweisen.

Die Vergütungen (Bonifikationen) bei geringerem Qualitätsgewichte, als vereinbart wurde, sind die folgenden:

Bei einem Mindergewicht (Manko) w.	Vergütung (Bonifikation)
35—50 Dekagramm für 1 hl	$^1/_2$%
50—65 „ „ „ „	1%
65—80 „ „ „ „	$1^1/_2$%
80—100 „ „ „ „	2%

100 kann die Ware zurückgewiesen (refüsiert) werden.

Wenn die Beteiligten jedoch eine besondere Vereinbarung hinsichtlich des Minderwertes getroffen haben, so gebühren dem Käufer nach je 25 Dekagramm Mindergewicht (Manko) $\frac{1}{2}$% Vergütung vom Rechnungs(Fakturen)-Betrage.

Vom 1. September ist Ware neuer Ernte zu liefern.

---

*) Der Besatz an Wicke, Rade, Trespe, Erdkügelchen, Unkraut, Brandkugeln, Steinbrand, sowie alle fremden Sämereien und fremden Getreidearten, soweit diese nicht durch die Sonderbestimmungen zugelassen sind, werden bei Weizen, Roggen, Gerste und Hirse durch Wiegen, bei Mais und Heidekorn durch Auszählen der Körner von 10 Dekagramm der Ware, bei Hafer durch Auslesen mit dem Hafertrieur (Trieuren) von 1 Kilogramm ermittelt; die entsprechenden Vergütungen werden durch Kürzung der Rechnungs-(Fakturen)Beträge beglichen.

II. Roggen. Von der Lieferung sind ausgeschlossen:

1. Die mit Steinen besetzten Roggengattungen, gedörrte Ware oder mit solcher vermengter Roggen.

2. a) Mit 2% Beimengung.

b) Mit mehr als 1% (nach der Zahl) ausgewachsenen Körnern.

c) Mit $\frac{1}{2}$% (nach der Zahl) Gerstenbesatz.

d) „ 4% („ „ „) Weizenbesatz.

Von Mutterkorn dürfen blos Spuren vorhanden sein.

Vergütungen (Bonifikationen):

Mindergewicht (Manko) 35—50 Dekagramm, $\frac{1}{2}$%

50—75 „ 1%

75—100 „ $1\frac{1}{2}$%

Sonstige Bestimmungen wie beim Weizen.

Vom 15. Juli angefangen ist neue Ware zu liefern.

III. Gerste.

1. Braugerste kann nur aus der vereinbarten Erzeugung (Produktion) geliefert werden.

Nicht lieferbar ist: Gerste anderer Erzeugung (Produktion), anderen Jahrgangs, oder solche vermischt.

Bei Verkäufen laut Muster muß der Käufer auf solche Umstände aufmerksam gemacht werden, auch wenn die Ware geschwefelt oder künstlich getrocknet wurde.

Es sind ferner nicht lieferbar:

a) Künstlich getrocknete, geschwefelte, angefressene Gerste, ferner Wintergerste und andere als 2-zeilige Gerste.

b) Gerste mit mehr als 1% gehackter, gebrochener oder geschälter Körner.

c) Gerste mit mehr als 1% (nach der Zahl) ausgewachsenen Körnern.

d) Ware, die mehr als 1% Beimengungen enthält.

Vergütungen (Bonifikationen):

Mindergewicht (Manko):

50—75 Dekagramm 1% Vergütung (Bonifikation)

75—100 „ $1\frac{1}{2}$% „ „

100—125 „ 2% „ „

125—150 „ $2\frac{1}{2}$% „ „

Bei einem Qualitätsmindergewicht von mehr als 150 kg kann die Ware abgelehnt (refüsiert) werden.

Bei besonderen Vereinbarungen hinsichtlich des Minderge-

7*

wichtes gebühren dem Käufer $\frac{1}{2}\%$ Vergütung nach je 25 Deka-gramm Abgang.

Fehlen jedoch 2 kg auf 1 hl, so kann die Ware unter allen Umständen abgelehnt (refüsiert) werden.

2. *Rollgerste,*) Brenner- und Futtergerste.*

Qualitätsgewicht:

Brenner- und Rollgerste Mindestgewicht (Minimum) 62 kg für 1 hl,

Futtergerste „ „ 59 „ „ „ „

Vergütungen (Bonifikationen) Mindergewicht (Manko)

25—50 Dekagramm 1% Vergütung (Bonifikation)

50—100 „ $1\frac{1}{2}\%$ „ „

100—150 „ 2% „ „

Bei mehr als 150 Dekagramm Mindergewicht (Manko) kann die Ware zurückgewiesen werden.

Bezüglich des Besatzes (Verunreinigungen) ist zu bemerken, daß Ware, die weniger als 4 % (nach dem Gewicht) Verun-reinigungen und weniger als $2\frac{1}{2}\%$ ausgewachsener oder verbrühter Körner enthält, angenommen werden muß, wenn kein anderer Grund zur Zurückweisung vorhanden ist.

Die Vergütungen (Bonifikationen) bei Mehrbesatz sind die folgenden: 1% bei 4—5% Besatz,

2% „ 5—6% „

3% „ 6—7% „

3. *Abfallgerste.*

Nicht lieferbar ist Ware, in der mehr als 4% Verunreinigungen, auch Windhafer, oder auch wenn Schwemmgerste darin ent-halten sind.

Vom 1. August an ist neue Ware zu liefern.

IV. Hafer.

Nicht lieferbar ist:

a) Schwarzer Hafer,

b) Mit mehr als 2% (nach der Zahl) Gerstebesatz,

c) Mit mehr als 3% ausgewachsenen Körnern.

Besatz. Dieser wird besonders (separat) von je 1 kg Muster festgestellt.

Qualitätsminder-Gewicht(Manko). Bei $2\frac{1}{2}\%$ muß die Ware übernommen werden.

_____

*) Rollgerste ist Gerste zur Graupenerzeugung.

Bei $2\frac{1}{4}\%$—$2\frac{3}{4}\%$ ist die Entschädigung $\frac{1}{2}\%$,
„ $2\frac{3}{4}\%$—3% „ „ „ $1\frac{1}{2}\%$
vom Rechnungs(Facturen)-Werte.

Ab 1. September ist neue Ware zu liefern.

V. Mais.

1. Nicht lieferbar ist:
a) Cinquantin-Mais,
b) degenerierter Cinquantin-Mais,
c) weißer Pferdezahn-Mais,
d) Székler Mais,
e) Mais mit mehr als 8% Besatz von Cinquantin,
f) „ „ „ „ „ „ „ weißem Pferdezahn-Mais,
g) „ „ „ „ „ „ „ Cinquantin und weißem Pferdezahn-Mais zusammen.

2. Weißer Rundmais und gelber Pferdezahn-Mais, rein oder gemischt mit gelbem Mais, kann geliefert werden.

3. Wenn ausdrücklich Cinquantin-Mais verkauft wird, so darf die Ware keine andere Gattung Mais enthalten und degenerierter Cinquantin-Mais darf nur bis 3% darin enthalten sein.

Vom 1. Januar ab ist neue Ware zu liefern.

VI. Buchweizen.

1. *Nicht lieferbar* ist:
a) Buchweizen mit $2\frac{1}{4}\%$ ausgewachsenen Körnern,
b) Buchweizen mit 3% Besatz,
c) Ware mit mehr als 5% (nach der Zahl) notfreien Körnern.

2. *Vergütung (Bonifikation):*
Mindergewicht (Manko): 50—100 Dekagramm $1\frac{1}{2}\%$
100—150 „ $2\frac{1}{2}\%$
150—200 „ $3\frac{1}{2}\%$
200—300 „ 5%
Vom 1. Oktober ab ist neue Ware zu liefern.

Qualitätsbemängelungen.

Qualitätsbemängelungen müssen bis 10 Uhr vormittags des nächsten Werktages erhoben werden, wenn die Besichtigung*) am Nachmittag stattgefunden hat, sonst noch am selben Tage.

Übernimmt der Käufer die Ware in seinem Niederlassungs-orte (Domizil), der von jenem des Verkäufers verschieden ist,

---

*) Der Ausdruck „besichtigt und für gut befunden" enthebt den Verkäufer von der Haftung für die Qualität der gelieferten Ware.

so sind abfällige Qualitätsmängel dem Verkäufer telegraphisch zu melden. Führt der Käufer die Ware ab, ohne mit dem Verkäufer eine Einigung erzielt zu haben, so kann er die Ware nicht mehr ganz zurückweisen. In einem solchen Falle kann er nur die Vergütungen (Bonifikationen), die für minderwertige Ware festgesetzt sind, beanspruchen, wenn er vor Abfuhr Muster ziehen ließ.

Kündigung.

Bei Geschäften *auf Lieferung* ist der Käufer zu einer Kündigung berechtigt und geschieht diese mittels eingeschriebenen Priefes (rekommandiertes Schreiben), telegraphisch oder durch das Börsen-Sekretariat. Kündigt der Käufer nicht, so ist der Verkäufer verpflichtet, die Ware am letzten Tage der Lieferungsfrist zur Übergabe an den Käufer berechtigt zu halten.

Übergabe.

500 dz müssen an einem Tage bei einer größeren Übergabsmenge, durchschnittlich 500 dz an einem Tage übergeben oder übernommen werden. — Die Übernahme einer größeren Menge kann nicht gefordert werden.

Zahlung. Die Zahlung geschieht am Tage der vollendeten Übergabe gegen Vorlage der Rechnung (Faktura). Der Verkäufer kann auch die Bezahlung der teilweise übergebenen Mengen fordern.

Wenn jemand ein Akzept als Angeld gegeben hat, so ist dieses Akzept einer Barzahlung gleich zu nehmen. Wenn das Geschäft aber nicht abgewickelt wird, so ist das Akzept zurückzugeben (zu retournieren).

Bei Begleich der zu übergebenden Ware mit einem Wechsel muß dieser gegen Vorlage der Rechnung (Faktura) übergeben werden. — Der Verkäufer kann vom Käufer auch die Begleichung (Regulierung) der täglich übergebenen Mengen fordern.*)

Bei auf Kredit oder Akzept verkaufter Ware hat der Käufer die etwaigen entstehenden Barauslagen zu bestreiten und kann er nach diesen — falls er sie nicht bar vergütet bekommt — 5 % Zinsen aufs Jahr (p. a.) berechnen.

Wenn die Ware gegen Aufgabeschein zu bezahlen ist, so kann die Bezahlung nur gegen Frachtbriefe (Dokumente) öffentlicher Transportanstalten gefordert werden.

---

*) Wenn jemand den Wechsel trotz Aufforderung des Verkäufers nicht übergibt, so kann dieser den sofortigen Barbegleich fordern, doch sind die Zinsen (zum Bankzinsfuße) bis zum ursprünglich bestimmten Verfallstage zu kürzen.

Vermittelungsgebühr:
Gewöhnlich bestreiten beide Beteiligte diese Gebühr zu
gleichen Teilen.

Bei Hafer und Mais zahlt man 4 Heller für je 100 kg
  „ Weizen, Korn (Roggen), Gerste 6 „   „   „   „   „
  „ Buchweizen   10 „   „   „   „   „

Allgemeine Bemerkungen.

Protest. Wenn ein Beteiligter (Kontrahent) seinen Verpflichtungen nicht nachkommt, so ist der vertragstreue Teil
verpflichtet, den Vertragsbruch durch einen Protest festzustellen.

Geschieht dies innerhalb zweier Tage nach Eintritt des
Vertragsbruches nicht, so bleibt dem vertragstreuen Teile
noch das Recht, innerhalb 14 Tagen die Erfüllung des Vertrages
zu fordern. Dies geschieht durch eine Kündigung mit einer
3tägigen Frist.

Nach Ablauf dieser 14 Tage hat er Vertragsbruch festzustellen (Protest zu levieren oder levieren zu lassen), sonst wird
er der noch nachstehend anzuführenden Rechte verlustig und
der Vertrag ist null und nichtig.

Im Proteste hat der vertragstreue Teil (Kontrahent) anzuführen
welches seiner Rechte er in Anspruch nehmen will, unterläßt er
dies, so kann er unter den ihm zustehenden Rechten nur noch
dann die Wahl treffen, wenn er binnen 5 Tagen (von der Protesterhebung gerechnet) seine Klage einbringt. — Unterläßt er auch
diese, so kann er vom vertragsbrüchigen Teil (Kontrahenten)
nur die Vergütung jenes Preisunterschiedes (Differenz) beanspruchen,
die zwischen dem vertragsmäßig festgesetzten Preise und dem
Durchschnittspreise besteht, der am Tage der Protesterhebung
festgestellt wurde.

Im Protest kann der protestierende Teil folgende Ansprüche
stellen:

1) Die Erfüllung des Vertrages und den Ersatz eines nachweisbaren Schadens.

2) Er kann vom Vertrage zurücktreten. Vorschüsse oder
Angaben müssen sofort zurückerstattet werden.

3) Er kann die Ware börsenmäßig kaufen oder verkaufen
lassen und den Preisunterschied vom vertragsbrüchigen Teil
fordern.

4) Er beschränkt sich einfach auf die Forderung des

Preisunterschiedes, der zwischen dem Vertragspreise und dem Durchschnittspreise, der am Tage des durch obenerwähnten Protest festgestellten Vertragsbruchs besteht.

5) Der protestierende Teil kann den Ersatz seines Schadens und eines ihm entgangenen nachweisbaren Nutzens fordern.

6) Er kann, ohne einen Beweis erbringen zu müssen, den Ersatz des ihm entgangenen bürgerlichen Nutzens fordern, den das Schiedsgericht feststellt.

Wenn nur die Erfüllung des Vertrages gefordert wird, so muß dieser Anspruch binnen 30 Tagen vom Tage der Protestaufnahme gerichtlich geltend gemacht werden, denn sonst ist das Geschäft als aufgehoben (annulliert) zu betrachten.

Zahlungsunfähigkeit (Insolvenz).

Im Falle einer Zahlungseinstellung (Insolvenz) hat der vertragstreue Teil, ohne eine Mitteilung abzuwarten, ebenso Protest zu erheben (Protest zu levieren), als ob der andere Teil vertragsbrüchig geworden wäre.

In diesem Proteste stellt er auch seine Forderungen, die sich entweder auf Ersatz des Preisunterschiedes (wie unter 4.) beschränkt oder aber er läßt die den Gegenstand des Vertrages bildende Ware durch einen beeideten Makler einkaufen oder verkaufen und fordert den Ersatz des etwaigen Preisunterschiedes, der aus diesem Geschäft (Transaktion) entsteht.

Triest. Im Platz(Loco)handel gelten für inländisches Getreide, mangels anderer Vereinbarungen, die jeweiligen Platzgebräuche (Usancen) der Budapester Waren- und Effektenbörse.

Für den Transithandel und für Sendungen aus dem Auslande stammende Ware sind auf dem Triester Platze folgende Platzgebräuche (Usancen) in Geltung:

Der Preis des Getreides ist für 100 kg in Kronen festgesetzt und ist ohne Abzug (Skonto) zu bezahlen.

Der Einfuhrzoll oder jede andere Abgabe dieser Art belastet den Käufer.

Gehandelt wird Ware, die zur Zeit des Abschlusses noch *schwimmend* ist, *Ware auf Abladung* oder *auf Lieferung* zu einer festbestimmten Zeit.

Bezüglich der Qualität, die für 1 Hektoliter in Kilogrammen festgesetzt wird, bestehen folgende Gebräuche:

1. Bei *prompter* (verfügbarer) Ware einigt man sich bezüglich der Qualität durch Besichtigung der Ware und gibt der

Käufer die Annahme der besichtigten Ware durch die Klausel: *besichtigt* (gesehen) *und gut befunden,* oder *gesehen und angenommen,* kund. In einem solchen Falle muß der Käufer die Ware anstandslos übernehmen, so wie sie *liegt und steht,* ausgenommen, wenn der Nachweis eines Betrugs geliefert werden kann.

2. Wird die Ware mit der Bedingung: *Qualität gleich dem versiegelten Muster* gehandelt, so muß die gelieferte Ware dem Muster vollkommen entsprechen. Die Muster werden in diesem Falle von beiden Teilen versiegelt und je nach der Vereinbarung zu Händen des Käufers oder des Verkäufers hinterlegt. Können sie sich nicht einigen, so übergibt man sie der Handelskammer zur Aufbewahrung.

3. *In Qualität ähnlich dem versiegelten Muster.* Bei Abschlüssen mit dieser Bedingung muß die Ware dem Muster in Qualität und Farbe ähnlich sein und darf im Werte nicht mehr als um 1 % abweichen.

4. *Ware guter gangbarer Qualität* muß gesunde, trockene geruchlose Ware mittlerer Qualität sein.

5. Wenn *Qualität der versiegelten Type* bedungen wird, so ist Ware von der Herkunft (Provenienz) der Type zu liefern und muß die Qualität und Farbe der Type beiläufig entsprechen.

Was die Ernte (Fechsung) anbelangt, kann der Käufer neue Ware nur dann beanspruchen, wenn dies im Schlußbrief vereinbart worden ist.

Qualitätsgewicht, Abweichungen und Vergütungen.

Der Verkäufer kann ein Effektivgewicht verbürgen (garantieren) und kann dabei eine Ware höheren Gewichtes liefern, wie es vereinbart wurde, ohne daß der Käufer die Ware zurückweisen darf.

Wenn der Käufer die Ware besichtigt und binnen 24 Stunden hinsichtlich der Qualität keine Anstände macht, so ist die Ware als angenommen zu betrachten und kann der Käufer später keine Einwendungen machen (mit Ausnahme der beschädigten [havarierten] Säcke).

Findet der Käufer, daß die gelieferte Ware den Vereinbarungen hinsichtlich des Qualitätsgewichtes nicht entspricht, so gelten folgende Bestimmungen:

Der Verkäufer kann die Ware sieben und reutern lassen, um eine den Vereinbarungen entsprechende Qualität herzustellen.

Bei ausländischem Getreide muß der Käufer die Ware übernehmen, und zwar ohne jede Vergütung, wenn die Abweichung (Differenz) im Hektolitergewicht 25 Dekagramm nicht übersteigt. Dies gilt vom Weizen, bei Roggen, Hafer, Mais und Futtergerste kann die Abweichung (Differenz) 35 Dekagramm betragen.

Bei größeren Unterschieden hat der Verkäufer Vergütungen (Bonifikationen) zu gewähren, die wie folgt festgestellt sind:

Für ausländischen Weizen;

25— 50 Dekagramm	0.7 %		
50— 75 „	1.2 „		
75—100 „	1.6 „		
100—125 „	1.6 „	und 10 Heller für jeden dz.	
125—150 „	1.6 „	„ 20 „ „ „ „	

für ausländischen Roggen:

35— 60 Dekagramm	0.7 %		
60—100 „	0.5 „		
100—150 „	1.5 „	und 12 Heller für jeden dz.	
150—200 „	1.5 „	„ 24 „ „ „ „	

Bei verzollter Ware hat die Vergütung nach Abzug des Zollbetrages berechnet zu werden.

Für Mais, Hafer, Futtergerste bestimmen die Sachverständigen die zu leistende Vergütung.

Wenn die Ware noch größere Gewichtsunterschiede aufweist, so kann der Käufer die Ware einfach zurückweisen oder aber eine von den Sachverständigen festzusetzende Vergütung (Bonifikation) beanspruchen. Lehnt der Käufer die Ware ab, so kann er keinerlei Schadenersatz fordern.

Wenn das Qualitätsgewicht mit dem Zusatz *beiläufig* vereinbart wurde, so kann die Ware um ¼ kg für 1 Hektoliter leichter sein, ohne daß der Verkäufer eine Entschädigung zu leisten hätte.

Bezüglich der Qualität der gelieferten Ware ist noch zu bemerken, daß Getreide, das nicht infolge Nässung oder Seebeschädigung (Havarie), sondern der bekannten Trockenhitze, erhitzt in Triest ankommt, nicht zurückgewiesen werden kann, wenn es sonst geruchlos ist. Der Käufer muß sich mit einem Nachlaß zufrieden geben.

Bei Qualitätsunterschieden, die bei Weizen nicht mehr als

3 %, bei Roggen nicht mehr als 6 %, Mais 7 %, Hafer und Futtergerste 8 % vom Rechnungsbetrage (Fakturenwerte) übersteigen, muß der Käufer die Ware übernehmen und sich mit einer Vergütung bescheiden.

Ist der Minderwert jedoch größer, so steht es dem Käufer frei, das Getreide mit einer Vergütung zu übernehmen oder aber zurückzuweisen; eine Entschädigung kann er dann nicht fordern.

Menge (Quantum). Beiläufig bedeutet ein Mehr oder Weniger (Plus oder Minus) von 5 %.

Der Verkäufer kann auch ein Ausladegewicht verbürgen (garantieren).

Bezahlung. Die Bezahlung der mit der Bedingung *cif* ohne besondere Angabe abgeschlossenen Ware hat gegen Barzahlung (per Kassa) gleich nach Übergabe der Ladescheine (Dokumente) zu geschehen. Sonst geschieht die Bezahlung unmittelbar nach Ablieferung der Ware ohne Abzug (Skonto).

Wenn die Ware postenweise abgeliefert und übernommen wird, so können Abschlagszahlungen gefordert werden.

Werden Wechsel als Akzepte des Käufers in Zahlung genommen, so rechnet man den Fälligkeitstermin vom Tage der vollständigen Übernahme der Ware.

Vermittelungsgebühr (Provision) 2 %, Maklergebühr (Sensarie 1 % zu Lasten des Verkäufers.

Italien.

Der Getreidebau Italiens reicht zur Deckung seines Bedarfes selbst in den besten Jahren nicht aus, deshalb ist es gezwungen, jährlich ganz beträchtliche Mengen Getreide einzuführen.

Im Norden Italiens haben die Bestrebungen der Regierung, den Anbau von Brotgetreide zu fördern, schon einige Früchte getragen, während der wirtschaftlich bedrängte Süden noch immer schwer zu kämpfen hat.

Von den Maßregeln der Regierung Italiens zur Förderung der Landwirtschaft sind die Dorfbanken zu erwähnen, deren Aufgabe es ist, die Kleinbauern aus Wucherhänden zu befreien; ferner die landwirtschaftlichen Vereine, die Saatkorn, Düngemittel, Maschinen verteilen, Genossenschaften gründen usw. Eine wichtige Rolle spielen auch die Wanderschulen, die nicht wenig zur Aufklärung der Bauern beitragen.

Der Anbau von Weizen nimmt auch tatsächlich zu und ist heute ein Fünftel der dem Anbau gewidmeten Fläche für den Weizenanbau bestimmt. Der Wert der Weizenerzeugung beträgt ein Drittel des Wertes der gesamten landwirtschaftlichen Erzeugnisse.

Der Anbau von Roggen, Gerste und Hafer, deren Menge sonst zur Deckung des Bedarfes genügte, geht zurück, um dem Anbau der Zuckerrüben Platz zu machen, besonders in den Provinzen Parma, Bologna, und Ferrara.

Im allgemeinen aber bringt der Getreidebau in folgenden Gegenden gute Erträgnisse: Lombardei, Sizilien — wo er an Stelle des durch die Reblaus (Phylloxera) vernichteten Weinbaues trat — Ligurien, Piemont, Sardinien, ferner in der Gegend von Rom, Foggia, Perugia und Potenza.

Die fehlende Menge des Getreides bezieht Italien aus folgenden Ländern: Weizen aus Rußland*) Rumänien, Nordamerika und

---

*) Meistens die Sorten: Ghirka, Ulka oder Ghirka und/oder Ulka, d. h. gemischt, oder allein je nach Wahl des Verkäufers, ferner Azima.

Indien, Mais auch aus Argentinien, Hafer kauft es in der Türkei, Gerste, Braugerste besonders in Östreich-Ungarn.

Für Hartweizen kommen Taganrog, Noworossijsk (Jekaterinoslwo), Tulcea Neuyork als Verschiffungshäfen in Betracht, für weiche Weizensorten: Braila, Sulina, San Franzisco und auch Neuyork.

Die Erntemengen ergeben sich aus der folgenden Zusammenstellung:

Erntemenge in 1000 hl.

Jahr	Weizen	Roggen	Gerste	Hafer	Mais
1891	49 852	15 850	32 950	60 890	25 539
1892	40 767	16 720	28 950	60 700	25 419
1893	47 654	15 850	27 890	64 270	29 168
1894	42 850	14 180	29 340	59 960	21 004
1895	41 499	11 880	26 200	64 000	24 838
1896	51 180	14 540	35 130	71 250	28 160
1897	30 630	14 540	27 970	69 060	23 220
1898	48 400	14 540	31 990	65 430	28 065
1899	48 600	9 800	29 080	58 160	31 200
1900	47 130	11 630	23 610	58 160	29 350
1901	55 240	11 630	29 080	55 250	33 540
1902	46 200	11 630	24 720	47 400	23 750
1903	63 500	?	?	?	31 360
Mittelernte	53 500				30 500

Eine wesentliche Rolle bei der Ernährung spielt auch der in der lombardischen (Po.-) Tiefebene gebaute Reis, dessen Erntemengen in 1000 hl betrugen 1891: 6 938, 1892: 7 260, 1893: 4 850, 1894: 5 738, 1895: 5 984, 1896: 8 761, 1897: 6 430, 1898: 6 180, 1899: 6 650, 1900: 6 800, 1901: 6 150, 1902: 6 725, 1903: 5 250.

Die Anbaufläche von Weizen beläuft sich im Durchschnitte auf 4 790 000 ha, von Roggen auf etwa 140 000 ha, Gerste 300 000 ha, Hafer 450 000 ha.

Der Ertrag ist anzunehmen (auf 1 ha) Weizen (im Durchschnitt) 12.$_1$ hl, Roggen 10.$_8$, Gerste 9—11, Hafer 13—14.$_5$, Mais 11—14.$_4$.

Die Ernte findet im Juni und Juli statt.

Die Einfuhrmengen sind aus der folgenden Zusammstellung zu ersehen.

Einfuhr in 1000 dz.

Jahr	Weizen	Gerste	Hafer	Mais
1890	6 450	98	288	1 594
1891	4 644	121	188	372
1892	6 971	153	60	597
1893	8 614	137	18	251
1894	4 868	277	20	63
1895	6 578	452	91	1 587
1896	6 980	101	58	1 815
1897	4 141	35	15	1 282
1898	8 782	89	466	3 743
1899	5 173	4	52	493
1900	7 321	45	47	316
1901	10 462	114	55	423
1902	11 777	106	67	479
1903	11 108			

und andere Körnerfrüchte 4 876.

Die Ausfuhr ist nur sehr gering und kommt für den Handel nicht in Betracht.

Die wichtigen Getreidehandelsplätze Italiens sind für die Einfuhr: Genua als größter Einfuhrhafen, Venedig für den Durchgangsverkehr, Livorno und Ancona sorgen für die Romagna und Umbrien.

Für den Platzhandel sind Mailand, Florenz, Rovigo, Foggia, Padua, Rom, Neapel (Torre Annunziata), Bari, Palermo und Messina nennenswert.

Genua, dessen Platzgebräuche nachstehend wiedergegeben sind, ist der größte Einfuhrhafen. Eine Getreidebörse ist nicht vorhanden, ebensowenig eine amtliche Preisfeststellung und Kursblatt noch Schlußzettel.

Die Preise werden halb amtlich im „Corriere Mercantile" veröffentlicht. — Statt des Schlußzettels wird ein Vertragsformular gebraucht, das auf Grund der sich nach und nach entwickelten Platzgebräuche aufgebaut ist.

Die Preise werden für ausländisches Getreide in Goldfranken für je 100 kg festgesetzt.

Der Verkäufer kann 5 % mehr oder weniger als die vereinbarte Menge liefern.

Bei *cif*-Verkäufen beträgt die kleinste Menge: 500 dz für 1 Verladung.

Es wird entweder mustergetreue*) Lieferung mit 1 % Abweichung (Toleranz) vereinbart oder es ist die Beschaffenheit (Qualität), die bei der Ausladung festgestellt wird, als maßgebend zu betrachten.

Bei russischem Getreide wird für jedes vom Qualitätsgewichte fehlende Pfund (russ.) für je 100 kg mit 6¼ centimes ersetzt. Übergewicht wird nicht vergütet. Das Verhältnis der fremden Bestandteile wird im Vertrage festgestellt, z. B. mit 4 %. Jedes Hundertstel mehr trägt eine Vergütung mit je 1 % mit sich; Unterbesatz wird nicht berücksichtigt.

Bei Lieferung von Getreide aus der Donaugegend und Argentinien, das in Kilogrammen für 1 Hektoliter gewährleistetes (garantiertes) Ausladegewicht gehandelt wird, vergütet man für jedes fehlende Kilogramm des Qualitätsgewichtes 1 %.

Wenn mit gewährleisteter Reinheit (garantiertem Prozentsatz) von Fremdkörpern gehandelt wird, so werden die Gemengteile nach Hundertsteln (%) bestimmt und dann die Vergütung an Gerste, Roggen und anderen den Besatz bildenden Fremdkörpern verhältnismäßig (proportionell) festgesetzt. Gewöhnlich geschieht es in der Weise, daß man für Roggen den halben Wert, für Gerste und Hafer den vierten Teil des Wertes und den Rest als Null vom Werte des Weizens annimmt. — Hat nun zum Beispiel ein mit 2 % gewährleisteter Weizen einen Besatz von 3 % und ergibt die Feststellung 1½ % Roggen, 1 % Gerste und ½ % Erde, so wird berechnet, was hiervon in 2 % Besatz enthalten sein darf, und der Überschuß wird wie oben angegeben vergütet. Bestimmungen bezüglich eines Mindest (Minimal)- oder Durchschnitts-Qualitätsgewichtes bestehen nicht**).

Die Ware kann keinesfalls zurückgewiesen werden. — Die Ladescheine oder Übergabescheine müssen stets aufgenommen werden.

---

*) Das gesiegelte Muster verliert seine Gültigkeit, wenn bei der Öffnung desselben nicht beide (Kontrahenten) Teile oder deren Bevollmächtigte anwesend sind.

**) Die italienische Militärverwaltung bedingt

      bei Weizen 75 kg Qualitätsgewicht.
      „ Roggen 70 „   „
      „ Hafer 40 „   „
      „ Gerste 60 „   „

Der Ausgleich geschieht gegen Aushändigung dieser Scheine (Dokumente) in Barem, mit 1—2 $0/_0$ Abzug, oder mittels Wechseln (Akzepten) auf 3 Monate Ziel, die bei Vorzeigung für Rechnung des Käufers von einem Bankhause erster Güte angenommen werden müssen und für deren Bezahlung bei Verfall der Käufer haftbar bleibt.

Die Versicherung der Ware besorgt der Verkäufer mit 2 % über dem Rechnungs(Fakturen)Wert abzüglich der Fracht, bei einer guten Gesellschaft, für deren (Sicherheit) Solvenz er aber nicht verantwortlich ist.

Streitigkeiten schlichtet die „Chambre arbitrale", woselbst auch das Qualitätsgewicht festgestellt wird. — Die Schiedsgerichtsgebühren (Arbitrage-Spesen) betragen 5 centimes für 1 dz und werden zu gleichen Teilen von beiden Vertragsschließenden getragen. — Maklergebühren (Kurtage) 1½ % oder 5 % centimes, je nach Vereinbarung, an die Makler. Vermittelungsgebühren (Kommission) vom Verkäufer 1 % an die Vermittler (Agenten).

Im Platzhandel werden die Preise für 100 kg oder Hektoliter in Lire und Centesimi festgesetzt. Gehandelt wird nach Muster. — Einzelne Sorten von Getreide aus Puglia und Sizilien werden unter der Bedingung; gute Durchschnitts-Qualität der heurigen Ernte gehandelt.

Folgender Marktbericht gibt einen Begriff von der Mannigfaltigkeit der italienischen Sorten:

Neapel, 20. Feber 1904.

für 100 kg in Lire

Maioriche di Sicilia	23.50
Bianchetta di Puglia	25.—
Caroselle Molise	24.75
Romanelle	24.25
Risciale	23.50
Misti duri	24.—
Duri Saragolle	25.25
Trentine	23.50

Vom Mais sind die wichtigsten der Quarantin, Cinquantin und Sessantin. Am besten gedeiht Mais im Venetianischen und in der Provinz Bergamo.

Niederlande.

Das Königreich der Niederlande (im Auslande meist nur *Holland* genannt) ist ein ausgesprochener Handelsstaat mit gering entwickelter Industrie. Die Landwirtschaft vermag den Bedarf des Landes nur in Roggen und Hafer zu decken, Weizen und in noch höherem Maße Gerste müssen eingeführt werden, ebenso Mais.

Die Erntemenge ist aus nachstehender Aufstellung ersichtlich.

Erntemenge in 1000 dz.

Jahr	Weizen	Spelz	Roggen	Gerste	Hafer
1890	1 438	87	2 776	881	1 978
1891	919	90	2 069	933	2 756
1892	1 426	34	3 106	1 047	2 232
1893	1 353	65	3 168	1 022	1 760
1894	1 102	71	3 017	730	2 177
1895	1 144	21	3 207	916	2 353
1896	1 783	58	4 798	1 611	5 421
1897	1 115	58	4 217	1 323	5 697
1898	1 911	58	4 827	1 349	5 871
1899	1 803	87	4 583	1 402	5 676
1900	1 652	58	4 821	1 620	6 113
1901	2 036	—	3 780	1 338	5 990
1902	2 617	—	4 653	1 079	4 740
1903	1 150	—	4 362	1 454	5 525
1904	—	—	3 545	875	3 189
Bedarf	2 300	—	3 500	2 100	450

Die Anbaufläche betrug 1903 (Durchschnitt in Klammern) Weizen 55 518 ha (69 150), Roggen 218 126 (210 374), Gerste 31 923 (41 661), Hafer 144 497 (130 668). Der Durchschnittsertrag in Hektolitern auf 1 Hektar betrug Weizen $23._5$, Spelz $39._3$, Roggen $20._1$, Gerste $71._4$, Hafer $40._2$.

Der Weltgetreidehandel. 8

Der Handel ist bedeutend, wie die nachstehenden Einfuhr-
und Ausfuhrlisten beweisen.

Einfuhr in 1000 dz.

Jahr	Weizen	Roggen	Gerste	Hafer
1890	5 431	4 150	2 323	1 539
1891	7 439	4 669	2 215	996
1892	6 602	1 926	1 892	339
1893	6 617	1 876	3 119	1 681
1894	8 126	4 792	4 430	2 423
1895	9 574	4 844	3 482	2 137
1896	10 341	5 395	3 108	3 621
1897	11 104	5 062	3 281	2 925
1898	10 473	4 482	3 806	2 403
1899	9 285	4 102	3 232	2 826
1900	10 044	5 081	2 604	3 717
1901	13 147	5 229	3 063	3 190
1902	12 872	5 848	3 984	3 541
1903	13 478	6 369	5 036	3 337
1904	13 746	5 006	5 277	2 987

Ausfuhr in 1000 dz.

Jahr	Weizen	Roggen	Gerste	Hafer
1890	3 226	2 540	1 341	1 393
1891	4 177	2 263	1 143	909
1892	4 277	1 332	1 091	557
1893	4 610	1 250	1 745	1 532
1894	4 939	2 064	2 263	2 348
1895	6 543	2 317	1 779	1 885
1896	7 551	3 078	2 291	3 007
1897	8 744	3 111	2 375	2 544
1898	8 209	2 771	2 631	2 065
1899	7 217	2 356	2 489	2 381
1900	7 547	3 183	1 953	3 210
1901	10 190	2 763	2 042	2 864
1902	10 069	3 263	2 399	3 279
1903	10 812	3 587	2 934	3 060
1904	11 072	2 627	3 018	2 668

Durchschnittsertrag auf 1 Hektar in Hektolitern.			
	1903	1902	1901	1891/1900
Weizen . . .	27,0	29,1	27,4	24,9
Spelz . . .	47,3	54,0	52,4	46,6
Roggen . . .	22,6	22,6	23,2	21,0
Wintergerste .	44,9	47,6	39,5	41,8
Sommergerste	35,4	35,9	34,2	32,0
Hafer . . .	46,9	44,8	48,1	42,2

Vier Fünftel (80 Hundertstel) des eingeführten Weizens kommt wieder zur Ausfuhr nach Deutschland und der Schweiz, während die eingeführte Gerste zu Brauzwecken dient. Der eingeführte Hafer und Mais findet größtenteils im Lande selbst Verwendung; Mais besonders zu Brennzwecken.

Das nach Holland eingeführte Getreide stammt aus Nordamerika, Argentinien, Rußland, Rumänien, Bulgarien, der Türkei und Ostindien. Gerste kommt auch aus Ungarn und Böhmen.

Die bedeutendsten Getreidemärkte Hollands sind Rotterdam und Amsterdam.

Das nach Rotterdam gebrachte Getreide nimmt seinen Weg größtenteils den Rhein aufwärts über Mannheim nach Deutschland und der Schweiz, während Amsterdam Holland selbst versorgt und als Terminmarkt von Bedeutung ist, insbesondere seit (1897) in Deutschland Termingeschäfte gesetzlich verboten wurden. In Rotterdam konnte das Termingeschäft keinen festen Fuß fassen und stehen die 1896 erlassenen Bestimmungen nur auf dem Papier.

Die Platzgebräuche der Rotterdamer Getreidebörse (Rotterdamsche Graanbeurs) {für greifbare Ware (Effektivgeschäft) und eine kurze Darstellung der in Amsterdam im Termingeschäft giltigen Gebräuche seien nachstehend wiedergegeben. Zunächst sei bemerkt, daß der sogenannte Rotterdamer Getreidekontrakt, der 1898 neu gefaßt wurde, den Bedürfnissen der am Getreidehandel Beteiligten nicht entspricht und kaum Anwendung findet; viel gebräuchlicher ist der Donau-Kontrakt und jetzt für Teilladungen von dem Schwarzen Meer, dem Asow und der Donau, der „Deutsch-Niederländische Vertrag", der unter Deutschland (86. Seite) ausführlich mitgeteilt wurde.

Rotterdam. Die Preise werden für 1 Last in holländischen Gulden festgestellt.

8*

1 Last	Weizen	wiegt	2400	kg
1 „	Roggen	„	2100	„
1 „	Gerste	„	2000	„
1 „	Buchweizen	„	2100	„
1 „	Mais	„	2000	„
1 „	Hafer	„	1500	„

(1 Tonne = 1000 kg)

Das *Qualitätsgewicht* stellt man für 1 hl in Kilogrammen fest.*)

Schiedsgericht (A r b i t r a g e). Alle Streitigkeiten (Differenzen), die zwischen Käufer und Verkäufer entstehen, werden durch Schiedsgericht (Arbitrage) geordnet.

Wenn der Käufer Ware, die ihm zur Übernahme vorgewiesen wird, aus irgendwelchem Grunde beanstandet, so kann er die Annahme nicht ohne weiteres verweigern, denn hierzu muß ihn der Urteilsspruch des Schiedsgerichts ermächtigen.

Handelt es sich um Streitfragen hinsichtlich der Qualität der Ware, so ist der Urteilsspruch vor oder während der Überladung der Ware zu verlangen.

Übernimmt der Käufer die Ware, so wird die Qualitätsfrage als erledigt betrachtet.

Menge (Q u a n t u m). Bei Verkäufen auf Abladung oder Lieferung, bei einer Mindestmenge von 50 Last, kann der Verkäufer die Ware aus einem oder mehreren Schiffen liefern, jedoch nicht weniger als 25 Last auf einmal.

V e r l a d u n g. Bei Ablade-Geschäften muß der Name des Schiffes dem Käufer sofort (promptest) angezeigt werden, jedenfalls aber bevor das Schiff im Bestimmungshafen eintrifft. Der Name des Schiffes, oder die Anzeige darüber, kann vom Verkäufer geändert werden, bis das Schiff einläuft.

Seebeschädigung (H a v a r i e). Bei Seebeschädigung ist das Geschäft erloschen (annulliert), auch dann, wenn die Seebeschädigung (Havarie) so groß ist, daß die Versicherungsgesellschaft das Ganze übernimmt.

Wenn die für gesund verkaufte Ware teilweise beschädigt anlangt, so muß der Käufer mit dem gesunden Teile zufrieden sein, der Rest der geschlossenen Menge braucht nicht geliefert zu werden.

---

*) Die holländische Probe (siehe 9. Seite) ist in den Niederlanden nicht im Gebrauch.

Wenn eine Ladung, die an mehrere Käufer zur Ablieferung gelangen soll, und teilweise schon abgeliefert ist, als man eine Beschädigung (Havarie) entdeckt, so bleibt die gesunde Ware, die abgeliefert ist, abgeliefert und kommt bei Verteilung an die Käufer, die noch Ware zu erhalten haben, nicht in Betracht.

Beschaffenheit (Qualität). Wenn der Käufer oder sein Vertreter bei Besichtigung der Ware Grund zur Zurückweisung der Ware zu finden vermeint, so können sowohl Käufer als Verkäufer das Schiedsgericht anrufen (Arbitrage verlangen). Die Schiedsrichter ziehen oder lassen Muster ziehen und auf Grund dieser erteilen sie dem Käufer im Falle das Recht zur Verweigerung der Übernahme der Ware.

Geschieht dies, so ist das Geschäft einfach erloschen (annulliert).

Hat der Käufer die Ware mit der Bedingung gesunde Ware gekauft, so kann das Getreide zurückgewiesen (refusiert) werden, wenn die Schiedsrichter die Ware für ungesund finden.

Ebenso verhält sich die Sache, wenn es sich um Ware handelt, die auf Abladung gekauft wurde.

Handelt es sich um ein Geschäft auf Lieferung, so braucht der Käufer die Aufhebung des Geschäfts (Annullierung) nicht anzuerkennen, sondern er kann Ware verlangen, die den Kaufsbedingungen entspricht.

Ist die Bedingung gesund im Schlußbrief nicht aufgenommen worden, so muß die Ware unter allen Umständen übernommen werden, es bleibt aber dem Käufer unbenommen, wegen etwaiger Qualitätsverschiedenheit das Schiedsgericht in Anspruch zu nehmen.

Getreide, das nicht beschädigt ist, aber leicht trocken warm erscheint, und dadurch leichter ist, wird als gesunde Ware betrachtet.

Vergütungen. Wenn das Qualitätsgewicht leichter ist, als es im Vertrage (Kontrakte) vereinbart wurde, so haben folgende Vergütungen stattzufinden.

vom ersten Kilogramm 1 %
„ zweiten „ 1½ %
„ dritten „ 2 %
„ vierten „ 2½ % u. s. w.

vom Bruchteile eines Kilogramms die verhältnismäßige (proportionelle) Vergütung laut folgender Tabelle:

Gewichts-unterschied.	Prozent-Vergütung.	Gewichts-unterschied.	Prozent-Vergütung.	Gewichts-unterschied.	Prozent-Vergütung.	Gewichts-unterschied.	Prozent-Vergütung.
Kilo		Kilo		Kilo		Kilo	
0.1	0.1	2.1	2.70	4.1	7.30	6.1	13.90
0.2	0.2	2.2	2.90	4.2	7.60	6.2	14.30
0.3	0.3	2.3	3.10	4.3	7.90	6.3	14.70
0.4	0.4	2.4	3.30	4.4	8.20	6.4	15.10
0.5	0.5	2.5	3.50	4.5	8.50	6.5	15.50
0.6	0.6	2.6	3.70	4.6	8.80	6.6	15.90
0.7	0.7	2.7	3.90	4.7	9.10	6.7	16.30
0.8	0.8	2.8	4.10	4.8	9.40	6.8	16.70
0.9	0.9	2.9	4.30	4.9	9.70	6.9	17.10
1.—	1.—	3.—	4.50	5.—	10.—	7.—	17.50
1.1	11.5	3.1	4.75	5.1	10.35	7.1	17.95
1.2	1.30	3.2	5.—	5.2	10.70	7.2	18.40
1.3	1.45	3.3	5.25	5.3	11.05	7.3	18.85
1.4	1.60	3.4	5.50	5.4	11.40	7.4	19.30
1.5	1.75	3.5	5.75	5.5	11.75	7.5	19.75
1.6	1.90	3.6	6.—	5.6	12.10	7.6	20.20
1.7	2.05	3.7	6.25	5.7	12.45	7.7	20.65
1.8	2.20	3.8	6.50	5.8	12.80	7.8	21.10
1.9	2.35	3.9	6.75	5.9	13.15	7.9	21.55
2.—	2.50	4.—	7.—	6.—	13.50	8.—	22.—

Bei Roggen, Gerste, Hafer, die auf Grund der Qualitätsgewichte von 70/71 kg oder 60/61 kg und 47/48 kg verkauft wurden, werden folgende Vergütungen gegeben: Bei Abweichung

von einem Kilogramm 1 %

„ zwei „ 2 % u. s. w.; von jedem Bruchteil des Kilogramm der entsprechende Teil des 1 %.

Bessere Ware, als vereinbart, kann nicht zurückgewiesen werden.

Verrechnung. Als Nachweis für das gelieferte Gewicht und das Eigen(Natural)gewicht, dienen die Bescheinigungen (Zertifikate) der beeideten Wäger.

Das Eigen(Natural)gewicht wird von je 5 Lasten festgestellt.

Bei Verkäufen auf Abladung — wenn nichts Gegenteiliges vereinbart wurde — ist das Naturalgewicht der Einladung zu verstehen. Wenn zwei Abladegewichte aufgegeben wurden, so ist deren Durchschnittsgewicht maßgebend.

Das Naturalgewicht kann während der Reise um 1 kg zurück-gehen.

Versicherung (Assekuranz) und Spesen. Die Versicherung nach dem Inlande und nach Deutschland und Belgien wird für die Beförderung auf den Flüssen mit mindestens 2 % über den Netto-Fakturenbetrag (mit Vergütung für totale Havarie) bei guten Versicherungsgesellschaften gedeckt, für deren Sicherheit (Solvenz) der Verkäufer nicht verantwortlich ist.

Bei Verkäufen cif oder franko Fracht nach solchen Städten, die an Verkehrsstraßen liegen, bei denen schlechter Wasserstand eintreten kann, gehen die Leichterkosten zu Lasten des Empfängers.

Zahlung. Wenn keine gegenteiligen Bedingungen vereinbart wurden, so hat die Bezahlung für kleine Posten bis 5 Last durch Wechsel (Bankakzept) auf 2 Monate zu geschehen, bei kleineren Posten (ohne Akzept) auf 1 Monat. Sowohl dem Käufer als auch dem Verkäufer bleibt das Recht unbenommen, für jede Lieferung Barzahlung zu geben oder zu verlangen, in welchem Falle der Käufer Zinsenvergütung, der Verkäufer den Abzug von 1 % gewährt.

Bei Verladung von Posten, die gegen Barzahlung verkauft sind, hat der Verkäufer, auch im Falle die Ware franko Bord verkauft ist, nach beendigter Überladung das Recht, die Scheine (Dokumente) zu behalten, bis die Ware bezahlt ist.

Es ist auch gebräuchlich, daß der Käufer den Betrag der vom Verkäufer ausgestellten vorläufigen Rechnung (provisorischen Faktura) bei einer vom Komité der Getreidehändler ernannten Mittelsperson (Verwalter, Beheerder) auf Verlangen des Verkäufers auf dessen Gefahr hinterlegt. Diese Mittelsperson kann 3/8 % Kosten berechnen. Zinsen werden von Hinterlegungs-Geldern nicht vergütet.

Die Übernahme des Geldes meldet der Verwalter an den Verkäufer.

Ausgezahlt wird der Betrag, sobald die Lieferung erfolgt ist.

Wechsel- und Quittungs-Stempel gehen zu Lasten des Käufers.

Im Falle der Käufer es unterläßt, Sicherstellung (das Depôt) zu geben, kann das Geschäft auf Veranlassung des Schiedsgerichts (Arbitrage-Kommission) aufgehoben (annulliert) werden und es kann auch eine Entschädigung zugesprochen werden, falls eine solche festgestellt wird.

Allgemeine Bemerkungen. Force majeure (höhere Gewalt). Im Falle die Erfüllung des Vertrages durch höhere Gewalt verhindert wird, so ist der ganze Vertrag oder sein noch unerfüllter Teil als aufgehoben zu betrachten.

Zoll. Falls zwischen dem Tage des Geschäftsabschlusses und der seiner Erfüllung Zoll eingeführt wird, so geht dieser zu Lasten des Käufers.

Zirka. Der Verkäufer kann 2 % mehr oder weniger liefern. Er kann auch 3 % mehr oder weniger liefern, doch diese werden dann zum Preise des Lieferungstages verrechnet.

Restant. Was nach Ablieferung der früher verkauften Posten übrig bleibt, ist Restant. Wenn mehr als 20 % Fehlbetrag oder Überschuß festgestellt wird, so kann der Käufer vom Verkäufer fordern, daß er ihm die Ursache hierfür aufgebe, auch kann er im Falle eineVergütung des nachweisbaren Schadens fordern.

Vermittlergebühr (Kommission). 1—2 % nach dem Rein(Netto)betrage der Rechnung.

Maklergebühr (Sensarie):

Weizen, Roggen, Gerste (Buchweizen) holl. Gulden		1.—
Mais	„	1.20
Hafer	„	1.05

für 1 Last.

Amsterdam. Platzgebräuche. Im Termingeschäfte wird zumeist Weizen und Roggen gehandelt.

I. Weizen. Ein Schluß besteht aus 60 000 kg. Preis in holl. Gulden für 1 Last, gegen Barzahlung, ohne Abzug (Skonto). Mindestgewicht 76 kg. Lieferbar ist jedoch Weizen bis 75 kg. Für Mindergewicht gebühren dem Käufer 2 % Vergütung für je 10 Hektogramm. Bruchteile müssen im Verhältnisse vergütet werden.

Lieferung. Zu liefern ist guter, gesunder Weizen ohne schlechten Geruch oder Beigeschmack. Alter oder neuer Weizen oder beide gemischt. Ausgeschlossen sind: a) Weizen, der künstlich gedörrt ist, ganze Lieferungen oder Posten, b) Ägyptischer Weizen, c) Hartweizen (hard wheat, blé dur), d) Weizen mit mehr als 3 % Beisatz von Kubankaweizen, e) Rivetts-(Rauh-) Weizen, f) Weizen, der aus inländischem und ausländischem Weizen gemischt ist, g) blauspitziger (spitzbrandiger) Weizen und schließlich h) Weizen, der mehr als 2 % seines Gewichtes Auswuchs enthält.

Beisatz. Der zu liefernde Weizen darf nicht mehr als 6 % an Beisatz (Beimengungen) enthalten, worin Sand und Staub inbegriffen sind. — Falls dieser Beisatz (Beimengung) mehr als 6 % bis 8 % beträgt, so sind dem Käufer von jedem ferneren Hundertstel und (oder einem Bruchteile davon) ebensoviele Hundertstel und Bruchteile zu vergüten, und zwar zu dem Tagespreise, der bei der Ausgabe des Kündigungsscheines bestand.

II. Roggen. Ein Schluß besteht aus 52.500 kg. Mindestgewicht 70 kg für Roggen vom Weißen Meere oder aus den Ostseehäfen Rußlands, 71 kg für Roggen aller anderen Herkunft.

Lieferung: Der Verkäufer ist verpflichtet, zu liefern gesunden Roggen, ohne jeglichen schädlichen Geruch oder schädlichen Geschmack, einerlei ob alter oder neuer Roggen oder beide gemischt.

Ausgeschlossen sind: Roggen vom Weißen Meere (oder: solcher aus den russischen Ostseehäfen) mit anderem gemischt, beschädigter oder mit schädlichen Bestandteilen besetzter Roggen und solcher, der, aus verschiedenen Sorten bestehend, nicht gehörig gemischt ist.

Sonst wie bei Weizen.

Abrechnung. Diese geschieht im Wege des Ausgleiches (Kompensation) durch die Liquidationskasse (Likwidatiekas) auf folgender Grundlage: Alle Käufe und Verkäufe, die bereits vor Beginn des Termins durch Wiederverkauf oder Wiedereinkauf Ausgleich (Kompensation) zwischen den Parteien zur Folge haben, werden am ersten Werktage des betreffenden Termins zwischen den Parteien verrechnet, während die Verrechnungen solcher Ausgleiche (Kompensationen), die während eines Termins selbst entstehen, am erstfolgenden Werktage zwischen den Parteien stattfinden.

Kündigung. Diese geschieht mittels eines Kündigungsscheines.

Streitigkeiten. Diese werden durch das Schiedsgericht (Arbitrage-Kommission) erledigt.

Schweiz.

Die ziffermäßigen Nachweise über Anbauflächen, Ernteertrag usw. sind sehr mangelhaft, so daß man zum großen Teile auf Schätzungen und Vermutungen angewiesen ist. Nur wenige Kantone liefern vertrauenswürdige Zahlen über Anbau und Ernte von Getreide, die meisten nicht. Die Ernte der Schweiz 1904 wurde geschätzt:

Weizen 1311 000, Roggen '494 500, Gerste 379 500, Hafer 1 190 250 dz. Man nimmt an, daß 'die Schweiz nur etwa zwei Fünftel (40 Hundertstel) ihres Getreidebedarfs erzeugt, das Übrige aber einführen muß.

Tatsache ist, daß sich der Bedarf an Getreide im Verhältnis zu der wachsenden Einwohnerzahl und des Fremdenverkehrs steigert, während der Anbau von Getreide durch den der Futterstoffe verdrängt wird.

Besser als über den Anbau sind wir über Ein- und Ausfuhr von Getreide nach und von der Schweiz unterrichtet. Die Ausfuhr ist selbstverständlich nur gering und ist nur wegen der Vollständigkeit aufgenommen.

Ausfuhr in 1000 dz.

Jahr	Weizen	Roggen	Gerste	Hafer
1890	2·62	0·36	1·67	1·13
1891	4·26	0·76	0·89	1·20
1892	2·78	1·69	0·23	0·65
1893	0·92	0·01	0·29	1·02
1894	2·10	0·03	0·09	1·33
1895	1·53	0·05	0·38	1·26
1896	1·39	0·21	0·09	1·50
1897	1·70	0·10	0·41	1·58
1898	3·43	0·12	0·44	1·61
1899	1·02	0·03	0·17	1·27
1900	0·93	0·09	0·11	1·19
1901	1·79	0·01	0·28	1·56
1902	1·60	0·05	0·65	1·11
1903	1·68	—	0·24	0·81

Einfuhr in 1000 dz.

Jahr	Weizen	Roggen	Gerste	Hafer
1890	3 302	45	144	484
1891	3 428	32	136	555
1892	3 080	26	138	560
1893	3 341	46	166	624
1894	3 594	59	134	627
1895	3 763	78	126	769
1896	4 224	98	113	882
1897	3 532	72	97	885
1898	3 447	59	107	865
1899	3 813	52	91	933
1900	3 585	34	90	898
1901	3 879	50	81	986
1902	4 144	82	118	1 014
1903	4 443	—	125	1 003

Weizen wird eingeführt aus den Vereinigten Staaten, Argentinien, Rußland, Frankreich, Rumänien, Bulgarien, Serbien, Ungarn.

Mais aus den Vereinigten Staaten und Argentinien, auch etwas aus Italien.

Gerste kommt aus Rußland, Frankreich, Rumänien, Bulgarien, Östreich, Ungarn, Serbien und Deutschland.

Hafer aus denselben Ländern mit Ausnahme von Frankreich und Rußland.

Roggen wird zumeist aus Deutschland eingeführt.

Das Getreide aus den überseeischen, russischen und rumänischen Plätzen wird in die westliche Schweiz über Marseille gebracht, nach den östlichen Kantonen über Genua. Für die Einfuhr aus Serbien, Ungarn und Östreich sind Romanshorn, Rorschach und Buchs die Eingangsstellen. Für die ganze Schweiz aber ist vorzüglich Mannheim von sehr großer Wichtigkeit, da das in Rotterdam anlangende überseeische Getreide (auch aus den Balkanstaaten) über Mannheim den Rhein aufwärts verfrachtet wird. Für dieses Getreide ist Basel das Haupteingangstor. Außer Basel und der bereits er-

wähnten Märkte R o r s c h a c h und R o m a n s h o r n sind noch
G e n f und Z ü r i c h als bedeutende Getreidemärkte anzuführen.

Für den schweizer Getreidehandel sind zur Hauptsache die
nachstehenden Platzgebräuche der „Getreidebörse in Zürich" maßgebend.

Termingeschäfte werden nicht abgeschlossen.

Der Geschäftsabschluß kann mündlich, brieflich, durch Austausch von Schlußbriefen, unmittelbar oder durch Vermittelung
geschehen.

Mündlich abgeschlossene Geschäfte sind schriftlich zu bestätigen.

Gültig und bindend sind Verträge und Unterschriften, gleichviel, ob sie mit Tinte, Bleistift oder Farbstift geschrieben sind.

Die Schlußbriefe sind nicht übertragbar.

Ist nichts anderes vereinbart, so versteht sich die Menge
in Meterzentnern (Sack) von je 100 Kilogramm netto (Reingewicht).
Bei Abschlüssen, worin die Menge mit dem Beisatze zirka (ca.) bezeichnet ist, steht es dem Lieferer frei, 5 % mehr oder weniger
zu liefern.

Für die Berechnung ist dasjenige Gewicht maßgebend, das
am Übergabsorte durch die dazu bestellten Beamten der Bahn
oder Lagerhäuser auf der Dezimalwage ermittelt wird.

Die Beschaffenheit (Q u a l i t ä t) wird bestimmt:

    a) durch Benennung,
    b) durch Muster,
    c) durch Gewichtsgewähr (Garantie),
    d) durch Besichtigung.

Die Qualitätsbenennung erstreckt sich:

    a) auf die Herkunft und im Falle den Jahrgang,
    b) auf die Beschaffenheit (Qualität) als:

1. Prima (die Durchschnittsqualität der besten Ware des betreffenden Jahrgangs).

2. Gut (gute, gesunde, trockene Ware — bonne qualité
marchande et loyale — die nicht über 3 % Zusatz enthält).

3. Mittel (gesunde, trockene Ware — qualité marchande et
loyale — die nicht über 5 % Zusatz enthält).

4. Gering (gesunde mindere Ware).

Als Zusatz gilt alles, was nicht gesundes Korn der betreffenden Warengattung ist, dessen Menge durch Abwägen ermittelt
und in Hundertsteln der Gesamtmenge ausgedrückt wird.

Ist die Herkunft oder der Jahrgang nicht besonders bezeichnet, so gilt als lieferfähig das Erzeugnis eines jeden Landes und Jahrganges, das den Anforderungen unter b) entspricht.

Bei Verkäufen nach Muster gilt in Streitfällen als maßgebendes Muster:

a) Dasjenige, das dem Käufer von dem Verkäufer versiegelt oder in ähnlicher Weise gehörig verschlossen übergeben wurde; sofern der Verschluß unverletzt geblieben ist.

b) Dasjenige, das von beiden Vertragsschließenden versiegelt oder in ähnlicher Weise gehörig verschlossen dem Börsenvorstande oder einem Dritten zur Aufbewahrung übergeben wurde und dessen Verschluß unverletzt geblieben ist.

c) Bei einem Geschäftsabschluß, dem ein unversiegeltes Muster zugrunde liegt, dasjenige, das von beiden Parteien anerkannt wird; andernfalls gilt es nur als Typmuster.

d) Ist der Käufer nicht in der Lage, das ihm gegebene Muster vorzuweisen, so wird die gelieferte Ware als mustergetreu vermutet, es sei denn, daß der Käufer das Gegenteil beweist.

e) In allen Fällen steht der anderen Partei der Gegenbeweis offen.

Bei einem Kauf auf Typmuster hat die Ware im allgemeinen dem Muster bis auf einen Minderwert von 1 % zu entsprechen.

Ergibt sich bei Käufen auf Nennung oder nach Muster ein Minderwert, so ist, wenn er einen Franken für 1 Meterzentner nicht übersteigt, der Käufer zur Übernahme unter Abzug des einfachen Minderwertes verpflichtet.

Bei einem Minderwert von mehr als einem Franken für 1 Meterzentner (dz.) hat der Käufer die Wahl, die Ware unter Abzug des Minderwertes anzunehmen oder abzulehnen.

Wenn der Käufer die Ware bei einem Lieferungsgeschäfte zurückweist — sei es auch nur einen Teil davon — so kann der Lieferer, innerhalb des vereinbarten Termins, die Ware durch eine andere Lieferung einmal ersetzen. Entspricht auch diese Ersatzware nicht, so entscheidet das angerufene Gericht über die Beschaffenheit (Qualität) der Ware und etwaiger Ersatzansprüche.

Wie aus nachfolgendem Bericht ersichtlich ist, werden die Preise franko verschiedener Stationen der Ost-, West- oder Zentral-Schweiz angegeben:

Rorschach, 13. Oktober. (Getreidebericht der Kornhausverwaltung in Rorschach.) Die Preise verstehen sich für 100 kg netto (Reingewicht).

		Franks	
Weizen, russischer, franko ostschweizer Stationen	22.—	bis	23.50
„ rumänischer, franko ostschw. Stationen	22.—	„	23.50
„ Bahia blanca (russ. Samen), franko ostschweizer Stationen	—.—	„	—.—
Hafer, deutscher . . . ab Rorschach	16.25	„	18.50
„ russischer, franko ostschweizer Stationen	17.75	„	19.25
Futtermais, gelber, franko ostschw. Stationen	15.50	„	16.—
Zahnmais, weißer, franko ostschw. Stationen	16.50	„	17.—
Cinquantin, franko ostschweizer Stationen	19.—	„	19.50

Für Doppelsäcke und Charge-Säcke*) wird 1 kg für jeden Sack als Sackgewicht berechnet, bei anderen Säcken das wirkliche Gewicht.

Lieferzeit. Wird die Ware mit der Bezeichnung: disponibel oder sofort lieferbar verkauft, oder geschieht der Verkauf ohne jede nähere Bezeichnung, so ist anzunehmen, daß die Ware in einem Lagerhause der Schweiz zur sofortigen Verfügung des Käufers steht.

Ist eine Lieferzeit**) bedungen worden, so steht es dem Verkäufer zu, die Ware nach seiner Wahl innerhalb der Lieferungsfrist an irgend einem Werktage zu liefern.

Die Lieferung ist erfüllt:

1. Bei Verkäufen ab Lager, wenn die Ware angelangt ist und der Lagerverwalter angewiesen ist, die Ware zur Verfügung des Käufers zu halten.

2. Bei Verkäufen franko Station, wenn der Frachtbrief in Händen des Empfängers ist oder die Ware angekommen ist und die Bahnverwaltung bereits Auftrag hat, die Ware dem Käufer auszufolgen.

Zahlung. Die Ware ist stets gegen Barzahlung (ohne Abzug) bei ihrer Übergabe in Schweizer Währung zu bezahlen.

Bei Lieferung in Raten ist jede Rate gesondert zu bezahlen.

Allgemeine Bemerkungen.

Versäumte Lieferung. Wenn der Verkäufer die

---

*) 1 Charge = 127 kg. Diese schweren Säcke sollen abgeschafft werden.
**) Anfang des Monates: 1.—10. usw.

vertraglich festgestellte Lieferungsfrist nicht einhält, so steht dem Käufer das Recht zu, die Ware nachträglich anzunehmen oder aber vom Geschäfte zurückzutreten und jenen Preisunterschied zu beanspruchen, der zwischen dem Kaufpreise und dem Tagespreise am Tage des Lieferungstermins am Übergabsort bestanden hat.

Für Ersatz von etwaigen Schäden, die zufolge der ausgebliebenen Lieferung entstanden sind, muß er Beweise liefern.

Wenn der Käufer das Recht des Rücktrittes nicht in Anspruch nimmt, so kann er vom Geschäfte nachträglich nur dann zurücktreten, wenn er dem säumigen Verkäufer eine Nachlieferungsfrist von 5 Tagen eingeräumt hat und auch diese nicht eingehalten wird.

Ebensolche Ansprüche und Rechte hat der Verkäufer, wenn der Käufer seinen Übernahmsverbindlichkeiten und Zahlungsverpflichtungen nicht rechtzeitig entsprochen hat.

Im Falle der Käufer oder Verkäufer zufolge seines Konkurses oder Moratoriums nicht fähig ist, seinen Verbindlichkeiten zu entsprechen, so wird das Geschäft behandelt, als ob der Zeitpunkt seiner Erfüllung schon eingetreten wäre, und werden die allfälligen Preisunterschiede durch das Gericht festgestellt. Als Grundlage der Berechnung dient der Tagespreis.

Schiedsgericht. Alle Streitigkeiten, die aus Geschäften hervorgehen, bei deren Abschluß auf die Platzgebräuche berufen wurde, entscheidet das Schiedsgericht der Züricher Getreidebörse Wenn keine der Parteien Mitglied der Börse ist, so kann das Schiedsgericht die Angelegenheit zurückweisen.

Belgien.

Die Getreideerzeugung dieses Landes genügt nicht zur Deckung des Bedarfes. Es ist auf die Zufuhr vom Auslande angewiesen und führt hauptsächlich Weizen ein, dessen Anbau im Rückgang begriffen ist, weil er von dem Kartoffelbau verdrängt wird. Gerste kommt für Brauzwecke zur Einfuhr, Hafer zur Ergänzung der eigenen Erzeugung. Mais baut man überhaupt nicht an und führt eine beträchtliche Menge für die Spirituserzeugung und Fütterung ein.

Der Einfuhr steht auch eine Ausfuhr gegenüber, u. z. versieht Belgien im Durchgangsverkehr die südlichen Provinzen Hollands und die angrenzenden deutschen Gebiete mit Getreide, was ihm durch ein vorzügliches Kanalnetz leicht möglich wird.

Erntemenge, Ertrag*), Einfuhr und Ausfuhr veranschaulichen die folgenden Übersichten:

Erntemenge in 1000 dz.

Jahr	Weizen	Spelz	Roggen	Gerste	Hafer
1890	6 115	1 559	5 087	1 019	4 944
1891	4 653	1 133	3 991	819	5 202
1892	5 329	1 248	5 724	815	4 341
1893	4 756	1 150	4 939	768	3 322
1894	4 842	1 207	5 367	836	4 550
1895**)	5 148	1 412	5 347	859	4 833
1896	5 193	1 642	5 600	883	4 214
1897	3 289	1 004	5 248	837	4 745
1898	3 867	1 745	5 371	924	5 315
1899	3 780	1 163	6 543	1 338	9 887
1900	5 013	599	6 738	1 660	11 981
1901	5 138	605	7 186	1 690	12 094
1902	4 653	727	6 398	1 628	10 905
1903***)	3 900	?	5 480	930	7 000

*) Die Ernte findet im August statt.

**) Nach den Angaben des belgischen Ackerbauministeriums auf Grund der neuen Feststellungen der Anbauflächen ergab die Ernte 1895 bei Weizen 3483, Spelz 488, Roggen 5 059, Gerste 865, Hafer 4 374 Tausend dz. Annuaire statistique de la Belgique, 1898, pag. 281.

***) Schätzung.

Ertrag pro Hektar in Hektolitern.

Jahr	Winter-Weizen	Spelz	Roggen	Sommer-Gerste	Hafer
1890	24·79	40·46	25·10	29·69	43·55
1891	20·43	29·56	16·69	32·85	45·83
1892	26·72	32·56	28·24	31·88	38·24
1893	23·89	32·00	24·37	25·15	29·27
1894	24·70	31·48	26·48	28·34	40·12
1895	25·16	36·83	26·38	28·01	42·58
1896	26·86	42·83	27·63	29·45	37·12
1897	23·38	40·66	25·37	27·32	41·93
1898	26·98	22·73	22·73	?	49·21
1899	23·35	35·21	25·75	?	38·12
1900	28·71	24·36	28·45	?	45·85
1901	20·93	19·98	22·45	18·98	21·49

Ausfuhr in 1000 dz.

Jahr	Weizen und Spelz	Roggen	Gerste	Hafer
1890	2 233	580	361	1 804
1891	4 583	739	452	1 085
1892	3 757	682	318	1 282
1893	3 270	503	714	1 368
1894	3 258	293	566	1 187
1895	3 267	186	398	800
1896	2 850	255	513	1 243
1897	2 862	379	754	1 448
1898	4 694	806	1 163	1 904
1899	3 617	315	742	2 059
1900	3 208	294	294	2 061
1901	4 787	390	622	1 593
1902	3 393	364	371	1 533
1903	3 198	209	439	2 123

Einfuhr in 1000 dz.

Jahr	Weizen und Spelz	Roggen	Gerste	Hafer
1890	8 967	911	2 191	1 804
1891	14 167	1 069	2 120	1 085
1892	10 321	376	1 822	1 282
1893	10 341	295	2 483	1 368
1894	12 136	308	2 830	1 187
1895	13 575	337	2 639	800
1896	13 224	685	2 967	1 243
1897	10 983	827	3 089	1 448
1898	17 081	1 122	5 140	747
1899	18 323	381	4 967	968
1900	14 741	654	3 862	1 527
1901	19 943	861	3 804	319
1902	15 530	608	2 955	152
1903	16 193	796	3 362	54

Die Anbaufläche betrug 1900 (in Klammern 1895):

Weizen 168 833 (180 377)
Spelz   23 709 (33 854)
Roggen 245 056 (283 376)
Gerste   38 417 (40 243)
Hafer   253 154 (248 694)

Die Hauptplätze des belgischen Getreidehandels sind:

Antwerpen (Anvers), Brüssel (Bruxelles) und Gent (Gand); Antwerpen ist der allerwichtigste, denn in seinen Hafen gelangen aus allen Getreideausfuhrländern bedeutende Mengen Getreide; es ist ein mächtiger Wettbewerber Rotterdams, Amsterdams und auch Hamburgs.

Während in Brüssel und Gent hauptsächlich die auf greifbare Ware bezüglichen Geschäfte zur Abwickelung gelangen, ist Antwerpen auch als Terminmarkt von besonderer Bedeutung.

Die Antwerpener Platzgebräuche sind im belgischen Getreidehandel maßgebend.

Die Geschäfte werden durch Schlußbriefe abgeschlossen, die je nach der Herkunft des den Gegenstand des Geschäftes bildenden Getreides und der Art des Abschlusses voneinander verschieden sind.

1. Der Schlußbrief (Kontrakt) No. 1 (Contrat à livrer) bezieht sich auf greifbare (effektive) Ware, die unterwegs ist oder greifbar im Speicher lagert. Bei diesen Geschäften versteht sich der Preis für je 100 kg in Franken, die Ware auf Lager gestellt frei Speicher oder fob.

Die Ware ist nach Antwerpen zu liefern in guter, gesunder, marktgängiger Qualität, die der Durchschnitt der zur Zeit der Verschiffung im Handel befindlichen Qualität zu sein hat.

Jede Meinungsverschiedenheit (Differenz), die hinsichtlich des Zustandes der Ware und ihrer Beschaffenheit (Qualität) entsteht, wird von den Sachverständigen beurteilt und ist bei Minderwertigkeit dem Käufer zu ersetzen.

Der Verkäufer kann 5 % mehr oder weniger liefern; 2 % werden zum Vertragspreise verrechnet, mehr bis 5 % zum Tagespreise am letzten Tage der Löschung der Ladung.

Wenn der Unterschied mehr als 5 % beträgt, so bestimmen die Sachverständigen, ob noch eine Vergütung zum Tagespreise des letzten Löschtages stattzufinden hat.

Die über 5 % gelieferte Menge bleibt dem Verkäufer.

Aus südamerikanischen Staaten (Argentinien) stammendes Getreide kann mit einer Abweichung von 5 % geliefert werden, die zum Vertragspreise beglichen wird.

Die Zahlung erfolgt 30 Tage nach Übernahme der Ware. Es steht aber beiden Parteien frei, den Rechnungsbetrag zu einem mit $\frac{1}{4}$ % über den Zinsfuß der belgischen Nationalbank (Banque Nationale) stehenden Zinsfuße gegen Barzahlung auszugleichen.

2. Termin-Abschluß (Contrat à terme). Preis für je 100 kg in Franken. Ware im Speicher oder fob. ,

Die für einen bestimmten Monat verkaufte Ware kann vom Ersten bis Letzten dieses Monats zur Verfügung des Käufers gestellt werden.

Die an Bord zur Verfügung gestellte Ware ist binnen 24 Stunden zu übernehmen.

Wenn die Ware im Speicher oder auf dem Kai liegt, so muß sie spätestens binnen 48 Stunden übernommen werden und dann ohne Unterbrechung.

Verzug. Im Falle eines Verzuges seitens des Verkäufers erlischt der Vertrag und die Sachverständigen bestimmen die Größe der Entschädigung. Derselbe Fall tritt ein, wenn der Käufer die Ware nicht rechtzeitig übernimmt.

9*

Zurückweisung (Refusé) der Ware. Zweite Lieferung (Nachlieferung). Wenn der Schlußbrief übertragen (giriert) wurde und die Bedingungen gleich sind — mit Ausnahme des Preises — so ist das Geschäft erloschen (annulliert), wenn die Qualität der Ware, selbst im Falle rechtzeitiger Lieferung, den Bedingungen des Vertrages nicht entspricht. Wenn die Lieferungsfrist noch nicht abgelaufen ist, so ist der Verkäufer berechtigt, laut den Vertragsbedingungen nochmals zu liefern, doch bekommt der letzte Käufer einen Nachlaß von 1 % des Preises.

Beschaffenheit (Qualität). Die Ware muß gesund, gut und marktfähig sein und der Durchschnittsqualität der zur Zeit eintreffenden Ware entsprechen. Qualitätsabweichungen und die dem Käufer gebührenden Entschädigungen bestimmen die Sachverständigen.

Allgemeine Bemerkungen. Der Käufer hat den Schlußbrief binnen 3 Tagen zu unterfertigen, da es dem Verkäufer sonst frei steht, vom Geschäfte zurückzutreten.

Käufer und Verkäufer können es gegenseitig fordern, daß die aus den Kursschwankungen entstehenden Preisunterschiede (Differenzen) bar bei einer Bank hinterlegt werden, sobald diese für je 100 kg einen Franken erreichen.

Im Falle der Zahlungsunfähigkeit (Insolvenz) wird das Geschäft aufgehoben und die Sachverständigen bestimmen den Ausgleichspreis (Liquidationskurs).

3. Schlußbrief für Getreide aus Nordamerika — Teilladungen (Parcels), Menge (Quantum). Der Verkäufer kann 2 % mehr oder weniger liefern (verladen).

Außer diesen 2 % kann er weitere 3 % mehr oder weniger liefern, doch wird dieser Unterschied zu jenem Preise verrechnet, der am Tage der Ausstellung des Ladescheines bestand. Wenn ein diesbezügliches Übereinkommen nicht zustande kommt, so entscheiden die Sachverständigen in dieser Frage.

Wenn sich beim Löschen ergibt, daß die Menge 5 % übersteigt oder unter dieser Abweichung bleibt, so ordnet man die Abweichung (Differenz) wie folgt:

2 % zum Vertragspreise.

3 % zu jenem Preise, der am Tage der Ausstellung des Ladescheines giltig ist.

Die weitere Menge (Differenz) über diese 5 % wird zum Tagespreise des letzten Löschtages verrechnet.

Beschaffenheit (Qualität). Man bedingt die Qualität in dreierlei Weise:

1. Durchschnittsqualität des Erntejahres (Saison) und der Verschiffungen.
2. Laut versiegeltem Muster.
3. Auf Grund des amtlichen Besichtigungsscheines (offiziellen Certificates).

Der Preis gilt für je 100 kg in Franken einschließlich Spesen, Fracht und Versicherung bis zu einem europäischen Hafen (cif).

Versicherung (Assekuranz). Der Verkäufer hat den Versicherungsschein (Polize) vorzuweisen. Die Versicherung erfolgt auf Grund der Bedingungen des Londoner Lloyd, und zwar 2 % über dem Rechnungsbetrage. Diese Versicherung deckt aber die Kriegsgefahr und Kollisionen nicht. Wenn die Versicherung in Amerika besorgt wurde, so sind Schäden in Europa in Gold auszubezahlen.

Gewicht. Der Verkäufer übernimmt die Gewähr für die Richtigkeit des in Rechnung gestellten Gewichtes. Wenn die Ware auf dem Meere beschädigt wird, so gilt die vorläufige Rechnung als die endgültige, ausgenommen den Fall, daß sich das Getreide erhitzt, Wasser aufsaugt oder einen solchen Schaden erleidet, für den die Versicherung aufzukommen hat.

Durch Wasser verursachtes Mehrgewicht hat der Käufer nicht zu bezahlen.

Zahlung. Die Zahlung wird gegen Aushändigung der Scheine (Dokumente), Lade-, Versicherungs- usw. Scheine geleistet. Allgemein erhebt der Verkäufer oder sein Bevollmächtigter den Betrag durch Wechsel nach Sicht (à vista) auf den Käufer oder seinen Bankier.

4. Schluß in Getreide vom Schwarzen Meere, dem Azow und der Donau. cif. Teilladungen.

Menge (Quantum). Die Menge wird nur beiläufig angegeben und steht es daher dem Verkäufer frei, 2 % mehr oder weniger zu liefern, außerdem kann er bis zu weiteren 5 % mehr oder weniger liefern. Diese Abweichung wird vorläufig (provisorisch) zum Schlußpreise berechnet. Ergibt sich bei der Ausladung der Ware, daß eine Abweichung vorhanden ist, die 2 % übersteigt, aber 5 % nicht erreicht, so verrechnet man davon 2 % zum Schlußpreise und den Rest (bis 5 %) zum Preise des letzten Ausladungstages.

Abweichungen über 5 % werden auf Grund des Sachverständigen-Urteils geordnet.

Der Preis gilt für 100 kg in Franken, cif.

Beschaffenheit (Qualität). Die Ware muß gesund, gut und marktfähig sein, der Durchschnittsbeschaffenheit der Abladungen des Erntejahres (Saison) entsprechen.

Man bedingt ferner im Vertrage:

1. Daß die Ware dem Muster entspreche,

2. daß die Ware bei Übergabe ein bestimmtes Qualitätsgewicht aufweise; Unterschiede werden durch die von den Sachverständigen zu bestimmenden Entschädigungen ausgetragen.

Gewicht: I. Das Gewicht der Ware bestimmen die öffentlichen Wiegemeister oder es wird durch die in Antwerpen anerkannten automatischen Wagen festgestellt. Im Falle das festgestellte Gewicht von den Angaben der vorläufigen Rechnung (provisorischen Faktura, eine solche muß der Verkäufer erteilen) abweicht, so treten gegenseitige Entschädigungen ein.

II. Das Qualitätsgewicht wird nach je 10 000 kg durch Wiegen eines Hektoliters bestimmt.

Zahlung. Dem Käufer steht es frei, eine ihm beliebige Zahlungsweise zu wählen, doch hat er den Verkäufer von der Wahl zu verständigen, sobald ihm der Name des ladenden Schiffes bekannt geworden ist.

1. Der Verkäufer entnimmt den Betrag durch Wechsel, zahlbar 3 Monate nach dem Datum des Ladescheines, auf den Käufer oder zu dessen Lasten auf dessen Bankier.

2. Der Käufer zahlt in Bar mit einem festgesetzten Abzug.

In beiden Fällen sind die Scheine (Dokumente) auszuhändigen.

Verzug. Wenn der Verkäufer die Ware nicht rechtzeitig liefert oder überhaupt schuldig bleibt, so kann der Käufer das Geschäft als aufgehoben (annulliert) betrachten und eine Entschädigung fordern. Wenn der Verkäufer den Käufer vor Ablauf des zur Lieferung angesetzten Tages von seiner Absicht, die Ware nicht zu liefern, verständigt hat, so wird die Entschädigung auf Grund des Preises geleistet, der an jenem Tage in Geltung war.

Sollte der Verkäufer die erwähnte Verständigung nicht zur rechten Zeit gegeben haben, so kann das Geschäft auch als nicht bestehend betrachtet werden, doch kann der Käufer nach seiner Wahl folgende Entschädigungsansprüche stellen:

1. wie oben erwähnt,
2. auf Grund des Preises, der für die Ware am Tage der Übernahme der Verständigung gültig war,
3. auf Grund des Preises der Ware, der am Tage der Aufhebung des Vertrages (Annullierung der Dokumente) geltend war.
4. Abschluß von Geschäften in Getreide aus Argentinien, cif. I. Teilladungen (Partien, Parcels).

Menge (Quantum). Man kann 5 % mehr oder weniger liefern, wenn diese Abweichung (Differenz) zum Vertragspreise berechnet wird.

Wird bei Ausladung der Ware festgestellt, daß auch jener Unterschied (Differenz) von 5 % überschritten ist, so begleicht man diese Abweichung zum Preise, der am letzten Tage der Löschung der Ladung besteht. Außerdem haben die Sachverständigen festzustellen, ob dem Käufer mit Rücksicht auf die Größe der Abweichung noch eine besondere Entschädigung zu leisten ist.

II. Ganze Ladungen (Lots, Chargement complets). 5 % mehr oder weniger zu liefern ist gestattet, die zum Vertragspreise verrechnet werden. Weitere 5 % mehr oder weniger zu liefern ist auch statthaft, doch ist dieser Unterschied (Differenz) zum Tagespreise zu berechnen, der am Ausstellungstage des Ladescheines bestanden hat. Kommt hierüber keine freundschaftliche Verständigung zustande, so bestimmen die Sachverständigen den Preis für diese Menge (Differenz). Bemerkt man bei Übernahme der Ware, daß die Gesamtabweichung 10 % übersteigt, so verrechnet man den Unterschied (Differenz) zum Tagespreise der Übergabe.

Beschaffenheit (Qualität). Die Ware muß gesund, gut und marktfähig sein, sie muß entweder

1. der Durchschnittsqualität der zur Zeit der Abladung in den Handel gelangenden Ware entsprechen oder man handelt
2. die Ware laut versiegeltem Muster.

Ergeben sich bei Übergabe der Ware Abweichungen (Differenzen) hinsichtlich der Qualität, so bestimmen die Sachverständigen die zu leistende Entschädigung.

Bezüglich der Beschaffenheit (Kondition) der Ware übernimmt der Verkäufer die Gewähr (Garantie).

1. Übernimmt der Verkäufer bei Abschlüssen auf Grund der „rye terms" die Gewähr (Garantie) für die Beschaffenheit (Kondition) der zur Ausladung gelangenden Ware, so ist diese mit einer von den Sachverständigen festgestellten Entschädigung zu übernehmen, wenn diese auch Schaden erleidet oder warm wird.

Eine leichte trockene Wärme gibt noch keinen Anspruch auf Schadenersatz.

2. Wenn der Verkäufer für die zur Abladung (Verschiffung) gelangende Ware die Gewähr (Garantie) bezüglich deren Beschaffenheit (Kondition) übernimmt, so ist diese „tale quale" zu übernehmen.

Übergabe. Bei der Übergabe wird das Roh-(Brutto-) gewicht des Getreides auf Kosten des Käufers unter der Aufsicht (Kontrolle) des Verkäufers festgestellt. Jeder Unterschied (Differenz), der sich gegen die Angaben der vorläufigen Rechnung (provisorischen Faktura) ergibt, wird gegenseitig ausgeglichen.

In jenen Fällen, wo das Gewicht der Ware zufolge der Ereignisse während der Seefahrt beeinflußt wird — ausgenommen, wenn das Getreide Wasser aufsaugt (pumping of grain) — werden die Angaben der vorläufigen Rechnung (provisorischen Faktura) als endgültig angenommen.

Behufs Feststellung (Konstatierung) der Qualität der Ware, entnimmt man während der Ausladung dem gesunden Teile der Ware Muster, dem erhitzten oder beschädigten Teile nicht.

Käufer und Verkäufer oder deren Bevollmächtigte untersuchen jeden Sack. Die derart gesammelten Muster werden vermischt, in einen Sack getan und binnen 48 Stunden der Sachverständigen-Kommission vorgelegt. (Die Muster der beschädigten oder erhitzten Ware werden ebenso behandelt.)

Wenn der Käufer für das Qualitätsgewicht (Naturalgewicht) die Gewähr (Garantie) übernommen hat, so bestimmt man diese auf Grund der der gesunden Ware entnommenen Muster, und zwar von wenigstens einem halben Hektoliter.

Zahlung. Die Ware bezahlt man gegen Aushändigung der Scheine (Dokumente).

1. Der Verkäufer oder sein Bevollmächtigter entnehmen den Betrag durch Wechsel zahlbar 90 Tage nach Sicht (90 Tage à vista) auf den Käufer oder dessen Bankier, je nach Wahl des Käufers oder

2. Die Ware wird gegen bar abzüglich der Zinsen für die unabgelaufene Zeit der 90 tägigen Frist bezahlt.

Dänemark.

Der Getreideanbau Dänemarks erstreckt sich über Jütland, besonders über dessen östlichen Teil, Seeland und Fünen.

Der Haferanbau ist der bedeutendste, doch genügt er nicht zur Deckung des Bedarfes, hierauf folgt der Gerste- und Roggenanbau. Roggen muß Dänemark in beträchtlichen Mengen aus dem Auslande beziehen. Größer noch als von Roggen ist die Einfuhr von Mais*), der dort überhaupt nicht gebaut wird.

Eine besondere Eigentümlichkeit bildet der Anbau von Gerste- und Hafergemenge, der 1903 40 000 Hektar beanspruchte und 2 664 553 dz Ertrag brachte.

Die dem Getreidebau gewidmeten Flächen verändern sich nicht bedeutend, sie betragen im Durchschnitte: Weizen 38 070, Roggen 296 447, Gerste 283 232, Hafer 433 650 ha. Der durchschnittliche Ertrag in dz auf 1 ha war bei Weizen 27.5, Roggen 15.7, Gerste 16.9, Hafer 15.0. Über Erntemenge, Ein- und Ausfuhr geben die nachstehenden Übersichten Aufschluß.

Erntemenge in 1000 dz.

Jahr	Weizen	Roggen	Gerste	Hafer
1890	1 027·7	4 415·8	5 495·2	6 635·7
1891	1 136·1	5 074·6	5 305·9	6 105·2
1892	1 150·6	5 291·2	5 793·2	7 225·0
1893	1 050·4	5 097·8	4 052·8	4 937·6
1894	888·3	4 320·1	4 983·6	6 795·6
1895	944·0	4 776·9	5 106·4	7 134·3
1896	1 004·4	5 213·2	4 978·7	6 830·2
1897	946·0	4 703·5	4 492·0	6 244·8
1898	1 044·9	5 644·4	7 650·9	14 510·9
1899	990·0	4 760·0	5 080·0	6 570·0
1900	912·9	5 054·5	5 782·3	10 215·9
1901	238·6	4 206·1	5 644·3	9 475·6
1902	1 590·6	6 601·1	8 188·9	14 356·7
1903	1 185·7	5 012·1	5 555·3	7 031·0

*) Der Mais wird in Dänemark neuestens zur Bierbrauerei verwendet, was einen Zurückgang der Malzeinfuhr aus Östreich-Ungarn zur Folge hat.

Einfuhr in 1000 dz.

Jahr	Weizen	Roggen	Gerste	Hafer
1890	411	769	150	228
1891	779	·949	144	253
1892	475	283	89	238
1893	721	488	462	174
1894	799	1 147	2 104	195
1895	725	1 140	1 800	266
1896	628	959	455	255
1897	583	761	559	193
1898	779	1 015	896	404
1899	1 000	1 201	872	276
1900	1 000	1 198	381	288
1901	1 380	999	380	295
1902	1 178	1 549	603	226
1903	1 419	1 516	955	298

Ausfuhr in 1000 dz.

Jahr	Weizen	Roggen	Gerste	Hafer
1890	304	51	367	9
1891	251	156	412	25
1892	394	324	318	14
1893	266	140	372	83
1894	143	164	540	8
1895	97	91	224	5
1896	145	47	205	3
1897	219	25	370	15
1898	291	32	593	29
1899	320	93	768	32
1900	105	55	823	26
1901	388	41	468	19
1902	332	116	407	27
1903	346·5	122·5	351	85

Dänemarks Bedarf beziffert sich in Millionen Doppelzentnern Weizen 2, Roggen 6, Gerste 6, Hafer 7.5, Mais 4.

Die Ernte findet im August statt.

Weizen bezieht Dänemark vorzüglich von Argentinien, Rumänien, Deutschland und Nordamerika, seltener aus Australien.

Roggen wird aus Deutschland, Rußland und Nordamerika eingeführt.

Der Bedarf an Gerste wird in Rußland und Nordamerika ergänzt, von hier kommt auch der Mais.

Die wichtigsten Handelsplätze für Getreide sind: Kopenhagen, Korsör auf der Insel Seeland, Aalborg, Aarhus, Randers und Horsens auf Jütland, Odense, Nyborg, Assens und Svendborg auf Fünen.

Im Platzhandel werden die Preise in dänischen Kronen und Öre für 1 Zentner (100 Pfd. = 50 kg) festgestellt; im Einfuhrhandel entweder so wie im Platzhandel oder aber nach dem Gebrauch des Einfuhrlandes.

Die Qualität wird laut holländischer Probe festgesetzt*).

Das Quantum fixiert man immer in Zentnern.

Termingeschäfte werden in Getreide nicht geschlossen, die Kopenhagener Börse kennt nur auf effektive Ware bezughabende Abschlüsse. Die Abschlüsse bestätigt man mittels Schlußbriefen und kommen folgende Geschäfte vor:

Der Kauf resp. Verkauf prompt lieferbarer Ware (Handler i Korn in loco eller leveret) und bedient man sich eines roten Schlußbrief-Formulares, bei Abschlüssen frei an Bord gelieferten (frit om Bord) Getreides kommt ein gelbes Formular zur Verwendung, endlich bei Importgeschäften c & f oder cif (inklusive Fragt eller inklusive Fragt og Assekuranz) verwendet man weiße Formulare.

Im Importhandel, der uns am meisten interessiert, gelten folgende Usanzen:

Quantum. Der Verkäufer einer Ladung kann nach Größe des Schiffes 10 % mehr oder weniger als das kontrahierte Quantum

---

*) Bezüglich der Qualität verzeichnet „Maeglernes Pris-Kurant", das amtliche Kursblatt, an:

Weizen	inl.	128—130 Pd. holl.	
Roggen	„	122—126 „	„
Gerste	„	110—114 „	„
Hafer	„	85— 90 „	„

verladen; die ersten 5 % werden zum Kontraktpreise berechnet und der Rest zum Tagespreise am Verladungstage.

Bei Verkauf von Partien hat der Verkäufer das Recht, 5 % mehr oder weniger zu verladen; die ersten 2 % werden zum Kontraktpreise, der Rest zum Tagespreise berechnet. — Falls der Verkäufer weniger als das kontrahierte Quantum verladet, kann er unter keinen Umständen dem Käufer eine Preisdifferenz auf Teile des fehlenden Quantums berechnen. — Dies gilt sowohl bei Verkäufen von Ladungen als von Partien.

· Bei Verkauf von Ladungen, deren Quantum „von — bis" bezeichnet ist, hat der Verkäufer eine volle Ladung innerhalb der fixierten Grenzen zu verladen. Bei Verkauf von Partien, deren Quantum in dieser Weise stipuliert ist, hat der Verkäufer das Recht, ein jedes dazwischenliegende Quantum abzuladen, ohne Rücksicht auf Größe.des Schiffes oder der Schiffe.

Qualität. Bei Verkäufen, die auf Basis von Mustern geschlossen wurden, ist bei Beurteilung der Qualität der Ware auf jene Veränderungen Rücksicht zu nehmen, die das Muster durch Liegen und anderen naturgemäßen Ursachen (Abbleichen, Wasseraufnahme usw.) unterworfen sein könnte.

Verladung*). Prompte Verladung heißt, daß die Verladung spätestens innerhalb 14 Tagen bei einem Dampfer, innerhalb 3 Wochen vom Datum des Schlusses bei einem Segler zu bewerkstelligen und zu beenden ist.

Das Datum des Ladescheines ist der Beweis für den Verladungstermin (falls man das Gegenteil nicht beweisen kann). — Sobald die Verladung beendet ist, muß der Käufer davon promptest verständigt werden.

Versicherung. Bei Geschäften inklusive Fracht (c & f) muß der Verkäufer dem Käufer sofort den Namen des Schiffes aufgeben, damit er die Versicherung beizeiten besorgen kann.

Bei cif-Geschäften nimmt der Verkäufer eine oder mehrere Polizen solventer Versicherer zu den gewöhnlichen Bedingungen (Deckung für Schäden aus Strandungsfällen, Feuer, Eis, Kollision), aber das gewöhnliche Leichter-Risiko an oder vom Bord muß

---

*) Falls die Verladung durch Strike verhindert wird, so verlängert man die Abladefrist um 14 Tage, doch ist der Käufer unverzüglich zu verständigen. — Wenn die Lieferung auch nach der verlängerten Frist nicht stattfindet, steht dem Käufer das Recht zu, das Geschäft zu stornieren.

gedeckt sein. Der Versicherungswert ist der Fakturenbetrag zuzüglich 5 %.

Wenn der Verkäufer die Police besorgt und diese den Fakturenbetrag zuzüglich 5 % übersteigt, so gehört dieser Überschuß im Falle eines Totalverlustes dem Verkäufer.

Gewichtsgarantie. Der Verkäufer garantiert voll für das fakturierte Gewicht bei der Übergabe.

Über- oder Untergewicht wird reguliert, und zwar nach den Angaben beeideter Wäger.

Falls man konstatiert, daß das Übergewicht durch Seewasser verursacht worden ist, oder das Untergewicht durch Havarie eingetreten ist, so entfallen die Vergütungen.

Das Aufpumpen (pumping of grain) ist jedoch nicht als Havarie zu nehmen.

Wenn mehrere Käufer in ein und demselben Schiffe Ware bekommen, so wird das beschädigte Getreide, Über- oder Untergewicht, Fegsel usw. im Verhältnisse des Quantums der einzelnen Partien verteilt.

Qualitätsmängel. I. Falls der Käufer die Abladung der Ware dem Verkäufer überläßt und keine Kontrolle ausübt, so hat er dann kein Recht mehr, die Annahme der Ware zu verweigern, er muß sich mit der Vergütung begnügen, die ihm das Schiedsgericht der Kopenhagener Börse für Getreide für Qualitätsmängel der Ware, die schon zur Zeit der Einladung bestanden, zuspricht.

Das Schiedsgericht urteilt auf Grund von Proben, die der Käufer in Gemeinschaft mit dem Verkäufer oder dessen Vertreter bei der Löschung der Ware entnimmt. Wenn sich der Verkäufer oder dessen Vertreter weigert, die Proben zu nehmen, so besorgt dies das Schiedsgericht selbst, wenn die Ware in Kopenhagen gelöscht wird, in anderen Orten zwei von der Behörde ernannte unparteiische Sachverständige.

II. Wenn der Käufer die Abladung kontrolliert und keine Einwendungen macht, dann kann er später die Ware auch nicht mehr bemängeln.

Entstehen während der Abladung Meinungsdifferenzen bezüglich der Qualität, so haben die Sachverständigen die Ware zu besichtigen und ihr Gutachten abzugeben, das für beide Parteien endgültig und bindend ist.

Besagt das Gutachten, daß der Qualitätsmangel 4 % nicht

übersteigt, so wird der Käufer vom Verkäufer entschädigt. Ist die Ware aber nicht gesund oder ist der Mangel größer als 4 %, so steht es dem Käufer zu, das Geschäft zu annullieren und sein Recht im Sinne der im Schlußbrief fixierten Bedingungen geltend zu machen.

Jede Lieferung wird als separater Kontrakt betrachtet. Schiedsgericht. (Kjøbenhavns Bedømmelses — og Voldgifts — Udvalg for Kornhandelen). Dieses Schiedsgericht entscheidet, wie bereits oben erwähnt, in Qualitätsfragen, doch urteilt es auch in allen sonstigen Streitigkeiten, die aus Geschäften entstehen. Die Urteile sind für beide Parteien endgültig und bindend.

Findet das Schiedsgericht, daß eine ihm vorgelegte Streitfrage sich zur Entscheidung durch dasselbe nicht eignet, so gibt es eine diesbezügliche Erklärung ab und die Parteien wenden sich sodann an die Gerichte des Landes.

Schweden.

In Schweden wird in nennenswerter Menge blos Hafer und
Roggen angebaut, Weizen und Gerste nur wenig.
Man erntet das Getreide im September.

Erntemenge in 1000 dz.

Jahr	Weizen	Roggen	Gerste	Hafer
1890	1 113·03	5 308·53	3 271·79	9 681·60
1891	1 178·04	5 300·00	2 859·16	8 529·89
1892	1 178·41	5 592·57	2 979·10	10 684·45
1893	1 057·33	5 842·98	2 868·40	9 326·78
1894	1 183·62	4 831·98	3 171·13	10 723·45
1895	1 005·39	4 728·62	3 092·70	10 492·18
1896	1 291·87	5 871·68	3 025·08	8 958·29
1897	1 285·73	5 832·64	3 084·98	9 162·28
1898	1 242·13	5 424·37	3 303·78	11 917·26
1899	1 217·58	5 892·12	3 212·82	14 759·94
1900	1 890·20	8 724·00	5 452·50	21 083·00
1901	1 184·04	6 075·42	3 673·80	15 659·28
1902	1 537·20	8 505·90	4 708·05	21 615·16
1903	1 524·12	6 668·22	4 027·14	17 310·54
1904	1 488·24	5 761·08	3 891·42	13 775·58

Einfuhr in 1000 dz.

Jahr	Weizen	Roggen	Gerste	Hafer
1890	573	1 175	35	44
1891	742	876	10	19
1892	1 182	758	94	14
1893	1 214	803	59	16
1894	1 513	1 354	177	28
1895	1 075	1 217	20	32
1896	1 200	912	6	57
1897	1 108	449	120	139
1898	1 768	1 233	46	174
1899	2 097	1 708	2	445
1900	1 533	1 330	3	1 114
1901	1 762	491	2	161
1902	2 048	1 594	108	67
1903	2 242	1 329	113	71

Ausfuhr in 1000 dz.

Jahr	Weizen	Roggen	Gerste	Hafer
1890	0·17	0·96	40·44	681
1891	0·21	1·50	65·49	1 759
1892	0·40	0·96	44·70	1 070
1893	0·35	3·21	47·46	2 118
1894	0·24	0·87	39·43	1 353
1895	0·03	0·50	1·05	752
1896	0·48	0·45	0·06	622
1897	0·15	0·46	0·14	205
1898	0·19	3·08	0·55	396
1899	0·34	0·55	2·00	389
1900	0·37	0·27	2·62	125
1901	1·16	1·16	0·64	643
1902	0·58	0·29	1·16	279
1903	0·31	1·57	0·58	58

An der Einfuhr nach Schweden beteiligen sich vorzüglich die Vereinigten Staaten mit Weizen, Deutschland und Rußland mit Roggen.

Als Handelsplätze von Bedeutung kommen nur Stockholm und Malmö in Betracht.

Im Getreidehandel Schwedens haben sich bisher noch keine allgemein gültigen und ständigen Gebräuche entwickelt; es besteht auch keine Getreidebörse im Lande.

Die Preise werden im Binnenhandel bald für je 100 kg, bald für 1 schwedische Getreidetonne (Tunna = 1.649 hl) in schwedischen Kronen und Öre festgesetzt, auch wird noch vereinzelt nach altem Gewicht für je 20 Skalpund (1 Skalpund = 425.1 g) gehandelt.

Im Einfuhrhandel werden die Platzgebräuche des Abladeortes (Hafens) beachtet.

Die Qualität wird heute schon mittels der metrischen Probe festgestellt, doch geschieht dies, besonders im Innern des Landes, auch für 1 Tunna in Skalpunden. Bei der Einfuhr aus norddeutschen und russischen Häfen kommt die holländische Probe in Anwendung.

Die Ware wird im allgemeinen gegen Barzahlung ohne Abzug (netto Kasse) übernommen.

Norwegen.

Der Getreidebau dieses Landes ist durch die Boden-beschaffenheit und sein Klima nicht bedeutend.

Nur der Ertrag von Hafer, von dem in Durchschnittsjahren besonders nach England etwas ausgeführt werden kann, ist der Beachtung wert.

Das Getreide wird im September eingeheimst.

Einfuhr in 1000 dz.

Jahr	Weizen	Roggen	Gerste	Hafer
1890	71	1 587	558	13
1891	122	1 737	659	6
1892	84	1 150	834	23
1893	22	1 548	946	7
1894	45	1 728	936	8
1895	96	1 814	835	9
1896	88	1 977	902	14
1897	97	1 901	937	14
1898	140	2 678	1 367	?
1899	122	2 543	1 533	?
1900	184	2 431	1 579	?
1901	202	2 696	86	?
1902	237	3 161	96	?
1903	281	2 811	138	13

Der größte Bedarf herrscht in Roggen; die fehlende Menge wird aus Rußland und Deutschland eingeführt.

Norwegen hat keine Getreidebörsen, ebensowenig bestehen im Handel mit greifbarer Ware besondere Platzgebräuche.

Im Einfuhrhandel gelten meistens die von der London Corn Trade Association festgestellten Bedingungen.

Die Preise beziehen sich auf eine norwegische Getreidetonne (Korntönde = 1.3912 hl) in Kronen, obwohl das kg und hl die gesetzlichen Maße sind.

Der Einfuhrhandel bedient sich der Gebräuche des Erzeugungslandes, auch hinsichtlich der Feststellung der Qualität. Der Platzhandel bestimmt die Qualität in norwegischen Pfunden (498·4 g) per Korntönde*).

Bei Getreide, aus den Gegenden der Ostsee stammend, kommt die holländische Probe in Anwendung.

Bei Käufen von Getreide aus der Umgebung des Schwarzen Meeres werden folgende Qualitätsgewichte bedungen:

Roggen 9 Pud 10|15 Pfd. oder

9 „ 15|20 „ für 1 Tschetwert

Gerste 60|61 kg für 1 hl.

Das Einfuhrgeschäft ist in Händen von Agenten (die Geschäfte für ausländische Rechnung abschließen) und norwegischen Einfuhrhändlern, die Getreide verschiedener Herkunft für ihre eigene Rechnung einführen.

Es bestehen auch Kommissionäre, die ganze Ladungen zum Verkaufe anvertraut bekommen und berechnen diese für ihre Mühewaltung 2 % Kommission. — Die Verkäufe werden zu Preisen, in Kronen ausgedrückt, bewerkstelligt, die sämtliche Spesen (Fracht, Zoll, Übernahme usw.) einschließen, Ziel 4 Monate.

---

*) Das in norwegischen Pfunden ausgedrückte Gewicht ergibt mit 0.3586 multipliziert das Qualitätsgewicht per Hektoliter. Z. B. 218 Pfund norwegischer Weizen = 78.17 kg schwer.

Spanien.

Spanien war ehedem ein Getreide ausführendes Land; heute ist es auf fremdes Getreide angewiesen, trotzdem amtlich versichert wird*), daß die Erntemenge den Bedarf decke. Als Beweis wird angeführt, daß die Erntemenge von 35 102 500 dz. Weizen den Bedarf der Weizenbrot verzehrenden Bevölkerung von 18 Millionen mit 27 217 500 dz nicht nur decke, sondern auch einen Überschuß ergebe. — Die Verkehrsstatistik beweist aber das Gegenteil.

In Spanien erntet man im Monat Juni.

Erntemenge in 1000 dz.

Jahr	Weizen	Roggen	Gerste	Hafer
1890	26 172	—	—	—
1891	26 172	—	—	—
1892	27 044	--	—	—
1893	31 116	—	—	—
1894	19 129	3 072	10 191	2 184
1895	14 315	3 055	7 074	1 562
1896	12 667	2 710	5 732	1 382
1897	36 350	6 543	—	—
1898	34 047	7 997	—	—
1899	26 592	5 415	11 750	2 192
1900	27 407	5 532	12 348	2 385
1901	37 259	7 206	17 382	3 308
1902	30 828	6 652	17 697	3 389
1903	32 387	5 718	14 012	3 330

*) Die katalonischen und baskischen Müller bitten schon seit Jahren um die Erlaubnis, ausländisches Getreide im Vormerkverfahren einführen zu dürfen, doch scheitert es immer an dem Widerstand der Regierung, in dem sie durch die kastilianischen Weizenbauer bestärkt wird.

Ausfuhr in 1000 dz.

Jahr	Weizen	Roggen	Gerste
1890	6·99	6·48	1·54
1891	5·67	134·93	0·04
1892	0·21	249·09	0·04
1893	0·30	1·64	5·27
1894	3·14	2·84	1·23
1895	1·14	64·95	0·69
1896	5·04	5·67	0·23
1897	0·70	2·33	0·19
1898	26·65	2·57	530
1899	0·83	11·98	96
1900	0·60	1·01	1
1901	0·18	0·12	1
1902	0·09	0·43	16
1903	1·37	1·57	195

Einfuhr in 1000 dz.

Jahr	Weizen	Roggen	Gerste
1890	1 614	—	—
1891	1 551	—	—
1892	1 388	—	—
1893	4 187	—	—
1894	4 248	—	—
1895	2 027	—	—
1896	1 875	—	—
1897	1 417	—	—
1898	595	21	29
1899	3 735	8	7
1900	2 226	24	115
1901	1 435	49	141
1902	696	5	3
1903	1 186	581	311

Anbaufläche in ha.

Jahr	Weizen	Roggen	Gerste	Hafer
1899	3 663 428	748 203	1 402 312	377 157
1900	3 868 676	730 926	1 389 053	379 254
1901	3 711 937	796 839	1 335 943	382 112
1902	3 702 924	784 249	1 456 853	449 939
1903	3 635 506	781 364	1 432 520	451 608

Der Getreidebau steht in Spanien auf einer ziemlich tiefen Stufe, was eben dem Volkscharakter zuzuschreiben ist, der sich gegen alle Neuerungen ablehnend verhält. Einer Entwickelung steht hinsichtlich Klima und Bodenbeschaffenheit nichts im Wege; im allgemeinen herrschen sehr günstige Verhältnisse vor. Seitens der Regierung geschieht auch so Manches, um die Anbauflächen zu vergrößern und die Bevölkerung zu einer ertragsreichen Wirtschaft aufzumuntern.

Sumpfgegenden, wie der Tibi-Sumpf, werden entwässert, Schlammteiche (Isbert) trocken gelegt, künstliche Bewässerungen bewerkstelligt. Das künstlich bewässerte Land (Regadio) hat heute eine Ausdehnung von etwa 900 000 ha; das noch unbewässerte (Secano) Ackerland beträgt aber an 9 500 000 ha.

Weizen wird beinahe in ganz Spanien gebaut; einen Überschuß weisen 25 Provinzen auf, deren bedeutendste Burgas, Jaen, Valencia, Toledo, Salamanca sind.

Die Menge der in Spanien gebauten Gerste genügt nicht für den Bedarf, obwohl in allen Provinzen Gerste gebaut wird. Die größten Mengen ernten Murcia, Toledo, Jaen, Sevilla, Valladolid Zaragosa und Badajoz. Der Hafer genügt für den heimischen Bedarf. Die Provinzen Toledo, Badajoz stehen mit ihrem Haferbau an erster Stelle, dann folgen Sevilla, Cuenca, Zaragosa, Burgas Caceres und die Balearen.

Der Roggenanbau deckt beinahe den Bedarf des Landes, die Provinzen Salamanca, Orense, Leon, Coruna und Lerida erzeugen die nötige Menge.

An den Verbrauch von Mais sind die nordwestlichen Provinzen Spaniens gewöhnt und erstreckt sich der Anbau dieser Getreideart über die Provinzen von Pontevedra, Coruna, Oviedo, Orense,

Valencia, Sevilla, Barcelona, Santander. — In schlechten Jahren beziehen die Bewohner Mais aus dem Auslande, da sie diesen weder mit Weizen noch Roggen ersetzen wollen.

Der fehlende Weizen wird aus Nordamerika, Frankreich (Algier), Rumänien, Rußland und Indien beschafft. Mais kommt aus Nordamerika, den La Plata-Staaten, Rußland, Rumänien, Bulgarien, Türkei, Marokko, Griechenland. Im Durchgangs-(Transit)handel liefern Mais auch Frankreich und England.

Gerste bezieht man aus Östreich-Ungarn.

Für den Binnenhandel sind die Provinzialhauptstädte die bedeutendsten Getreidemärkte. Als Einfuhrhäfen kommen im Norden Santander, Bilbao, im Osten Barcelona, Valencia, Alicante und Tarragona, im Süden Cadiz, Huelva in Betracht.

In den Einfuhrhäfen und überhaupt im Verkehr mit dem Auslande (ausgenommen Nordamerika und England) werden die Getreidepreise in Pesetas (= Francs + Agio) für je 100 kg festgesetzt.

Der Preis des Weizens wird aber auch für je 55 kg festgesetzt, weil das Durchschnittsgewicht der Cuartera mit 55 kg angenommen wird. (Die Menge des gelieferten Weizens ist durch 55 zu dividieren, das Ergebnis nennt die Anzahl Cuarteras; diese Zahl, mit dem Preis multipliziert, ergibt den Wert der Ware.)

Die Preise der anderen Getreidearten verstehen sich auch für 1 Cuartera.

Im Innern des Landes, hauptsächlich an den Haupterzeugungsorten bestimmt man den Preis des Getreides für 1 Fanega (55.5 1) in Reales (= 5 Pesetas).

Die Qualität des Getreides wird durch die metrische Probe oder das Gewicht des Cuartera in Kilogramm bestimmt*).

Z. B. das Qualitätsgewicht eines Postens Gerste beträgt 42.5 kg = 60.9 kg für 1 hl.

Auf den Märkten der Erzeugungsgegenden im Innern des Landes wird das Gewicht der Fanega in spanischen Pfunden ausgedrückt. Eine Fanega Weizen hat 92—95 Pfd. span., Gerste 68—75 Pfd. span., 1 Pfd. span. = 460 g.

In den östlichen Häfen kommt auch die Marseiller Probe zur Anwendung.

---

*) Das derart fixierte Qualitätsgewicht kann mittels Division durch 0.7 auf das metrisches Qualitätsgewicht umgerechnet werden.

Im Einfuhrhandel gelten im allgemeinen folgende Bestimmungen:

Zur Beurteilung der Qualität dienen Typenmuster. Eine Gewichtsgewähr wird nicht verlangt.

Entstehen wegen der Qualität Streitigkeiten, so ist zu beachten daß der Verkäufer das Recht hat, solche Ware (Weizen) zu liefern, die 2 % an Fremdkörpern (Besatz) enthält.

Der Käufer kann die Ware unter keinen Umständen zurückweisen, und unterwerfen sich beide Teile dem endgültigen unangreifbaren Urteilspruche des Marseiller Schiedsgerichtes.

Sämtliche Getreidearten werden gehandelt.

Auf einen Schluß werden mindestens 500 Säcke = 50 Tonnen gehandelt. Das Roh(Brutto)gewicht wird für Reingewicht (Netto) bezahlt. Bei ganzen Ladungen kann der Verkäufer 15 % mehr oder weniger liefern, bei Teilladungen oder weniger in Säcken blos 5 %.

Der Käufer zahlt an die das Geschäft vermittelnden Agenten keine Vergütung.

Die Rechnungen werden gegen Aushändigung der Ladescheine entweder bar oder mittels Akzepte des Käufers auf 30, 60 oder 90 Tage — je nach Vereinbarung — vom Tage der Rechnung ab beglichen.

Außer den eingeführten Getreidesorten kommen im Platzhandel folgende spanische Sorten vor:

Weizen: Candeae Castilla, Jeja manchega Huerta del pais, Extremenos, Andaluces, Alicantino, Arragon Monte, Cataluna, Arragon Hembrilla, Blanquillo, Siguënza, Centeno Cartillo.

Gerste: „Cahiz" Alicantino, „Cahiz" de Elche.

Der Mais trägt meistens den Namen der Produktionsgegend, als z. B. Sevilla, Malaga, Benicarlò, Tortosa usw.

Hafer: Extramadura, Cartagena roja.

Portugal.

Der Getreidebau*) dieses Landes deckt den Bedarf nicht und ist es auf Einfuhr angewiesen. Die Menge wird jährlich von der Regierung festgesetzt**) und wird die Einfuhr überhaupt nur jenen eingetragenen Firmen gestattet, die nachweisen, daß sie im vergangenen Jahre eine entsprechende Menge inländischen Getreides aufgekauft und verarbeitet haben.

Die Einfuhr findet aus Nordamerika, Tunis, Algier und Marokko statt.

Die Provinz Alemtajo im Süden Portugals liefert das reichste Erträgnis an Getreide. Die Ernte geht im Monat Juni von statten.

Lissabon und Oporto sind die bedeutendsten Handelsplätze auch für Getreide.

Im Einfuhrhandel gilt der Preis für je 100 kg in Milreïs, im Platzhandel (obwohl das metrische System eingeführt ist) für 1 Fanega (55.4 l) oder 1 Quintal (46 kg) in Milreïs. Nicht selten ist die Preisangabe per Alqueïra (13.84 l) oder per 10 kg in Reïs.

Die Qualität bestimmt man für 1 Fanega mittels des Arratel (459 g), doch ist die Marseiller Probe auch im Gebrauch.

---

*) Amtliche Angaben fehlen und sind die Schätzungen die folgenden:

	Hektar	dz	Einfuhr 1903:	dz
Weizen	300 000	2 300 000		747 956
Roggen	100 000	600 000		181 737
Gerste	180 000	1 500 000		—
Hafer	140 000	850 000		—
Mais	250 000	1 800 000		1 093 121

**) Am 8. Januar 1904 gestattete die portugiesische Regierung, daß vom 15. Januar bis 31. Juli 60 000 t Weizen eingeführt werden durften.

Griechenland.

Der Anbau von Getreidefrüchten in Griechenland hat, wie die statistischen Ermittelungen ergeben, an Umfang ganz erheblich zugenommen. Im Jahre 1885 belief sich die Gesamterzeugung an Getreidefrüchten auf rund 17 000 000 Koilon*), während sie heute ungefähr 20 000 000 Koilon beträgt. Am meisten wird Weizen angebaut, dann folgen der Reihe nach Gerste, Mais, Mengkorn, Hafer und Roggen.

Weizen trifft man in verschiedenen Qualitäten und in ganz Griechenland an. Die Haupterzeugungsgegenden sind Thessalien, Argolis, Phthiotis, Euböa und Arkadien. Die Aussaat findet hauptsächlich im Herbst statt, und die jährliche Erzeugung stellt sich bei einer Aussaat von 3 385 000 Morgen auf 18 000 000 Koilon, wobei der Ertrag von 1 Morgen Saatfläche auf 78 Oka veranschlagt wird.

Die Ernte reicht jedoch für den heimischen Verbrauch nicht aus; es werden etwa 6 000 000 Koilon (= rund 130 000 000 Oka) jährlich eingeführt. Im Jahre 1901 betrug die Einfuhr 131 510 893 Oka Weizen im Werte von 31 720 000 Drachmen. Hiervon wurden 95 012 105 Oka mit einem Werte von 23 753 026 Drachmen über den Hafen von Piräus eingeführt. Hauptbezugsländer sind Rußland, die Türkei und Rumänien.

Der Gesamtbedarf an Weizen stellt sich sonach auf etwa 18 000 000 Koilon, d. i. 7 Koilon auf den Kopf der Bevölkerung.

Gerste wird vornehmlich in den südlichen Gegenden Griechenlands und auf den Inseln des Archipels, welche die beste Qualität liefern, angebaut. Die gesamte Erzeugung beläuft sich auf 3 000 000 Koilon.

An Hafer wird bedeutend weniger — kaum 500 000 Koilon — erzeugt.

---

*) 1 Koilon = 22 Oka, 1 Oka = 1.28 kg.

Der Roggenanbau ist in Griechenland wenig verbreitet; es werden jährlich etwa 150 000 Koilon geerntet.

An Stelle des Mengkorns tritt mehr und mehr Weizen; der jährliche Ertrag beläuft sich auf 1 500 000 Koilon.

Mais wird namentlich in Trikala, Karditza, Phthiotis und auf den Hochebenen des Peloponnes angebaut. Die jährliche Gesamt- erzeugung beläuft sich auf etwa 4 000 000 Koilon.

Reis wird nur in geringen Mengen in Trikala gebaut. Er wird (nach Schätzungen) aus Italien, Holland, England und Östreich in einer jährlichen Menge von 6 000 000 Oka im Werte von 2 500 000 Franken in Gold eingeführt.

Da es an amtlichen Angaben über Anbaufläche, Erntemenge, Bedarf und Einfuhr fehlt, so müssen Schätzungen an ihre Stelle treten. Man schätzt die dem Anbau von Weizen gewidmete Fläche auf rund 380 000 ha (1904). Der Ertrag der gesamten Getreidesorten wird wie folgt angegeben:

	1904 dz	1903 dz	Bedarf Mill. dz
Weizen	2 600 000	2 625 000	1·80
Roggen	21 500	23 000	0·02
Gerste	535 000	530 000	0·50
Hafer	63 000	63 000	0·08
Mais	880 000	860 000	0·40

Die Ernte findet im Juni statt.

Die wichtigsten Handelsplätze sind: Firäus-Athen, Volo, St. Maura, Kephalonia, Patras, Calamata.

Die Getreidepreise verstehen sich für 1 Oka in Lepta mit 3 % Skonto oder gegen Barzahlung ohne Abzug (netto Kasse), bisweilen auch für 1 Kilé (Kiló = 36·27 l) in Drachmen, und besonders auf den jonischen Inseln für 1 Imp. Bushel (unter der Benennung Kiló) oder für 1 Stajo.

In manchen Häfen, z. B. in St. Maura, Kephalonia handelt man Getreide für 1 hl in Franks oder auch für 1 Imp. Bushel.

Die Qualität des Getreides bestimmt man entweder schon mittels der metrischen Probe oder sie wird für 1 Kilé in Okas (1280 g) ausgedrückt.

Unter den etwa 10 Weizenarten der einheimischen Er- zeugung sind die harten Sorten: „Devedisi" und „Arnaut" zu erwähnen, die hervorragendste weiche Sorte heißt „Rapsani".

Ägypten.

Ägypten, die Kornkammer des klassischen Altertums, gehört seit einigen Jahrzehnten nicht mehr unter die Ausfuhrländer. Die Einfuhr von Weizen steigt von Jahr zu Jahr, denn der Getreidebau wird von den Baumwollpflanzungen*), die größeren Ertrag geben, langsam verdrängt, hingegen steigt der Bedarf mit der Zunahme der Bevölkerung und ihrem Wohlstande, so daß die heimische Erzeugung keineswegs mehr genügt. Außer der beträchtlichen Menge Weizens, die eingeführt werden muß, kommt auch Futtergerste zur Einfuhr, da die ägyptische Gerste von vorzüglicher Qualität ist und zu guten Preisen Absatz im Auslande findet. Mais wird sowohl zur Volksernährung, wie zu Futterzwecken in ziemlichen Mengen eingeführt.

Über Anbauflächen und Ernteergebnisse fehlen amtliche Angaben. Die nachstehenden Mitteilungen sind einem Berichte des Kaiserl. Deutschen Konsulats in Alexandrien entnommen, sie beziehen sich auf die Zeit vom 1. September 1901—31. August 1902. Das bestellte Land betrug:

	1898/99		1900/01		1901/02	
	Feddan**)	Kirat	Feddan	Kirat	Feddan	Kirat
Weizen	1 241 052	12	1 295 515	1	1 302 719	12
Bohnen . .	637 754	3	659 779	7	633 852	16
Gerste .	536 415	7	567 661	17	540 142	7

Hinsichtlich der einzelnen Fruchtarten ist folgendes zu bemerken: Weizen: Die Anbaufläche ist gegen das Vorjahr nur wenig — um 7000 Feddan — gewachsen, während die Zunahme gegen 1898/99 über 60000 Feddan beträgt. Der Ertrag der jährlichen Weizenernte deckt schon lange nicht mehr die Bedürfnisse des

_____
*) Auch die Versuche mit der Rübenkultur werden zur weiteren Verdrängung des Getreideanbaues führen.

**) 1 Feddan = 24 Kirat = 4200,₁₈ qm.

Landes, und eine nennenswerte Ausfuhr hat daher auch im Jahre 1901/02 nicht stattgefunden. Der Wert der Weizenausfuhr Ägyptens betrug 1901 nur 4822 £ E.*) gegen 8496 £ E. im Jahre 1900, wovon 1901 für 3863 £ E. und 1900 für 7251 £ E. nach der Türkei gingen; noch unbedeutender war die Mehlausfuhr. Dagegen hatte die Weizeneinfuhr 1901 einen Wert von rund 110000 £ E. und 1900 einen solchen von 72600 £ E. Außerdem wurde an Weizen- und Maismehl 1901 für 523000 £ E. eingeführt. Während der Weizen hauptsächlich aus der Türkei und Rußland kommt, ist Frankreich der größte Mehllieferant — 1901 für 311000 £ E. —, nächst ihm Rußland — 1901 für 119000 £ E. Die Zufuhren vom Lande nach Alexandrien betrugen 1901/02 nur 19500 Tonnen, womit lediglich ein kleiner Teil des Verbrauches gedeckt werden kann.

Mais: Die Anbaufläche der verschiedenen Maisarten ist im ganzen gegen das Vorjahr um 57287,$_{06}$ Feddan gewachsen; während indes der zur Zeit der Nilschwelle gebaute Nabari- und Schami-Mais eine Vergrößerung der Anbaufläche um 71388,$_{10}$ Feddan gegen 1900/01 und um 241347,$_{17}$ Feddan gegen 1898/99 zeigt, ist die Aussaat des Sommer-Sefi-Mais gegen 1900/01 um 14101,$_{04}$ Feddan und gegen 1898/99 um 26112,$_{96}$ Feddan zurückgegangen, was mit den Schwierigkeiten der Wasserversorgung zusammenhängen dürfte. Die Zufuhr nach Alexandrien betrug 60000 Tonnen, der Wert der Ausfuhr, die vornehmlich nach der Türkei und Rußland gerichtet ist, stellte sich 1901 auf 5326 £ E., während für 50343 £ E. Mais fast ausschließlich aus der Türkei und Nordamerika eingeführt wurde.

Gerste: Die Anbaufläche ist gegen 1900/01 um 27519,$_{10}$ Feddan zurückgegangen, indes etwas größer als 1898/99 gewesen. Von der feinen, in Mariut gewonnenen, sogenannten SunJried-Braugerste sind ungefähr 4000 Tonnen auf den Markt gebracht und ausschließlich für englische Brauereien angekauft worden. Diese Gerstensorte ist in England sehr gesucht. Vielleicht sollten auch deutsche Brauereien sich dafür interessieren. Eingeführt wurde Gerste 1901 im Werte von 57635 £ E., fast zu gleichen Teilen aus der Türkei und den englischen Mittelmeerbesitzungen.

Bohnen: Die Anbaufläche ist gegen 1900/01 um 25926,$_{13}$ Feddan, gegen 1898/99 dagegen nur wenig zurückgegangen. Die

---

*) 1 ägyptisches Pfund (£ E.) = 20,$_{75}$ M.

Ausfuhr dieser Frucht ist recht bedeutend, sie hatte im Jahre 1901 einen Wert von 260508 £ E., wovon für 203535 £ E, nach England gingen. In der verflossenen Saison wurden 58000 t auf den Markt gebracht und davon 37000 t nach England sowie etwa 10000 t nach dem Kontinent, und zwar hauptsächlich nach Frankreich verschifft.

	1904 Mill. dz.	1903 dz.
Weizen	3·30	3·30
Gerste	2·2	2·0
Mais	5·5	5·6

Im Februar findet die Ernte in Oberägypten statt, im März in Unterägypten, im April an der Meeresküste.

Weizen wird meistens in den Provinzen Behera (Unterägypten) und Said (Oberägypten) angebaut, Gerste in der Gegend des Mariotis-Sees und den sogenannten Scharakigründen kultiviert, Mais und Hafer längs des Nils.

Die Einfuhr zur Deckung des Bedarfes stellte sich wie folgt:

	1903	1902	1901
		Meterzentner	
Weizen . . .	152000	112656	173770
Weizenmehl . .	550000	584451	66060
Gerste. . . .	110000	98531	124920
Roggen . . .	350000	407906	442560
Mais	120000	140380	108440

An der Einfuhr ist die Türkei und Rußland beteiligt. In guten Erntejahren läßt die im französischen Besitze stehende: „Société anonyme des Moulins d'Egypte" auch französischen Weizen kommen. Die billige Gerste zum Ersatz der guten inländischen Sorte wird aus Syrien eingeführt.

Dieser Einfuhr steht auch einige Ausfuhr gegenüber, u. z. verschickt Ägypten einigen Weizen[*]) nach dem Sudan; nach Europa wurde seit 1901 (10.160 hl) kein Weizen gesandt. Gerste wird in kleinen Posten, meistens nach England, bezogen.

Der Haupthandelsplatz für Getreide ist Alexandrien.

Obwohl in Ägypten das metrische System eingeführt ist[**]), gebraucht man im Getreidehandel die ägyptischen Maße und Gewichte.

---

[*]) Die ägyptische Regierung macht alljährlich eine Sendung von Weizen nach Djeddala in Arabien, etwa 20.175 dz.

[**]) Die Einführung wurde am 1. August 1875 verordnet, doch die Regierung benützte es erst 1885.

Ausfuhr in 1000 dz.

Jahr	Weizen	Gerste	Mais	Mehl
1890	413	100	58	6
1891	924	311	1 035	27
1892	420	67	312	12
1893	159	68	13	2
1894	270	69	225	7
1895	228	19	392	3
1896	113	62	11	1
1897	59	17	84	3
1898	83	71	10	10
1899	23	246	19	20
1900	9	6	11	12
1901	38	44	15	3
1902	26	125	122	9
1903	—	—	—	—

Einfuhr in 1000 dz.

Jahr	Weizen	Gerste	Mais	Mehl
1890	310	40	36	86
1891	56	3	1	71
1892	136	67	62	77
1893	247	66	23	184
1894	70	38	1	202
1895	132	132	29	365
1896	265	181	367	665
1897	127	88	423	560
1898	68	89	619	354
1899	25	26	132	352
1900	111	163	325	500
1901	230	198	142	1 530
1902	148	157	17	1 341
1903	—	—	—	—

Die Preise des Getreides werden für 1 Ardeb von Kairo (183.$_{48}$ Liter) in ägyptischen Piastern, Tarif Piaster (P T) genannt, festgesetzt, seltener für 1 Ardeb von Rosetta (290 Liter.)

Die Qualität bestimmt man für 1 Ardeb in Rottoli. Das Rottoli ist das ägyptische Pfund und gleich 0.445 kg. Ein 312 Rottoli schwerer Weizen heißt, daß 1 Ardeb (183.$_{48}$ Liter) Weizen 312 × 0.445 kg schwer ist oder für ein Hektoliter 75.66 kg (312 × 0.2425 = kg per hl).

19 Ardeb = 12 Imp. Quarter

8 „ = 8 Tschetwert.

Solange Ägypten eine Ausfuhr hatte, wurde bei Lieferungsverkäufen auch von Weizen gesprochen, dessen Qualität nach Karaten bestimmt wurde, d. h. ein Weizen hatte soviel Karate, als von 29 Teilen Weizen verblieb, nachdem die Teile, die Fremdstoffe enthielten, abgezogen wurden. Also ist ein Weizen von 21 Karaten, wie er gewöhnlich bei Lieferungsgeschäften bedungen wurde, ein solcher Weizen, der in 24 Teilen nur 3 Teile Fremdstoffe enthielt.

Im Platzhandel wird die Ware sofort bar bezahlt.

Die Durchschnittsgewichte ägyptischen Weizens sind:

„Saidi" 75—76 kg für 1 hl

Behera 79—80 „ „ 1 „

Getreide-Ausfuhrländer.

Rußland.

Rußland nimmt von den Ländern, die Getreide bauen und ausführen, die zweite Stelle ein.

Seine Getreidemenge ist jährlich gewachsen und hat diese noch lange nicht den Höhepunkt erreicht. In vielen Gegenden, namentlich in Transkaukasien (das untere Kurathal, die Gubernien Koutais und Eriwan) befindet sich der Ackerbau noch in einem sehr ursprünglichen und unentwickelten Zustande; bei einem einigermaßen sorgfältigen Anbau könnten diese fruchtbaren Gegenden einen sehr bedeutenden Ertrag an Brotfrüchten liefern. — Doch die Besitzer, die armenischen Klöster, die einheimischen Adeligen, lassen große Strecken brach liegen, der Bauer hat höchstens ½—1 ha Land und keine Mittel zur Anschaffung von Pflug, Egge und, wo es not tut, für Düngemittel. Anderen großen Strecken, sonst fruchtbaren Landes, mangelt es an Bewässerung, so z. B. der Muganschen Steppe. — Diesen Übelständen, deren Ursachen viel zu tief liegen, konnten die landwirtschaftlichen Ausschüsse der einzelnen Gubernien noch nicht abhelfen.

Ein Bild von Rußlands Getreideerzeugung und ihrer Steigerung geben folgende Zahlen:

Rußland erbaute im Jahre	1890		1903	
Weizen	57 772 260	dz	166 200 000	dz
Roggen	172 694 340	„	230 525 000	„
Hafer	89 189 100	„	115 400 000	„
Gerste	37 166 220	„	77 242 000	„
Mais	6 404 580	„	12 850 000	„

Die Anbaufläche stellt sich in den 72 Gubernien wie folgt:

	1903		1902	
Weizen	22 000 000	ha	22 251 000	ha
Roggen	29 500 000	„	29 850 000	„
Gerste	9 850 000	„	8 769 000	„
Hafer	17 800 000	„	17 419 000	„
Mais	1 400 000	„	1 358 000	„

Der Weltgetreidehandel. 11

177

Die Ernte findet im Juni und Juli statt.

Vom Standpunkte des Handels unterscheiden wir folgende Getreideanbau-Zonen und Ausfuhrhäfen:

1. Die südwestliche Zone mit den Gubernien Kiew, Podolien, Bessarabien, Cherson und Krim und den Häfen Kertsch, Nicolajew, Odessa, Feodosia, Eupatoria.

2. Die südöstliche umfaßt die Gubernien von Jekaterinoslaw, Charkow, Kursk, Woronesch und die Donprovinz Häfen: Berdiansk, Mariopul, Jenitschesk, Taganrog.

3. Zur kaukasischen Zone gehören die Provinzen Kuban, Stavrapal, Terek, Kutaïs, Daphestan, Kars, Tiflis mit den Häfen Yeissk-Achtari, Novorissk und Poti.

4. Die Zentral-Zone erstreckt sich über die Gubernien Saratow, Samara, Tambow, Pensa, Simbirsk, Kasan, Riasan, Nischni-Nowgorod, Wiatka, deren Handel sich vorzüglich über St. Petersburg bewegt.

5. Die nordwestliche Zone (Sibirien) schließt die Gubernien Qufa, Perm, Orenburg, Ural, Tobolsk, Tomsk und Irkutsk ein. Als Ausfuhrhafen dient Archangelsk.

6. Zur nordwestlichen Zone zählt man die Gubernien Kurland, Livland, Esthland, St. Petersburg, Pskor, Wilna, Polen. Häfen: Libau, Riga, Reval.

Erntemenge in 1000 dz.

Jahr	Weizen	Roggen	Gerste	Hafer	Mais
1890	57 652	172 616	36 352	88 937	6 465
1891	46 723	129 571	31 009	71 131	7 850
1892	67 936	154 410	38 943	73 927	5 840
1893	100 432	187 311	65 179	108 172	10 206
1894	97 091	219 630	53 540	108 784	4 902
1895	84 268	196 260	49 230	104 108	6 335
1896	87 054	193 750	49 026	104 029	4 363
1897	69 765	157 903	47 749	85 472	11 554
1898	96 862	179 951	59 691	89 322	10 040
1899	106 680	230 530	48 980	132 040	17 830
1900	107 320	232 700	51 340	118 250	18 710
1901	116 562	191 989	52 298	90 695	17 395
1902	165 496	233 719	73 733	135 249	12 372
1903	169 335	231 920	77 923	116 227	12 909

Ausfuhr in 1000 Pud.

Jahr	Weizen	Roggen	Gerste	Hafer	Mais
1890	182 085	76 906	60 693	51 784	20 608
1891	176 369	68 006	46 019	45 962	28 209
1892	81 557	12 066	43 957	20 529	21 580
1893	156 230	32 184	111 228	56 801	15 938
1894	205 739	80 970	153 140	94 395	58 259
1895	237 161	91 293	108 319	66 739	25 612
1896	219 496	79 255	81 531	67 512	12 934
1897	213 263	73 559	89 411	43 616	21 151
1898	177 481	67 056	106 116	25 202	46 313
1899	107 464	60 808	85 798	43 212	28 595
1900	115 710	91 770	63 441	121 030	18 620
1901	138 161	82 426	106 028	131 191	29 632
1902	186 029	98 220	104 139	63 314	68 459
1903	254 834	82 220	145 483	59 479	39 308

Die Getreideausfuhr Rußlands beträgt 47½ % seiner Gesamt-
ausfuhr und betrug diese 1887 zusammen 68 883 629 dz., 1899
109 730 928 dz, 1903/04 nur 79 850 000, immerhin noch eine recht ansehnliche Ziffer, die sich aus folgenden Einzelmengen zusammensetzt:

	1903/1904	1902/1903
	dz	dz
Weizen	38 260 000	35 330 000
Roggen	9 150 000	16 210 000
Gerste	22 300 000	18 900 000
Hafer	5 700 000	12 470 000
Mais	4 440 000	4 650 000

Für Weizen sind alle europäischen Einfuhrländer Abnehmer,
der Roggen geht zumeist nach den nördlichen Ländern, für Mais
kommt Italien, Spanien, Frankreich in Betracht.

Der russische Getreidehandel, besonders im Innern, entbehrt
noch jeder einheitlichen Gestaltung und ist die Regierung heute
erst soweit gekommen, daß sie die Errichtung von Lagerhäusern
anordnete, die das Getreide der Bauern aufbewahren und be-
lehnen; dies geschieht einesteils, um die Qualität des Getreides,
das sonst von vielen Händlern durch Beimengung fremder
Bestandteile verdorben wird, zu erhalten, anderenteils um den

11*

geldbedürftigen Landwirt aus Wucherhänden zu befreien. — Die gleiche Absicht verfolgte die Verfügung der Errichtung von Getreidespeichern an den Eisenbahnen und die Einführung der Preisbestimmung für 1 Pud in Kopeken. — Bisher geschah dies für 1 Tschetwert, in Polen manchmal per Korzec (123 h), dem altpolnischen Hohlmaß.

Im Ausfuhrhandel notieren die großen Häuser je nach den Gebräuchen der Einfuhrländer in Shillings, Franks, Mark usw. für 1 Quarter, Charge oder Tonne.

Der russische Getreidehandel leidet an einem sehr schweren Übel, d. i. seine Unzuverlässigkeit, die verschiedentlich in Unehrlichkeit ausartet. Über dieses Übel schrieb die Neue preuß. (Kreuz-)Zeitung im September 1902: Der neurussische Getreidehandel plündert mit seinem Stabe von Agenten, Maklern, Aufkäufern usw. durch bedenkliche Praktiken den russischen Bauer aus und betrügt zugleich durch Lieferung unreiner und verfälschter Ware den mittel- und westeuropäischen Käufer. Infolge dieses unlauteren Wettbewerbes sind allmählich die alten soliden Ausfuhrhäuser zurückgedrängt worden. Dazu bot in Riga die russische Regierung selbst die Hand, indem sie bei der Russifizierung der baltischen Provinzen die deutsche Börsenkorporation auflöste. In Odessa waren von 41 Firmen, die im Jahre 1883 bestanden, im Jahre 1891 nur noch 19 vorhanden, und in der Zeit von 1884 bis 1889 wurden dort 57 neue Firmen gegründet, von denen aber 41 im Verlaufe von fünf Jahren wieder eingingen.

Von jeher standen die südrussischen Getreidehändler in schlechtestem Ruf. Ein Polizeibefehl vom 14. September 1872 nannte diese Händler von Odessa „eine durch die Zeit sanktionirte Korporation verwegener, geriebener und beispiellos frecher Menschen". Die Regierungs-Ausgabe des Generalstabswerkes „Materialien zur Geographie und Statistik Rußlands" sagt bei der Beschreibung des Guberniums Cherson: „Die hiesigen Makler, größtenteils Juden, Griechen und Leute anderer Nationalitäten, zeichnen sich durch raffinierte Gewandtheit aus. Unter ihnen befinden sich nicht wenige, deren Nationalität vollständig unbestimmbar ist, da sie die Sprachen all der Völker — gewöhnlich jämmerlich — sprechen, die in Odessa überhaupt vorkommen und sich zu jener Nationalität und Religion bekennen, die ihnen je nach den Umständen gerade am vorteilhaftesten erscheint. Und fast alles in Odessa gehandelte Getreide geht zuerst durch die Hände dieser Menschen."

Als nach der Beseitigung des Notstandes von 1891 der russische Finanzminister bestrebt war, die Getreideausfuhr wieder zu beleben, machte die Zeitung, der „Westnik Finanzow", dem russischen Getreidehandel eine im allgemeinen „wohlorganisierte und offen betriebene Betrügerei" zum Vorwurfe. Damals war amtlich festgestellt worden, daß mehr als die Hälfte des Ausfuhrweizens bis zu 22 Hundertstel, mehr als dreiviertel des Ausfuhrroggens bis zu 82 Hundertstel und ein Teil Gersteausfuhr bis zu 33 Hundertstel mit Sand und Unrat vermischt wurden! Die Speichereibesitzer hatten in besonderen Kellern Sand eingelagert, ließen, nachdem das Getreide geprüft und verkauft war, hinter dem Rücken des Verkäufers die Verfälschung mit Sand vornehmen und das verfälschte Getreide sodann in Säcke verpacken. Derartige Verfahren wurden in der russischen Presse wiederholt als gang und gäbe hingestellt. Nach einer Darstellung der „Nowoje Wremja" kaufen in Rußland viele Getreidehandlungen das Getreide nicht fest, sondern nehmen es gegen geringe Gebühren von den Gutsbesitzern derart in Kommission, daß sie es nach dem Absatzgebiete bringen, wo es auf Wunsch seines Besitzers jeden Augenblick zum Tagespreise verkauft werden muß. Bevor jedoch das Getreide an seinen Bestimmungsort gelangt, wird es irgendwo unterwegs von den Kommissionären durch Vermischung mit schlechten Sorten aus ihren eigenen Vorräten derart bearbeitet, daß aus 1000 Zentnern reinen Roggens zu 4 Mark im Gesamtwerte von 4000 Mark etwa 1250 Zentner zu 3½ Mark im Gesamtwerte von 4375 Mark werden. Während der Landwirt dabei natürlich verliert, verwertet der Kommissionär seine schlechte Ware, die er vielleicht für 1,60 Mark den Zentner eingekauft hat, durch Vermischung mit einer besseren Art zum Preise von 3½ Mark für den Zentner, streicht also einen ganz außerordentlichen Gewinn ein.

Nur ausnahmsweise werden derartige Verfälschungen geahndet, wie im Hungerjahre 1892 an einer bekannten großen Firma in Odessa, die zahlreiche Landschaften Getreide für die Notleidenden geliefert und dabei Fälschungen in großem Umfange und mit Hilfe eines ganzen Heeres betrügerischer Kornmesser vorgenommen hatte. Wie die „Nowoje Wremja" einmal schrieb,

betrachtet man derartigen Betrug im Getreidegeschäft stillschweigend für erlaubt, ja für regelrecht, und findet, daß im gegebenen Falle der Betrogene nur über sich selbst ungehalten
sein mag. Betrügst Du nicht, so verkaufst Du nichts, sagt das
Sprichwort.

Vor etwa zehn Jahren nahm der russische Finanzminister
einen Anlauf, um diese Auswüchse zu beseitigen und den Getreidehandel zu bessern. Er ließ sich dabei nicht von moralischen
Erwägungen leiten, auch nicht von der Rücksicht auf die
Schädigung, die der russische Landwirt durch derartige Fälschungen
erlitt, sondern wurde dazu durch eine merkwürdige, aber begreif-
liche Erscheinung gedrängt. Infolge der starken Verfälschungen
war der Preis des russischen Getreides auf dem Weltmarkte gesunken und stand niedriger als der Preis des anderen Getreides,
selbst bei besserer Ware; der Wert der Ausfuhr ging zurück, und
als infolge der russischen Mißernte von 1891 die nordamerikanische
und argentinische Ausfuhr nach Europa beträchtlich stieg, fürchtete
man, daß der Auslandsmarkt dem russischen Getreide zum Teil
verloren gehen könnte. Dieser Gefahr sollte vorgebeugt werden.
So entschloß sich Minister von Witte nach Anhörung eines Aus-
schusses zu einem Reformversuch, und zwar zur Schaffung einer
staatlichen Inspektion für die Getreideausfuhr. Indessen kam es
nicht zu einer ernsthaften Durchführung dieser Reform, da die
Konjunktur des Weltmarktes für russisches Getreide sich gerade
besserte. Es wurde der Handelsvertrag mit Deutschland abgeschlossen und dem russischen Getreide der Zugang nach Deutschland erheblich erleichtert, einmal durch die Bewilligung des
niedrigen deutschen Vertragszolles, ferner durch billige Staffeltarife
auf den russischen Eisenbahnen und nicht zuletzt durch den
Zusatz zu § 19 des Handelsvertrages, wonach diese Tarife für
russisches Getreide auch auf den preußischen Bahnen von der
Grenze bis zu den Ostseehäfen anzuwenden waren. Damals ließ
sich Finanzminister v. Witte überwiegend von dem Bestreben leiten,
die Getreideausfuhr auf jede Art zu begünstigen. Er unterstützte
die Gründung von Ausfuhragenturen und die Anlage von öffentlichen Kornspeichern, gewährte billige Kredite und veranlaßte, als
die Geschäfte ins Stocken gerieten, große Ankäufe durch die
Heeresverwaltung. Inmitten dieser Bestrebungen trat die anfangs
geplante Reform der Getreideausfuhr in den Hintergrund. Man
scheute vor durchgreifenden Reformen zurück, um nicht vielen

Getreidehändlern das Handwerk zu legen und dadurch die Ausfuhr zu beschränken.

Auf der einen Seite hatten die Bemühungen des Finanzministers guten Erfolg. Die russische Getreideausfuhr, insbesondere nach Deutschland stieg seit 1895 erheblich, aber der Weltmarktpreis blieb dauernd niedriger als für anderes Getreide, und geschädigt wurde dadurch, wenn auch nicht der russische Ausfuhrhandel, so doch der russische Landwirt. Im Hinblick auf den niedrigen Preisstand des russischen Getreides forderte Finanzminister v. Witte im Jahre 1894 von den russischen Konsuln Gutachten ein, die recht lehrreich waren.

Damals berichtete der russische Generalkonsul in Danzig, daß der Preisrückgang und die geringere Nachfrage durch die Nachlässigkeit und Gewissenlosigkeit der russischen Verkäufer verursacht worden sei. Namentlich die kleinen Aufkäufer und Agenten pflegten beim Verladen des Getreides in die Eisenbahnwagen gut gereinigtes Getreide mit unreinem zu mischen und auch allen möglichen Schutt hineinzumengen. Die schlechten Sortierungen und die groben Verunreinigungen beeinflußten in hohem Grade das Sinken der Preise. Außerdem nehme der Kommissionär noch einen hohen Preis für die Reinigung; den Abfall behalte er und verkaufe den Zentner für $2\frac{1}{4}$ bis 3 Mark als Viehfutter. Der Landwirt werde also im Preise geschädigt, bezahle die Reinigung, verliere den ganzen Abfall und müsse die Bahnfracht wie den Zoll für den Schutt voll bezahlen.

Diese Angaben bestätigte der russische Konsul in Königsberg, und er bezifferte den Preisunterschied zwischen gut gereinigtem und ungereinigtem Getreide auf nahezu 2 Mark für 100 kg. Nach dem Berichte des russischen Generalkonsuls in Hamburg fanden die hamburger Kaufleute vielfach, daß die gelieferte Ware der Probe nicht entspreche. Man sei in Hamburg mißtrauisch geworden und glaube, daß einige Firmen in Libau, Odessa usw. geradezu ein Geschäft aus der Vermischung guten Getreides mit schlechtem und sogar mit Stoffen machten, die mit Getreide gar nichts gemeinsam hätten. Dieser Konsul empfahl die Einrichtung einer staatlichen Aufsicht über die Getreideausfuhr und verhieß davon eine alsbaldige Preissteigerung. In diesem Sinne äußerten sich die russischen Konsulate zu Neapel, Marseille, Bremen, Kopenhagen und Amsterdam, während der russische Generalkonsul in London bedauerte, daß sich der russische Getreidehandel nicht den Bedingungen des westeuropäischen Marktes anbequeme. Nach dem Berichte des russischen Konsuls in Hull klagten die englischen Kaufleute besonders über die Unordnung des russischen Getreideausfuhrhandels in den Häfen des Schwarzen Meeres und schrieben die Hauptschuld an dem Betruge hauptsächlich den Kleinhändlern und den Ausländern zu, die zeitweilig zu spekulativen Operationen nach Odessa kommen. Wenn die Spekulation nicht gelinge, so verschwänden diese Leute spurlos, und der englische Käufer habe niemanden, bei dem er seine Klagen vorbringen könne.

In jüngster Zeit wurde ein Bericht des deutschen Vizekonsuls in Nikolajew bekannt, der darauf hinwies, daß gerade bei der Gersteausfuhr die meisten Betrügereien, und zwar namentlich im Verkehr mit Deutschland vorkommen. Auch dieser Bericht macht für die Fälschungen die Zwischenhändler verantwortlich. Die Gerste, wie sie von den Bauern und Gutsbesitzern geliefert wird, enthält höchstens 3 bis 4 Hundertstel fremde Beimischungen, während nach Hamburg und nach dem Rhein die meisten Entladungen mit 8 bis 10 Hundertstel, ja mit noch größeren Beimischungen verschifft werden. Hier macht der unlautere Wettbewerb oder richtiger gesagt der Betrug leider die besseren Geschäfte, da diejenigen Händler, die Unreinlichkeiten künstlich beimischen, bessere Preise im Einkaufe zahlen können und durch ihre bedenklichen Praktiken noch immer im Vorteile bleiben.

Wie es weiter mit dem russischen Getreidehandel bestellt ist, geht aus einem Berichte hervor, den v. Bodisko, der im Auftrage des russischen Landwirtschaftsministers die Frage der Getreideausfuhr studierte und Gutachten der Händler in Antwerpen, Hamburg, Stettin, Berlin und anderen westeuropäischen Plätzen einholte, erstattete.

In Antwerpen ist dem Verfasser etwa folgendes mitgeteilt worden: Die bekannten und soliden russischen Firmen bringen gutes Getreide auf den Markt und übernehmen willig in den seltenen Fällen, in denen die Ware dem vereinbarten Muster nicht entspricht, die Zahlung der Differenzen. Es kann aber schon seit einer Reihe von Jahren beobachtet werden, daß diese soliden Firmen in bedenklichem Maße abnehmen und durch neue unbekannte ersetzt werden. Diese letzteren stellen bereits die große Masse dar; ihr, namentlich bei steigenden Preisen, nicht selten durch Beimischungen verdorbenes Getreide pflegt

minderwertiger zu sein, als das vertragsmäßig vorgeschriebene
Muster, fast immer entziehen sie sich in solchen Fällen
den Entscheidungen der „Arbitragekommission", verweigern die
Differenzzahlung und den Schadenersatz, welchen Betrag mit
Hilfe der russischen Gesetze und Gerichte beizutreiben entweder
unmöglich oder doch zu kostspielig und zeitraubend wird.
Während die russischen Händler, wie gesagt, eine Unterwerfung
unter die in Westeuropa herrschenden Regeln der Arbitrage,
zu denen sie von den russischen Gesetzen nicht gezwungen
werden können, fast immer abweisen, stehen sie gleichzeitig im
vollen Genuß der Arbitragebestimmungen Antwerpens, die den
Käufer zur unbedingten Annahme der Fracht zwingen, sofern
nur das Getreide den vertragsmäßig vereinbarten Bedingungen
entspricht, ein Umstand, der hier deswegen ins Gewicht fällt, weil
diese Annahme für den Käufer z. B. zur Zeit sinkender Preise
unvorteilhaft sein kann. Der Vorteil befindet sich überhaupt
immer, wenn man den antwerpener Händlern glauben darf, auf
seiten der russischen Händler: bei sinkenden Preisen wird gute
Ware geliefert und vom Käufer die pflichtgemäße Annahme auf
Grund der örtlichen Bestimmungen Antwerpens verlangt, bei
steigenden Preisen pflegt der russische Händler zum Mittel der
Beimischung schlechter Getreidesorten zu greifen, um sich so
seinen Gewinn zu sichern, und weist in Verfolgung dieses un-
ehrlichen Verfahrens die für ihn natürlich ungünstig ausfallenden
Entscheidungen der vom geschädigten Käufer angerufenen Arbitrage-Kommission in der skrupellosesten Weise ab. Wenn es
einmal irgend einem der Geschädigten gelingt, eine ihm günstige ge-
richtliche Entscheidung in Rußland zu erwirken, dann läßt der
Gegner geschwind sein Eigentum auf einen anderen Namen verschreiben und entzieht sich so seinen Verpflichtungen. Derartige
Vergehen werden eben in Rußland vom Gesetz noch nicht ver-
folgt, während man sie in Belgien mit ziemlich schweren Strafen
belegt. Diese Unverantwortlichkeit und Straflosigkeit wirken aber
nicht nur aufmunternd auf die Gewissenlosigkeit der russischen
Händler, sondern üben auch einen sehr schädlichen Einfluß auf
die Entwickelung des russischen Getreidehandels aus, denn jeder,
der sich unter diesen Verhältnissen mit den russischen Händlern
in Geschäfte einläßt, ist angesichts des damit übernommenen
Wagnisses bestrebt, ein möglichst gutes Geschäft zu machen; er
kauft also nur unter für ihn ganz besonders vorteilhaften

Bedingungen, d. h. bei Angeboten zu besonders niedrigen Preisen.

In Antwerpen behauptet man, der russischen Unsolidität gegenüber völlig wehrlos zu sein. So bleibt z. B. die Maßregel der antwerpener Chambre Arbitrale, solche Firmen, die es schon zu arg getrieben haben, auf der „schwarzen Tafel" bekannt zu geben und damit des Rechtes verlustig zu sprechen, nach Antwerpen Handel zu treiben, was Rußland anlangt, vollständig wirkungslos, weil dieselben Persönlichkeiten den Handel unter anderem Namen und mit Hilfe neuer Makler fortsetzen.

Unter den in den Jahren 1889—1899 durch Anhängen an der „schwarzen Tafel" gebrandmarkten 80 Firmen befinden sich 25 russische! Die südrussischen Häfen: Nikolajew, Feodosia und Odessa haben einen ganz besonders schlechten Ruf; über Riga, Libau und Reval wird weniger geklagt.

Für Hamburg gelten nach dem dort abgegebenen Gutachten diese Verhältnisse im wesentlichen ganz ebenso wie für Antwerpen: Das russische Getreide wird hier im allgemeinen für schlechter gehalten, als das aus Amerika und aus den Donauländern stammende, obgleich man es andererseits seinen natürlichen Eigenschaften nach höher zu stellen geneigt ist. Die Hamburger erblicken eine Beeinträchtigung des Handels in folgenden Umständen: 1) in der Gewissenlosigkeit der russischen Verkäufer gegenüber den von ihnen übernommenen Verpflichtungen, 2) in dem völligen Mangel jeder Verantwortlichkeit derselben gegenüber den russischen Gesetzen, 3) in ihrem Bestreben, sich jeder Arbitrageregel und sonstigen internationalen Handelsgewohnheiten zu entziehen und 4) endlich in dem Fehlen irgendwelcher fester gesetzlicher Bestimmungen für alle diejenigen Geschäfte, bei denen das Getreide nicht nach Muster verkauft wird, sondern nach gewissen Kennzeichen, die mit den Worten: „gesunde Qualität", „qualité saine, loyale et marchande" zusammengefaßt werden. Diese Mißstände sollen die Käufer sehr häufig von Geschäften mit russischen Händlern abhalten, und infolgedessen nicht nur lähmend auf den Handel wirken, sondern auch ein Sinken der Getreidepreise verursachen.

Gegen die im russischen Getreidehandel zutage tretenden Übelstände wurden von den Händlern Hamburgs (und Antwerpens) im wesentlichen folgende Mittel zur Anwendung empfohlen: 1) Der russische Händler soll gebunden sein, sich — entsprechend

dem Beispiel anderer Länder — den allgemeinen Regeln der
Arbitrage und den Entscheidungen der auswärtigen Arbitrage-
kommissionen zu unterwerfen, sofern er vertragsmäßig eine
solche Verpflichtung übernommen; die Wahl der ihm zusagenden
Arbitragekommission steht dem Verkäufer unter den bei den
verschiedenen Börsen bestehenden frei. 2) Die Entscheidung des
angerufenen Arbitragegerichtshofes soll durch eine entsprechende
russische Gesetzbestimmung als endgültig anerkannt werden und
unverzüglich zur Ausführung gelangen, wenn sie zivilrechtlicher
Natur ist. 3) Sehr wünschenswert wäre es, wenn Rußland die
deutschen Gesetze über zivilrechtliche Verantwortlichkeit bei sich
in Anwendung brächte, die es dem russischen Händler z. B. unmöglich machen würden, sein Eigentum auf den Namen seiner
Frau oder sonst irgend einer verwandten Person verschreiben zu
lassen, um sich auf diese Weise seinen Verpflichtungen zu entziehen. 4) Es müßten in Rußland Regeln ausgearbeitet werden,
nach denen die Beschaffenheit des Getreides mehr oder weniger
genau bestimmt werden kann (Gewicht der Lieferung und Menge
der Beimischungen), und zwar für den Fall, indem der Verkauf
vor sich geht unter Zugrundelegung der etwas unbestimmten
Qualitätsbezeichnung gesunde Qualität „qualité saine, loyale et
marchande". 5) Strafrechtliche Verantwortlichkeit soll eintreten,
sobald die Handlungsweise des Verkäufers das Wesen der Bös-
willigkeit, der Betrügerei an sich trägt, was unzweifelhaft in solchen
Fällen vorliegt, wenn dem verkauften Getreide absichtlich Schmutz,
Kehricht u. dgl. beigemischt wird.

Stettin hat, verglichen mit Antwerpen und Hamburg, für die
russische Getreideausfuhr eine geringere Bedeutung, da es sein
Getreide vorzugsweise aus den baltischen Häfen: Riga, Libau,
Reval und Petersburg bezieht (Weizen, Roggen und Hafer).

Die dortigen Auskünfte decken sich im großen und ganzen
mit den bereits mitgeteilten. Die Urteile über Riga lauten im
allgemeinen noch verhältnismäßig günstig, obgleich sein früher
unerschütterlich guter Ruf in den letzten Jahren sehr ins Schwanken
geraten sei. Die großen, alten, soliden Ausfuhrfirmen dieses alten
Getreidemarktes seien gezwungen, den kleinen, in großer Menge
neu auftretenden und wenig Vertrauen erweckenden Händlern und
Spekulanten mehr und mehr Platz zu machen, da sie dem unlauteren
Wettbewerb der letzteren die Spitze zu bieten kaum noch imstande seien. In noch weit höherem Grade gelte das von Libau,

Petersburg halte man zur Zeit für den einzigen Hafen, der
von dieser Seuche noch frei ist. Diese Tatsachen lassen sich
leider nicht bestreiten: der unsolide Handel ruiniert die Preise
des russischen Getreides, macht damit den soliden Handel allmählich tot und untergräbt so den früher guten Ruf der russisch-
baltischen Häfen.

Was nun endlich Berlin betrifft, so ist zunächst zu bemerken,
daß Berlin nach London der wichtigste Absatzmarkt für russisches
Getreide ist, der nicht nur mit den russischen Ostseehäfen, sondern
auch mit denen des Schwarzen Meeres im regsten Handelsverkehr
steht. Die berliner Händler wiesen unter anderem darauf hin,
daß die Beschaffenheit des russischen Getreides — insbesondere
in den letzten Jahren — gesunken sei, während welcher Zeit auch
die Gewissenhaftigkeit in der Lieferung viel zu wünschen übrig
läßt. Das russische Getreide, so führten die Berliner aus, übertrifft
in seinen natürlichen Eigenschaften die Getreidesorten aller übrigen
Länder, und doch wird das Geschäft mit Rußland immer schlechter
und schwerer, was durch die Verringerung der Zahl der soliden
Firmen, die Masse neu aufgetauchter Händler, die ohne bares
Kapital arbeiten und auf guten Ruf keinen Wert legen, und
schließlich durch das Mangelhafte der russischen Gesetzgebung
bewirkt wird.

v. Bodisko faßt die 4 Gutachten in folgende 5 Punkte zusammen: 1) Die russischen Getreidehändler sind gewissenlos,
2) sie tragen für ihre Handlungen weder eine zivilrechtliche noch
eine strafrechtliche Verantwortung, 3) die russischen Gesetze,
soweit sie sich auf den Handel beziehen, entsprechen nicht den
westeuropäischen, 4) man muß für die Nichteinhaltung der ein-
gegangenen Verträge strenge Strafen einführen und 5) man muß
die Gesetze und Handelsusancen in den russischen Ausfuhrplätzen
denen im Auslande entsprechend anpassen.

Anläufe zu dieser Besserung sind gemacht worden, auch in
Rußland von seiten einzelner Börsenausschüsse, aber das Übel
läßt sich nicht mit einem Male bannen. Der deutsch-niederländische Getreidevertrag verspricht zu einer Gesundung der
Verhältnisse wesentlich beizutragen.

Daß durch diese unsoliden Geschäftsgebahren der Handel
sehr leiden muß, liegt auf der Hand und man ist deshalb an
verschiedenen Plätzen bemüht gewesen, zu besseren Zuständen

zu gelangen. Laut den Platzgebräuchen von Nikolajew wurde festgesetzt, daß

        Weizen nicht mehr als 5 %

        Roggen „   „   „ 4 %

        Gerste „   „   „ 6 % (ev. 8 %)

        Hafer   „   „   „ 10 %

Besatz haben dürfen.

Vom 1. Dezember 1904 gibt das Börsenkomtiee an Verlader, die sich der Kontrolle unterwerfen, Bescheinigungen (Certifikate), die das verladene Gewicht, den perzentuellen Besatz und das Qualitätsgewicht der Ware bestätigen.

Man will sogar allen Geschäften, die in Städten, die Börsen haben, außer diesen geschlossen wurden, den Schutz der Gesetze entziehen, um den im russischen Getreidehandel eingerissenen Mißbräuchen ein für alle Mal ein Ende zu machen.

Aus der Sammlung der hauptsächlichsten Handelsgebräuche des Marktes in Rostow am Don, bestätigt durch das Börsenkomitee in der Sitzung ·vom 23. Januar 1901, teilen wir nach amtlichen Quellen folgendes mit:

§ 12. Die Geschäftsabschlüsse in Getreide werden nur nach Gewicht vollzogen, und zwar ist die Gewichtseinheit ein Pud (= 40 Pfund russ.).

§ 13. Die Usance, einen Fünfer zuzugeben, d. h. zu der gelieferten Ware eine Gewichtszulage von 5 Pfund für jede 50 Pud oder ein Pfund für jedes zehnpudige Tschetwert zu machen, ist für den Verkäufer in allen Fällen obligatorisch mit der Ausnahme, wenn die Ware „franko Barshe" oder aus den Speichern und aus dem Elevator in Noworossisk geliefert wird. Aus den Waggons oder von Fuhren entnommene Proben werden gewogen und kommen auf Rechnung der zu liefernden Ware.

§ 14. Die Preise werden stets ohne Sack für reines Gewicht berechnet.

§ 15. Das qualitative Gewicht oder die Natur des Getreides versteht sich in Pfunden für den Tschetwerik (Hohlmaß).

§ 21. Was die Reinheit des Getreides anbetrifft, so ist hinsichtlich der Höhe der Beimischungen folgende Norm eingeführt:

a) für Garnowka-Weizen bester Sorte werden drei Prozent nicht gleichartigen Weizens und zwei Prozent jeder anderen Beimischung zugelassen; für Garnowka-Weizen mittlerer Sorte sechs Prozent nicht gleichartigen Weizens und drei Prozent jeder anderen

Beimischung; für Winterweizen mittlerer Sorte zehn Prozent Girka, drei Prozent Garnowka, sechs Prozent Roggen und zwei Prozent anderer Beimischung; für Girka-Weizen mittlerer Sorte fünf Prozent nicht gleichartigen Weizens und zwei Prozent anderer Beimischung;

b) für Roggen sechs Prozent Weizenkörner und zwei Prozent anderer Beimischung;

c) für Gerste drei Prozent jeglichen Getreides und Unreinlichkeiten;

d) für Hafer fünf Prozent Gerste und Haferspelz und zwei Prozent anderer Beimischung.

§ 22. In den Fällen, wo das Natural-Gewicht dem kontraktmäßig bedungenen nicht entspricht, treten die nachstehenden Bestimmungen in Wirksamkeit:

a) Bei einer Differenz im Naturalgewicht bei Weizen jeder Gattung, Sorte und Qualität wird ein Preisabzug von einem Prozent für jedes fehlende Viertelpfund gemacht;

b) bei einer Differenz im Naturalgewicht bei Roggen wird ein Abzug von fünf Kopeken für jedes fehlende Viertelpfund gemacht;

c) die in Punkt a und b festgesetzten Abzüge werden bei einer Differenz von nicht mehr als einem Pfund gemacht; bei einer weiteren, größeren Differenz kommt ein doppelter Abzug in Anwendung;

d) eine Zuzahlung bei schwererem Naturalgewicht erfolgt in der Hälfte der in Punkt a und b angegebenen Höhe.

§ 23. In den Fällen, wo die Ware hinsichtlich ihrer Reinheit nicht der Abmachung entspricht, treten folgende Bestimmungen in Wirksamkeit:

a) Für Winterweizen, Girka und Garnowka wird für eine größere Beimischung als die abgemachte für jedes einzelne Prozent Schmutz oder Erde ein Preisabzug von einem Prozent berechnet, und jede zwei Prozent Beimischung von Roggen oder verschiedenen Weizen werden als ein Prozent Schmutz in Absatz gebracht;

b) Roggen wird ebenso wie Weizen berechnet, wobei für eine größere Beimischung von Weizen als abgemacht ein Viertel Prozent und für jede andere Beimischung ein Prozent vom Preise für jedes Beimischungsprozent in Abzug gebracht wird;

c) Gerste wird verkauft und abgerechnet auf Grund einer

dreiprozentigen Beimischung. Für eine drei Prozent übersteigende Beimischung werden Abzüge vom Preise gemacht, wie für Schmutz in Höhe von einem Prozent für jedes überschießende Prozent Beimischung.

Die im Ausfuhrhandel mit russischen Bodenerzeugnissen, namentlich mit Getreide, über verschiedene Mißbräuche laut gewordenen Klagen, hauptsächlich über nicht vertragsmäßige Lieferung und Verfälschung der Ware durch Beimischung von Fremdkörpern, haben die Vertreter des Handelsstandes in Odessa zu dem Versuche veranlaßt, durch eine bessere Organisation den Produktenhandel in solidere Bahnen zu lenken.

Zu diesem Zwecke ist von dem dortigen Börsenkomitee neben der bereits bestehenden Fondsbörse eine allgemeine Warenbörse, die den Schwerpunkt ihrer Tätigkeit auf die Regelung des Getreidehandels legen soll, ins Leben gerufen und am 15. August 1903 eröffnet worden. Sie wird von den am Börsenverkehr regelmäßig teilnehmenden Interessenten unterhalten und steht unter der Aufsicht der Handelsabteilung des Finanzministeriums, mit dessen Genehmigung folgende Hauptregeln festgesetzt worden sind. Nur die in der Börse, und zwar von Mitgliedern derselben, getroffenen Abmachungen genießen den Schutz des Börsenkomitees und seiner Organe. Zu diesem Zwecke müssen die Geschäftsabschlüsse in eigens dazu bestimmte Register von der hierzu befugten Person eingetragen werden. Die Preisnotierungen geschehen täglich von 11½ Uhr vor- bis 12½ Uhr nachmittags durch eine besondere Kommission. Die Warenproben werden täglich für die Börsenbesucher zur Ansicht ausgelegt. Die verkauften Partien Getreide müssen im Durchschnitt der dem Kaufgeschäft zugrunde gelegten Probe annähernd entsprechen (nach dem englischen „about as per sample"), wodurch die Eigenschaften, die die Ware aufweisen muß, um im Börsengeschäft lieferbar zu sein, annähernd festgestellt erscheinen. Die Festlegung dieser Eigenschaften ist insbesondere für Termingeschäfte von Wichtigkeit. Die Odessaer Warenbörse stellt nun für Zeitgeschäfte drei Arten von Abmachungen auf: 1) solche mit Angabe des Naturalgewichts, und zwar mit oder ohne Hinzufügung des Prozentsatzes fremder Beimischungen (Besatz); 2) solche mit Angabe der Klasse oder des Produktionsortes unter Hinzufügung des Prozentgehalts an Besatz; 3) solche mit Angabe der auf der Börse festgesetzten Standards.

Für das auszuführende Getreide werden nach Art der New-
yorker Produktenbörse gewisse am 20. jeden Monats (a. St.) von
einem eigens dazu eingerichteten analytischen Laboratorium festgestellte Standardtypen aller Getreidesorten mittlerer Qualität,
sowie Grundtypen für Weizen geschaffen, während eine besondere
Getreidekontrollkommission jede Ladung Getreide, welche ausgeführt werden soll, nach diesen Standardtypen klassifiziert und
sichtet. Auf diese Weise hofft man, den oben erwähnten Be-
schwerden der Einfuhrhändler russischen Getreides im Auslande
über vertragswidrige Lieferungen abzuhelfen.

Zur Beobachtung des Getreidehandels in den übrigen Teilen
Rußlands und im Auslande, sowie zur Bearbeitung des gesammelten
Materials ist im Börsengebäude ein Bureau errichtet worden.
Die Aufsicht über den Verkehr auf der Warenbörse soll von
angesehenen Ausfuhrhändlern am Orte derart ausgeübt werden,
daß immer einer von ihnen auf der Börse während der Geschäfts-
stunden (von 9 Uhr früh bis 1 Uhr nachmittags und von 3½ bis
5 Uhr nachmittags) anwesend ist. Zur Schlichtung von Streitigkeiten zwischen Mitgliedern der Börsengesellschaft ist eine Arbitragekommission berufen, die zugleich die Oberaufsicht über
die Geschäftsabschlüsse, Verschiffungen usw. zu führen und den
Interessenten Schutz und Beistand zu gewähren hat.

Die bei der Odessaer Börse eingerichtete Inspektion zur
Untersuchung des über Odessa zur Ausfuhr gelangenden Getreides
hat in den ersten beiden Monaten ihres Bestehens 5500 Proben
den Kornladungen entnommen und ebensoviel Untersuchungen
angestellt. Auf Grund der letzteren wurde der durchschnittliche
Prozentualgehalt an fremden Beimischungen bei Weizen auf $5_{,04}$ %
festgestellt, bei Roggen auf $5_{,5}$ %, Gerste auf $4_{,1}$ % und Hafer
auf $6_{,8}$ %. Für Mais ist der Prozentsatz der Verunreinigung nicht
ermittelt worden. Infolge der Verschiedenheit der auf dem
Odessaer Markt verkehrenden Weizensorten hat die Getreide-
inspektion von der Aufstellung eines Wertmaßstabs für Weizen
Abstand genommen, dagegen für die übrigen Getreidegattungen
solche Maßstäbe festgelegt. Die Bedeutung der letzteren liegt
nicht darin, daß sie den Grad der Verunreinigung angeben,
sondern darin, daß der ausländische Käufer nunmehr ganz bestimmt weiß, welche durchschnittliche Qualität er in gegebenem
Zeitpunkte auf dem odessaer Markte erhalten kann. Die ausländischen Märkte pflegten bisher eigene Wertmaßstäbe auf Grund

der aus Odessa erhaltenen Proben aufzustellen. Dieses Verfahren hatte für die odessaer Händler vielfach unvorteilhafte Abschlüsse zur Folge.

Der Odessaer Börsenausschuß hat bezüglich der Aufstellung der Wertmaßstäbe für Roggen, Gerste und Hafer den 9 größten ausländischen Getreidebörsen (Hamburg, Genua, Marseille, Hull, Liverpool, London, Antwerpen, Rotterdam und Paris) Mitteilung gemacht und sie aufgefordert, vom 1. November 1904 diese Maßstäbe zur Richtschnur zu nehmen. Gleichzeitig haben 30 odessaer Getreidefirmen, die fast die ganze östliche Ausfuhr beherrschen, ihre ausländischen Agenten benachrichtigt, daß sie vom 1. November ab alle Abschlüsse mit auswärtigen Käufern ausschließlich auf Grund des odessaer Maßstabs machen sollen, und zwar mit der Maßgabe, daß der Anspruch auf Vergütung (Bonifikation) erst beginnt, wenn die Beimischung um 1 % die im Maßstabe vorgesehene übersteigt.

Die Londoner Börse hat sich bereits entschieden dagegen ausgesprochen und erklärt, daß sie auch fernerhin an ihren eigenen Wertmaßstäben festhalten werde. Auch die übrigen ausländischen Märkte haben daraufhin zwar weniger bestimmt, jedoch nicht weniger ausweichend geantwortet.

Qualitätsbestimmung. Im Norden steht die holländische Probe in Verwendung, im Süden die russische Probe. Man ist dabei, die Qualitätsbestimmung für 1 Liter in Grammen einzuführen.

Usance-Ware kennt man in Rußland nicht, es werden von Zeit zu Zeit Durchschnitts-Qualitätsgewichte festgesetzt.

Die Einführung von Stand-Mustern für den Ausfuhrhandel scheiterte an dem Widerstand mancher Einfuhrländer.

Sorten. Die russischen Getreidesorten sind sehr mannigfaltig. Der landwirtschaftliche Sachverständige der deutschen Gesandtschaft berichtet über die Weizensorten des Schwarzerdegebietes:

Die im Schwarzerdegebiet zum Anbau kommenden Weizensorten lassen sich nur sehr schwer bestimmen. In dieser Beziehung herrscht ein Durcheinander vor, wie es in diesem Umfange schwerlich in einem anderen Lande noch einmal vorkommen dürfte. Englische Sorten haben von Polen aus im Südwesten Eingang gefunden, mit ihnen zugleich ungarische Arten. Außer der örtlichen Sorte hat dann der russische Osten weitere einheimische Weizen dem Südwesten geliefert. Die vielen Kreuzungen

Der Weltgetreidehandel.   12

auseinanderzuhalten ist somit in diesem letzteren Bezirke fast unmöglich.

Der Südwesten liefert Weizen von hoher Qualität, fast immer sehr feinschalig, dabei von gutem Gewichte und Kleberreichtum. Von größter Wichtigkeit ist die Frühreife, die für Wintersorten unbedingt verlangt werden muß.

Von ungarischen Weizen sind stark eingebürgert Banat-, auch Theißsorten. Dem Banat wirft man vor, daß er zu leicht auswintere.

Im übrigen werden lauter einheimische russische Sorten gebaut, mit Ausnahme des ägyptischen Weizens, der, von den früheren Hohenlohe'schen Besitzungen aus sich verbreitend, sich mancherorts eingebürgert hat.

Wenn es trotz der verschiedensten Arbeiten auf dem Gebiete der Sortenunterscheidung für dies Gebiet noch wenig Klarheit zu geben scheint, so muß das nicht zum geringsten Teile damit erklärt werden, daß die regelrechte Bereitung des Saatgutes noch heute zu einer Ausnahme gehört.

Sind auch namentlich in Zuckerrübengebieten große Fortschritte gemacht worden, so bleibt doch auch hier die Mannigfaltigkeit der gewählten Sorten als Hemmnis bestehen. Durch sie und durch Einbürgerung entstehen neue Kreuzungen, die Bestimmungen früherer Jahre verlieren ihre Gültigkeit.

Sicher ist, daß das russische Weizengebiet unter diesen Verhältnissen leidet. Während die sichersten und ertragreichsten Sorten weder genau festgestellt, noch zielbewußt verbessert werden können, wird der Marktwert durch die unsichere Bezeichnung geschwächt. Daß diese unbefriedigende Lage ihre Schatten auf den gesamten Weltmarkt wirft und oft genug unverständlichen Preisdruck fördert, ist unzweifelhaft.

Alle Anstrengungen, diese Verhältnisse zu ändern, auch die staatlichen, leiden unter der Größe des Reichs, den verschiedenartigen Verhältnissen und nicht zuletzt unter dem geringen Bildungsgrade der Masse.

Im allgemeinen unterscheidet man von Weizen:

Arnautka oder *Garnowka,* stahliger Sommer-(Hart-)Weizen von fast glasigem Bruche, der vorzüglich zur Herstellung von Teigwaren (Nudeln, Makkaroni) verwendet wird.

Azima (Osima), roter Winterweizen.

Girka (Ghirka), kleinkörniger Sommer-(Rot-)Weizen in den besten Sorten von hohem Qualitätsgewicht.

Kubanka, ein glasiger Hartweizen, nur für Teigwaren, nicht für Backzwecke, geeignet; er war deshalb von der Lieferbarkeit an der Berliner Börse ausgeschlossen.

Sandomirka, eine Abart des polnischen Weizens, durch Vernachlässigung sehr zurückgegangen, eigentlich ein weicher, mehliger Weißweizen, ist nur noch wenig begehrt.

Ulka (Oulka), großkörniger Sommerweizen mit reichem Ertrag, aber nicht so kleberreich wie Girka.

Die einzelnen Sorten werden auch noch außerdem mit dem Verschiffungshafen bezeichnet z. B. Ulka, Nikolajew, Girka, Berdiansk usw.

Im besonderen nennen die Kurszettel (Preislisten) folgende Sorten:

Winterweizen I. Qualität, Ulka Frühjahrsweizen I. und II. Qualität, Kiewer Winterweizen I. Qualität, Bessarabischer Winterweizen mittlerer Qualität, Podolischer Winterweizen I. und II. Qualität, Ulka-Podolischer Frühjahrsweizen, Ulka-Dnieper Frühjahrsweizen, Ulka-Cherson-Frühjahrsweizen, weißer Sandomirka-Weizen, harter Weizen I. und II. Qualität, roter Winterweizen I. und II. Qualität, gelber Winterweizen I. und II. Qualität, harter Weizen gewöhnlich, gewöhnlicher Winterweizen I., II. und III. Qualität, Girka-Frühjahrsweizen I. und II. Qualität, Don-Frühjahrsweizen I. und II. Qualität, Voronege Frühjahrsweizen I. und II. Qualität, Kaukasischer Winterweizen I. und II. Qualität aus dem Norden, Kaukasischer Winterweizen I. und II. Qualität aus dem Süden, Kaukasischer Winterweizen I. und II. Qualität aus dem Gebirge, weißer Weizen aus dem Kaukasus, harter Beloturka Weizen, Saxonska-Frühjahrsweizen, Ural-Weizen, Sibirischer Weizen.

Roggen (Korn).

Korn I. und II. Qualität, Don-Korn, Kaukasisches Korn aus dem Norden, Kaukasisches Korn aus dem Süden, Kama-Korn, Wolga-Korn, Uralisches Korn, Uralisches Korn getrocknet, Sibirisches Korn, Kurländisches Korn.

Gerste.

Futtergerste Kertsch, Nikolajew usw. Häfen, Braugerste Kertsch, Nikolajew usw. Häfen, schwere Gerste Kertsch, Nikolajew usw. Häfen, gewöhnliche Gerste Kertsch, Nikolajew usw. Häfen, Kaukasische Gerste, Sibirische Gerste.

12*

Hafer.

Weißer Hafer Kertsch, Odessa usw. Häfen, schwarzer Hafer Kertsch, Odessa usw. Häfen, Hafer I., II. und III. Qualität Kertsch, Odessa usw. Häfen, gewählter Hafer, Hafer Mercantil Qualität, Don-Hafer, Wolga-Hafer, Hafer aus den deutschen Ansiedlungen, Hafer getrocknet aus den deutschen Ansiedlungen, Uralischer Hafer I. und II. Qualität und getrocknet, Kaukasischer Hafer, Sibirischer Hafer gewöhnlich, II. und III. Qualität, Kurländischer Hafer.

Mais.

Cinquantin-Mais, Bessarabischer Mais, weißer Mais aus dem Kaukasus, gelber Mais aus dem Kaukasus, Gebirgs-Mais, Mingrelischer Mais, Pferdezahn-Mais.

Ungarn.

Ungarn ist ein Ackerbaustaat im vollsten Sinne des Wortes. Die dem Getreidebau gewidmete Fläche ist noch im Steigen begriffen.

Folgende Ziffern mögen einen Begriff von der Anbaufläche, den Ernteerträgnissen mehrerer Jahre und dem Durchschnittsbedarfe geben:

Anbaufläche in 1000 Hektar.

Jahr	Weizen	Roggen und Spelz	Gerste	Hafer	Mais
1890	2 979	1 089	1 007	993·	1 932
1891	3 012	1 037	1 043	1 007	2 012
1892	3 064	1 109	1 043	1 004	2 089
1893	3 278	1 234	1 046	970	2 049
1894	3 204	1 116	1 056	986	2 022
1895	3 133	1 044	1 010	962	2 148
1896	3 126	1 046	1 010	938	2 082
1897	2 780	1 001	946	897	1 988
1898	3 057	1 016	975	947	2 114
1901	3 317	1 048	1 013	982	2 199
1902	3 560	1 264	1 060	1 069	2 551
1903	3 761	1 221	1 118	1 029	?
1904	3 664	1 175	1 064	953	?

Erntemenge in 1000 dz.

Jahr	Weizen	Roggen	Gerste	Hafer	Mais
1890	40 638	12 637	12 018	8 205	23 220
1891	30 230	9 405	12 445	9 995	37 851
1892	39 129	11 708	11 789	9 613	30 216
1893	43 712	14 095	14 099	10 553	34 834
1894	39 623	13 954	13 113	10 877	17 804
1895	44 441	11 402	11 865	10 509	37 094
1896	41 271	12 226	13 284	10 841	33 339
1897	22 065	8 625	9 150	7 992	26 394
1898	34 898	10 871	12 483	11 424	32 357
1899	39 500	11 200	12 500	12 200	?
1900	37 500	10 600	11 500	11 800	?
1901	33 728	10 385	10 901	9 882	32 358
1902	49 777	14 996	14 285	12 934	30 444
1903	44 077	12 029	14 060	12 676	34 482
1904	37 306	10 146	10 867	9 000	15 088

Die Ernte findet im Juli / August statt.

Von den Getreidearten ist an erster Stelle der W e i z e n zu erwähnen. Er wird zumeist zwischen der Theiß und der Maros, ferner auf der großen ungarischen Ebene (Alföld), die sich zwischen der Donau und der Theiß erstreckt, angebaut; R o g g e n gedeiht in Siebenbürgen, in den Komitaten längs der Donau, in den Komitaten, die sandigen Boden haben, in der kleinen ungarischen Ebene (die Komitate: Nyitra (Neutra), Pozsony (Pressburg), Esztergom (Gran), ferner Turócz und Nógrád. G e r s t e baut man in den Komitaten Pozsony, Nyitra, Bars, Hont. H a f e r bauen die im Halbkreise der Karpathen liegenden Komitate an (Arva, Liptó, Zólyom, Szepes, Sáros usw.), aber auch in der Bácska ist der Anbau des Hafers ein sehr großer (das Doppelte Kroatien-Slavoniens). M a i s wird viel in den kroatisch-slavonischen Komitaten, sowie in dem südöstlichen und östlichen Teile Ungarns angebaut. Im Norden ist diese Pflanze eine Seltenheit.

Ungarn bildete von 1850—1869*) die Kornkammer Europas.

---

*) Mit Ausnahme des Hungerjahres 1863.

Vor dieser Zeit blieb der Ertrag der Ernten im Lande, denn auf der Donau gab es noch keinen Schiffsverkehr, der dem Getreidehandel dienen konnte, und nur in Jahren eines besonders großen Bedarfes kam ungarisches Getreide zur Ausfuhr nach Östreich.

In dem eingangs erwähnten Zeitabschnitte aber entwickelte sich der Verkehr auf der Donau, in den Ländern Westeuropas gewann der Freihandel die Oberhand, Rußlands Ausfuhr war durch den Krimkrieg unterbunden, Nordamerika war im Bürgerkrieg verwickelt und so begann eine lebhafte Ausfuhr ungarischen Getreides.

Doch mit der Eröffnung des Suezkanals in 1869, machte sich bereits die Konkurrenz Ostindiens auf dem Weltmarkte fühlbar, 1870 begann eine Reihe von Mißernten, 1873 stieg die Ausfuhr Nordamerikas sehr bedeutend und die Ausfuhr Ungarns wurde lahm gelegt. Einige Jahre später lebte diese wieder auf, da der Anbau von Getreide eine Vergrößerung erfuhr, und erreichte die Ausfuhr in den Jahren 1882—1883 und 1888—1889 ihren Höhepunkt.

Doch nicht nur mit der Verwertung der ungarischen Ernte befaßte sich der ungarische Getreidehandel, auch der Verkauf der Ernte der sich entwickelnden Balkanländer war in seine Hände gelegt.

Heute haben diese Länder ihre eigenen Handelseinrichtungen, sie stehen mit den Märkten des Westens in unmittelbarer Verbindung und können daher der Vermittelung des budapester Platzes entraten.

Die Ausfuhr des ungarischen Getreides beschränkt sich heute auf Östreich, die Ausfuhr von Gerste nach Bayern und über Fiume nach England, Holland und Belgien.

Die Beziehungen Ungarns zu Deutschland hinsichtlich der Getreideeinfuhr haben eine ganz bedeutende Wandlung erfahren, was durch folgende Ziffern grell beleuchtet wird:

1879 Ausfuhr Ungarns nach Deutschland 3 167 626 dz Weizen
1903 „ „ „ „ 38 782 „ „

Auf die Aus- und Einfuhr im allgemeinen beziehen sich folgende Zahlen:

	Ausfuhr			Einfuhr*)	
	1904	1903	1902	1904	1903
			Doppelzentner		
Weizen	3 963 325	5 237 022	5 220 494	1 378 057	220 436
Roggen	2 054 522	2 978 825	2 735 317	21 805	6 063
Gerste	2 622 118	4 107 341	3 687 555	366 829	111 236
Hafer	2 062 478	2 262 371	2 098 639	154 475	120 541
Mais	2 337 058	2 554 504	4 160 187	1 090 193	1 003 442

Die Ausfuhr nach dem Auslande wird, wie bereits erwähnt, über Fiume, dem einzigen Handelshafen Ungarns, abgewickelt. Nach Deutschland und der Schweiz wird der Donau-Wasserweg über Pozsony (Pressburg) als Ausgangsstelle genommen.

Der Hauptsitz des ungarischen Getreidehandels ist Budapest, für die jenseits der Donau gelegenen Gebiete waren seit jeher Moson (Wieselburg) und Györ (Raab) die bedeutendsten Märkte. Im Banat und auf der großen Ebene konzentriert sich der Getreidehandel in den Städten Nagy-Becskerek (Großbecskerek), Czegléd, Mezötur, Temesvár (das früher nebst Budapest auch ein Getreidehandel-Schiedsgericht hatte), Arad, ferner Szabadka (Maria-Theresiopel) und Szeged (Szegedin). Ferner Debreczen, Szarvas, Szolnok und Nyiregyháza.**)

Die nordungarischen Komitate (unter dem Namen Slovakei bekannt) und jene der kleinen ungarischen Ebene haben ihren Absatz zumeist nach Wien.

Der ungarische Getreidehandel kann in zwei Klassen geteilt werden, in Eigen-(Propre-)Handel und in Kommissions-Handel. Die erste Klasse umfaßt auch die kleinen Getreidehändler, die die Erzeugung der kleinen Landwirte aufkaufen, einlagern und an die großen Getreidefirmen abliefern. An besonders wichtigen Punkten des Getreidebaues unterhält der Großhandel Einkaufsstationen. Der Großhandel befaßt sich mit der Versorgung der Mühlen und der Ausfuhr.

---

*) Die Weizeneinfuhr aus Serbien und Rumänien geschah zumeist aus spekulativen Gründen: zum Weiterverkauf nach Deutschland. Mais wurde aus Argentinien eingeführt, doch nur zu Futter- und industriellem Zwecke.

**) Für den örtlichen Handel und für den Durchgangsverkehr kommen folgende Orte in Betracht, die auch öffentliche Lagerhäuser für den Getreideverkehr haben:

Barcs, Békéscsaba, Beszterczebánya, Csáktornya, Kassa, Kaposvár: Kisvárde, Kolozsvár, Miskolcz, Nagyvárad, Nagykanizsa, Nyitra. Pozsony (Pressburg), Sziszek, Zágráb (Agram), Zimony (Semlin).

Die Versorgung der Mühlen wird ihm von den Kommissionären streitig gemacht, die den Verkauf des Getreides der großen Güter vermitteln.

In letzter Zeit aber leidet der gesamte Getreidehandel unter den von der Regierung weitgehend unterstützten Kornhaus- und Verwertungsgenossenschaften.

Gegen den Terminhandel wurden auch schon mehrere Ausfälle seitens der Landwirte gemacht, denen es aber bislang noch nicht gelungen ist, jenes Ergebnis herbeizuführen, das in Deutschland und Östreich so traurige Folgen für den Handel hatte. — Nur die Aufhebung des Mahlverkehrs haben sie zum Schaden des einst blühenden Mühlengewerbes durchgesetzt.

Der Terminhandel an der Budapester Waren- und Effektenbörse ist besonders seit seinem Aufhören in Wien ein bedeutender geworden, was auch eine Belebung des Marktes in greifbarer (effektiver) Ware zur Folge hatte, denn viele wiener Firmen eröffneten in letzter Zeit Zweigniederlassungen am budapester Platze.

Im Folgenden wollen wir die Platzgebräuche für das Effektiv- und Termingeschäft behandeln:

Effektivgeschäft. Die Börsenusancen für den Handel in Getreide finden auch auf jene Geschäfte in Getreide Anwendung, die außerhalb der Budapester Waren- und Effektenbörse mit Berufung auf die Usancen dieser Börse*) abgeschlossen werden.

Menge (Quantum). Wurde die Menge der verkauften Ware im Vertrage mit dem Beisatze „circa" bezeichnet, so kann der Verkäufer höchstens 5 % der bezeichneten Menge mehr oder weniger liefern. In allen anderen Fällen kann das Mehr oder Weniger (Plus oder Minus) 2 % der verkauften Menge, oder des zur Übergabe gelangenden Postens (Partie) nicht übersteigen.

Der Käufer kann von dem Verkäufer die Verrechnung der mehr oder weniger gelieferten Menge auf Grund der am Erfüllungstage bestehenden Tagespreise fordern.

Unter Waggonladung ohne nähere Bezeichnung sind 100 metrische Zentner (à 100 kg) zu verstehen.

Preis. Beim Kauf und Verkauf von Getreide ist 100 kg

---

*) Gültig ab 1. Januar 1905!

die G e w i c h t s e i n h e i t. Die Preise verstehen sich für Nettogewicht, ohne Sack in Kronen gegen Barzahlung (netto Kasse) oder
3 Monate Ziel.

Qualität. Unter u n g a r i s c h e m G e t r e i d e versteht man
Getreide, das in den Ländern der ungarischen Krone gebaut wurde.
Ware besserer Qualität, als vertragsmäßig bedungen wurde,
kann nicht zurückgewiesen werden. Haben jedoch die Parteien
vereinbart, daß die Ware von einer bestimmten Produktionsgegend zu liefern ist, so ist selbst bessere Ware, die von einer
anderen Produktionsgegend stammt, von der Lieferung ausgeschlossen.

M u s t e r. Beim Verkauf nach Muster ist das Muster auf Verlangen einer Partei immer mit dem Siegel des Verkäufers oder
mit einem amtlichen Siegel verschlossen dem Käufer zu übergeben.

Erfolgte der Verkauf auf Grund eines Typenmusters, so muß
die Ware hinsichtlich ihres allgemeinen Charakters dem Muster
entsprechen. Wegen unerheblicher Abweichungen kann kein Ein-
wand erhoben werden.

A u s g e s c h l o s s e n e W a r e. Es kann Getreide nicht geliefert werden, das nicht gesund ist, dem kaufmännischen Gebrauche gemäß nicht entsprechend gereutert ist, nicht aus der
letzten Ernte (Fechsung) stammt oder das mit Ware früherer Ernte
gemischt ist.

N i c h t g e s u n d ist Getreide, das dumpfig, nicht trocken, ganz
oder teilweise erhitzt, wesentlich wippelig ist oder in bedeutender
Menge von der Wippel (Kornwurm) angefressene, schimmlige
oder verdorbene Körner enthält. Es ist auch jener Weizen nicht
gesund, der spitzbrandig ist.

D e r W e i z e n kann nicht geliefert werden: a) wenn er laut
Gewicht mehr als 2 % Beisatz hat (Brand oder fremde Körnersorten), b) wenn er der Körneranzahl nach, sei es besonders oder
auch zusammen, mehr als $\frac{1}{2}$ % Kubankaweizen, harten Weizen
(blè dur) oder weißen Weizen enthält oder c) wenn er der
Körneranzahl nach mehr als 1 % gekeimte Körner enthält.

R o g g e n ist nicht lieferbar: a) wenn er dem Gewichte nach
mehr als 2 % Beisatz hat (Brand oder fremde Körnersorten),
b) wenn er der Körneranzahl nach mehr als 3 % Weizen oder
c) wenn er der Körneranzahl nach mehr als 1 % gekeimte Körner
enthält oder d) wenn er mit künstlich getrocknetem Roggen gemischt ist. Enos-Roggen kann nicht geliefert werden. Mutterkorn

wird nicht zum Beisatze gerechnet und darf in den zum Gegenstand der Lieferung gehörigen Roggen nur in so geringer Menge vorkommen, daß sie selbst bei sorgsamer landwirtschaftlicher Zurichtung nicht zu entfernen sind.

Hafer kann nicht geliefert werden: a) wenn er dem Gewichte nach mehr als 3 % Beisatz (Brand oder fremde Körnersorten) hat, oder b) wenn er nach Körneranzahl mehr als 2 % Gerste enthält, c) wenn er nach der Anzahl der Körner mehr als 3 % gekeimte Körner aufweist. Wenn das Gewicht des aus Brand und fremden Körnersorten bestehenden Beisatzes mehr als $2\frac{1}{4}$ % ausmacht, so besteht für den Verkäufer eine Wertersatzpflicht, die bis $2\frac{1}{4}$ % (inkl.) $\frac{1}{2}$ % über $2\frac{1}{4}$ % bis 3 % (inkl.) $1\frac{1}{2}$ % beträgt. Schwarzer Hafer ist nicht lieferbar.

Gerste kann nicht geliefert werden: a) wenn sie nach Gewicht mehr als 3 % Beisatz (Brand oder fremde Körnersorten) hat, b) wenn sie der Anzahl nach mehr als 1 % gekeimte Körner hat.

Unter den erwähnten fremden Körnersorten sind solche Körner zu verstehen, die in den Ländern der ungarischen Krone mit den betreffenden Getreidesorten zusammen zu wachsen pflegen.

Von Mais kann nicht geliefert werden: a) Cinquantin-Mais, b) degenerierter Cinquantin-Mais, c) weißer Mais, d) Zigeuner-Mais, e) solcher Mais, der der Körneranzahl nach von den sub a), b), c) und d) aufgezählten Maissorten, einzeln oder zusammen, mehr als 8 % enthält.

Cinquantin-Mais darf höchstens 3 % degenerierten Cinquantin-Mais, andere Maissorten aber überhaupt nicht enthalten.

Besondere Qualitäten. Wer Getreide verkauft, das nicht aus der letzten Ernte (Fechsung) stammt oder mit Ware früherer Ernte (Fechsung) gemischt ist, oder mit ausländischem Getreide gemischt ist, hat diese Umstände selbst bei Verkäufen laut Muster oder mit Besichtigung der Ware, vor Abschluß des Geschäfts dem Käufer zur Kenntnis zu bringen.

Übergabe. Die Übergabe der aus dem Zollauslande gelieferten Getreidesorten kann der Käufer sowohl verzollt als auch unverzollt fordern. Im letzteren Falle ist der Verkäufer verpflichtet, dem Käufer den Zoll und die Spesen der Verzollung in Barem zu vergüten.

Vergütungen. Wenn das Qualitätsgewicht des Weizens und des Roggens dem Vertrage (Kontrakte) nicht entspricht, so kann

der Käufer sowohl den Weizen als auch den Roggen bei einem
Mindergewicht (Gewichtsmanko), das größer als 1 kg ist, zurückweisen. Wenn das Mindergewicht (Manko) nur 1 kg oder weniger
beträgt, so ist der Weizen und der Roggen zu überrechnen und
sind bezüglich der Wertvergütung folgende Bestimmungen
maßgebend: a) Wenn die vertragsmäßig (kontraktlich) vereinbarte
Qualität des Weizens 76 kg oder weniger ist und bei der gelieferten Ware, vom Qualitätsgewichte auf 1 Hektoliter mehr als
15 Dekagramm nicht fehlt, so findet keine Vergütung statt;
wenn aber auf 1 hl das Mindergewicht (Manko) über

15 Dkg.	bis	25	Dkg.	(inkl.)	ausmacht,	so sind	0.35 %
25	„	„	40	„	„	„	„	„	0.55 %
40	„	„	55	„	„	„	„	„	0.80 %
55	„	„	70	„	„	„	„	„	1.15 %
70	„	„	85	„	„	„	„	„	1.55 %
85	„	„	100	„	„	„	„	„	2.00 %

dem Käufer zu vergüten. b) Wenn das vertragsmäßig (kontraktlich)
vereinbarte Qualitätsgewicht 76 kg oder mehr zu sein hat und
bei der gelieferten Ware auf 1 Hektoliter nicht mehr als 10 Dkg.
fehlen, so findet keine Vergütung statt; wenn aber das Mindergewicht (Manko) auf 1 Hektoliter

10 Dkg.	bis	25	Dkg.	(inkl.)	ausmacht,	so sind	0.25 %
25	„	„	40	„	„	„	„	„	0.40 %
40	„	„	55	„	„	„	„	„	0.60 %
55	„	„	70	„	„	„	„	„	0.85 %
70	„	„	85	„	„	„	„	„	1.15 %
85	„	„	100	„	„	„	„	„	1.50 %

dem Käufer zu vergüten. c) Wenn bei Roggen das Qualitätsmindergewicht (Manko) auf 1 Hektoliter 25 Dkg. nicht übersteigt,
so findet keine Vergütung statt; wenn aber das Mindergewicht
(Manko) auf 1 Hektoliter

25 Dkg.	bis	50	Dkg.	(inkl.)	ausmacht,	so sind	0.5 %
50	„	„	70	„	„	„	„	„	0.7 %
75	„	„	100	„	„	„	„	„	1.0 %

dem Käufer zu vergüten.

Die in den vorhergehenden Abschnitten festgesetzten
Wertvergütungen sind vom Kaufpreise durch Abzüge auszugleichen.

Mindest- und Höchstgewicht (Minimal- und Maximal-
gewicht). Wenn der Verkäufer das im Vertrage (Kontrakte)

festgesetzte Qualitätsgewicht als Mindest-(Minimal)gewicht gewährleistet (garantiert), so muß die gelieferte Ware dieses vollkommen
erreichen, weil der Käufer die Ware sonst zurückweisen kann.
Wenn im Vertrage (Kontrakte) das Qualitätsgewicht zwischen zwei
Grenzen festgesetzt (fixiert) wurde, so ist das kleinere Gewicht als
das gewährleistete (garantierte) Mindest-(Minimal-)Qualitätsgewicht
zu betrachten.

Zurückweisung. Der Käufer kann die Übernahme der
Ware verweigern, wenn ein (welcher) Teil der zur Lieferung
vorgewiesenen Ware (ausgenommen das Gefegsel) der vertragsmäßig (kontraktlich) vereinbarten Qualität gegenüber einen
bedeutenden Minderwert aufweist; selbst bei Verkäufen mit
ausdrücklich vereinbarter Durchschnittsqualität, wenn der Minderwert 3 % übersteigt.

Falls die zur Lieferung gelangende Ware hinsichtlich des
Zusatzes oder der Reuterung, sei es zusammen oder einzeln
(kumulativ oder separat) blos bezüglich eines dieser Mängel
den Börsenusancen nicht entspricht, so kann ihre Übernahme
nicht verweigert werden, wenn der aus dieser Abweichung
entspringende und durch die Börsen-Sachverständigen-Kommission
festgestellte gesamte Minderwert 1 % nicht übersteigt.

Solchen Weizen, dessen Beisatz beim Verkauf in Gewichtsprozenten besonders bezeichnet wurde, muß man im Falle eines
Mehrbeisatzes nur dann übernehmen, wenn dieses Mehr (Plus)
zwei Gewichtsprozente nicht überschreitet. In diesem Falle kann
der Käufer 75 % des Plus des tatsächlichen Gewichtsbeisatzes
vom Gesamtgewichte der übernommenen Ware abziehen.

Terminhandel.

Terminschlüsse lauten bei Weizen, Hafer und Mais über
eintausend, bei Roggen und Gerste über fünfhundert metrische
Zentner.

Usancegewicht. Das Qualitätsgewicht beträgt für 1
Hektoliter: bei Weizen 76 kg, bei Roggen 71 kg, bei Gerste
61 kg, bei Hafer 40 kg.

Solcher Weizen, dessen Qualitätsgewicht 75.5 kg nicht erreicht,
kann nicht geliefert werden. Solcher Weizen, dessen Qualitätsgewicht 75 5 kg erreicht oder übersteigt, ist zu übernehmen,
doch hat der Lieferant eine Vergütung zu leisten, die bei einem
Mindergewicht (Manko) bis 25 Dkg. ¼ %, bei einem größeren

Mindergewicht (Manko) als 25 Dkg. 1 % ausmacht. Das oben-
erwähnte Qualitätsgewicht müssen die Getreidemengen bei jeder
einzelnen Abwage erreichen, d. h. das Qualitätsgewicht ist nicht
aus dem Durchschnitt der bei den einzelnen Abwagen gefundenen
Gewichte festzustellen (zu konstatieren).

Wenn das Qualitätsgewicht des ungarischen Weizens 76 kg
übersteigt und der Verkäufer das höhere Qualitätsgewicht gelegentlich der Vorlegung dem Übernehmer zur Kenntnis bringt,
so hat dieser für das Mehrgewicht für 1 volles Kilogramm bis
inkl. 79 kg dem Übergeber, bei Berücksichtigung der Gewichts-
basis von 100 kg, 10 Heller aufzuzahlen.

Der Lieferer kann die Ware an zwei Stellen aber in
mehreren Posten (Partien) verlegen.

Das Qualitätsgewicht der einzelnen Posten (Partien) ist besonders festzustellen und dient als Grundlage (Basis) der Aufzahlung
der Durchschnitt der ausgeführten Abwagen.

Wenn man gelegentlich der Abwage auf Weizen stößt, dessen
Qualitätsgewicht die 76 kg nicht erreicht, so hat keine Aufzahlung
stattzufinden. Wenn die Differenzen zwischen den Abwagen
1 kg übersteigen, so hat eine Aufzahlung nur dann stattzufinden,
wenn der Verkäufer dem Übernehmer für Manipulationsspesen
10 Heller für 1 dz vergütet. Eine solche Vergütung hat nicht
zu geschehen, wenn das festgesetzte (konstatierte) kleinste Gewicht
jenes Qualitätsgewicht übersteigt, auf dessen Grundlage (Basis) die
Aufzahlung verlangt werden kann. Weizen mit mehr als 79 kg
Qualitätsgewicht wird als Weizen von 79 kg betrachtet.

Die Abrechnung und Kündigung der Termingeschäfte erfolgt
im Sinne der Abrechnungsordnung des unter der Leitung der
Budapester Giro- und Kassenverein-Aktiengesellschaft stehenden
Abrechnungs-Bureaus.

Die Kündigungsfrist beträgt fünf Tage. Der Tag der
Kündigung und der Erfüllung muß in den Lieferungsmonat fallen.

Nur in Budapest liegende Ware kann gekündigt werden.

Sobald der Verkäufer den Kündigungsbrief erhält, hat er die
Ware zur Vorlage bereit zu halten und dem Käufer zu gestatten,
daß er die Ware ganz genau besichtige; auf Wunsch hat er ein
Muster von 1 kg unentgeltlich (gratis) auszufolgen. — Wird die
Ware nicht rechtzeitig vorgelegt, so zahlt der Verkäufer eine
Strafe von 1 % des Abrechnungswertes

Wenn der Käufer die Ware nicht besichtigt und nicht bemängelt, so hat er 15 % davon zu übernehmen, bevor er neue Bemängelungen machen kann. Täglich sind 500 dz zu übernehmen.

Im Falle eines Verzuges kann der Ersatz des entstandenen Schadens gefordert werden. Die Ware kann auch für Rechnung der säumigen Partei verkauft resp. gekauft werden und sind etwaige Preisunterschiede (eventuelle Differenzen), die aus solchen Zwangsverkäufen resp. Deckungskäufen entstehen, zu vergüten. Überschüsse gebühren jedoch der säumigen Partei.

Die vertragstreue Partei (Kontrahent) macht der säumigen Partei (Kontrahenten) Anzeige, welches Recht sie in Anspruch nehmen will. Sie kann dies unmittelbar (direkt) tun oder auch im Wege des Protestes, den sie durch das Börsen-Sekretariat erhebt.

Die vorzügliche Qualität des ungarischen Getreides, insbesondere des Weizens und der Gerste sind allbekannte Tatsachen.

Der Weizen erreicht oft ein Qualitätsgewicht von 83 kg für 1 hl. Das Durchschnittsgewicht im Jahre 1902 war 76.70 kg, 1903 77.53 kg und 1904 79.50 kg für 1 hl.

	1902	1903	1904	
Roggen	71.60	71.50	73.20 kg	
Gerste	65.30	65.50	65.90 „	für 1 hl.
Hafer	45.80	46.20	45.60 „	

Die amtlichen Getreidenotierungen der Budapester Kornhalle sind für 100 Kilo Weizen:

Theiß-:			Weißenburger:		
77 Kg. K.	19.45—19.65		77 Kg. K.	19.45—19.65	
78 „ „	19.65—19.85		78 „ „	19.55—19.75	
79 „ „	19.75—19.95		79 „ „	19.65—19.85	
80 „ „	19.85—20.15		80 „ „	19.75—20.05	
81 „ „	20.15—20.35		81 „ „	—.——.—	

Banater:			Bácskáer:		
77 Kg. K.	19.25—19.45		76 Kg. K.	19.45—19.65	
78 „ „	19.35—19.65		77 „ „	19.75—19.85	
79 „ „	19.65—19.85		78 „ „	19.75—20.05	
80 „ „	19.85—20.05		79 „ „	—.——.—	

Pester Boden:

77 Kg. K. 19.45—19.65
78 „ „ 19.55—19.75
79 „ „ 19.65—19.85
80 „ „ 19.75—19.95
81 „ „ 19.85—20.15

Roggen, Ia neu . . . . K. 14.50—15. —
Roggen, Mittel-, neu . . K. 14.40—14.65
Gerste, Futter-, Ia . . . K. 14.25—14.65
Gerste, Futter-, IIa . . . K. 14.05—14.25
Hafer, Ia neu . . . . K. 13.95—14.50
Hafer, Mittel-, neu . . . K. 13.65—13.95
Mais, neu . . . . . . K. 15.50—15.80
Mais, ungarischer . — . K. 15.40—15.60

Termine.

Weizen per April . . . K. 19.68—19.70
Weizen per Mai . . . . K. 19.46—19.48
Weizen per Oktober . . K. 17.32—17.34
Roggen per April . . . K. 15.42—15.44

Im allgemeinen aber kennt man folgende Hauptgetreidesorten des Weizens: Theißweizen, Hódmezövásárhelyer, Weißenburger, Tolnaer, Pester Boden, Szent-Tamáser, Bácskáer, O-Becseer, Donauweizen, Pancsovaer, Becskereker, Török-Kanizsaer, Kubiner, Zentaer, Mchácser usw., je nach dem Produktionsorte benannt.

Rumänien.

Rumänien hatte 1899: 5956690 Einwohner; die wahrscheinliche Bevölkerungszahl 1904 wird mit rund 6300000 angegeben, davon entfallen 18¼ H. auf die Stadtbevölkerung rund 1153000, und 81¼ H. auf die Landbevölkerung rund 5147000.

Für die Getreideerzeugung Rumäniens kommen die Besitzverhältnisse wesentlich mit in Betracht, da, wie der deutsche landwirtschaftliche Sachverständige für die Donaustaaten in einem in den Mitteilungen der Deutschen Landwirtschafts-Gesellschaft veröffentlichten Bericht an das Auswärtige Amt ausführt, die Bauern vollständig rückständig sind und sich in absehbarer Zeit kaum für eine bessere Bewirtschaftung erziehen lassen, während der Großgrundbesitz das Element des Fortschrittes im rumänischen Ackerbau bildet. Die Grundfläche Rumäniens verteilt sich folgendermaßen:

In Rumänien bedeckt:	eine Fläche von	Davon entfallen auf	
		den Kleingrundbesitz	den Großgrundbesitz
	ha	ha	ha
Ödland	3166444	?	?
Waldland	2774048	321560	2452488
Wein- und Gartenland .	216656	108328	108328
Sonstiges Kulturland .	6978596	4408379	2570217
zusammen .	13135744	4838267	5131033

Der große Anteil von Ödland erklärt sich durch die großen Sumpfflächen im Donaudelta, Kahlstellen in den Karpathen, Flugsandreviere in der kleinen Walachei und wertvolle Bergwerke und Petroleumgelände. Von dem Ödland befinden sich etwa 10 % in Händen des Kleinbesitzes; ferner ist ein erheblicher Teil des Großbesitzes, etwa 20 %, an Bauern verpachtet. Im allgemeinen sind die rumänischen Bauern sehr landgierig und pachten viel mehr Land, als sie auch nur leidlich gut zu bearbeiten imstande

Der Weltgetreidehandel. 13

sind. Wenn sie eine zahlreiche Familie und genügendes Arbeits-
vieh haben, pachten fleißige Bauern sogar mehr Land, als sie
selbst besitzen. In der Walachei haben die Großlandwirte in der
Regel so gut wie gar kein Vieh, da sie mit demjenigen der Bauern
arbeiten. Sie brauchen daher nur wenig Heu und überlassen
infolgedessen nicht nur Ackerland, sondern auch den größten
Teil ihrer Wiesen gegen Abarbeit an Bauern. Die größtenteils
armen bäuerlichen Bevölkerungsschichten sind aber der wirtschaftlich schwächste Teil des Volkes, und so kann es nicht
überraschen, wenn die Agrarkrisen, die von Zeit zu Zeit über
Rumänien hereinbrechen, unter dem rumänischen Bauernstand so
rasch verheerend wirken.

Die Erntemengen in ihrer Gesamtheit, wie auch auf die
Flächeneinheit bezogen, bewegen sich (in Durchschnittsjahren) aufwärts. Durch ungünstige Witterung wird diese Steigerung allerdings
verwischt, wie die Jahre 1897, 1899 und 1904 beweisen. Die Anbaufläche ist von 1890 bis 1903 um mehr als 600 000 ha gestiegen.
Die Hauptfrüchte sind Mais und Weizen. Die Anbaufläche
dieser Fruchtarten ist gestiegen, ebenso von Hafer; Gerste zeigt
wenig Veränderung, ebenso Roggen, der eher zum Rückgange
neigt.

Anbaufläche in Hektar.

Jahr	Weizen	Roggen	Gerste	Hafer	Mais
1890	1 509 689	167 109	518 065	178 517	1 781 516
1891	1 541 051	121 913	525 909	184 940	1 693 392
1892	1 496 072	133 040	560 197	225 687	1 822 443
1893	1 303 590	143 010	593 910	251 830	1 939 180
1894	1 392 660	160 030	559 250	262 680	1 767 560
1895	1 438 000	217 560	552 650	270 520	1 845 500
1896	1 505 210	243 400	607 700	281 870	1 939 080
1897	1 595 090	225 770	677 220	288 140	1 854 880
1898	1 453 600	193 080	654 850	295 950	2 120 070
1899	1 661 360	189 340	638 670	310 210	2 016 790
1900	1 589 980	164 299	439 735	254 831	2 025 058
1901	1 636 560	211 420	503 700	265 120	2 133 672
1902	1 486 485	172 816	548 780	321 137	2 181 860
1903	1 605 657	158 019	53 0895	426 728	2 072 075

Ertrag auf 1 Hektar in Hektolitern

Jahr	Weizen	Roggen	Gerste	Hafer	Mais
1890	12·5	10·0	11·2	15·0	12·27
1891	11·1	11·2	14·9	14·7	12·48
1892	15·1	12·3	13·0	17·3	17·84
1893	16·4	19·0	21·2	21·6	13·23
1894	11·0	12·7	10·7	13·4	5·95
1895	16·8	15·0	14·3	13·5	13·61
1896	16·7	17·7	18·4	18·4	11·9
1897	8·1	10·6	11·0	12·0	15·2
1898	14·2	13·9	16·0	20·7	16·9
1899	5·5	3·7	2·5	7·1	4·8
1900	12·6	12·9	11·7	12·0	14·7
1901	15·6	16·0	17·0	22·0	19·4
1902	18·1	12·2	17·1	24·0	11·1
1903	16·2	15·9	19·7	25·9	13·7
1904	11·0	5·8	7·6	10·4	?

Erntemenge in 1000 dz.

Jahr	Weizen	Roggen	Gerste	Hafer	Mais
1890	14 748	1 216	3 812	1 216	15 958
1891	13 328	999	5 116	1 237	15 430
1892	19 829	1 191	4 751	1 775	23 741
1893	16 697	1 981	8 250	2 478	18 730
1894	11 981	1 484	3 903	1 607	7 690
1895	18 929	2 381	5 168	1 663	18 348
1896	19 569	3 143	7 337	2 360	16 831
1897	10 019	1 748	4 899	1 580	20 522
1898	16 068	1 962	6 845	2 792	26 216
1899	7 164	512	1 049	1 003	7 131
1900	15 575	1 541	3 374	1 396	21 878
1901	19 897	2 463	5 591	2 652	30 084
1902	20 951	1 790	5 695	3 512	17 608
1903	20 258	1 838	6 859	5 036	20 650
1904	18 937	776	4 076	4 443	?

13*

Ausfuhr in 1000 dz.

Jahr	Weizen	Roggen	Gerste	Hafer	Mais
1890	9 228	866	1 807	64	7 463
1891	6 614	7 729	3 186	123	7 009
1892	7 710	908	1 892	253	6 577
1893	7 030	1 312	4 606	1 497	12 121
1894	6 836	1 364	2 904	284	6 944
1895	9 712	1 949	2 474	308	3 308
1896	12 248	2 332	3 968	582	4 439
1897	4 340	1 427	3 338	543	7 818
1898	5 803	1 174	3 635	950	11 193
1899	1 813	305	668	249	5 955
1900	7 217	786	1 415	160	4 341
1901	5 685	1 579	2 842	1 276	11 614
1902	9 185	1 129	3 335	1 550	10 926
1903	8 331	1 254	3 743	2 854	7 895

Einfuhr in 1000 dz.

Jahr	Weizen	Roggen	Gerste	Hafer	Mais
1890	19	5	11	—	9
1891	35	2	11	2	19
1892	11	3	8	5	10
1893	30	6	11	2	19
1894	23	2	6	6	26
1895	85	2	4	4	22
1896	42	—	2	2	34
1897	105	5	4	4	39
1898	90	12	18	—	95
1899	260	3	28	181	85
1900	71	10	98	51	89
1901	50	2	13	3	16
1902	107	2	20	3	60
1903	117	1	18	4	81

Der Weizen wird zumeist in den Distrikten von Dolj, Teleorman Jalomita, Ilfor, Vlasca, Romanati und Braila angebaut. Bedarf ist 11—12 Millionen dz. Das Durchschnitts-Qualitätsgewicht erreicht 80—82 kg. Der Bedarf an Mais beträgt an 12—13 Millionen dz. Gerste wird besonders im Distrikt von Constanza gebaut. Rumänien selbst verbraucht etwa $1._{80}$—$2._{00}$ Millionen dz.

Roggen baut man in den Distrikten von Covorulin, Falciu, Tutova, Buzen, Dolj, Mehedriti und Tulcea. Der Bedarf ist etwa $0._{70}$—$0._{80}$ Millionen dz. Das Durchschnittsgewicht 73/75 kg pr. Hl. Der Inlandsverbrauch von Hafer beträgt $1._{50}$—$2._{00}$ Millionen dz. Ernte im Juni.

Für den Binnenhandel sind die wichtigsten Getreidemärkte: Bukarest (als Hauptplatz für die Geldgeschäfte des Getreidehandels), Plojest, Craiova, Fokschan und Jassy. In diesen zwei letztgenannten Orten ist der Maishandel besonders entwickelt. Für den Ausfuhrhandel kommen in Betracht: Galatz (der Hauptort der Stromschiffahrt), Sulina (an der Donau-Mündung), Giurgevo Berlad, Calafat, Turn-Severin, Braila (der Haupthafen), Constanza, Küstendje und Tultscha.

Die Ausfuhr nach Süddeutschland und der östlichen Schweiz nimmt seinen Weg die Donau aufwärts, durch Ungarn Italien kauft die feinen Weizensorten, Holland, Deutschland, Belgien und teilweise England die mittleren. Mais beziehen die bereits erwähnten Länder, ferner Spanien, Schweden und Norwegen und von Zeit zu Zeit auch Frankreich, Griechenland und die Türkei. — Feine Braugerste kauft England. — Hafer und Roggen geht in kleinen Mengen nach England, Belgien, Spanien Italien und auch nach der Türkei.

Die Preise verstehen sich in Lei und Bani (Francs und Centimes), bald für 1 hl, bald für 100 kg oder für 1 Waggon (10 000 kg).

In Galatz gelten die Preise für 1 hl, für Hafer für 1 Waggon, in Braila für 100 kg fob., in Constanza für 1 hl, in Plojest für 1 hl und für 1 Waggon, zur Bahn gestellt, in Jassy für 100 kg, in Turn-Severin für 1 hl, für Hafer und Gerste für 100 kg, in Craiova für Hafer und Gerste für 100 kg, für Weizen für 1 Chila (7 hl).

Minderwertiger Mais wird allgemein für 1 Waggon gehandelt. In Rumänien wird sehr stark im Termingeschäft spekuliert;

besonders im Kreise der Ausfuhragenten, nicht selten zum Schaden auswärtiger Kaufleute. Besondere Einrichtungen zum Schutze des gesunden Geschäftes bestehen nicht.

Zur Besserung der Qualität des Getreides werden seitens der Regierung manche Maßregeln ergriffen. So wird z. B. die Kultur verschiedener Weizensorten auf der staatlichen Musterwirtschaft (Studina) praktisch vorgeführt, im Wege der Distriktsvorstände werden die Landwirte belehrt, in welcher Weise sie in Zeiten ungünstiger Witterung mit dem Getreide umzugehen haben. So wurden u. A. die Landwirte auf den Schaden aufmerksam gemacht, der durch das vorzeitige Einheimsen des Mais entsteht, denn dadurch kommt viel fehlerhafte und daher minderwertige Ware auf den Markt.

Im Platzhandel sind den Besitzverhältnissen entsprechend bei allen Getreidearten folgende drei Qualitäten zu unterscheiden: 1) Schwere reine Eigenware (pogóne) von größeren Landwirten; 2) Leichtere, gemischte Ware, mittlerer Qualität (dijma); 3) Bauernware (taranesca) mit viel Beisatz, von geringerer Qualität.

Im Ausfuhrhandel wird die Ware nach ihrem Erzeugungsorte benannt und je nach Beschaffenheit bewertet; so wird der rote und gelbe (weiße) Weizen mit I—IV je nach Qualitätsgewicht bezeichnet.

Roggen kommt unter dem Namen des Erzeugungsortes in den Handel; die feinste Sorte ist der St. Helena-Roggen, ferner die Sorten aus der Gegend von Vaslin-Husi.

Der Mais ist Fokschan-Mais, Cinquantin, gewöhnlicher Galfox, kleinkörniger, roter, bunter, gemischter oder fehlerhafter Mais.

Die Gerste wird je nach ihrer Bestimmung benannt, also Futtergerste, Braugerste usw.

Die Qualität wird in Rumänien für 1 hl in kg bestimmt, im Ausfuhrhandel kommt auch die englische Probe zur Anwendung. — Der Beisatz beträgt manchmal bis zu 16 %; ein Umstand, der natürlich nicht ohne Einfluß auf die Preisbestimmung ist, daher wird neben der Qualitätsangabe auch der Beisatz in Hundertsteln (%) angegeben.

Bulgarien und Ostrumelien.

Bei einer Gesamteinwohnerzahl von 3 744 283 Köpfen befassen sich 2 569 161 (lt. Volkszählung v. 31. Dezember 1900) mit der Landwirtschaft. Dies ist gewiß ein Beweis, von welcher Wichtigkeit die Landwirtschaft für dieses Land ist, von der das Wohl und Wehe des Landes abhängt.

In Erkenntnis dieser Tatsache ist die Regierung auch bestrebt, alles zu tun, was die Einträglichkeit der Landwirtschaft zu heben vermag. — Sie trifft alle Anstalten, um möglichen Mißerfolgen zu begegnen, die das Gleichgewicht im Haushalte der Bevölkerung erschüttern könnte.

So errichtete sie eine Bank für Landwirtschaft, um den Kredit der bäuerlichen Bevölkerung zu regeln*). Sie hob den landwirtschaftlichen Unterricht, um statt der bisherigen urwüchsigen Bodenbebauung bessere landwirtschaftliche Wirtschaftsverfahren einzuführen.

Die Bevölkerung wird an neuzeitliche landwirtschaftliche Geräte gewöhnt und soll dies durch Wanderlehrer und Kreisinspektoren erreicht werden; auch kleine ständige Ausstellungen sollen demselben Zwecke dienen. Welche Erfolge eine intensive Landwirtschaft bei dem vorzüglichen Boden des Landes erreichen kann, beweisen die Gebiete der Dobrudscha und der Donau.

Als Musterwirtschaften dienen die Besitze der eingewanderten Banater Schwaben.

Zufolge der eben geschilderten Bestrebungen ist der Getreidebau im Steigen begriffen — wenn auch Nutzpflanzen, wie Tabak, Reis, steigende Beachtung finden — und damit erhöht sich auch jene Menge der Erzeugung, die dem internationalen Handel zugeführt wird.

1903	Anbaufläche ha	Erntemenge dz	Inländischer Bedarf Mill. dz
Weizen	809.701	10,563.000	6 —6·5
Roggen	170.099	2,730.000	2 —2·5
Gerste	229.626	4,100.000	1·5—1·6
Hafer	161.917	2,214.000	0·7—0·8
Mais	487.959	5,000.000	3·0—3·5

*) Auch Genossenschaften (Raiffeisen) werden errichtet und gefördert.

Die Ernte findet im Juni statt.

Einfuhr in 1000 dz.

Jahr	Weizen	Roggen	Gerste	Hafer	Mais
1890	1·88	0·13	3·00	0·84	1·06
1891	2·79	0·36	1·52	1·55	7·24
1892	0·43	0·26	1·76	0·02	3·24
1893	0·14	0·09	0·09	0·00	0·09
1894	0·46	0·01	3·25	—	0·06
1895	0·60	0·03	10·70	0·42	0·02
1896	0·16	1·12	2·60	0·01	0·01
1897	0·55	2·63	3·29	0·53	0·10
1898	0·84	3·68	4·18	0·08	0·46
1899	1·20	0·03	2·39	0·10	2·22
1900	8·35	0·07	1·04	0·12	0·20
1901	0·70	1·03	0·19	0·03	0·85
1902	2·44	2·47	0·43	0·83	2·74
1903	1·81	0·33	0·08	0·28	0·55

Ausfuhr in 1000 dz.

Jahr	Weizen	Roggen	Gerste	Hafer	Mais
1890	2 686	279	274	110	1 343
1891	3 135	816	367	24	432
1892	3 458	544	250	67	780
1893	3 496	463	411	172	3 207
1894	2 814	294	229	44	2 138
1895	3 859	443	248	3	485
1896	6 047	469	231	9	1 079
1897	2 817	168	176	36	780
1898	1 865	238	488	44	1 326
1899	1 206	65	102	56	1 572
1900	1 275	244	399	13	405
1901	1 334	282	528	275	2 510
1902	2 347	351	632	234	2 002
1903	3 330	307	601	412	1 293

Die Hauptabnehmer bulgarischen Getreides sind England, Belgien, Frankreich, auch Griechenland und die Türkei. Hafer wird auch nach Östreich und Ungarn ausgeführt, ebenso Mais (Triest).

Längs der Donau finden wir folgende für den Getreidehandel wichtige Plätze: Novoselo, Widdin, Lompalanka, Rahova, Nicopoli, Sistov, Rustschuk, Silistria. Der Handel dieser Plätze bewegt sich meist nach Braila, mit Ausnahme von Rustschuk, das eine gute Bahnverbindung mit Varna am Schwarzen Meere hat. Sofia und Philippopel aber richten die zur Ausfuhr gelangenden Mengen Getreides via dem Hafen von Burgas '(erbaut 1900) ab. Das Eisenbahnnetz Bulgariens ist heute noch sehr unentwickelt und ist die Zufuhr nach den Marktplätzen eine ungemein schwerfällige.

Im Verkehr mit den zumeist kleineren Landwirten gilt als Getreidemaß die Oka, der Preis in Stotinki. Mais wird jedoch nach Donau-Kilé (Kila oder Kil) = 240 Liter verkauft, selbst das rumänische Kilé (550 kg) wird angewendet.

An den einzelnen Handelsplätzen ist der Handelsbrauch bezüglich der Preisbestimmung der folgende:

Widdin notiert entweder für 100 kg in Franken oder den Weizen per rumänischen Kilé, den Mais per Doubledekaliter in Lew.

Rustschuk gibt den Preis für 1 Hektoliter in Franken an, für Mais in Donau-Kilé „franko Schlepp".

Burgas und Varna für 100 kg in Franken „franko Magazin".

Philippopel für 100 kg in Franken „fob Burgas".

Sofia für 1 Oka in Stotinki.

Die Qualität bestimmt man gewöhnlich mittels der metrischen Probe.

Die Durchschnittsqualität des bulgarischen Weizens erreicht 74/77 kg, des Maises 73/74 kg für 1 Hektoliter. Das bulgarische Getreide wird mit sehr viel Beisatz, sehr unrein, zu Markte gebracht, was seinem Rufe Abbruch tut.

Um einen besseren Ruf herzustellen und zu bewahren, hat der Verein der Getreidehändler den Beschluß gefaßt, jede Sendung, die zur Ausfuhr bestimmt ist, zu prüfen und, wenn deren Beisatz 10—15 % überschreitet, aufzukaufen.

Die Abschlüsse werden auf Grund der londoner Verträge (Rye terms) gemacht, aber in der neuesten Zeit werden auch auf Grund des „Niederländisch-deutschen Getreidekontraktes" Geschäfte für das Festland abgeschlossen.

Als im Jahre 1903 es mehrfach zu Streitigkeiten zwischen Käufer und Verkäufer wegen Übernahme von Mais kam, hat die Handels- und Gewerbekammer sich veranlaßt gefühlt, im Einverständnis mit den bedeutenderen Getreidefirmen in einer Versammlung für den Varnaer Getreidemarkt nachstehende Vorschriften auf die Dauer eines Jahres zu erlassen.

1) Per Waggon gekauftes Getreide muß von dem Käufer bis zum nächsten Tage übernommen werden, da er sonst Strafe zu zahlen hat.

2) Zwischen Käufer und Verkäufer ausgebrochene Streitigkeiten werden durch ein Schiedsgericht beigelegt, das aus je einem Vertreter der beiden Parteien, sowie der Handels- und Gewerbekammer besteht.

3) Das Getreide wird mit den Waagen der Käufer gewogen, doch hat der Verkäufer das Recht, das Getreide bei einem hervorragenden Kaufmann nachzuwiegen.

4) Wenn das gelieferte Getreide dem Muster nicht entspricht, so hat der Käufer nicht das Recht, das Getreide zur Verfügung zu stellen, dagegen kann er jedoch durch ein Schiedsgericht eine Preisherabsetzung verlangen; nur dumpfe und heiße Ware kann von dem Käufer zurückgewiesen werden.

Serbien.

In Serbien bemüht sich der Staat und auch private Kreise den Ertrag der bisher in noch sehr urwüchsiger Weise betriebenen Landwirtschaft zu heben, denn das Wohl und Wehe dieses Landes, dessen nahezu ganze Bevölkerung Landwirtschaft treibt, hängt vom Ertrag des Ackerbaues ab.

Seit dem Jahre 1890 trifft die Regierung beinahe jährlich neue Verfügungen, um die Bevölkerung des Landes mit dem neuen Betriebsverfahren und Betriebsmitteln bekannt zu machen. So wurden Musterwirtschaften gegründet (Toptschider 1901 14/I), landwirtschaftliche Schulen eröffnet (Csuprije), Genossenschaften gegründet, Wanderlehrer mit der Unterweisung des Volkes betraut und schließlich das Amt der Kreis- und Bezirksökonomen geschaffen.

Die erfreulichen Folgen dieses zielbewußten und eifrigen Strebens zeigen sich bereits an manchen Orten des Landes, indem man den althergebrachten Holzpflug (Ralica) beiseite legt und neuere Ackerbaugeräte anschafft.

Doch die wichtige Bedingung der rationellen Landwirtschaft, die künstliche Düngung des entkräfteten Bodens hat noch nicht allgemeine Anerkennung gefunden und immer noch wird auf einem Drittel des Anbauareales die Dreifelderwirtschaft betrieben.*)

Die Anbauflächen, die dem Getreidebau gewidmet sind, nehmen alljährlich zu.

---

*) Die Feldschadenversicherung konnte auch noch nicht eingeführt werden.

Anbaufläche in Hektaren.

Jahr	Weizen	Roggen	Gerste	Hafer	Mais
1893	317 070	59 820	92 121	105 965	531 806
1897	279 743	37 207	74 940	100 088	448 335
1898	281 634	45 197	96 001	95 141	500 065
1899	403 819	59 145	113 862	101 199	545 709
1900	310 032	35 588	74 814	85 236	463 333
1901	304 814	37 762	78 925	91 528	506 455
1902	325 583	39 829	88 188	100 403	524 652

Ertrag auf 1 Hektar in dz.

Jahr	Weizen	Roggen	Gerste	Hafer	Mais
1893	6·2	6·1	6·0	5·3	8·1
1897	13·0	13·0	12·3	14·2	19·3
1898	9·4	8·9	9·1	9·8	14·3
1899	7·9	7·1	7·4	7·1	12·1
1900	7·1	4·8	6·6	4·6	10·1
1901	7·2	5·9	6·5	5·3	9·5

Erntemenge in dz.

Jahr	Weizen	Roggen	Gerste	Hafer	Mais
1893	2 374 824	334 480	548 211	473 766	4 604 255
1897	3 644 579	484 126	922 871	1 422 479	8 654 178
1898	2 643 419	402 072	871 433	933 805	7 166 181
1899	3 185 878	421 435	847 570	717 276	6 588 508
1900	2 214 070	172 249	491 832	388 980	4 692 063
1901	2 205 087	224 285	514 846	485 809	4 787 784
1902	3 104 925	275 290	761 005	586 983	4 672 848
1903	2 962 501	277 143	745 537	638 328	4 947 841

Einfuhr in dz.

Jahr	Weizen	Roggen	Gerste	Hafer	Mais
1890	25 686	53 704	26 650	20 379	138
1891	220	—	4 721	3	198
1892	113	—	2 035	19	667
1893	11	—	1 004	8	82
1894	2	—	626	606	4 647
1895	167	10	1 668	590	5 721
1896	39	—	9	661	22
1897	35 376	4	240	634	19 539
1898	15 000	—	104	76	228 512
1899	125	—	16	11	17
1900	8	—	3	7	10
1901	10	—	2	307	100
1902	350	0·5	3	5	4 934
1903	103	0·3	0	11	5 304

Ausfuhr in dz.

Jahr	Weizen	Roggen	Gerste	Hafer	Mais
1890	635 453	81 479	54 359	86 230	61 542
1891	862 025	84 918	77 400	78 223	397 291
1892	794 642	134 664	89 048	102 816	178 065
1893	877 256	89 398	114 315	131 205	619 368
1894	527 417	54 635	95 131	106 984	217 039
1895	623 258	19 507	41 989	119 744	38 050
1896	1 030 141	27 496	87 810	167 703	129 962
1897	308 500	29 391	35 478	176 249	133 673
1898	617 281	33 976	85 668	208 717	20 649
1899	775 421	48 404	175 099	103 825	257 165
1900	988 927	45 275	190 422	67 355	625 206
1901	595 180	38 185	121 562	185 081	453 839
1902	505 058	35 852	55 355	85 183	277 195
1903	501 211	41 346	121 251	65 494	43 534

Die Ausfuhr richtet sich donauaufwärts nach Östreich, Deutsch-land und der Schweiz. Nach Ungarn kommt blos das für den Durchgangsverkehr bestimmte Getreide, denn seit Auf-hebung des Mehlverkehres*) (1900) bleiben dort blos ganz unwesentliche Mengen ausländischen Getreides, zumeist ist es Mais. Donauabwärts via Galatz und Braila geht das für Belgien, Holland bestimmte Getreide, das auch den Weg über Saloniki zu nehmen pflegt, wohin es auf der Bahnlinie Mitrovica-Saloniki gelangt. Als wichtige Anbaugebiete sind das Moravatal, der sehr fruchtbare Drinakreis und jene von Timok und Semendria hervor-zuheben.

Die bedeutendsten Handelsplätze Serbiens sind: Belgrad, Semendria, Milanovac, Kladova, Radujevac, ferner Schabatz, Obre-novac, Dubrovice, Nisch, Gradiste, Kussijak, Pozerovac, Negotin und Karagujevac.

An diesen Plätzen haben viele ungarische Getreidehändler (neuestens auch Händler anderer Länder) Einkaufsstellen, die das Getreide von den Landwirten, die es zum Markte bringen, und den kleinen Händlern kaufen und in ganzen Ladungen weiter versenden. Doch befassen sich auch Kommissionäre und Agenten mit dem Einkauf von Getreide an den Erzeugungsorten für fremde Rechnung, das sie frei (franko) Bahnstation oder Schlepp, d. h. einschließlich aller Spesen, zu einem vereinbarten Preise liefern. Die Übernahme (Inspektion) muß durch den Käufer oder seinen Bevollmächtigten geschehen.

Die Zahlung erfolgt gegen Aufgabescheine und Barzahlung ohne jeden Abzug.

Die Preise werden für je 100 kg in Silber-Denar festgesetzt. Manchmal kommt noch die alte Oka zur Anwendung; der Preis gilt dann für 100 Oka.

Die Qualität wird heute mittels der metrischen Probe bestimmt Die Durchschnittsgewichte des serbischen Getreides sind:

Weizen 73—74 kg für 1 hl
Roggen 66   „   „   „
Gerste 64   „   „   „
Hafer   45   „   „   „

Die Ernte findet im Juni statt.

*) Nur in ganz besonders seltenen Fällen, wenn die Weizenpreise Ungarns stark von den Weltmarktpreisen abweichen, wie im Jahre 1904, gibt die Ausfuhr serbischen Getreides dorthin einen Nutzen.

Türkei.

Genaue Zahlen über die Menge der Ackerbauerzeugnisse der Türkei gibt es nicht. Die amtlichen Mitteilungen hierüber weisen außerordentlich viel Ungenauigkeiten auf, weil eine regelrechte landwirtschaftliche Statistik nicht vorhanden ist. Nur aus den Schätzungen und der Ausfuhr können wir ersehen, daß auch ein Überschuß vorhanden und müssen wir daher die Türkei zu den Ausfuhrstaaten stellen.

Der Boden ist gut und fruchtbar und könnte der Ertrag der türkischen Landwirtschaft bedeutend gesteigert werden, wenn nicht so viele Steuern, Zehnten usw. auf ihr lasten würden. Die Bauern können sich auch keine neueren landwirtschaftlichen Geräte für eine bessere Bearbeitung des Bodens leisten, selbst die Latifuntienbesitzer nehmen solche selten in Anspruch, denn sie finden Niemanden, der die Geräte richtig anwenden könnte; von einer rationellen Landwirtschaft ist also meistens keine Rede.

Die türkische Regierung gibt sich wohl redlich Mühe, Verbesserungen einzuführen, doch bisher nur mit sehr wenig Erfolg.

Solange die jetzige Besteuerung und die strenge Steuereintreibung gehandhabt wird, kann das Volk an eine bessere Bearbeitung des Bodens nicht gehen, denn es mangelt ihm stets an Geld und dem nötigen Vieh.

Ein bedeutendes Hindernis in der Entwickelung der Landwirtschaft bietet auch das Verhältnis des Kolonen (des Pächters) zum Grundbesitzer, der die Leute ausbeutet, da er ⅓ oder die Hälfte des Ertrages als Pachtschilling beansprucht, so daß die Pächter nie auf einen grünen Zweig kommen können. Natürlich sind die ungeordneten politischen Verhältnisse auch Schuld daran, daß manche Gegenden der Türkei, die sonst einen genügenden Ertrag hätten, auf eine Einfuhr aus den Nachbarprovinzen angewiesen sind.

Wir können die getreidebauenden Gegenden der Türkei folgenderweise gruppieren:

1) Reicher Ertrag mit Ausfuhr.

2) Reicher Ertrag ohne Ausfuhr wegen mangelnden Verkehrsstraßen.

3) Kultur in Entwickelung mit Ausfuhr-Anfängen.

4) Ungenügende Erzeugung wegen der schlechten finanziellen
Verhältnisse, doch zur Entwickelung geeignet.

1) In die erste Gruppe kann in der europäischen Türkei
die Gegend von Adrianopel gereiht werden, deren Ausfuhrhafen
Dedeagatsch ist. Die Sandschaks von Uesküb, Pristina und
Sjenica gehören auch hierher; diese führen über Saloniki aus.

In Asien beteiligt sich die anatolische Ebene an der Ausfuhr,
aus den Sandschaks von Eski-Chehir und Kutahia und die
Distrikte von Karassi-Balukkesser, Karahissar meistens mit Weizen
und Gerste über die Häfen von Panderma, Mudania und Ghemlek.

2) Zur zweiten Gruppe gehören die Distrikte von Prisren und
Ipek. Der Überschuß der Erzeugung kann nicht zur Ausfuhr
gelangen, denn die Anbaugebiete liegen zu weit von der Eisen-
bahnlinie (Mitrovicza-Saloniki). In der asiatischen Türkei machte
man den Versuch, die Erzeugung des Sivaser Distriktes nach
Samsun zur Ausfuhr und zur Vermahlung zu bringen, doch lohnte
sich dieser Versuch nicht, denn die Beförderung war zu schwerfällig
und kostspielig.

3) In die dritte Gruppe kann die Hochebene Anatoliens
(Gerediz, Semao) und Eskischehir genommen werden, wo sich
der Getreidebau infolge der rationellen Bearbeitung des Bodens
durch die aus Bulgarien und Rumelien eingewanderten Mohammedaner schön entwickelt. Die Aufmerksamkeit des Welt-Getreide-
handels wendet sich bereits diesen Gegenden zu und kamen
beträchtliche Mengen (7000 Waggons) Getreides zur Ausfuhr
nach Smyrna*) und Konstantinopel. Die Gegend von Ordu und
Tireboli baut meist Mais, der nach Italien gelangt. Aus Mesopotamien kam bisher nur etwas Weizen und Mais zur Ausfuhr nach
Europa. Nach Fertigstellung der Bagdad-Bahn und der großen
Regulierungs- und hydrotechnischen Arbeiten, die am Eufrat und
Tigris geplant werden, ist eine erhöhte Erzeugung und Ausfuhr
zu erwarten.

---

*) Nach Smyrna führt die Smyrna und Cassaba-Prolongement-Bahn, nach
Konstantinopel und Derendje die anatolische Eisenbahn.

Aus Nord-Syrien, besonders aus der Gegend von Antiochien, wird Mais, Hafer und Korn ausgeführt.

Aus den nordwestlichen Teilen Palästinas wird über den Hafen von Gaza ausgeführt, und zwar zumeist Gerste nach England.

4. Zur vierten Gruppe gehört insbesondere Nordalbanien Nordalbaniens Landwirtschaft ist so ärmlich, daß die Ackerbauer, meistens sind es Mohammedaner, nicht einmal das Saatgut haben, so daß dieses Land, das bei einer rationellen Landwirtschaft Überschüsse erzielen könnte, selbst Mais einführen muß.

Hier können wir anführen, daß die türkische Regierung von Zeit zu Zeit die Ausfuhr verbietet, selbst aus den über bedeutende Überschüsse verfügenden Provinzen, wenn in einer an diese angrenzenden Provinz die Ernte schwach war und die Getreidepreise hoch sind.

Die Weizenernte schätzt man:	1900	1901	1902
		Millionen hl	
in der europäischen Türkei	11,7	12,5	7,0
in der asiatischen Türkei	16,0	20,0	18,0
zusammen	27,7	32,5	25,0

Die amtliche Statistik gibt den Gesamtertrag an Getreide im türkischen Reich für das Jahr 1902 auf 162 Millionen Kilé (1 Kilé = 35,27 l) an; die Weizenernte allein erreichte in dem genannten Jahre eine Menge von 67 500 000 Kilé.

Die Ernte in den verschiedenen Getreidearten gestaltete sich im Jahre 1903 in nachstehender Weise:

Ertrag an:	Kilé
Weizen in der europäischen Türkei	37 800 000
„ „ „ asiatischen Türkei .	45 630 000
Gerste .	27 270 000
Roggen .	10 800 000
Mais .	32 400 000
Hafer .	16 200 000
Zusammen . .	170 100 000

Die Ernte des Jahres 1904 überstieg die eben angeführten Beträge um einige Hunderttausend Kilé. Zur Vermehrung des Ertrages und Verbesserung der Qualität des Getreides werden wahrscheinlich einige zu Anfang des Jahres getroffene Maßnahmen beitragen, z. B. die Verteilung von Saatkorn besserer Qualität,

Vergünstigungen beim Transport von Getreide auf den Eisenbahnen usw. Die Aussaatfläche der wichtigsten Getreidearten betrug im Erntejahr 1903: 3 640 000 Djeril (1 Djeril = 1 ha).

Für den inländischen Verbrauch von Getreide muß der ganze Ernteertrag nach Abzug einer unbedeutenden Menge, die zur Ausfuhr und zur Saat kommt, gerechnet werden, und zwar gegen 152 Millionen Kilé. Dazu kommt noch das aus dem Auslande eingeführte Getreide in einer Menge von 2 500 000 Kilé, so daß sich der gesamte Bedarf auf etwa 154 500 000 Kilé beläuft.

Weder die Saatfläche noch auch die Menge für den inneren Verbrauch hat in den letzten Jahren irgend eine merkliche Veränderung erfahren.

Die Ein- und Ausfuhr der wichtigsten Getreidearten wird für das landwirtschaftliche Jahr 1903 von der Zollverwaltung, wie folgt angegeben:

Einfuhr:

	Menge in Kilé	Wert in Piaster
Weizen	1 225 926	66 480 443
Gerste	444 444	18 203 250
Hafer	6 389	208 236

Ausfuhr:

Weizen	277 769	13 745 611
Gerste	285 014	53 684 626
Mais	140 858	4 029 808
Hafer	387 320	9 099 083

' In der europäischen Türkei wird der Weizen meist im Herbste als Winterfrucht angebaut. In Anatolien wird die Wintersaat im September bis Oktober (hochgelegene Gebiete) und November (Küstengebiete), die Sommersaat im Februar vorgenommen; im Tieflande wird im Mai bis Juni, im Hochlande Juli bis August geerntet.

Es werden zwei Arten, der harte und der weiche Weizen, unterschieden. Harter Weizen ergibt ein gutes Mehl für Teigwaren und wird in erheblichen Mengen ausgeführt. Weicher Weizen wird nur in der Türkei verbraucht.

Der Gesamtertrag einer guten Ernte der Türkei an Gerste wird von unterrichteter Seite auf 25 Millionen hl geschätzt. Hauptanbaugebiete sind die Provinzen Smyrna, Brussa, Mossul, Bagdad. In Rumelien erfolgt die Aussaat im November bis Januar, die Ernte Juli bis August. In den höheren Gebieten

Anatoliens wird im Frühjahre bis Ende April gesät, Ende Juli beginnt die Ernte. In der Türkei wird Gerste statt des Hafers als Pferdefutter, auch zur Broterzeugung verwendet. Die beste Sorte, eine feine weiße Gerste mit vollem runden und schwerem Korn, ist zu Brauzwecken durchaus geeignet; sie soll jeder anderen Gerste gleichwertig sein und großen Zuckergehalt haben; sie wird in Konstantinopel in der Brauerei Bomonti mit Erfolg verwendet und wird in steigenden Mengen nach England, in den letzten Jahren auch nach Deutschland ausgeführt. Hauptausfuhrort ist noch immer Smyrna.

Mais wird in vielen Gegenden der europäischen Türkei, besonders auch in Albanien, ferner in den nach dem Schwarzen Meere mündenden Flußtälern, in Smyrna, Brussa, Syrien uud Palästina gebaut, und zwar in zweimaliger Aussaat im April und Juni; die Ernte erfolgt anfangs August und Ende Oktober.

Der Mais bildet in der Türkei ein Hauptvolksernährungsmittel. Er dient teilweise als Pferdefutter (Dari).

Nach einem östreichischen Berichte sind im Vilajet Skutar (Albanien) von der gesamten Anbaufläche von 10600 ha etwa 5000 ha mit Mais bebaut, die einen mittleren Ertrag von 48 hl auf 1 ha, zusammen also 240000 hl liefern. Im Vilajet Janina sind von 75000 ha etwa 30000—32000 ha der Kultur von Mais gewidmet; das mittlere Erträgnis stellt sich aber nur auf 16 hl für 1 Hektar, also in Summa auf rund 500000 hl. Im Vilajet Kossowo wird Mais hauptsächlich längs der Bahnstrecke von Köprülü nach Mitrowitza gebaut; ein gutes Jahr, wie jenes von 1901, liefert 90000 t. Im Vilajet Monastir liefert der Maisanbau, trotzdem die Anbaufläche hinter jener für Weizen und Roggen bedeutend zurücksteht, doch in guten Jahren etwa 1,5 Millionen hl. In der asiatischen Türkei erntete das Vilajet Brussa im Jahre 1901 etwa 45000 t (1902 war eine Mißernte), Syrien etwa 16000 t Mais und 14000 t Dari und das Bassoraher Ausfuhrgebiet etwa 10000 t Dari.

Viel geringere Wichtigkeit haben in der Türkei Hafer und Roggen. Hafer wird in einzelnen Gegenden der europäischen Türkei (Kossowo), in Brussa und in den Küstengegenden des Schwarzen Meeres gebaut. Samsun bildet einen Zentralhandelspunkt für Hafer. Roggen wird gleichfalls in den höheren Gebieten Mazedoniens und in Anatolien gebaut.

14*

Einfuhr in 1000 dz.

Jahr*)	Weizen	Roggen	Gerste	Hafer	Mais
1890/91	249·02	10·33	106·51	0·85	62·29
1891/92	126·60	14·08	62·14	0·52	65·95
1892/93	217·93	0·70	119·60	0·20	62·35
1893/94	357·29	1·70	156·44	1·60	54·96
1894/95	369·19	1·44	160·83	0·23	67·76
1895/96	257·60	4·22	92·14	0·38	64·08
1896/97	116·28	4·47	90·25	2·34	113·99
1897/98	38·47	0·92	132·82	0·73	38·44
1898/99	344·19	4·88	178·83	2·19	169·25
1899/00	414·35	12·65	112·14	3·62	119·71

Ausfuhr in 1000 dz.

Jahr	Weizen	Roggen	Gerste	Hafer	Mais
1890/91	581·93	16·59	413·21	170·29	132·06
1891/92	776·18	233·67	871·86	231·80	106·38
1892/93	336·65	108·97	566·10	229·78	231·94
1893/94	79·38	47·06	737·79	221·00	237·07
1894/95	69·18	30·39	591·88	69·46	265·69
1895/96	232·45	60·25	1 043·40	268·27	163·26
1896/97	532·62	54·48	1 101·07	228·90	72·54
1897/98	370·55	37·73	1 080·81	221·14	73·21
1898/99	173·26	4·43	534·86	167·01	52·85
1899/00	77·35	11·19	797·26	101·04	45·62

Außer den bereits erwähnten Handelsplätzen sind noch die folgenden anzuführen:

Prevesa, Rhodus, Skutari, Valona, Monastir, Porto-Lagos, Seres, Durazzo, Kirk-Kilissé.

Die in Handel gebrachten Getreidesorten werden je nach ihrer Herkunft benannt. Der Weizen (der harte und weiche) kommt als anatolischer Weizen, als Weizen aus Mersina, Indigeni, Uschak,

---

*) Türkische Zeitrechnung. Die Mohammedaner rechnen nach Mondjahren von 12 Monaten mit abwechselnd 30 und 29 Tagen.

Angora in den Handel. Die mesopotamischen Sorten als Kurdija und Iragija.

Vom Hafer ist jener aus Marmara und der weiße Hafer aus Panderma sehr gesucht.

Die Gerste, die als Braugerste nach Deutschland und England gelangt, ist sehr gefragt.

Wir kennen die Uschak-Gerste, als gemischte, besonderer Herkunft und in erster Qualität. Die Yerli-Gerste in Extra, Prima und Secunda-Qualität. Außerdem ist noch die Gerste aus Mersina, im südlichen Kleinasien bekannt.

Preisnotierung. Die ungeordneten türkischen Verhältnisse kommen auch hier zum Ausdrucke. Beinahe auf allen Plätzen ist das Getreidemaß, Hohlmaß oder Gewicht und die Währung eine andere.

Per Oka (1.$_{28}$ kg) in Para handelt man das Getreide im Binnenhandel in Prevesa, Prisren, Seres, Durazzo, Uesküb und Konstantinopel und Saloniki.

Für 100 kg in Franken handelt man es im Ausfuhrhandel von Adrianopel, Dedeagatsch, Porto-Lagos und Saloniki, bei der Ausfuhr nach England bestimmt man auch den Preis für 1 Quarter in Shillingen.

In Albanien bestimmt man den Preis des Getreides in jeder Ortschaft anders. Einzelne Notierungen gelten für 1 Kjossé (70.$_5$ Liter) in Piastern. In Scutari für 1 Pferdelast (1$\frac{1}{8}$ hl) ebenfalls in Piastern. Eine ähnliche Preisbestimmung ist in Kirk-Kilissé, wo der Preis des Getreides per Sack jedoch in Franks notiert wird.

In Monastir notiert man per Kilé von Monastir (151 l) in Piaster.

In Asien sind folgende Preisbestimmungen in Anwendung:

In Aleppo bestimmt man den Preis eines Chumbul (75 Oka) in Piaster.

In Brussa wird der Preis des Kilé (Kilé von Smyrna = 54.$_{168}$ l = 1$\frac{1}{2}$ Kilé von Konstantinopel = 36.$_{11}$ l) Getreide in Piaster festgesetzt.

In Smyrna notiert man die Gerste per Kilé von Smyrna in Piastern, die anderen Getreidearten per Oka in Paras.

In Samsun per 100 kg in Piastern.

In Mesopotamien sind die Maße und Gewichte sehr

verschieden und auch die kursierenden Münzen; so sind Lokal-Münzen, türkische, persische und indische Münzen im Verkehr. Im Großhandel ist die Berechnung eine andere als im Kleinhandel und auch die Maße sind bei jeder Fruchtart andere. Wir wollen uns hier nur mit der Preisbestimmung befassen, die im Getreide-Großhandel üblich ist.

In Bagdad notiert man den Preis des Getreides per Wasna abvah (ca. 100 kg) in Piaster-Sagh (P. S.). Der Wert dieser Münze ist sehr unbeständig, maßgebend ist jedoch die Berechnung der Ottomanischen Bank, laut welcher 108 P. S. einem türkischen Pfund gleich sind.

In Basrah wendet man das Vielfache der konstantinopler Oka (1.₉₈ kg) den Teghar Basrah = 2000 kg oder den Getreide-Man (76.₇ kg) an und notiert den Preis in türkischen Pfunden oder Piastern.

Im übrigen ist auch der Kran Sagh (ca. Mk. 1,—) unter den Getreidehändlern im Verkehr.

Qualitätsbestimmung. Im Platzhandel wird das in Oka ausgedrückte Gewicht des „Kilé" zur Bestimmung der Qualität benützt.

Im Ausfuhrhandel wendet man die englische, die marseiller oder die metrische Probe an.

Der nachfolgende Bericht aus dem Blatte „Le Moniteur Orientale" gibt über den Verkehr des konstantinopler Getreidemarktes einigen Aufschluß:

Revue commerciale de la place de Constantinople
du 4 au 11 février 1905.

CÉRÉALES, GRAINES & SEMENCES.

BLÉS. — La situation du marché s'est maintenue ferme avec des prix en hausse. Il est arrivé pendant cette huitaine 55,000 kilés de l'Anatolie. Les prix ci dessous indiqués s'entendent d'après analyse de la marchandise livrée au moulin avec prix de mouture de 7 pt. les 100 ocques pour les tendres.

MAÏS. — Marché animé. Ventes restreintes pour l'exportation de 28.30 paras.

ORGES. — Marché lourd' Ventes insignifiantes.

SEIGLES. — Calme sans affaires. Prix nominaux.

SÉSAMES. — Marché calme avec ventes insignifiantes.

HARICOTS. — Fermes et inchangés.
ALPISTES. — Marché inchangé.
AVOINES. — Marché calme. Prix inchangés 21$^8/_4$—22
Marmara. Ventes nulles.
GRAINES DE LIN. — Marché en baisse. Ventes peu importantes.
POIS-CHICHES. — Fermes avec ventes importantes.
MILLETS. — Marché ferme, sans affaires.
GRAINES DE CHANVRE. — Sans affaires. Fatsa Ouina 42 fob.
GRAINES DE PAVOTS. — Affaires limitées de 52—53 paras
fob. Samsoun.
FÉVES. — Marché calme sans affaires.

(Lt. 100 p.)

Blés blancs extra	l'ocque paras.	38
„ „ 1rs	„	„	$31^1/_2$—$37^8/_4$
„ „ 2me	„	„	$36^1/_2$—37
Mahlout	„	„	34—35
Tsavdarli	„	„	30—33
Sinope mixte	„	„	—
Durs extra	„	„	39—40
„ A	„	„	34—35
„ B	„	„	$32^1/_2$—33
Roumélie 1re tendres „	„	$36^1/_2$—37
„ 2me „	„	„	35—$35^1/_2$
Maïs Mer Noire ici.	„	„	29—30
Marmara prompt	„	„	—
Roumanie	„	„	—
Orge extra	„	„	26—$26^1/_2$
„ Blanche	„	24—25
Fourrages			$23^1/_2$—24
Seigle	„	„	$22^1/_2$—23
Avoine Mer Noire	„	„	—
„ „ Marmara	„	„	22—23

Britisch Ost-Indien.

Die Getreideerzeugung Ost-Indiens hat erst seit der Eröffnung des Suezkanals an Wichtigkeit für den europäischen Getreidehandel gewonnen.

Zur Ausfuhr gelangt der Überschuß der Erzeugung nur in solchen Jahren, wenn die Hauptnahrungsmittel der eingeborenen Bevölkerung, der Reis und Hirse, einen reichen Ertrag liefern.

Der Anbau des Weizens — denn nur dieser kommt in Betracht — erstreckt sich über Bengalien, die nordwestlichen Provinzen (Agra, Qudh, Patna und Rohilkand) und über Pundjab.

In der Präsidentschaft Bombay bauen die Gegenden von Sind, Dekan, Poona, Broach, Kolaba, Kathiawar, Karnatak den meisten Weizen.

Auf den Gebieten der eingeborenen Fürsten ist der Weizenanbau in Rajputana, Gujarat, Berar, Haidarabad (Nizzams Territory) am besten verbreitet.

Anbaufläche in Acres.

Jahr	Reis	Weizen	Gerste	Mais
1891/92	63 529 202	20 182 282	3 474 877	3 157 482
1892/93	65 743 882	21 484 889	4 659 181	5 442 436
1893/94	68 364 042	22 216 138	4 853 940	5 272 113
1894/95	69 280 303	22 761 308	7 189 420	5 055 971
1895/96	69 160 089	18 530 832	5 818 207	5 352 246
1896/97	66 276 488	16 182 295	6 341 384	5 780 056
1897/98	70 783 749	19 946 164	8 060 383	6 414 732
1898/99	74 778 045	20 225 111	7 072 867	6 144 240
1899/00	72 808 952	16 104 779	6 611 984	5 195 472
1900/01	69 026 273	20 103 024	7 562 608	5 849 583
1901/02	70 067 328	18 606 958	6 217 738	6 198 063
1902/03	71 596 561	19 615 382	6 549 877	6 331 816

Erntemenge in 1000 dz.

Jahr	Reis	Weizen	Gerste	Mais
1892/93	213 516	71 384	—	—
1893/94	233 246	73 853	—	—
1894/95	252 949	71 113	—	—
1895/96	211 012	54 667	—	—
1896/97	140 052	54 494	—	—
1897/98	253 177	73 241	—	—
1898/99	256 880	69 475	—	—
1899/00	229 403	54 431	—	—
1900/01	210 074	72 968	—	—
1901/02	195 233	61 883	—	—
1902/03	234 435	80 212	—	—

Ausfuhr in 1000 Cwts. à 50.803 kg.

Jahr	Reis	Weizen	Andere Körnerfrüchte
1890	27 099	13 802	?
1891	34 963	14 321	?
1892	33 167	30 307	2 916
1893	27 938	14 973	1 989
1894	24 650	12 157	2 251
1895	34 442	6 890	2 090
1896	35 162	10 004	2 517
1897	28 281	1 911	1 635
1898	26 835	2 392	1 246
1899	37 947	19 520	3 278
1900	32 278	9 704	2 108
1901	31 355	50	927
1902	34 035	7 322	1 855
1903	47 495	10 292	4 725
1904	44 911	25 911	?

Die größten Posten kommen im April, Mai und Juni*) zur Verschiffung und vermindert sich deren Menge mit dem Verlauf des Jahres.

Die Ausfuhr geht zumeist nach England, Belgien und Holland, neuestens kaufen auch Italien und Spanien indischen Weizen. Die bedeutendsten Ausfuhrhäfen sind: Bombay, Karachi und Kalkutta.**) Es kommen blos 4 Hauptsorten des Weizens in den Handel. Weicher, harter, weißer und roter Weizen. Die beste und in England beliebteste Sorte weißen weichen Weizens ist der „Pessy" aus den Zentral-Provinzen. Die anderen Sorten werden entweder nach ihrer Herkunft benannt, z. B. weißer Delhi oder aber laut ihrem Verschiffungshafen mit einem Zusatz, der ihre Qualität je nach dem Gehalt an Fremdstoffen (Beisatz) (4,5 %) bezeichnet. So kennen wir: roten Karachi, Club Kalkutta No. 1, 2, Club Delhi No. 1 und 2 usw. Im Binnenhandel wird dem Beisatz keine Wichtigkeit beigelegt, sondern blos gute Durchschnittsqualität (faqu) bedungen. An den Märkten im Innern des Landes verkauft man den Weizen per Rupie,***) d. h. es wird bestimmt, wieviel „Ser" Weizen man per Rupie bekommen kann.

Für die Ausfuhr handelt man den Weizen für 1 Cwt in Rupien, doch auch für 1 Maund (= 40 Ser) in Rupien. Die Packung erfolgt in Säcken von $2^1/_2$ Maund. Um beim Einkauf die für 1 Rupie in Ser ausgedrückte Notiz auf die im Ausfuhrhandel gebräuchliche Preisbestimmung umzurechnen, dividiert man die Zahl 50 q durch das um eine Rupie erhältliche und in „Ser" ausgedrückte Quantum.

Nach Europa wird der Weizen per 496 Pfd. engl. Nettogewicht in Shillings und Pence gehandelt, einschl. Fracht und Assekuranz, Umladung zu Lasten des Käufers.

Die Bezahlung erfolgt gegen die Tratten des Verkäufers und Aushändigung der Ladescheine.

---

*) Die Ernte findet im Februar—März statt.

**) Bombay für den Ertrag der Präsidentschaft, der Zentral-Provinzen und einem Teil der Nordwest-Provinzen.

Karachi für den Pandjab, Kalkutta für die Überschüsse aus den Nordwest-Provinzen (Qudh, Patna, Rohilkand).

***) 1 Rupie = 16 Annas und 12 Res. Ser = 2·2 Pfd. engl. = 0.933 kg.

Vereinigte Staaten von Nordamerika (U. S. o. N. A.,–Union).

Die Vereinigten Staaten von Nordamerika (United States of North America, U. S. o. N. A., abgekürzt U. S., auch Union genannt) standen bis 1904 unter den Ausfuhrstaaten an erster Stelle. Das Steigen des Bedarfes in den Vereinigten Staaten selbst hat einen gewaltigen Umschwung bewirkt und so kam es, daß in den letzten Monaten des Jahres 1904 eine Einfuhr kanadischen und auch russischen Weizens für den Bedarf der großen Ausfuhrmühlen stattfand.

Nach der amtlichen Zählung gab es in den Vereinigten Staaten von Amerika im Jahre 1899 5 739 657 Landgüter, deren Gesamtwert 16 674 694 247 $ betrug. Hiervon entfallen 3 560 198 191 $ oder rund 21 % auf Gebäudewerte und 13 114 496 056 $ oder rund 79 % auf Boden- und Kulturwerte. Die landwirtschaftlichen Geräte und Maschinen bewerteten sich auf 761 261 550 $ und der Viehbestand auf 3 078 050 041 $. Ein Landgut umfaßte durchschnittlich 146 Acres, wovon etwa die Hälfte bebaut wird. Seit 1850 hat sich die Anzahl der Landgüter vervierfacht und seit 1890 um 25 % vermehrt. Die sieben Staaten: Missouri, Iowa, Illinois, Indiana, Ohio, Pennsylvanien und Neuyork sind mit über 44 % an dem Gesamtwerte der Landgüter beteiligt und erbringen 38 % des Gesamtwertes aller Erzeugnisse. Texas hat die größte Anzahl Landgüter, nämlich 352 190 Stück, mit der größten Gesamtfläche von 125 807 117 Acres, wovon jedoch nur 15 % bebaut werden. 15 Staaten besitzen je mehr als 200 000 landwirtschaftliche Betriebe. Iowa hat den höchsten Prozentsatz an bebautem Land (86 %), demnächst folgt Illinois mit 84 %.

Der Gesamtwert der landwirtschaftlichen Erzeugnisse in den Vereinigten Staaten im Jahre 1899 betrug 4 739 118 752 $, wovon 1 718 990 221 $, also etwa $\frac{1}{3}$ den Wert der Erzeugnisse der Vieh-, Geflügel- und Bienenzucht, $\frac{2}{3}$ den Erntewert darstellen.

Der Gesamtwert des Eigentums der Landwirte war im Jahre 1899 5 mal so groß wie im Jahre 1850 und 28% größer als im Jahre 1890.*) Die Zunahme an Kulturland, Gebäuden und Urbarmachungen betrug $25{,}_{16}$%. Fast alle diese Fortschritte hat das Binnenland des Nordens und Südens aufzuweisen; der nördliche, am Atlantischen Ozean belegene Teil der Union dagegen hat eine Abnahme des landwirtschaftlichen Besitzes im Werte von 19 258 665 $ zu verzeichnen.

$86{,}_{16}$% von den vorhandenen Farmen wurden von weißen Landwirten bearbeitet, von denen $69{,}_{13}$% zugleich Besitzer waren. Farbige Landwirte bebauten $13{,}_4$% aller Landgüter; sie besaßen als Eigentum 27% der von ihnen bebauten Farmen.

Zu dem Gesamtwerte der Ernte im Jahre 1899 trugen bei die Halmfrüchte $49{,}_{11}$%, Heu und Futtermittel 16%, Baumwolle $12{,}_{13}$%, Gemüse einschließlich Kartoffeln, Bataten und Zwiebeln $7{,}_{19}$%, Obst $4{,}_4$%, Walderzeugnisse $3{,}_6$%, Tabak $1{,}_9$%, Zucker $1{,}_3$% und die sonstigen Erzeugnisse $3{,}_{15}$%.

Erträge der fünf Hauptgetreidearten:

	1904	1903	1902	1901	1900
			In 1000 Bushels		
Mais . . .	2 467 481	2 244 177	2 523 648	1 522 520	2 105 102
Weizen . .	552 399	637 822	670 063	748 460	522 230
Hafer . .	894 595	784 094	987 843	736 809	809 126
Gerste . .	139 749	131 861	134 954	109 933	58 926
Roggen . .	27 235	29 363	33 631	39 345	23 996
Summa . .	4 081 459	3 827 317	4 350 139	3 157 067	3 519 380.

Den Landwirten gezahlte Durchschnittspreise:

	1904	1903	1902	1901	1900	1899
			Cents für 1 Bushel			
Weizen . .	$92{,}_4$	$69{,}_5$	$63{,}_0$	$62{,}_4$	$61{,}_9$	$58{,}_4$
Roggen . .	$68{,}_8$	$54{,}_{15}$	$51{,}_4$	$55{,}_7$	$51{,}_2$	$51{,}_0$
Hafer . .	$31{,}_3$	$34{,}_{11}$	$30{,}_7$	$39{,}_{10}$	$25{,}_8$	$24{,}_9$
Gerste . .	$42{,}_0$	$45{,}_8$	$45{,}_9$	$45{,}_2$	$40{,}_8$	$40{,}_8$
Mais . . .	$44{,}_1$	$42{,}_5$	$40{,}_8$	$60{,}_6$	$35{,}_2$	$30{,}_3$.

Die Beteiligung der einzelnen Staaten an der Erzeugung geben die nachstehenden Aufstellungen:

---

*) Diese Zunahme ist zum guten Teil in der sorgfältigeren und zuverlässigeren Erhebung im Jahre 1900 zu suchen.

Weizenernten 1901 bis 1904:

Staaten	1904*)	1903	1902 Bushel	1901
Ohio . . .	17,6	28 303 515	36 333 379	33 532 551
Indiana . . .	12,5	23 994 030	35 484 448	31 932 890
Minnesota . .	68,3	70 652 597	79 752 404	80 102 627
Kansas . . .	65,0	87 249 567	45 827 495	99 079 304
Kalifornien . .	17,5	20 926 192	22 374 201	34 743 111ʹ
Illinois . . .	21,5	16 571 940	32 601 932	30 052 053
Norddakota .	53,9	55 240 580	62 872 241	59 310 669
Süddakota . .	31,6	47 252 994	43 973 033	51 662 307
Missouri . .	27,2	22 194 614	56 266 494	31 137 097
Michigan . .	6,9	15 524 862	18 693 218	13 702 939
Pennsylvanien .	21,8	26 038 444	24 628 171	28 660 797
Oregon . . .	14,1	12 438 827	15 512 460	17 158 065
Wisconsin . .	7,5	8 365 335	9 655 094	7 576 874
Nebraska . .	31,4	42 157 560	52 726 451	42 006 885
Washington .	32,1	19 986 345	23 672 187	34 518 968
Iowa	11,3	12 531 304	14 869 245	21 148 101
Zusammen	440,2	509 428 706	575 242 453	616 325 238
Andere Staaten	112,2	128 393 129	94 820 555	132 134 980
Summa	552,4	637 821 835	670 063 008	748 460 218.

Roggenernten 1901 bis 1903:

Staaten	1903	1902 Bushel	1901
Pennsylvanien . . .	5 746 525	6 076 160	6 099 176
Neuyork	2 404 974	2 884 262	2 431 427
Wisconsin . . .	5 235 806	6 209 633	5 121 549
Iowa	1 095 931	1 239 941	1 409 900
Kansas .	1 340 437	1 056 288	1 271 456
Illinois . . .	1 215 506	1 496 848	1 281 035
Minnesota . .	1 749 159	2 163 167	1 891 072
Michigan	2 286 622	2 779 655	2 195 998
New Jersey	937 420	1 125 286	1 039 620
Nebraska . . .	2 228 491	3 250 822	2 332 125
Ohio	233 708	272 772	266 074
	24 474 579	28 554 834	25 339 432

*) In Millionen Bushel.

Staaten		1903	1902 Bushel	1901
Übertrag		24 474 579	28 554 834	25 339 432
Kalifornien	. . .	837 421	808 908	845 914
Indiana	. .	469 350	574 606	598 546
Maryland	. . . .	284 028	293 174	314 122
Virginien	. . . . .	309 429	251 011	318 936
Zusammen	.	26 374 807	30 482 533	27 416 950
Andere Staaten	. .	2 988 609	3 148 059	2 927 880
Summa	.	29 363 416	33 630 592	30 344 830.

Gerstenernten 1901 bis 1903:

Staaten		1903	1902 Bushel	1901
Kalifornien	. . .	30 878 242	29 751 124	28 334 410
Iowa	. . . . .	11 294 923	13 505 024	12 493 368
Minnesota	. .	27 783 170	25 956 245	21 680 617
Wisconsin	. . .	13 393 975	16 508 630	13 419 256
Norddakota	. .	12 468 384	15 861 557	7 258 934
Neuyork	. .	2 915 786	3 359 210	1 683 808
Kansas	. .	4 387 845	2 223 024	2 187 252
Süddakota	.	10 656 438	8 927 754	6 522 566
Washington		6 158 257	6 121 278	5 803 118
Nebraska		1 704 262	2 033 256	1 188 688
Michigan		945 529	1 106 277	918 680
Oregon	. .	2 048 473	1 988 136	1 888 234
Ohio	. . .	686 977	1 024 007	766 422
Vermont	. .	393 382	384 734	372 279
Idaho	. . .	1 440 706	1 748 945	1 378 900
Zusammen	. .	127 156 349	130 497 201*)	105 896530**)
Andere Staaten	.	4 705 042	4 456 822	4 036 394
Summa	. .	131 861 391	134 954 023*)	109 932 924**)

*) Addition ergibt 130 499 201 und für die ganze Summe 134 956 023); die Differenz ist nicht aufzuklären.

**) Addition ergibt 105 896 532 und 109 932 926; die Differenz ist nicht aufzuklären.

Haferernten 1901 bis 1904:

Staaten	1904*)	1903	1902 Bushel	1901
Illinois . . .	117,3	98 525 762	153 450 423	112 531 903
Iowa	122,3	84 133 944	124 738 337	122 304 564
Minnesota . .	85,2	68 809 174	82 259 697	65 734 027
Wisconsin . .	86,7	79 688 846	95 037 810	66 647 381
Kansas . . .	16,9	26 011 753	31 529 128	17 332 410
Ohio	49,7	30 752 419	46 409 791	35 217 378
Missouri . .	16,3	17 401 783	27 816 165	10 197 746
Pennsylvanien	39,8	34 582 863	45 036 182	23 555 656
Neuyork . .	42,5	44 584 812	52 982 580	28 049 587
Michigan . .	32,2	29 602 995	40 340 137	28 745 003
Nebraska . .	57,9	59 426 658	62 121 601	39 065 222
Indiana . . .	42,4	29 457 705	48 565 685	39 633 022
Norddakota .	31,0	21 845 006	29 437 402	23 576 548
Süddakota . .	27,8	27 267 194	24 100 844	19 554 451
Texas . . .	28,7	32 475 613	20 807 361	13 662 578
Zusammen .	796,7	684 566 527	884 633 123	645 807 476
Andere Staaten	97,9	99 527 672	103 209 591	91 001 248
Summa .	894,6	784 094 199	987 842 714	736 808 724.

Maisernten 1901 bis 1904:

Staaten	1904**)	1903	1902 Bushel	1901
Iowa	303,1	229 821 220	297 686 016	230 264 550
Illinois . . .	344,1	264 087 431	372 436 416	198 025 713
Kansas . . .	134,6	171 687 014	222 805 621	61 506 034
Missouri . . .	151,5	202 839 584	264 232 605	66 436 376
Nebraska . .	261,0	172 379 532	252 520 173	109 141 840
Indiana . . .	143,4	142 580 886	171 332 142	87 753 541
Ohio	99,6	88 095 757	121 608 512	80 313 302
Texas . . .	136,7	140 750 733	44 867 415	60 050 996
Tennessee . .	80,9	75 283 778	73 081 329	45 129 588
Kentucky . .	86,8	82 545 546	90 093 357	49 575 178
	1741,7	1 569 468 481	1 910 663 586	988 197 118

*) In Millionen Bushel.
**) In Millionen Bushel.

Staaten	1904	1903	1902 Bushel	1901
Übertrag	1741,7	1 569 468 481	1 910 663 586	988 197 118
Pennsylvanien .	48,6	45 447 636	53 658 426	51 003 330
Arkansas .	48,3	48 212 663	50 655 042	18 702 122
Wisconsin . .	45,1	43 639 449	42 425 349	40 021 152
Michigan .	37,0	44 212 228	35 93 814	45 536 550
Minnesota . .	41,8	40 726 870	33 826 559	35 797 456
Zusammen .	1962,5	1 791 707 327	2 126 422 776	1 179 257 728
Andere Staaten	505,0	452 469 598	397 225 536	343 262 163
Summa	2467,5	2 244 176 925	2 523 648 312	1 522 519 891

Über Anbauflächen, Ernteertrag, Erntemenge, Ein- und Ausfuhr geben die folgenden 5 Übersichten Auskunft.

Anbaufläche in Acres à 40.467 Ar.

Jahr	Weizen	Roggen	Gerste	Hafer	Mais
1890	36 087 154	2 141 853	3 135 302	26 431 369	71 970 763
1891	39 916 897	2 176 466	3 352 579	25 581 861	76 204 515
1892	38 554 430	2 163 657	3 400 361	27 063 835	70 626 658
1893	34 629 418	2 038 485	3 220 371	27 273 033	72 036 465
1894	34 882 436	1 944 780	3 170 602	27 023 553	62 582 269
1895	34 047 332	1 890 345	3 299 973	27 878 406	82 075 830
1896	34 618 646	1 831 201	2 950 539	27 565 985	81 027 156
1897	39 465 066	1 703 561	2 719 116	25 730 375	80 095 051
1898	44 055 278	1 643 207	2 583 125	25 777 110	77 721 781
1899	44 592 516	1 659 308	2 878 229	26 341 380	82 108 587
1900	42 495 385	1 591 362	2 894 282	27 364 795	83 320 872
1901	49 895 514	1 987 505	4 295 744	28 541 476	91 349 928
1902	46 202 424	1 978 548	4 661 063	28 653 144	94 043 613
1903	49 464 967	1 906 894	4 993 137	27 638 126	88 091 993
1904	44 074 875	1 792 673	5 145 878	27 842 669	92 231 581

Ertrag per Acre in Bushel à 35.₂₈₇ Liter.

Ertrag per Acre in Bushel à 35.$_{287}$ Liter.

Jahr	Weizen	Roggen	Gerste	Hafer	Mais
1890	11·1	12·0	21·4	19·8	20·7
1891	15·3	14·6	26·2	28·9	27·0
1892	13·4	12·9	23·6	24·4	23·1
1893	11·4	13·0	21·7	23·4	22·5
1894	13·2	13·7	19·4	24·5	19·4
1895	13·7	14·4	26·4	·29·6	26·2
1896	12·4	13·3	23·6	25·7	28·2
1897	13·4	16·1	24·5	27·2	23·8
1898	15·3	15·6	21·6	28·4	24·8
1899	12·3	14·4	25·5	30·2	25·3
1900	12·3	15·1	20·4	29·6	25·3
1901	15·0	15·3	25·6	25·8	16·7
1902	14·5	17·0	29·0	ὅ4·5	26·8
1903	12·9	15·4	26·4	28·4	25·5
1904	12·5	15·2	27·2	32·1	26·8

Erntemenge in 1000 dz.

Jahr	Weizen	Roggen	Gerste	Hafer	Mais
1890	108 679	6 554	14 621	76 030	378 452
1891	166 536	8 068	18 902	107 215	523 279
1892	140 441	7 109	17 435	95 982	413 630
1893	107 8 7	6 748	15 210	92 762	411 353
1894	125 283	6 791	13 366	96 128	308 063
1895	127 145	6 915	18 955	119 709	546 389
1896	116 415	6 193	15 172	102 707	580 104
1897	144 306	6 951	14 517	101 461	483 353
1898	183 795	6 518	12 144	106 128	488 743
1899	148 954	6 087	15 567	115 567	527 882
1900	142 130	6 095	12 830	117 446	534 730
1901	203 701	7 708	23 935	106 949	386 744
1902	182 364	8 543	29 383	143 387	641 047
1903	173 590	7 462	28 710	113 810	566 066
1904	150 314	6 919	30 427	129 851	626 789

Der Weltgetreidehandel.   15

Einfuhr in 1000 dz.

Jahr	Weizen	Roggen	Gerste	Hafer	Mais
1890	43	50	2 468	3	1
1891	149	36	1 106	1	1
1892	670	21	685	3	4
1893	263	2	429	3	1
1894	321	—	172	1	1
1895	389	3	461	45	4
1896	574	—	182	7	1
1897	477	—	277	7	1
1898	557	8	27	1	1
1899	509	—	24	2	1
1900	86	—	41	6	1
1901	163	—	37	3	1
1902	32	—	12	4	5
1903	293	0	12	20	10
1904	2	8	20	25	4

Ausfuhr in 1000 dz.

Jahr	Weizen	Roggen	Gerste	Hafer	Mais
1890/91	15 005	85	212	138	7 816
1891/92	42 805	3 059	610	1 368	19 166
1892/93	31 878	375	661	346	11 694
1893/94	24 056	59	1 137	835	16 594
1894/95	20 712	2	341	83	7 034
1895/96	16 507	251	1 672	1 889	25 400
1896/97	21 654	2 174	4 361	5 094	44 939
1897/98	40 343	3 948	2 447	10 034	53 025
1898/99	37 948	2 576	494	4 400	44 221
1899/00	27 747	598	5 152	6 005	53 178
1900/01	35 942	591	1 370	5 392	45 169
1901/02	42 146	685	1 897	1 447	6 766
1902/03	31 076	1 378	1 835	670	19 009
1903/04	12 038	194	2 369	168	14 189

Die Erntezeiten sind die folgenden: Im Juni: Kalifornien, Oregon, Louisiana, Mississippi, Alabama, Georgia, Süd- und Nord-Karolina, Tennessee, Virginia, Kentucky, Kansas, Arkansas, Utah, Colorado, Missouri. Juli: Nebraska, Minnesota, Wisconsin, Iowa, Illinois, Indiana, Michigan, Ohio, Neuyork, Virginia. August: Hudsonbai.

An der Entwicklung des Getreidebaues sind nicht nur die Landwirte und die Regierung beteiligt, sondern auch der Getreidehandel nimmt daran eifrig teil, ferner führen die großen Eisenbahngesellschaften*) auch den längs ihren Linien brach liegenden Strecken eine ackerbautreibende Bevölkerung zu, um den Getreidebau zu fördern. Doch nicht nur hinsichtlich der Menge des Ertrages kann man auf die erwähnten Bestrebungen der Beteiligten hinweisen, auch die Verbesserung der Qualität des amerikanischen Getreides bildet ein Ziel ihrer Tätigkeit, was sie unter anderen durch Verteilung ausgewählten Saatgutes zu verwirklichen suchen.

Früher war der Ruf des in den Handel gelangenden amerikanischen Getreides untadelhaft, aber in den letzten Jahren sind soviel Bemängelungen vorgekommen, daß die Zeugnisse (Certificate) der Getreideschätzer (Inspektoren) nicht mehr als unanfechtbar hinsichtlich der Qualität des gelieferten Getreides gelten.

Von großer Bedeutung sind die Getreidespeicher (Elevatoren, öffentliche Lagerhäuser), die an allen Brennpunkten des Getreidebaues und in den Ausfuhrhäfen errichtet sind. Gerade diese Lagerhäuser sind es, die mit der Sonderung des Getreides nach seiner Güte (Beschaffenheit) dem amerikanischen Getreidehandel sein Wesen geben und trotz der großen Mengen, die auf den Markt gelangen, so einfach gestalten.

Natürlich darf auch nicht vergessen werden, daß dies bei den großen angebauten Flächen, auf den ein in Qualität gleichmäßigeres Getreide erzeugt wird, ohne Hindernis und Schaden möglich wird. In Ländern mit kleineren Anbauflächen und mit verschiedenem Klima wäre diese Einrichtung**) ein Ding der Unmöglichkeit. Der Landwirt liefert sein Getreide an das nächste

---

*) So hat die Southern Pacific im Laufe des letzten Jahres bei 70.000 Landwirtsfamilien im südöstlichen Texas und Louisiana angesiedelt.

**) Argentinien ahmt es nach, Rumänien auch mit weniger Erfolg, Rußland strebt auch darnach. In Ungarn will man diese Frage in Verbindung mit dem landwirtschaftlichen Credit lösen.

15*

Lagerhaus, dort wird es von dem Getreideschätzer besichtigt und eingeschätzt und dem Einlieferer ein Lagerschein (Certificat, Warrant) darüber ausgestellt. Auf Grund dieses Scheines verkauft der Landwirt das Getreide entweder der Lagerhaus-Gesellschaft, oder aber er läßt den Lagerschein (Warrant) an einer Börse zum Verkauf ausbieten, oft auch in einem Hafenplatze. Der Käufer bekommt dann nicht das eingelieferte Getreide, dessen Schein er übernimmt, sondern eine gleiche Menge von derselben Beschaffenheit (Qualität, Klasse, Grad), die in einem Lagerhaus am Orte des Verkaufes lagert.*)

Die Handelsplätze für Getreide lassen sich in zwei Gruppen teilen: 1. Binnenhandelsplätze, Hauptorte des Getreidebaues auch mit Durchgangs-(Transit-)Handel. 2. Hafenplätze mit Ausfuhrhandel (Export).

An beiden Arten von Handelsplätzen schließt man auch Termingeschäfte.

Zur ersten Gruppe gehören die sogenannten 8 Hauptplätze: Chicago (Illinois) der größte Getreidemarkt der Welt, Milwaukee (Wisconsin), Duluth (Minnesota), Minneapolis, Detroit (Michigan), Toledo und Cleveland (Ohio) und St. Louis. Zu dieser Gruppe gehören noch Buffalo (N. Y.) am Nordufer des Erie-Sees, St. Paul am Oberlauf des Mississippis, Kansas City im Mittelpunkt des Kansas-Weizenbaues.

Als Ausfuhrhäfen sind zu nennen: Neuyork, Newport-News, Boston, Philadelphia, Baltimore und Norfolk an der Küste des Atlantischen Ozeans. Ferner Neu-Orleans, Galveston und Port Arthur im Mexikanischen Golf. An der Küste des Stillen Ozeans ist blos San Francisco von Bedeutung, dessen Ausfuhr sich nach Australien und Asien richtet, doch erhält der englische Markt auch ganze Ladungen kalifornischen Weizens und Gerste.

Wie schon erwähnt, bildet die Abschätzung des Getreides und das darüber erteilte Zeugnis (Certificat) sowohl im Binnen handel (Domestic trade) als auch im Ausfuhrgeschäfte (Export trade) die Grundlage des Geschäftes.

Die Qualität des Getreides wird in englischen Pfunden für 1 Winchester Bushel ausgedrückt und der Preis**) für 1 Bushel in Cents festgesetzt, wobei man das Gewicht

---

*) Die Lagerhäuser gehören entweder einem Besitzer oder sie stehen miteinander im Wechselverhältnis (sie bilden ein System).

**) In San Francisco für 1 Cental = 100 Pfd. engl. (= 45.360 kg) in Cents.

des Bushel Weizen mit 60 engl. Pfd.

„ „ Roggen „ 56 „ „

„ „ Mais „ 56 „ „

„ „ Gerste „ 48 „ „

„ „ Hafer „ 32 „ „

annimmt.

Die Abschätzung des Getreides wird durch öffentliche Beamte und an den Handelsplätzen auch durch von den Börsen eigens hierzu Angestellte (Inspektoren) vorgenommen.

Den Oberbeamten des Lagerhauses (Inspector in chief), der die Unterbeamten selbständig anwirbt, ernennt der Börsenausschuß (Comittee on grain). Für jede Abschätzung bekommen die Beamten (Inspektoren) feste Gebühren. So zahlt man für jede Waggonladung 20 Cents und für jede Bootladung (canalboat) 20 $. Außer der Abschätzung des Getreides liegt den Beamten des Lagerhauses auch die Übernahme (Abwage) der ankommenden Getreidemengen ob, ebenso die Ablieferung der aus den Lagerhäusern, den Booten usw. gelangenden Mengen, sie üben also die Tätigkeit beeidigter Wäger aus.

Weizen war in Amerika nicht vor dem 16. Jahrhunderte bekannt und die Geschichte sagt, daß er unabsichtlich und ganz zufällig, zusammen mit Reis, durch Negersklaven, die Cortez gehörten, nach Mexiko eingeführt wurde. Zu derselben Zeit ungefähr wurde er auch nach Südamerika (Quito) gebracht.

Vor ungefähr 25 Jahren war in Amerika $^9/_{10}$ des ausgesäten Weizens noch Weichweizen, und kurz vorher erst wurden die ersten Versuche gemacht, den jetzt so bekannten Red hard Winter anzubauen. Die im Jahre 1874 aus Südrußland eingewanderten Mennoniten haben einige Saat des jetzt so beliebten Weizens mitgebracht, und sie haben auch verstanden, den richtigen Anbau für ihre Getreidesorte anzuwenden, weil sie die Kansas-Prärien in vielen Fällen den südrussischen Steppen ähnlich gefunden haben.

Auf Veranlassung des Ackerbauamts in Washington sind (nach einem Berichte des Kaiserlichen Deutschen Generalkonsulats in Neujork) vor einigen Jahren Versuche gemacht worden, in den Gebieten der Vereinigten Staaten, die sich durch besondere Trockenheit auszeichnen, die unter dem Namen „Harteroder Glasweizen, auch Makkaroniweizen" bekannte, besonders harte Fruchtsorte anzubauen, die nur geringe Feuchtigkeit in der Reifezeit beansprucht. Der Landstrich, um den es sich handelt, erstreckt sich in einer Breite von je etwa 100 englischen Meilen westlich und östlich vom hundertsten Längengrade, vom Staate North Dakota durch South Dakota, Nebraska, Kansas, Oklahoma nach Texas.

Die Versuche sind überraschend gut gelungen, indem der Gesamtertrag des fraglichen Landstrichs an Makkaroniweizen, der im Jahre 19 ·1 nur 75000 Bushels und im Jahre 1902 3000000 Bushels betragen hatte, im Jahre 1903 auf 10000000 Bushels gestiegen ist.

Die Landwirte in jenen bisher für Weizenkulturen wenig oder gar nicht ertragsfähigen Distrikten sind über den glänzenden Ernteausfall sehr erfreut.

Weniger erfreut ist man in den Kreisen der Mühlenbesitzer. Die Müller machen geltend, daß es ein großer Irrtum des Ackerbauamtes gewesen sei, den Anbau von Makkaroniweizen in den Vereinigten Staaten anzuregen, indem diese Weizensorte erheblich minderwertiger sei als der unter der Bezeichnung „No. 1 Northern Wheat" bekannte und im Handel besonders geschätzte Weizen, der bisher in den Staaten North und South Dakota, Minnesota, Kansas, Indiana und Ohio ausschließlich gebaut wurde. Außerdem — und dies ist offenbar der Hauptgesichtspunkt in der Beschwerde der Müller — soll es nicht möglich sein, den Makkaroniweizen, dessen Kern erheblich härter ist als der des gewöhnlichen Weizens, mit jenen Maschinen zu vermahlen, die zurzeit in fast allen amerikanischen Mühlen im Betriebe sind. Es müßten daher Änderungen in der Einrichtung der Mühlen vorgenommen werden, die erhebliche Kosten verursachen würden. Auch wird befürchtet, daß die Landwirte die härtere Weizensorte, um sie marktfähiger zu machen, mit gewöhnlichem Weizen vermengen werden, so daß eine Mischsorte zur Vermahlung kommen würde, deren Behandlung annähernd gleiche mechanische Schwierigkeiten böte wie der reine Hartweizen, deren Menge aber naturgemäß weit größer sein würde als die des letzteren.

Diese Befürchtung, die wohlbegründet erscheint, herrscht auch unter den Getreidehändlern vor. Letztere nehmen sogar an, daß schließlich auch der gute Ruf des amerikanischen Weizens in seiner Gesamtheit auf dem Weltmarkte Schaden erleiden und daß der amerikanische Weizen weniger marktfähig werden wird, sobald in größerem Umfange Vermengungen der fraglichen beiden Weizensorten vorgenommen werden sollten. Neuerlich aber steht man der Sache freundlicher gegenüber.

Von allen diesen Einwendungen gegen die neue amerikanische Getreideart ist für das Ausland hauptsächlich von Wichtigkeit, daß die amerikanischen Landwirte, wenn sie, wie zu erwarten ist, bei dem Absatze des Makkaroniweizens auf Schwierigkeiten stoßen, diesen Weizen mit anderen Weizensorten, besonders mit No. 1 Northern Wheat, vermengen werden. In amerikanischen Fachzeitschriften wird schon jetzt darauf hingewiesen, daß zurzeit überhaupt nur etwa 20 Mühlen in den Vereinigten Staaten sich darauf eingerichtet haben, Makkaroniweizen zu vermahlen, und daß diese nicht imstande seien, die ganze Ernte zu bewältigen. Die notwendige Folge hiervon wird also sein, daß man sich nach Absatzgebieten im Auslande umsieht, und man wird vor allem versuchen, den auf den Markt kommenden Mischweizen, gegen den sich die inländischen Mühlen am meisten sträuben, nach dem Auslande abzustoßen.

In diesem Zusammenhange ist eine Notiz besonders beachtenswert, die in der Zeitung „Journal of Commerce and Commercial Bulletin" erschienen ist, derzufolge das Statedepartment in Washington die amerikanischen Konsularbehörden in Europa, Nordafrika und Argentinien durch Rundschreiben angewiesen hat, ihre Bemühungen dahin eintreten zu lassen, daß der von den amerikanischen Landwirten in diesem Jahre in großen Mengen erzeugte Makkaroniweizen Absatz im Auslande findet.

Die Abschätzung (Gradierung) des Getreides erfolgt nach Klassen, die nachfolgend aufgeführt sind:

I. Weizen.*)

Weißer Winter-Weizen. No. 1 soll gesund, vollkörnig, trocken, gut gereinigt sein. Qualitätsgewicht mindestens 60 Pfd.

No. 2 gesund, trocken, ziemlich gereinigt und nicht mehr als 5 % roten Weizen enthalten. Qualitätsgewicht mindestens 58 Pfd. für 1 Bushel.

No. 3 ebensolcher Beschaffenheit mit 56½ Pfd. Mindest-Qualitätsgewicht.

No. 4. Hierher gehören alle weißen Winterweizen, die zufolge ihrer geringen Qualität, ihrer feuchten, schmutzigen Be-

---

*) Neuestens ist auch eine „Durma"-Weizen genannte Sorte aufgetaucht, die sich nur zur Erzeugung von Mehl für die Teigwarenfabrikation eignet. — Die deutschen Müller wurden vor dieser Sorte gewarnt.

schaffenheit für einen höheren Grad nicht geeignet sind und nicht weniger als 52 Pfund für 1 Bushel wiegen.

Roter Winter-Weizen. No. 1 wie weißer Winter-Weizen No. 1.

No. 2 darf nicht mehr als 10 % weißen Winter-Weizen enthalten, sonst wie dieser.

Solcher Weizen, der in jeder Hinsicht dem Weizen No. 2 entspricht, aber etwas weich und feucht ist, wird außerdem noch mit dem Worte „Steamer" bezeichnet. — Dieser eignet sich also nur zur rascheren Beförderung mit Dampfern (Steamer) nicht mit Segelschiffen.

No. 3, 4 so wie dieselben Klassen des weißen Weizens.

Gemischter Winter-Weizen. No. 1 ist roter und weißer gemischter Winter-Weizen und hat sonst dem No. 1 der anderen Weizensorten zu entsprechen. Ebenso verhält es sich mit den Graden No. 2, 3, 4 dieser Sorte.

Harter Winter-Weizen. No. 1 soll aus den harten Arten bestehen, gesund, trocken, gut gereinigt sein und nicht weniger als 61 Pfd. für 1 Bushel wiegen.

No. 2, ebensolcher Qualität, nur ziemlich gereinigt. Gewicht 59 Pfd.

No. 3 mit Mindestqualitätsgewicht von 57 Pfd.

No. 4, wie No. 4 der anderen Sorten. Mindest-Qualitätsgewicht 53 Pfd.

Westliche Weizen. No. 1. Weißer westlicher Weizen soll gesund, trocken und ziemlich rein sein.

No. 2 soll aus Weizen bestehen, der als No. 1 ungeeignet ist. Dieser Weizen kann auch ein wenig schmutzigen Weizen enthalten.

Diese Grade von Weizen haben die im Nordwesten und der Küste des Stillen Weltmeeres gewachsenen Weizen von Frühjahrs- oder Winteraussaat einzuschließen.

Sommer-Weizen (Spring wheat). No. 1. Harter Sommerweizen soll gesund, hell und gereinigt sein, zumeist aus hartem schottischen Fifeweizen bestehen und nicht weniger als 58 Pfd. wiegen.

No. 1. Nördlicher Sommerweizen. Dieser hat gesund, gut gereinigt zu sein und darf nicht weniger als 50 % der harten Arten des Sommerweizens enthalten. Mindestqualitätsgewicht 57 Pfd.

No. 2. Diese Sorte muß gesund, ziemlich rein sein und

darf nicht weniger als 40 % der harten Arten des Sommer-Weizens enthalten. Mindest-Qualitätsgewicht 56 Pfd.

No. 3 Sommer-Weizen soll alle minderwertigen, eingeschrumpften Sorten mit einem Mindestqualitätsgewicht von 54 Pfd. enthalten.

No. 4 soll alle Sommerweizen, die zufolge ihrer geringen Qualität, ihrer dumpfigen, feuchten, schmutzigen Beschaffenheit in eine höhere Klasse nicht passen und nicht weniger als 52 Pfd. wiegen, umfassen.

Makkaroni- (oder Gänse-)Weizen (Goose wheat).
No. 1 soll hell, gesund, gut gereinigt sein und aus Weizen, der als Reis- und / oder Gänse-Weizen bekannt ist, bestehen.
No. 2 ist schlechter als No. 1, aber gesund und aus gleichem Weizen bestehend wie dieser und kann auch gebleichten und eingeschrumpften Weizen enthalten.
No. 3 soll allen schlecht gebleichten oder schmutzigen Weizen enthalten, oder der aus einem anderen Grunde für No. 2 ungeeignet ist.

II. Mais.

Weißer Mais. No. 1 ist gesund, trocken, vollkörnig und gut gereinigt. Ein hier und da vorkommender Streifen farbiger Körner tut nichts zur Sache.

No. 2 soll gesund, trocken und ziemlich gereinigt sein und darf nicht mehr als 2 % gelben oder roten Mais enthalten.

No. 3 soll gesund, ziemlich trocken, ziemlich rein sein und nicht mehr als 2 % gelben oder roten Mais enthalten.

„Steamer" weißer Mais hat in Qualität No. 3 zu entsprechen, nur kann er etwas weicher sein.

No. 4 ist Mais, der zufolge seiner geringen Qualität, seiner feuchten oder schmutzigen Beschaffenheit für einen anderen Grad untauglich erscheint.

No. 1 gelber Mais soll gesund, trocken, vollkörnig und gut gereinigt sein. Ein hier und da vorkommendes weißes oder rotes Korn kann an dem Qualitätsgrade nichts ändern.

No. 2 soll gesund, trocken, ziemlich rein sein und nicht mehr als 5 % weiße oder rote Körner enthalten.

No. 3 soll gesund, ziemlich trocken, ziemlich rein sein und nicht mehr als 5 % weiße oder rote Körner enthalten.

„Steamer" gelber Mais entspricht in Qualität No. 3, kann aber weich sein.

No. 4 ist Mais, der seiner geringen Qualität und seiner feuchten, schmutzigen Beschaffenheit wegen für einen höheren Grad nicht taucht.

Mais No. 2 soll gemischter Mais sein, der trocken und ziemlich rein ist.

Mais, alter No. 3 ist gemischter Mais, der trocken, ziemlich rein, aber in Qualität schlechter als der als No. 2 beschriebene Mais ist.

Mais No. 3 ist gemischter Mais, gesund, ziemlich trocken und ziemlich rein.

„Steamer" gemischter Mais soll gemischter Mais sein, der in Qualität No. 3 entspricht, aber weicher ist.

No. 4 wie gelber Mais No. 4.

III. Hafer.

No. 1 weißer Hafer soll hell, gesund, ziemlich rein und frei von anderen Körnern sein. Mindestqualitätsgewicht 31 Pfd. für 1 Bushel.

No. 2 hat aus $\frac{7}{8}$ weißem Hafer, der ziemlich gesund, ziemlich rein und ziemlich frei von anderen Körnern ist, zu bestehen. Mindestqualitätsgewicht 29 Pfd.

Standard-Hafer hat aus $\frac{7}{8}$ weißem Hafer mit einem Mindestqualitätsgewicht von 28 Pfd. zu bestehen, doch in anderer Hinsicht nur wenig geringer als weißer Hafer No. 2.

No. 3, $\frac{7}{8}$ weißer Hafer, genügend gesund, genügend rein und genügend frei von anderen Körnern. Mindestqualitätsgewicht 26 Pfd.

No. 4. $\frac{7}{8}$ weißer Hafer, sonst wie bei dem No. 4 der anderen Getreidesorten.

Hafer No. 1 soll aus gemischtem Hafer bestehen, sonst wie weißer Hafer No. 1.

No. 2 besteht aus gemischtem Hafer, der ziemlich gesund, ziemlich rein, ziemlich frei von anderen Körnern ist und dessen Mindestqualitätsgewicht 28 Pfd. beträgt.

No. 3 gemischter Hafer, der in Qualität mit dem weißen Hafer No. 3 entspricht.

No. 4 umfaßt allen gemischten Hafer, sonst wie No. 4 der anderen Getreidesorten.

IV. Gedarrter Hafer (Clipped Oats).

Weißer gedarrter Hafer No. 1 soll aus gedarrtem, weißem Hafer bestehen, der hell, gesund, gut gereinigt und ziemlich frei von anderen Körnern ist. Mindestqualitätsgewicht 36 Pfd.

Wenn der Hafer ein wenig gefleckt ist, sonst aber der Qualität des Grades No. 1 entspricht, so kann er auch so abgeschätzt werden.

No. 2 besteht aus ⅛ weißem Hafer, der ziemlich gesund, ziemlich rein, ziemlich frei von anderen Körnern ist, aber bei einem Mindestqualitätsgewicht von 34 Pfd. ein wenig gefleckt ist.

No. 3. ⅛ weißer Hafer, der genügend gesund, rein und frei von anderen Körnern ist und dessen Mindestqualitätsgewicht 30 Pfd. beträgt.

No. 4 umschließt allen gedarrten Hafer mit ⅛ weißem Hafer, der in Qualität dem No. 4 der anderen Getreidesorten entspricht.

No. 2 gedarrter Hafer soll gemischter, gedarrter Hafer sein, ziemlich gesund, ziemlich rein, ziemlich frei von anderen Getreidesorten. Mindestqualitätsgewicht 32 Pfd.

No. 3 gemischter Hafer, wie weißer gedarrter Hafer No. 3.

No. 4 wie No. 4 der anderen Getreidesorten.

IV. Roggen.

No. 1 soll gesund, vollkörnig und gut gereinigt sein.

No. 2 soll gesund, ziemlich rein und ziemlich frei von anderen Körnern sein.

No. 3 soll ziemlich gesund, ziemlich rein und ziemlich frei von anderen Körnern sein.

No. 4 umschließt allen Roggen, dessen Qualität dem No. 4 aller anderen Getreidesorten entspricht.

Der Inspektor kann dem Qualitätsgrad auch die Bezeichnung „westlicher" (Western) vorsetzen, wenn Beweise vorhanden sind, daß der Roggen von solcher Herkunft ist.

V. Gerste.

No. 1 Westliche Gerste soll vollkörnig, hell, gesund, rein und frei von anderen Körnern sein. Mindestqualitätsgewicht 48 Pfd.

No. 2 soll gesund, hell sein, nicht dick genug für No. 1, ziemlich rein, frei von anderen Körnern. Mindestqualitätsgewicht 48 Pfd.

Extra No. 3 wie No. 2 in jeder Hinsicht, nur die Farbe kann dunkler sein.

No. 3 umfaßt eingeschrumpfte oder anders leicht beschädigte Gerste mit einem Mindestqualitätsgewicht von 44 Pfd.

No. 4 umfaßt alle westlichen Gersten in Qualität wie No. 4 anderer Sorten.

Chevalier-Gerste. No. 1, 2 und 3 entsprechen in jeder Hinsicht den No. 1, 2 und 3 der westlichen Gerste, nur müssen sie der Chevaliersorte angehören, die in Montana, Oregon und an der Küste des Stillen Ozeans gedeiht.

No. 1. Vierzeilige Gerste aus den Staaten soll hell, von einer natürlichen Farbe, vollkörnig, gesund, gut gereinigt sein. Mindestqualitätsgewicht 48 Pfd.

No. 2 soll vollkörnig, gesund, ziemlich rein sein, aber sie kann dabei auch etwas gefleckt sein. Mindestqualitätsgewicht 46½ Pfd.

No. 3 soll gesund, ziemlich rein, für Malz geeignet sein, sonst aber für No. 2 ungeeignet. Mindestqualitätsgewicht 44 Pfd.

No. 1 Zweizeilige Gerste aus den Staaten, die von einer hellen natürlichen Farbe, vollkörnig, gesund und gut gereinigt ist. Mindestqualitätsgewicht 49 Pfd.

No. 2 ist gesund, ziemlich rein, aber in Farbe nicht gut genug für No. 1. Mindestqualitätsgewicht 48 Pfd.

No. 3 soll gesund, für Malz geeignet, was aber die Farbe und Reinheit anbelangt, für No. 2 ungeeignet sein.

Ungradiertes Getreide.

Getreide aller Art und Sorte, das naß, erhitzt ist oder schwitzt, angebrannt oder rauchig ist oder aus irgend einem Grunde zur Lagerung nicht geeignet ist, wird als „ungradiert" (no grade) bezeichnet und abgeschätzt.

Bemerkungen. Getreide kanadischen Ursprungs kann ebenso wie jenes der Vereinigten Staaten abgeschätzt werden, muß aber unter Zollverschluß, also gesondert gehalten werden.

Wenn der Lagerhausbeamte (Inspektor) Getreide an Bord eines Schiffes untersucht, so hat er bei der Abschätzung auch die Jahreszeit, die Reisedauer und die klimatischen Verhältnisse des Bestimmungshafens zu berücksichtigen.

Neue Ware. Weizen kann als neue Ware bezeichnet werden, wenn der entsprechende Posten 80 % neuen Weizen enthält.

An den amerikanischen Getreidemärkten werden

I. Geschäfte in greifbarer Ware (Loko-Ware; — in warehouse, railroad elevator) gemacht, ferner in Ware, die sich im Hafen im Bote befindet, und Ware, die rollend oder schwimmend ist.

II. Geschäfte auf Lieferung (Future delivery).

1. Ware von bestimmter Qualität.

2. Während der Börsenzeit (call) und auf der Börse verkaufte Ware (mit übertragbarer Anweisung*) (Transferable order).

III. Börsengeschäfte für

1. Prompte Lieferung (Cash grain).

2. Termingeschäfte. Anweisung (Contract wheat, oats, corn).

Abwickelung der Geschäfte.

Loko-Ware. Die Übergabe des Lagerscheines Warehouse Receipt oder Railroad Elevator-Receipt wird als Ablieferung des Getreides betrachtet.

Bei der effektiven Übergabe sind — mit Ausnahme des Roggens — Mengen von mindestens 5000 Bushels zu liefern; der die Gesamtmenge ergänzende letzte Posten kann natürlich auch kleiner sein. Der Verkäufer kann von der Gesamtmenge 5 % mehr oder weniger liefern, doch ist die Abweichung (Differenz) mit ¼ Cent für 1 Bushel zu vergüten (regulieren). Im übrigen geschieht die Verrechnung der Abweichungen (Differenzen) zur Schlußnotierung am Tage der Lieferung.

In Bootladungen (Boat-load lots) noch schwimmend verkauftes Getreide ist in folgenden Mengen zur Ablieferung zu bringen:

Weizen	8000	Bushel
Mais	8500	„
Roggen		
Gerste	10 000	„
Hafer	10 000	„

In allen Fällen ist alles, was an Bord ist, zu übergeben, vorausgesetzt, daß der Überschuß nicht mehr als 5 % gegen die geschlossene Gesamtmenge beträgt. Solche Mehrlieferungen werden zum Tagespreise der Ablieferung verrechnet (reguliert). Diese Bestimmungen haben aber auf Bootladungen von bestimmter Menge keinen Bezug. Bei diesen hat der Käufer die Wahl, innerhalb gewisser Grenzen, mehr oder weniger zu übernehmen. Dieses Mehr oder Weniger wird zu jenem Preise verrechnet, der am Tage der endgültigen Bestimmung der Menge in Geltung ist.

Der Verkäufer hat das Recht, irgendwelches Getreide, das

---

*) Diese kann jedoch auch auf „Kontrakt"-Getreide lauten.

sich im Hafen von Neujork schwimmend befindet, zur Erledigung des Vertrages (Kontraktes) abzuliefern. Natürlich unter der Voraussetzung, daß dieses mit vertraglich festgesetztem Qualitätsgrade übereinstimmt. Wenn der Verkäufer so verfährt, so begibt sich der Inspektor an Bord des Bootes, untersucht die' Ware und beaufsichtigt ihre Ablieferung.

Wenn bessere Ware, als die vertraglich festgesetzte übergeben wird, so kann sie als lieferungsfähig betrachtet werden, wenn ihre Farbe und Qualität bei einer etwaigen Mischung mit der anderen (vertraglich gelieferten) den Wert dieser nicht vermindert.

1. Bezüglich des auf Lieferung verkauften Getreides von bestimmter Qualität gibt der folgende Schlußbrief-Text Aufklärung:

GRAIN CONTRACT.

NEW YORK,..................19

In consideration of one dollar in hand paid, the receipt of which is hereby acknowledged,..... .....have this day SOLD TO (or BOUGHT FROM) .... bushels of .... New York Inspection, at........cents per bushel........deliverable at seller's (or buyer's) option................19

This contract is made in view of, and in all respect subjects to, the By-Laws and Rules established by the New York Produce Exchange, in force at this date.

2. Beim Verkauf von Vertrags(Kontrakt)-Getreide (Weizen, Hafer, Mais) ist, wenn nichts anderes angegeben wird, in Erfüllung des Vertrages zu liefern.

a) Weizen in Mengen von 5000 Bushels:
Roter Winter-Weizen No. 2.
Nördlicher Sommer-Weizen No. 1.
Harter Sommer-Weizen No. 1.
oder mit einer Entschädigung (Bonifikation) von 2 Cents für 1 Bushel.
Winter-Weizen No 2.
Weißer Weizen No. 2.
mit 5 Cents Entschädigung (Bonifikation):
Roter Winter-Weizen No. 3.
Nördlicher Sommer-Weizen No. 2.
mit 7 Cents Entschädigung (Bonifikation).
Harter Winterweizen No. 3.
b) Hafer in Mengen von 5000 Bushels:
Weißer „clipped" Hafer No. 1.

Weißer „clipped" Hafer No. 2.

„   „   „   „ 3.

„   Hafer No. 1.

„   „ oder „Standard"-Hafer

oder mit einer Entschädigung (Bonifikation) von 1 Cent per Bushel:

Weißer „clipped" Hafer No. 3.

„   „   „   „ 3.

c) Mais in Mengen von 5000 Bushels:

Weißer Mais No. 1.

„   „   „ 2.

Gelber „   „ 1.

„   „   „ 2.

Mais No. 3 oder

Alter Mais No. 3 mit einer Entschädigung (Bonifikation) von 1 Cent für 1 Bushel.

In den Monaten September, Oktober, November, Dezember Januar und Februar mit einer Entschädigung (Bonifikation) von 3 Cents für 1 Bushel:

Weißer Mais No. 3.

Gelber   „   „ 3.

Mais No. 3.

In den Monaten von März—August mit einer Entschädigung (Bonifikation) von 5 Cents.

Weißer Mais No. 3.

Gelber   „   „ 3.

Mais No. 3.

1. Für die während der Börsenzeit (call) von $10._{30}$ Uhr vormittags bis $2._{15}$ Uhr nachmittags geschlossenen Geschäfte bestehen an der Neuyorker Börse folgende Vorschriften:

a) Wenn das Gebot nicht anders lautet, so kommen Mengen von 5000 Bushels zum Verkauf. Ist die angebotene Menge größer, so kann sie nur ein Mehrfaches der 5000 Bushels sein.

b) Die Preise werden für 1 Bushel in Cents und dessen Bruchteile festgesetzt; kleiner als ⅛ Cent kann der Bruchteil nicht sein.

c) Gegen Kassa verkauftes Getreide (Cash Grain) ist noch am selben Tage bis nachmittags 3 Uhr abzuliefern.

2. Bei *Lieferungsgeschäften* hat der Verkäufer eine übertragbare (girierbare) Anweisung (Transferable order) auf sich selbst bis 12 Uhr 30 Min. auszustellen. Diese kann jeder Girant nur 15 Minuten bei sich behalten. Die Zeit der Weitergabe ist genau

zu vermerken. Der letzte Girant hat diese Anweisung um 2 Uhr desselben Tages vorzulegen und gibt ihm der Verkäufer dafür eine besondere Anweisung über das den Gegenstand des Handels bildende Getreide.

Wird die übertragbare (girierbare) Anweisung nicht am Tage der Ausstellung vorgelegt, so hat der letzte Girant dem Verkäufer für alle Spesen und Auslagen, die zufolge der Verspätung entstanden sind, so auch Zinsen und Versicherung (Assekuranz) aufzukommen.

Wenn der Käufer die Ware nicht annehmen will, so hat er den Verkäufer bis 11 Uhr vormittags des nächsten Geschäftstages davon zu verständigen. — Wenn dieser die Zurückweisung nicht anerkennen will, so verweist er die Angelegenheit an das Schiedsgericht (Committee on Grain).

Der Verrechnungs-(Regulierungs-)preis für Getreide, das auf Grund solcher girierbarer Anweisungen zu liefern ist, ist der amtliche Schlußpreis des vorherigen Geschäftstages für Getreide der gleichen Lieferzeit.

Es ist noch zu bemerken, daß, wenn eine übertragbare (girierbare) Anweisung auf „Contract" Wheat, Corn oder Oats lautet, so muß es eine bestimmte Klasse des Getreides angeben und wenigstens eine Klasse jener Getreidesorten, die bei den Geschäften in Kontrakt-Getreide als lieferbar bezeichnet wurden.

Das nachfolgende Formular gibt weitere Aufklärung:

NEW YORK PRODUCE EXCHANGE.

Transferable Order for......... Bushels.........Settlement price............

NEW YORK.................... 19

M................................

Deliver to the order of M....................

................................Bushels....................which is to be received by the last endorser hereon, who must pay..............for the same at the rate of..............cents per bushel CASH, except as provided in Rule 10 of the Grain Rules.

The condition upon which this transferable order is given and received is that it may be passed by endorsement, under the provisions of Rule 10 of the Grain Rules, in accordance with subjoined contract.

New York.............................19

In consideration of one dollar paid by the drawer of the above order to each receiver thereof, the receipt of which is hereby acknowledged, it is agreed that the last receiver will, by 2:30 P. M. this day, present the said order to THE PARTY ISSUING THE SAME, in accordance with Rule 10 of the Grain Rules, and receive and pay for the Grain delivered thereon at the rate of.................cents per bushel.

It is further agreed that each receiver of this order shall continue his or their liability to each other for the fulfillment of the contracts referred to, until the above Grain is delivered and paid for.

Transfers of this order, subject to all the foregoing conditions and obligations, may be made by proper endorsements on the subjoined blank.

Each party to this order shall adjust differences to the contract price through the Claering House on the succeeding business day.

TIME.	ACCEPTED BY.	DELIVERED TO.

Verzug. 1. Wenn der Verkäufer die für einen bestimmten Lieferungstermin verkaufte Ware nicht liefert, so verständigt der Käufer das Börsenschiedsgericht (Committee on grain), daß er das Getreide für Rechnung der bei dem in Rede stehenden Geschäfte beteiligten Parteien während der Börsenzeit einkauft; es kann jedoch dafür kein solcher Preis gezahlt werden, der zufolge eines fictiven Verkehrs, eines jeder Grundlage entbehrenden Verhältnisses des Angebots zur Nachfrage, entstanden ist.

Für jeden Verlust, der den Käufer trifft, bleibt der Verkäufer verantwortlich; das eingekaufte Getreide dient zur Erledigung der nicht erfüllten, am selben Tage ablaufenden Schlüsse.

2. Wenn der Käufer das rechtzeitige und in Ordnung vorgewiesene Getreide nicht übernimmt und nicht bezahlt, so steht es dem Verkäufer zu — damit er seine Rechte dem Käufer gegenüber wahre — das Getreide binnen 24 Stunden zu verkaufen. Der Käufer wird hiervon binnen einer Stunde verständigt und hat er für alle Verluste aufzukommen.

Sicherstellung. Die Vertragsschließenden können es gegenseitig verlangen, daß zur Deckung der entstehenden Preisunterschiede bei Weizen, Roggen und Gerste 10 Cents, bei Mais

Der Weltgetreidehandel.   16

und Hafer 5 Cents für jedes Bushel hinterlegt (deponiert) werden. Bei Lieferungsgeschäften (Termingeschäften) kann eine weitere Hinterlegung, je nach den Schwankungen (Fluktuationen) des Marktpreises gefordert werden.

Wurde ursprünglich keine Hinterlegung vereinbart, so kann doch von Zeit zu Zeit die Hinterlegung von 1 Cent für jedes Bushel über oder unter der laufenden Notierung gefordert werden. Die Hinterlegung hat bei einer von der Finanz-Kommission der Börse bezeichneten Bank zu geschehen.

Die Partei, die die Hinterlegung des Preisunterschiedes (Differenz) fordert, hat auf Ordre der Bank einen Scheck auszustellen und diesen dem Aufseher der Börse zuzusenden, dieser hinterlegt den Scheck und gibt eine Bestätigung über die Hinterlegung, die auf Verfügung des Aufsehers dem Käufer oder Verkäufer auszuzahlen ist. Diese Bestätigung läßt der Aufseher der hinterlegenden (deponierenden) Partei zugehen, eine Abschrift (Kopie) an die die Hinterlegung (Depôt) fordernde Partei.

Bei der Verrechnung füllt der Aufseher den Scheck, oberhalb der darauf befindlichen Unterschrift, mit jenem Betrage aus, der ihm von beiden Parteien mitgeteilt wird. Wenn diese Mitteilungen nicht übereinstimmen, so wird die Angelegenheit dem Sachverständigen-Ausschuß überwiesen.

Der Ausgleich von Preisunterschieden (Differenzen), die bei Verrechnung von Termingeschäften, Lieferungsgeschäften entstehen, erfolgt nach folgenden Regeln:

Die Vertragsschließenden senden an die als Clearing-House-Bank bezeichnete Bank beim Abschluß des Geschäftes in einem geschlossenen, an die Gegenpartei überschriebenen Briefumschlage einen Zettel folgenden Inhaltes:

CONFIRMATION SLIP.

NEW YORK................................19

I (or we) hereby confirm sales (or purchases) made by me (or us) to-day, under the Rules of the New York Produce Exchange and either party may at any time demand a contract in place hereof as provided by the By-Laws in lieu of this slip, as follows;

To, (or from)..

AMOUNT.	DELIVERY.	KIND OF PROPERTY.	PRICE.

Dieser ersetzt den formellen Austausch von Verträgen (Kontrakten). Bei übertragbaren (girierbaren) Anweisungen oder Ringen, wo Ausgleiche fällig sind, genügt die Einsendung folgenden Zettels:

COMPARISON SLIP.

NEW YORK .... 19....

We owe you (or we claim from jan), differences to be adjusted through the Clearing House $ ....

Unterschrift: ....

Der Abrechnungspreis für Ringe ist der amtliche (offizielle) Schlußpreis des Tages, der dem Abschluß des Ringes vorangeht, und geschieht die Abrechnung auf Grund des ältesten offenen Vertrages (Kontraktes). (Wenn mehrere Verträge desselben Tages (Datums) vorliegen, so wird der Vertrag zum höchsten Preise zuerst beglichen (liquidiert).)

Die Abrechnung fordernden Parteien haben der Bank eine Aufstellung zu schicken, in der sie ihre Forderungen gegen Mitglieder der Börse oder ihre Zahlungsverpflichtungen an solche einzeln (detailliert) aufgeben.

Weist diese Aufstellung einen Saldo zu ihren Lasten auf, so ist der Aufstellung ein Scheck über diesen Betrag auf Ordre der Bank beizulegen.

Weist die Aufstellung ein Guthaben (Saldo) zu ihren Gunsten auf, so ist der Scheck auf Ordre der Partei auf die Bank zu ziehen.

Gebühren (Provision und Sensarie). 1. Für den Kauf oder Verkauf, und für den Kauf und Verkauf von Getreide auf Lieferung, gleich ob der Vertrag (Kontrakt) für Kauf oder Verkauf zuerst gemacht wurde, ist an Gebühren (Provision) für Getreide aller Art in Mengen von 5000 Bushel oder deren Vielfaches, nicht weniger als $1/_8$ Cent für jedes Bushel zu entrichten. Eine Ausnahme bildet der Fall, wenn das Geschäft für Mitglieder der Börse gemacht wird, weil dann nur $1/_{16}$ Cent für jedes Bushel gerechnet wird.

Wenn ein Börsenmitglied oder dessen ständiger Angestellte hinsichtlich des Geschäftsabschlusses an der Börse Aufträge erteilt, so kann nicht weniger als $ 2.50 für je 5000 Bushel berechnet werden.

Ferner, wenn Börsenmitglieder die Geschäfte persönlich abschließen, dessen Erledigung aber anderen Firmen überlassen

16*

so können für je 5000 Bushel nicht weniger als 75 Cents bezahlt werden.

(Beim Handel in prompter Ware, auf Lager abgeliefert, oder fob (Seeküste), cif fremder Häfen, auf Grund der Neuyorker Lieferungsverträge, kann der Käufer oder Verkäufer diese frei von Kommission zu Ende führen.)

Für den Kauf und Verkauf von Getreide auf Lieferung ist eine Mäklergebühr (Sensarie) von $62\,^1/_2$ Cents für jede 5000 Bushel festgesetzt.

2. Die Kommission für den Verkauf von in Konsignation gesandtem Getreide beträgt mindestens $^1/_2$ Cent, u. z. bei Weizen, Mais, Hafer und Futtergerste. 1 Cent bei Buchweizen, Roggen und Braugerste.

Für Börsenmitglieder wird blos die Hälfte obiger Sätze berechnet.

Bei Geschäften, die mit Vorschüssen verbunden sind, berechnet man nicht weniger als $^1/_8$ Cent, wenn das Geschäft für Börsenmitglieder gemacht wird, $^1/_4$ Cent für andere Auftraggeber. Für Zinsen kann der Kommissionär blos 4% berechnen.

Die Mäklergebühr (Sensarie) für Cif-Geschäfte beträgt $^1/_8$ Cent für jedes Bushel; bei Waggonladungen $ 1.50 für jeden Waggon, Wenn das Getreide nicht für die Ausfuhr bestimmt ist, so berechnet man wenigstens $^1/_8$ Cent.

Für alle andere Arten von Geschäften in prompter Ware wird für Mäklergebühr (Sensarie) für jedes Bushel bei Mais und Hafer $^1/_{16}$ Cent, Weizen, Roggen, Buchweizen und Gerste $^1/_8$ Cent berechnet.

Natürlich steht es jedermann frei auch höhere Sätze, sowohl hinsichtlich der Kommission, als auch hinsichtlich der Sensarie, zu vereinbaren.

Die Sätze der Lagerhäuser (Elevatoren) betragen:

Feste Lagerhäuser (Stationäre Elevatoren).

Übernahme, Abwage und Löschung von gesundem Getreide, einschließlich Lagerung für die ersten 10 Tage oder einen Teil derselben $^5/_8$ Cent für 1 Bushel.

Für die folgenden 10 Tage $^1/_4$ „ „ 1 „

Übernahme aus Kanalbooten für je 1000 Bushel $ 1.50

Ladung von Seeschiffen „ „ 1000 „ $ 2.—

Sondergebühr nach Lieferung zu Seeschiffen $^1/_4$ Cent für 1 Bushel.

Reinigung bei Übernahme oder Übergabe $^1/_8$ „   „ 1 „

„   und Mischung bei Übernahme

und Übergabe $^1/_8$ „   „ 1 „

Schwimmende Lagerhäuser (Elevatoren):

Übernahme, Abwage, Löschung für je 1000 Bushel		$ 6.25
Ladung eines Kanalbootes „ „ 1000 „		„ 1.50
„ „ Seeschiffes „ „ 1000 „		„ 2.—
Förderung durch das Becherwerk		
(Elevator) „ „ 1000 „		„ 5.—

Die im Hafen von Neuyork befindlichen Lagerhäuser (Elevatoren) können 15 980 000 Bushels Getreide fassen und stündlich 502 000 Bushel fördern.

Ausfuhr-(Export) Handel.*) Außer den bereits mitgeteilten Gebräuchen haben wir hinsichtlich der Beschaffenheit und Menge der zur Ausfuhr kommenden Ware folgendes zu bemerken:

Der Verkauf geschieht entweder mit einer bestimmten (voll garantiérten) Menge (full contrakt guaranteed) oder mit einer zulässigen Abweichung (Differenz) von 1% (contract within 1%).

Im ersten Falle verpflichtet sich der Verkäufer zur Ablieferung der ganzen verladenen Menge; jeder Fehlbetrag (Manko) wird vergütet.

Im zweiten Falle vergütet der Verkäufer nur jenen Fehlbetrag (Manko), der 1% der Menge übersteigt.

Die Qualität wird tale quale oder auf Grund amerikanischer Bedingungen (American Terms) vereinbart, ferner laut Amerikanischen Rye Terms, schließlich laut Muster (as per sample).

Tale quale: Die Ware ist, wie sie ankommt, zu übernehmen.

Rye Terms: Für die Qualität wird Gewähr übernommen, ausgenommen Mängel, die unterwegs entstehen.

Laut Muster: Die Ware hat dem Muster zu entsprechen.

---

*) Siehe auch die Londoner Platzgebräuche.

Kanada.

Kanada ist vielleicht bestimmt, hinsichtlich des Weizenbaues die erste Stelle auf dem Weltmarkt einzunehmen. In den letzten 20—30 Jahren sind weite, für den Weizenbau ungemein geeignete Ländereien in Manitoba und in den nordwestlichen Gebieten Kanadas zu Ansiedelungszwecken freigegeben worden. Die Ansiedler, die aus Großbritannien, den Vereinigten Staaten und aus den dichter bevölkerten Teilen Kanadas kamen, bauten sehr ausgedehnte Flächen an. Die gesamte unter Weizen stehende Anbaufläche beträgt etwa 3 750 000 Acres, die etwa 94 000 000 Bushel oder 25 Bushel auf 1 Acre ergeben. In günstigen Jahren, wie es 1898 und 1900 waren, belief sich die Ausfuhr von kanadischem Weizen und Weizenmehl auf 24 689 698 und 20 365 393 Bushel. In Manitoba allein werden über 2 Millionen Acres Weizenland bebaut und hiervon werden $50^1/_2$ Millionen Bushel geerntet. Kanada führt auch große Mengen Hafer, Gerste, Mais, Kartoffeln und andere landwirtschaftliche Erzeugnisse aus. Die Regierung macht große Anstrengungen, um den Landwirten die Ansiedelung zu erleichtern. Große Aufmerksamkeit wird den Verkehrswegen und den Lagerhäusern für Getreide (Elevatoren) gewidmet. Der Wetteifer der einzelnen Eisenbahngesellschaften*) äußert sich in der Erniedrigung der Frachtsätze, die soweit geht, daß die Getreidehändler der Vereinigten Staaten ihr Getreide auf den kanadischen Eisenbahnen (Canadian Pacific Railway) oft nach Montreal schicken, um es von dort nach Europa zu verschiffen. Dann ermäßigen die amerikanischen Bahnen (Grand Trunk) ihre Sätze ab Buffalo, daß die Ausfuhr wieder ihren Weg über Neuyork nimmt.

Die Ausfuhr richtet sich nach England, Holland, Dänemark, Schweden-Norwegen; neuestens eroberten die kanadischen Getreideproduzenten auch Japan als Absatzgebiet.**)

---

*) Sie gehen sogar so weit, daß sie selbst große Strecken Landes neben ihren Strecken dem Getreidebau widmen. Die Canadian Pacific Railway Company hat die Absicht, 2 500 000 Acres Land zu diesem Zweck zu kaufen.

**) Seit dem deutsch-kanadischen Zollkriege kommt sehr wenig Getreide nach Deutschland.

Die Weizenernte betrug 1904 (1903 in Klammern) in Ontario
13 993 495 Bushels (21 893 470), Manitoba 39 000 000 (40 116 878),
Nordwest-Gebieten 20 340 000 (16 029 149), Neubraunschweig
450 000 (456 245), zusammen 73 783 495 (78 495 742). Im Jahre
1905 rechnete man auf ein Ertägnis in Bushels (in Klammer
Doppelzentner) Weizen 106 300 000 (29 000 000), Roggen 1 800 000
(400 000), Gerste 42 300 000 (9 400 000), Hafer 175 600 000 (26 200 000).

Anbaufläche in Acres.

Jahr	Weizen	Gerste	Hafer	Mais
1890	2 327 152	737 578	2 309 316	223 836
1891	2 277 254	642 994	2 146 280	241 219
1892	2 493 814	546 869	2 194 443	183 426
1893	2 274 315	582 077 ,	2 325 173	217 294
1894	2 019 194	605 789	2 756 452	267 348
1895	2 107 432	621 885	2 855 967	303 933
1896	2 131 914	590 677	2 867 552	318 427
1897	2 564 409	604 781	2 900 632	335 030
1898	3 262 344	619 296	3 182 440	330 748
1899	3 469 068	692 682	3 253 892	333 590
1900	3 342 672	755 018	3 182 373	330 772
1901	3 821 177	857 308	3 511 768	323 923
1902	3 740 007	1 032 092	3 708 098	371 950
1903	3 356 419	1 036 376	3 501 396	378 924
1904				

Ertrag in Millionen Doppelzentner.

Jahr	Weizen	Gerste	Hafer	Mais
1897	13,9	3,3	14,9	4,3
1898	17,5	3,7	16,0	5,9
1899	16,4	4,4	17,3	5,5
1900	14,5	4,4	14,8	6,8
1901	23,1	5,2	15,9	6,2
1902	25,6	7,7	22,7	5,1
1903	21,5			

Erntemenge in 1000 dz.

Jahr	Weizen	Gerste	Hafer	Mais
1890	10 181	3 238	8 060	2 498
1891	15 180	4 211	13 031	?
1892	11 767	3 289	11 091	2 855
1893	10 164	2 691	9 930	3 575
1894	10 084	3 040	11 914	4 134
1895	13 445	3 862	15 568	6 305
1896	8 973	3 449	13 855	6 115
1897	12 824	3 311	14 072	6 265
1898	15 607	3 689	15 120	5 955
1899	13 446	4 400	16 288	5 505
1900	11 794	4 322	14 298	6 882
1901	19 580	5 072	15 405	6 309
1902	21 544	7 346	20 453	5 210
1903	16 877	7 203	20 794	7 440
1904				

Ausfuhr in 1000 Bushels à 36 · 348 Liter.

Jahr	Weizen	Roggen und Gerste	Hafer	Mehl
1890	2 581	10 481	847	150
1891	4 539	5 272	346	313
1892	13 659	7 801	6 440	399
1893	13 008	2 343	7 278	431
1894	14 180	802	3 360	480
1895	11 946	1 771	936	325
1896	13 219	891	1 002	244
1897	18 141	2 313	7 248	482
1898	23 915	2 068	10 926	1 255
1899	17 469	1 283	11 098	809
1900	22 457	3 121	8 060	771
1901	18 936	3 659	10 122	1 122
1902	36 446	1 261	5 187	1 087
1903	38 999	2 152	7 753	1 288

Einfuhr in 1000 Bushels à 36 · 348 Liter.

Jahr	Weizen	Andere Getreidearten	Mehl
1890	2 845	11 116	185
1891	2 571	6 519	66
1892	5 050	6 300	55
1893	4 156	5 622	53
1894	4 762	12 973	88
1895	3 849	3 454	149
1896	4 060	6 951	100
1897	5 845	13 224	85
1898	4 414	21 962	41
1899	8 111	25 559	71
1900	5 947	20 022	57
1901	8 417	17 948	51
1902	9 487	5 749	51
1903	7 297	7 880	35

An erster Stelle steht bezüglich Fruchtbarkeit Manitoba mit seinem reichen Ertrag an Weizen und Hafer. — Quebek, Ontario, Neubraunschweig haben einen besonders vorzüglichen Boden und gedeihen alle Getreidearten. Auf der „Prinz Eduard Insel" baut man Hafer, Weizen in genügender Menge, ebenso Gerste und Buchweizen. Neu-Schottland liefert Hafer, Gerste und Buchweizen.

Assiniboine, Saskatschewan, Alberta, Athabasca haben noch wenig bebautes Land und ein unentwickeltes Verkehrsnetz, erst in neuester Zeit kommen größere Strecken unter den Pflug.

In Britisch-Kolumbien ist nur im westlichen Teile Getreidebau vorhanden.

Außer Montreal sind als bedeutende Getreidehandelsplätze zu erwähnen: Winnipeg, die Hauptstadt Manitobas, Quebek, Toronto und Halifax.

Die Notierung der Preise geschieht für 1 Imp. Bushel oder nach dem Gewicht in Cents. Man rechnet für 1 Imp. Bushel Weizen 60, Roggen und Mais 56, Gerste 48, Hafer 34 Pfund engl. Die Qualität wird wie in den Vereinigten Staaten bestimmt, ebenso wird auch die Einschätzung (Gradierung) der einzelnen Arten und Sorten auf ähnlicher Grundlage wie dort durchgeführt.

Bisweilen kommt auch noch das alte Pariser Minot (39,0251) als Getreidemaß in Anwendung, natürlich unter den Landwirten der einst im französischen Besitz gestandenen Landstriche Kanadas. Die bekannteste Weizensorte ist der Manitoba-Weizen, der von sehr guter Beschaffenheit ist.

Im Staats-Rechnungsjahre (1. Juli bis 30. Juni) 1903/4 wurde ausgeführt im Werte von Dollars: Weizen 13 465 351 (1902/3: 24 566 703), Weizenmehl 6 129 226 (4 699 143), Hafer 1 603 104 (2 583 151), außerdem Wiederausfuhr fremder Waren Weizen 4 760 174 (4 522 078), Maïs 2 730 762 (1 049 276).

Argentinien.

Argentinien ist das einzige südamerikanische Land, das Getreide für die Ausfuhr in großem Umfange baut. Seine anbaufähige Landfläche beträgt etwas über 100 000 000 ha.

Die Ansicht, daß Argentinien erst vor einem Vierteljahrhundert in die Reihe der Ausfuhrstaaten getreten sei, ist eigentlich nicht richtig. Nach Ch. Wiener (La République Argentine, Paris 1899) hat Buenos Aires schon im Jahre 1597 151 t und 1599 245 t Mehl nach Brasilien ausgeführt. Die schlechte Verwaltung Spaniens hinderte aber jeden Aufschwung der Landwirtschaft; die Bevölkerung belief sich 1744 auf kaum 20 000. Erst die Erhebung des Laplata-Gebietes mit Buenos Aires als Hauptstadt zu einem selbständigen Vizekönigreich im Jahre 1776 brachte eine ansehnliche Zunahme der Bevölkerung. Diese betrug 1800: 170 000 und überschritt zur Zeit der Unabhängigkeitserklärung (25. Mai 1810) bereits die Zahl von 400 000. Diese außerordentliche Zunahme hatte zur Folge, daß sich Argentinien aus einem Weizenausfuhrin ein Weizeneinfuhrland verwandelte. Der Getreidebau wurde immer mehr vernachlässigt, weil die bequemere Viehweidewirtschaft sehr guten Nutzen gab. Karl Friedrich (Die Laplataländer, Hamburg 1884) beschreibt die urwüchsigen Einrichtungen der argentinischen Landwirtschaft wie folgt: „Der Pflug besteht aus einem 75 cm langen und 15 cm breiten Stück Holz, das mit einer nach unten gekehrten eisernen Spitze versehen ist. An diesem Stück Holz sitzt ein nach vorn gehender dünner Weidenbaum, der als Deichsel dient. Mit diesem Werkzeug wird der Boden nur oberflächlich aufgeritzt. Als Egge dient eine Anzahl Zweige, die zusammengebunden und mit einem Stück Holz beschwert werden. Das Mähen geschieht mit der Sichel. Der so geschnittene Weizen wird dann, in Ermangelung von Wagen, auf eine Rindshaut gepackt und so nach einer in der Mitte des Ackers notdürftig hergerichteten Tenne geschleift. In der Mitte dieser Tenne wird dann eine Art Diemen gemacht, und zwar von solcher Höhe, daß die

Pferde noch hinaufklettern können. Um diese Diemen herum
bleibt noch ein breiter, mit Pfählen und Tauen nach außen abge-
grenzter Raum, auf dem das Getreide 30 bis 40 Zentimeter hoch
ausgebreitet und von einer Anzahl im Galopp herumgejagter Stu-
ten ausgetreten wird. Das so gedroschene Getreide wird dann mit
Schaufeln quer durch den Wind geworfen, das ist die ganze Reinigung. Deshalb bleiben eine Menge kleiner Erdklumpen im Getreide und wenn es während der Ernte oder Dreschzeit regnet, so
geht das Getreide eben zugrunde."

Die Befreiung der Sklaven im Jahre 1853 hat auf die Landwirtschaft sehr hemmend gewirkt. Die Großgrundbesitzer, an die
kostenlose Feldbestellung durch ihre Sklaven gewöhnt, konnten
sich mit den nun erforderlichen Auslagen nicht befreunden und ver-
nachlässigten die Feldbestellung. Mitte der fünfziger Jahre zählte
die Republik kaum 1 000 000 Einwohner; es lag daher der Ge-
danke nahe, die Landwirtschaft durch eine planmäßige Besiedelung zu heben. Der Statthalter der Provinz Santa Fé, Don José
Maria Cullen, schloß mit dem Fortschrittsfreunde Don Aaron
Castellanos am 1. Juni 1854 den ersten Besiedelungsvertrag ab.
Castellanos begleitete Ende 1855 die ersten europäischen Ansiedler
nach Argentinien. Diese waren durchweg S c h w e i z e r. Das
Jahr darauf folgten neue Zuzüge und mit 200 Familien gründete
Castellanos die erste s c h w e i z e r i s c h e Niederlassung und
nannte sie „Esperanza." Sie liegt am linken Ufer des Salado, 32
Kilometer von Santa Fé. Die Bedeutung dieser Niederlassung geht
daraus hervor, daß damals in der ganzen Provinz bloß 1600 ha
Land bebaut wurden, während heute fast 1 500 000 ha mit Weizen
bebaut werden. Die größten Fortschritte machte die Besiedelung
erst seit Beginn der achtziger Jahre, während die Entwicklung in
den fünfziger und sechziger Jahren sehr langsam vonstatten
ging. Die Erfolge Castellanos haben zur Nachahmung angespornt,
doch glaubte man eine Besiedelung im größeren Maßstabe durch
den Bau von Eisenbahnen vorbereiten zu müssen. 1864 wurde in
London die „Central Argentine Railway Co. Ltd." gegründet, der
das Schwesterunternehmen „The Argentine Land & Investment Co.
Ltd." im Jahre 1870 folgte. Den verlockenden Bedingungen dieser
Gesellschaften sind wieder v o r n e h m l i c h S c h w e i z e r f a m i -
l i e n gefolgt. Diese Bahnsiedelungen hatten in den Jahren 1871
bis 1873 durch verregnete Ernten zu leiden; es fehlten überdies
geschulte Erntearbeiter, Mäh- und Dreschmaschinen. Mit dem

Jahre 1874 kamen alljährlich wiederkehrende Heuschreckenplagen dazu. Es kam soweit, daß viele Kolonisten ihre Charas heimlich verließen, nur um die drückenden Schulden abzuschütteln. Der Übergang von der Aufteilung zur Verpachtung hatte eine Besserung der Verhältnisse zur Folge; die Besiedelung schritt, trotz allen trüben Zwischenfällen, so schnell vorwärts, daß die Provinz Santa Fé bald die blühendste der Republik wurde.

Auf eine etwas schwankende Grundlage wurde die Besiedelung erst durch das Gesetz „ley de centros agricolas" vom November 1887 gestellt. Darnach konnte jeder Großgrundbesitzer einen Teil seines Grundstückes als „Centro agricola" erklären, worauf die „Banco hipotecario de la provincia Buenos Aires" dieses Grundstück mit 75 Hundertstel des Schätzungswertes belehnte. Die restlichen 25 Hundertstel nebst allen Spesen hatte der Kolonist zu tragen. Die Hypothekarbank war sehr oberflächlich in der Abschätzung des Grundbesitzers; daher kam es, daß die 75 Hundertstel, die auf das gegründete Centro agricola geliehen wurden, d e n ganzen Ertragswert oft bedeutend überschritten. Die Eigentümer ließen ihre Chacras im Stiche; der Wert der ausgegebenen Pfandbriefe sank von Tag zu Tag und im April 1891 mußte die Hypothekenbank ihre Zahlungen einstellen. Von den übrigen Besiedelungsbestrebungen haben auch viele ähnliche bittere Erfahrungen gemacht, und die Folgen des wirtschaftlichen Krachs sind auch heute noch in Argentinien nachweisbar.

Der W e i z e n b a u ist in der Hauptsache auf 4 Provinzen beschränkt. Während ein Teil der übrigen 10 Staaten des Bundes, infolge des Klimas, den Getreidebau ganz oder größtenteils ausschließt, wird in anderen Provinzen nur der eigene Bedarf auf Rieselfeldern gebaut, weil die Frachten bis zur Küste zu hoch sind. Die wichtigste Provinz ist S a n t a F é 131 906 qkm groß mit 536 236 Einw. Die größte Hafenstadt der Provinz ist Rosario mit 115 000 Einwohnern, darunter 46 673 Ausländer. Die Oberfläche ist eine weite Ebene, der südliche Teil dient dem Ackerbau und der Viehzucht, der nördliche ist mit Wäldern bedeckt. Der Boden von Santa Fé ist von großer Fruchtbarkeit, so reich an Kali und Phosphorsäure, daß jede Düngung unnötig wird. 1901/02 waren angebaut mit Weizen 1 272 917 ha, Mais 365 079. Der Acker wird übermäßig ausgenutzt und die bösen Folgen fangen schon an sich geltend zu machen. An zweiter Stelle wäre die Provinz B u e - n o s A i r e s (305 121 qkm, 1 269 450 Einw.) zu nennen. Bedeutende Hafenstädte sind, neben Buenos Aires (821 291 Einw.), Bahia Blanca (10 000 E.) und San Nicolas (12 000 E.). Im Norden der Provinz ist der Boden so fett, daß er erst durch Maisbau etwas ausgesogen werden muß, ehe er sich für Weizen eignet. 1901/02 waren angebaut mit Weizen 972 736 ha, Mais 681 207. Die Provinz Entre Rios (74 571 qkm, 343 684 Einw.) verdankt ihren Namen (Zwischen den Flüssen) der, Mesopotamien ähnlichen, Begrenzung durch den Rio Parana im Osten und den Rio Uruguay im Westen; die Hauptstadt Parana hat 26 000 E. Der nördliche Teil ist für Tabak- und Maisbau sehr geeignet, weniger aber für Weizen. Die südlicheren Bezirke aber bauen Weizen im größeren Maßstabe. Die Bodengestaltung zeigt eine große weite Fläche mit leichten Hügeln, im Nordwesten mit Waldbestand. 1901/02 waren angebaut mit Weizen 281 529 ha, Mais 81 819. Von der Provinz Cordoba, im Herzen Argentiniens (161 036 qkm, 419 072 Einw.), kommt nur Ostcordoba für den Getreidebau ernstlich in Betracht. Die Hauptstadt ist Cordoba mit 50 000 E. Der äußerst fruchtbare Boden leidet unter ungenügenden Niederschlägen, weshalb in vielen Gegenden künstliche Bewässerung erfolgen muß. 1901/02 waren angebaut mit Weizen 583 198 ha, Mais 35 072 ha.

Die bedeutende Steigerung des argentinischen Weizenbaues zeigen die folgenden Ziffern: Im Jahre 1878 belief sich die Weizenernte Argentiniens auf 300 000 t, 1904/05: 4 202 634 t und rd. 3 500 000 t Mais (1903/04 Mais 4 500 000). Dabei ist der Ertrag eines Hektars ein wenig befriedigender und belief sich im zwölfjährigen Durchschnitt auf 747 kg gegen 892 in Nordamerika und 1663 in Deutschland. Eine Düngung der Felder ist vorerst wohl überflüßig, sie wäre aber beim Mangel an Stallfütterung auch nicht durchführbar. Eine regelmäßige Fruchtfolge kennt man in Argentinien nicht und die Bearbeitung des Bodens ist aus Mangel an Arbeitskräften sehr nachläßig (Raubbau). Maschinen kommen nur in beschränktem Maße zur Anwendung und Dampfmaschinen können sich nur schwer einbürgern, weil das Land keine eigenen Kohlen besitzt. Aus Mangel an Lagerräumen verkauft der Landwirt meist seine ganze Ernte; er muß dann das Saatgut oft teuer und in schlechter Beschaffenheit zurückkaufen. Es kommen 39 verschiedene Saaten in Argentinien zum Anbau. Die häufigsten Arten sind: Barletta, Saldomé, Tusmella und Ricella; ferner: kalifornische, französische, ungarische,.

russische und italienische Sorten (Weizen). Die größte Verbreitung hat der Trigo Barletta gefunden, weil er sehr widerstandsfähig ist und eine wirkliche Entartung nahezu ausschließt. Er kommt unter der Bezeichnung Tipo Rosario oder Tipo Santa Fé in den Handel und soll sich großer Beliebtheit erfreuen. Man rühmt auch seinen Reichtum an Kleber. Dagegen wäre zu erwähnen, daß nicht überall mit Barlettaweizen befriedigende Erfahrungen gemacht wurden. Man zieht vielfach die russische Saat bei weitem vor. Bemerkenswert ist, daß nach amtlichen Untersuchungen die argentinischen Weizen in bezug auf Keimfähigkeit und Gebrauchswert bis April genügen, bei den von Mai bis Oktober gemachten Untersuchungen aber gewaltig zurückgingen. Die Bezeichnung als Semence Russe oder dergleichen ist übrigens ziemlich willkürlich. Auf ein und demselben Feldstücke kommen nämlich verschiedene Saaten zum Anbau, die auch bei der Ernte nicht gesondert werden. Der Weizen wird von der Dreschmaschine weg sofort in Säcke gefaßt und verladen. Eine Sonderung findet erst am Hafenplatze statt, doch kann diese niemals so gründlich vorgenommen werden, daß nicht auch andere Sorten zusammengeworfen werden. Daraus ist auch die auffallende Erscheinung zu erklären, daß die schönsten rotglasigen, oft stark mit andersfarbigen, minderwertigen Weizen vermischt sind. Der große Beisatz von Hafer und Erdklümpchen ist auf den Drusch im Felde und die mangelhafte Reinigung zurückzuführen.

Die Ausfuhr nach Europa vermitteln hauptsächlich deutsche Geschäfte, die in Buenos-Aires und Rosario ihre Hauptniederlassungen haben. An den wichtigsten Hafenplätzen der Flüsse und oft auch in anderen bedeutenderen Weizengegenden bestehen Zweiggeschäfte. Gekauft wird entweder durch eigene Aufkäufer, acopiadores oder durch Kommissionäre, corredor. Der Angestellte bekommt täglich telegraphisch Preisbestimmung von seinem Hause und reitet dann von Chacra zu Chacra, um das Getreide aufzukaufen. Sein Geschäft ist nicht leicht, weil er viele Wettbewerber hat und die Landwirte überdies über den Marktwert ihrer Erzeugnisse sehr gut unterrichtet sind. Aber auch der heimische Kaufmann, Almancero, bewirbt sich eifrig um die Ernte und hat ein leichteres Spiel, weil er dem Chacarero (Landwirt) gewöhnlich schon Geld vorgeschossen hat, um die Ernte- und Dreschlöhne bezahlen zu können, wofür er allerdings einen Zins von 1 bis $1^1/_2$ % für 1 Monat erhält. Die Beförderung des Getreides von der Dreschmaschine zur Bahn besorgt oft der Käufer, der nicht selten am Bahnhof mit Wellenblech gedeckte Lagerräume besitzt. Bei Mangel an Eisenbahnwagen, der zur Erntezeit gewöhnlich eintritt, kann man oft wochenlang auf die Verladung warten und während dieser Zeit bleibt das Getreide allen Witterungseinflüssen ausgesetzt. Am Seehafen wird das Getreide gewöhnlich vom Eisenbahnwagen unmittelbar in den Dampfer verladen und bei dieser Gelegenheit werden erst die Säcke angestochen und sortiert. Eine amtliche Abschätzung nach dem Muster in Nordamerika besteht nicht; sie wäre auch bei der Verschiedenheit der Sorten kaum durchführbar. Die argentinischen Verträge lauten gewöhnlich auf Durchschnittsqualität, fair average quality, der betreffenden Jahresernte. Es kommen aber auch Käufe auf Muster vor und in jüngster Zeit scheinen sich die Geschäfte nach Eigengewicht einzubürgern, doch kommen auch hierbei viele Unregelmäßigkeiten vor, weil es an Zuverlässigkeit mangelt. Die englischen Scheine werden vom ersten Beamten der River Plate Grain Inspektion, William Goodwin ausgestellt. Aber auch den „Goodwin certificate final" wird nicht überall Glauben beigemessen. Sobald einmal genügend Lagerhäuser und Entladevorrichtungen gebaut sind, dürfte immer mehr Weizen lose (ohne Säcke) verladen werden. Damit wird die Beschaffenheit des Weizens eine gleichmäßigere und das Geschäft ein geregeltes werden. Den grössten Druck auf die Preise üben die argentinischen Weizen durch die Ordreverschiffungen. Danach kommt der Weizen unter der Bezeichnung: „S. Vincent for Ordre" zur Verschiffung. Während der Reise nach S. Vincent bleibt dem Ausfuhrhändler genügend Zeit, ein und dieselbe Menge auf 20 verschiedenen Märkten ausbieten zu lassen, um schließlich das höchste Angebot anzunehmen und den Dampfer dahin zu leiten. Es ist klar, daß dadurch e i n e Menge gerade soviel Ware vorspiegelt, als wenn sie 20-fach vorhanden wäre. Hat aber der Ausfuhrhändler bei Ankunft des Dampfers auf der Insel S. Vincent seinen Weizen noch nicht verkauft, dann kann er ihn wieder auf 20 Märkten ausbieten lassen, um schließlich nach Vigo oder Lissabon den Bestimmungshafen zu telegraphieren. Der größte Teil des argentinischen Getreides kommt in den ersten fünf Monaten nach der Ernte zur Verschiffung; $2/5$ bis $1/2$ werden auf Ordre abgeladen. Die a r g e n t i n i s c h e W e i z e n a u s f u h r war schon im Jahre plötzlich auf 256 690 dz hinaufgeschnellt, sank aber im folgenden Jahre, infolge von Mißernten, auf 11 650 dz und betrug 1881 gar nur 1570 dz. In den achtziger Jahren schwankte die Ausfuhr zwischen 200 000 und 800 000 dz, wobei nur die Jahre 1887 und 1888 mit 2 379 000 und 1 789 000 dz Ausnahmen bildeten. Auch das letzte Jahrzehnt des vorigen Jahrhunderts weist noch sehr verschiedene Ausfuhrmengen auf, doch ist die jetzige Bedeutung, die die argentinische Ernte für Europa hat, auf das Jahr 1890 zurückzuführen. Damals erreichte die Weizenausfuhr zum erstenmal die Höhe von 3 270 000 dz, 1891 3 956 000 und 1892 4 701 000 dz. Weizen ausgeführt. Über die Ernteergebnisse seit jener Zeit geben die folgenden Übersichten Aufschluß:

Jahr	Anbaufläche ha Weizen	Ertrag t Weizen	Ertrag t Mais
1890/91	118 800	846 960	
1891/92	129 680	981 960	
1892/93	150 400	1 596 630	845 000
1893/94	181 880	2 242 190	608 000
1894/95	197 680	1 673 790	1 800 000
1895/96	224 160	1 265 880	1 800 000
1896/97	247 080	861 960	1 500 000
1897/98	257 000	1 456 320	1 524 000
1898/99	316 280	2 756 250	1 959 000
1899/00	321 240	2 956 710	1 524 000
1900/01	334 080	2 038 650	1 871 000
1901/02	325 760	1 537 500	2 095 000
1902/03	3 695 343	2 723 858	3 750 000
1903/04	4 245 071	3 529 100	4 456 134
1904/05	4 903 124	4 202 634	3 574 174
1905/06	5 617 291		

Anbau ha.

Jahr	Weizen	Roggen	Gerste	Hafer	Mais
1906/5	5 617 291				
1905/4	4 903 124	2 500	43 000	22 000	2 287 040
1904/3	4 245 071	2 350	42 986	21 800	2 106 819
1903/2	3 695 343	2 000	40 000	20 000	1 801 644

Der Weltgetreidehandel   17

Ertrag t.

Jahr	Weizen	Roggen	Gerste	Hafer	Mais
1905/4	4 202 634	3 500	44 500	38 000	3 574 173
1904/3	3 529 100	2 900	33 700	37 200	4 456 134
1903/2	2 823 858	2 700	35 000	37 500	3 150 000

Ausfuhr in Tonnen.

ahr	Weizen	Roggen *	Gerste	Hafer *	Mais
1890	327 894	——	1 309	—	707 282
1891	395 555	——	137	—	65 909
1892	470 110	—	997	—	445 935
1893	1 008 137	I 479	1 132	975	84 514
1894	1 608 249	2 982	673	1 665	54 876
1895	1 010 269	2 892	8 989	17 897	772 319
1896	532 001	521	3 654	2 885	1 570 517
1897	101 845	017	509	566	374 942
1898	628 800	—	426	1 107	717 105
1899	1 713 429	683	2 232	5 367	1 116 276
1900	1 929 676	562	5 512	7 619	713 248
1901	904 289	058	3 333	2 225	1 112 290
1902	644 908	016	825	19 842	1 192 829
1903	1 681 327	099	1 172	26 245	2 104 384
1904	2 304 724	090	2 017	29 156	2 469 548

Die großen Schwankungen der Ausfuhr Argentiniens waren früher darauf zurückzuführen, daß der Weizenbau in der Hauptsache auf die beiden Provinzen Santa Fé und Entre Rios beschränkt blieb, die häufig infolge der Heuschrecken völlige Mißernten zu beklagen hatten. Im Jahre 1896 entfielen noch $^2/_3$ der Gesamternte auf die genannten beiden Staaten. Eine Fehlernte in Sante Fé und Entre Rios mußte daher die Weizenausfuhr völlig lahm legen. Seither hat der Weizenbau, wie wir bereits gesehen, auch in anderen Provinzen größere Ausdehnung gefunden. Damit dürfte den Ernteergebnissen eine gewisse Stetigkeit gesichert

---

*) Roggen und Hafer werden erst vom Jahre 1893 ausgeführt.

Einfuhr in Tonnen.

Jahr	Weizen	Gerste	Hafer	Mais
1890	1 306	1 327	—	—
1891	121	445	—	001
1892	005	067	—	—
1893	095	896	—	—
1894	001	252	—	191
1895	003	035	—	168
1896	320	230	—	101
1897	14 406	849	—	041
1898	368	282	—	019
1899	—	051	263	014
1900	—	028	224	016
1901	—	023	297	058
1902	—	023	166	011
1903	—	017	263	022
1904	—	028	347	008

worden sein. Die Weizenanbaufläche Argentiniens kann aber noch
eine gewaltige Ausdehnung erfahren, ebenso wird auch der Hektar-
ertrag bei sachgemäßer Bewirtschaftung sehr gesteigert werden.
Dr. Becker (Dr. Max Becker: Der argentinische Weizen im Weltmarkte. Jena, Gustav Fischer) ist der Ansicht, daß insgesamt
19 000 000 ha mit Weizen bebaut werden könnten, die ein Ernteergebnis von rund 19 000 000 t ergeben müßten, gegen 4 200 000 t,
die das letzte Erntejahr lieferte! Den niedrigsten Preis, zu dem
Laplataweizen auf den europäischen Markt geliefert werden könnte
und dem argentinischen Landwirte noch ein Auskommen ermöglichen würde, berechnet Dr. Becker auf 11 fr. für 100 Kilo. Argentinien darf demnach mit vollem Rechte als das Weizenland der Zukunft bezeichnet werden.

Die Regierung hatte (nach einem Berichte des deutschen Ge-
neralkonsulates in Buenos Aires, Ende 1904) ihre besondere Aufmerksamkeit der Ausgestaltung der Mittel und Wege des Verkehrs
in Argentinien zugewandt. Für den Austausch und die Beförderung der Waren und Landeserzeugnisse innerhalb Argentiniens
war durch den Ausbau eines nunmehr bereits sich auf rund 20 000
km belaufenden Eisenbahnnetzes Sorge getragen worden; der Ver-

17*

kehr mit dem Ausland sollte durch größere Hafenbauten gefördert werden. Von diesen ist allerdings nur der Kriegshafen in Puerto Belgrano bei Bahia Blanca annähernd vollendet worden; ob er, wie es vielfach gewünscht wird, auch dem Handelsverkehr zugängig gemacht wird, ist noch eine offene Frage. In Rosario ist ein Hafen (von den französischen Unternehmern Hertent und Schneider) im Bau begriffen, von dessen Fertigstellung man sich für den Ausfuhrhandel der Provinz Santa Fé einen großen Aufschwung verspricht. Auch für den Bau eines Hafens in dem am Rio Uruguay gelegenen Städtchen Concordia ist eine bereits in der Ausübung begriffene Genehmigung erteilt worden. Alle diese Bauten verfolgen einen doppelten Zweck; einmal soll die Entlastung des für die Bedürfnisse des Außenhandels nicht mehr zureichenden Hafens von Buenos Aires vorbereitet werden — ein Ziel, dem auch die Vereinigung mit dem Hafen von La Plata zustrebt — sodann soll der Frachtenbehandlung der den Binnenhandel beherrschenden Eisenbahngesellschaften ein Gegengewicht geschaffen werden. Die letzte Tat der vergangenen Regierung auf diesem Gebiet war die Inangriffnahme des Hafens von Santa Fé im Rio Paraná, dessen Bau bereits durch Gesetz vom 5. November 1903 beschlossen worden war. Die Provinz Santa Fé soll danach mit Beihilfe der Nationalregierung einen für den Überseeverkehr geeigneten Hafen bauen, der nach Ablauf von 40 Jahren in das Eigentum des Staates übergeht. Die Provinz hat diesen Bau der altbewährten, durch die Hafenbauten in La Plata und Puerto Belgrano bekannten holländischen Firma Dirks & Dates übertragen. Diese hat die Arbeiten bereits begonnen, das hierzu erforderliche Geld ist ihr zum Teil von der deutschen Überseeischen Bank in Buenos Aires und dem Bankhaus Ernesto Tornquist & Co. zur Verfügung gestellt worden. Erwähnt sei noch, daß nach Ziffer 3 des Artikels 1 des obgedachten Gesetzes vom 5. November 1903 „die zum Bau und Betriebe bestimmten Stoffe, die das Land nicht in genügender Menge und Beschaffenheit hervorbringt, zollfrei eingeführt werden."

Beschaffenheit des argentinischen Weizens. Diese bezieht sich auf eine Anzahl von Muster, die Ausfuhrgut entnommen wurden, das 1900 im Hafen von Rosario zur Verladung gelangte. Es handelt sich also um Weizen aus dem Mittel und Norden der Provinz Santa Fé und teilweise auch aus Cordoba. Nach Tiblom war der 1900 zur Ausfuhr gelangte Weizen im all-

gemeinen gut, sogar besser als man erwarten durfte. Der erste
und größte Fehler, der sich indessen aufdrängt, ist die Unreinheit;
es befanden sich fremde Körper in der Höhe von 3,37 bis 5,37 %
in der Frucht. Hier ist gleich zu bemerken, daß man im
europäischen Handel für Weizen erster Sorte nur 1, höchstens
$1^1/_2$ $^0/_0$ Fremdkörper zuläßt, während der argentinische Weizen
deren $3^1/_3$ bis $5^1/_3$ aufweist. In dieser Richtung sind wir also
weit von dem in Europa geltenden Muster entfernt, und der
niedrige Preis des La-Plata-Weizens auf dem Weltmarkte liegt
hauptsächlich in seiner Unreinheit. In erster Linie bestehen die
Beimengungen aus Samen und Stengeln von Unkraut und anderen Pflanzen, wie Gerste, Hafer, Rübsen, dann auch Erde usw.
Das Klima und die Bodengestaltung sind in Argentinien der
weiten und massenhaften Verbreitung des Unkrautes leider sehr
günstig. Das Unkraut wächst sehr rasch, und durch die heftigen
Winde wird der Same desselben auf dem ebenen Boden meilen-
weit getragen. Viel kann der Ackerbauer dagegen nicht tun, und
wenn einzelne von ihnen auch dagegen ankämpfen, so nützt dies
nichts, weil eben der Nachbar die Vertilgung des Unkrauts ruhig
dem lieben Himmel überläßt. Einen guten Teil der Schuld an
der Unreinheit tragen auch die Dreschmaschinen, die oft wahr-
haft unter aller Kanone arbeiten. Was man da alles sehen kann,
ist unglaublich. Um nur recht viel Säcke zu füllen (den eigenen
nicht zu vergessen), schleppen die Unternehmer viel mehr Weizen
in die Maschine, als diese bewältigen kann, und das Ergebnis ist
eine nur wenig gereinigte Frucht. Man hat schon Maschinen
arbeiten sehen, denen nicht einmal Zeit gelassen wurde, die Heu-
schreckenflügel abzusondern, die sich in einer riesigen Menge
unter der getrockneten Frucht befanden. Dazu kommen noch als
dritte Ursache der Unreinheit zahlreiche Getreidehändler, die gute
Sorten mit schlechten vermischen, so Handel und Landwirtschaft
schädigend. In dieser wichtigen Frage sind wir nun bisher schon
so weit gelangt, daß ein Landwirt, wenn er für seine Person durch
Arbeit und Intelligenz oder auch wirklich einen Weizen erzeugt,
der auf der gleichen Höhe steht, wie der beste europäische, doch
nur den niedrigeren Preis des La-Plata-Weizens bezahlt erhält.
Dies ist ein großes Übel, das die Landwirtschaft jährlich um
Millionen schädigt, aber der Kampf dagegen wird nach den leider
einmal bestehenden Verhältnissen noch Jahrzehnte andauern, bis
ein Erfolg errungen sein wird. Was die Keimkraft anbetrifft,

so hat die eingangs erwähnte Untersuchung festgestellt, daß- sie im Durchschnitt 78 %, gegen mindestens 90 % in Europa, betrug. Die Ursache liegt in der größeren Anzahl von schädlichen Insekten, die hier ihr Unwesen treiben, dann im Brand. Diesem ist noch am leichtesten beizukommen, indem man den zu verwendenden Samen 2 Tage vor dem Säen in eine etwa 1 bis $1^1/_2$ $^0/_0$-ige Lösung von Kupfervitriol legt. Dieses Verfahren ist sicher und sehr billig. Was das absolute Gewicht anbelangt, so erreichte argentinischer Weizen 1900 nicht das Gewicht des europäischen. 1000 Körner haben nämlich nur 26 bis 27 g gewogen, während man am europäischen Markte von einem guten Weizen verlangt, daß 1000 Körner etwa 37 g wiegen. (Darnach hat 1 kg. solchen Weizens über 27 000 Körner und ein Sack mit 70 kg 1 890 000 Körner.) Das Hektoliter-Gewicht des Weizens betrug im Durchschnitt 77 kg, und stand somit so ziemlich auf der Höhe des europäischen Handelsgutes. Im Obigen sind die Ursachen dargelegt, warum der „La-Plata-Weizen" 1 bis $1^1/_2$ M. weniger wert ist als jener anderer Herkunft. Bei einer Ausfuhr von 2 000 000 t macht dies die Kleinigkeit von 20- bis 30 000 000 M. aus.

Von den in Argentinien zur Aussaat gelangenden Weizenarten eignen sich der hartkörnige Weizen sowie Barletta und andere gleichartige Weizensorten besonders zum Anbau in den nördlichen Teilen der Provinzen Santa Fé, Cordoba und Entre Rios, während die weichkörnigen Weizensorten von geringerem Kleberaber größerem Stärkegehalt in kühleren Gegenden besser gedeihen. Die Barletta- sowie die französischen und russischen Weizensorten werden wegen ihres reichlichen Klebergehalts gern ausgeführt, während die sonst gewonnenen Weizensorten im Lande selbst verarbeitet werden.

Mit der Aussaat des Weizens wird in den Gegenden Argentiniens mit warmem Klima im Juni, in den kälteren Gegenden im August begonnen.

Die Ernte findet in den wärmeren Gegenden im allgemeinen im November, in den kälteren Gegenden im Januar statt. Ein bestimmter Zeitpunkt für den Beginn der Ernte läßt sich jedoch nicht festsetzen, weil die jeweiligen Wärmeverhältnisse diesen Zeitpunkt näher rücken oder ihn hinausschieben.

Vom Oktober ab herrscht in den Provinzen Santa Fé, Cordoba, Entre Rios und im nördlichen Teile der Provinz Buenos Aires eine Wärme von 30°, die im Jahre 1900/01 bis auf 44° stieg.

Die mittlere Wärme in den Monaten Oktober bis März 1901/02 betrug 34°, an manchen Tagen auch 41° bis 42°. In den Provinzen Santa Fé, Entre Rios und Cordoba sind im Juni und Juli Temperaturen bis zu 5° unter Null beobachtet worden.

An landwirtschaftlichen Geräten und Maschinen gelangen einfache und doppelte Pflüge, Eggen, ferner Säe-, Kornschneide-, Binde- und Dreschmaschinen verschiedener Systeme, die zum größten Teile aus den Vereinigten Staaten bezogen werden, zur Verwendung. Für Eggen, Pflüge und Walzen existiert in Esperanza (Provinz Santa Fé) eine bedeutende Fabrik, deren Erzeugnissen von den argentinischen Landwirten vor den ausländischen der Vorzug gegeben wird.

Düngemittel gelangen fast gar nicht zur Verwendung.

Die Bodenpreise, die außerordentlich verschieden sind, richten sich nach der Bodenklasse, der Lage des Grundstücks, seiner größeren oder geringeren Entfernung von der Eisenbahn, den Häfen usw. Der Preis für einen Hektar guten Weizenbodens dürfte sich auf 50 bis 80 Papier-Pesos (1 Papier-Peso = 1.75 M.) stellen.

An Löhnen werden im allgemeinen an einen für das ganze Jahr gedungenen Knecht monatlich 30 bis 35 Papier-Pesos, an einen Schnitter 60 bis 80 Pesos, an einen Maschinisten für die Dresch- und Mähmaschine 90 bis 110 Pesos und an einen Sacknäher 50 bis 70 Pesos gezahlt.

Die Erträgnisse werden von den Landwirten in der Regel laut den vom Ackerbau-Ministerium angestellten Erhebungen für die letzten fünf Jahre auf etwas mehr als 800 kg auf 1 ha angegeben. Über den Ertrag an Stroh sind genaue Angaben nicht vorhanden, da die Landwirte das Stroh, sobald es trochen ist, zu Brennzwecken benutzen. Doch schätzt man den Durchschnittsertrag auf 1 ha auf etwa 2000 bis 2200 kg.

Zu den Krankheiten und Naturereignissen, die nachteilig auf die Ernte einwirken können und mit denen immer gerechnet werden muß, gehören hauptsächlich Kornfäule, Getreidebrand, Hagelschlag, Fröste, zu große Feuchtigkeit oder anhaltende Dürre, Heuschrecken und Raupen. Der Kornfäule sucht man übrigens durch Gipsen der Saatfelder vorzubeugen.

Die Erträgnisse werden von den Landwirten in der Regel an die Almaceneros verkauft, d. h. an Kaufleute, die auch gleichzeitig seinen Bedarf an Maschinen, Kurzwaren, Kolonialwaren usw. decken und ihm dafür Geldgestundung für mehrere Monate, meistens von einer Ernte bis zur andern gewähren. Andere Landwirte geben ihre Weizenvorräte zunächst an Acopiadores ab. Von letzteren gelangt die Ware durch Vermittelung der an den Hauptmarktplätzen, besonders in Buenos Aires, Rosario, Santa Fé und Bahia Blanca ansässigen Ausfuhrhändler und Mühlenbesitzer.

Die Hauptmarktplätze für argentinischen Weizen im Auslande sind Antwerpen, Liverpool, Hamburg und Rotterdam.

Das argentinische Getreide ist abgesehen von den Verunreinigungen von sonst guter Beschaffenheit (Qualität). Der Weizen ist oft 83 kg schwer. Besondere, voneinander wesentlich abweichende Gattungen haben sich noch nicht entwickelt.

Im Weizenhandel sind die Sorten Superior, Spezial, Prima Barletta usw. bekannt, doch kommt man von diesen Bezeichnungen ab und benennt der Handel die Sorten nach dem Saatgut, also: Weizen aus französischem, russischem und ungarischem Saatgut (sémence francaise, russe, hongroise).

Mais ist weißer oder gelber Mais. — Die Qualität wird mittels der metrischen oder der englischen Probe bestimmt. Die Preise werden für 100 kg oder Hektoliter in Pesos angegeben, je nach den Märkten in Papier-Pesos ($^m/_n$ = Pesos monedus nacional) in Pesos fuertos (^{F} der alte „schwere" Pesos) oder in Peso moneda corrientes ($^m/_c$).

In den für das Ausland bestimmten Rechnungen (Fakturen) werden die in diesen Währungen ausgerechneten Beträge in Gold-Pesos ($ 000 ^{G}$) umgerechnet, da nur diese wieder in Franks, Mark usw. ausgedrückt werden können.

Der Kurs zur Umrechnung des $^m/_n$ in ^{G}$ versteht sich in Prozenten. Z. B. ^{G}$*) 127,30 %, das bedeutet, daß für ^{G}$ ein Agio in dieser Höhe besteht und 100 ^{G}$ = 227.30 $^m/_n$ sind

---

*) Das Verhältnis der 4 Pesos unter einander ist das folgende:

$$1 \; \$^F = 25 \, \$^m/_c$$
$$90 \cdot \text{,,} = 93 \, \$^m/_n$$
$$100 \; \$^{000} = 100 + x \, \% \; \$^m/_n$$

Uruguay.

Zu den unter den Sammelnamen La Plata-Staaten bekannten südamerikanischen Ländern gehört auch Uruguay. Obgleich der Boden wohlgeeignet ist, hat dieses Land doch keine große Bedeutung für den Weltgetreidehandel, da seine Ausfuhr nur in die Nachbarländer geht. Zuverlässige Zahlen über Ertrag, Ausfuhr usw. werden nicht regelmäßig veröffentlicht, sie bleiben infolgedessen lückenhaft.

Anbaufläche in ha.

Jahr	Weizen	Gerste	Hafer	Mais
1892	159 219	1 554	113	105 870
1893	207 392	4 020	35	137 186
1894	203 796	2 782	18	125 731
1898/99	274 446	1 648	56	—
1899/00	377 766	643	40	145 668
1900/01	276 511	763	177	181 558
1901/02	292 616	1 329	109	—

Erntemenge in t.

Jahr	Weizen	Gerste	Hafer	Mais
1892	90 530	1 110	58	—
1893	151 758	2 932	5	—
1894	245 077	2 660	28	—
1898/99	194 966	1 212	41	—
1899/00	187 376	425	33	77 094
1900/01	99 720	438	68	141 648
1901/02	206 937	1 016	115	—

Einfuhr in t.

Jahr	Weizen	Gerste	Hafer und Hirse	Mais
1890	19 867	273	75	3 509
1891	1 303	19	13	45
1892	1 138	3	9	121
1893	719	174	13	27
1894	24	297	14	7
1895	32	18	7	1
1896	8	194	3	377
1897	436	48	21	20 880
1898	30	225	15	1 658
1899	—	235	23	23
1900	—	2	6	2 487
1901	4 238	5	19	3 234
1902	99	2	38	56
1903	113	7	55	12

Ausfuhr in 1000 dz.

Jahr	Weizen	Gerste	Hafer und Hirse	Mais
1890	18 253	4	—	4 332
1891	501	3	6	1 400
1892	1	10	—	638
1893	5 898	18	—	825
1894	110 753	230	—	48 500
1895	99 965	657	3	67 646
1896	6 391	170	1	89 896
1897	12 549	11	—	1 378
1898	77 231	297	—	12 576
1899	62 673	381	—	10 926
1900	39 872	18	—	486
1901	248	6	—	23 593
1902	55 799	355	1	17 875
1903	9 005	19	—	25 476

Die Ausfuhr über Montevideo betrug 1903 (1902 in Klammern) Weizen 44 555 Sack (158 700 und 4 945 t), Weizenmehl 23 677 (169 312), Kleie 98 201 Sack und 191 t (54 940 und 211), feine Kleie 10 246 Sack (6573).

Weizen und Mais kommen zu den argentinischen Gebräuchen zur Ausfuhr. Die aus diesen Staaten stammenden Getreidesorten werden unter der Benennung La Plata-Weizen, La Plata-Mais gehandelt.

Chile.

Chile hat sehr ungleiche Ernten, deshalb ist es für den Weltgetreidehandel von nebensächlicher Bedeutung, es baut besonders
Weizen, Mais und Gerste. Die Ernte findet im Dezember und
Januar statt. — Mais wird meist im Lande verbraucht, während
Weizen und Gerste mehr zur Ausfuhr gelangen. Der Verbrauch
von Weizen beträgt 450 000 t. Der Ertrag und die Ausfuhr
ergeben sich aus den folgenden Übersichten.

Ertrag in t.

Jahr	Weizen	Gerste	Mais
1901	650 000	110 000	270 000
1902	780 000	120 000	350 000
1903	720 000	98 000	320 000
1904	431 312	78 028	350 000
1905	430 131	75 000	350 000

Ausfuhr in t.

Jahr	Weizen	Gerste	Mais
1890	28 928	6 057	
1891	178 048	13 852	
1892	145 802	13 152	
1893	185 963	26 702	
1894	116 235	37 858	
1895	78 581	55 906	
1896	137 565	51 170	
1897	72 394	18 487	
1898	76 965	17 962	
1899	45 813	?	
1900	43 500	?	65 000
1901	43 500	40 000	65 000
1902	80 000	20 000	100 000
1903	70 000	21 000	85 000
1904	66 088	19 437	50 000

Die wichtigsten Ausfuhrhäfen sind: Valparaiso und La Concepcion.

Die Qualität des Getreides wird für 1 chilenische Fanega bestimmt, die in Valparaiso gleich 90,75 l, in La Concepcion 106 l ist, und in spanischen Pfunden (libra = 460 g) ausgedrückt.

Das Durchschnittsgewicht des chilenischen Weizens beträgt 155 libras = 78,5 kg für 1 hl.

Die Preise werden in Papier-Pesos für 1 Fanega festgestellt, fob (frei Schiff).

Bei Ausfuhr nach England in Shillings per 500 Pfd. engl. cif der englischen Bestimmungshäfen.

In den Angeboten sind $2^{1}/_{2}$ % Einkaufs-Provision, 1 % Seeversicherung und die Fracht per 2240 Pfd. engl. inbegriffen.

·*Australien*.

·Seit dem 1. Januar 1901 haben sich Neusüdwales, Viktoria, Queensland, Südaustralien Westaustralien und Tasmanien zu einem Bunde vereinigt, der den Namen: The Commonwealth of Australia führt. Außerdem gehört noch Neuseeland zu Australien. Das Ganze wird auch als Australasien bezeichnet.

	Flächeninhalt		Bevölkerung	Durchschnittlicher Weizenverbrauch eines Bewohners	Kartoffelverbrauch eines Bewohners
	Engl. Qu. Meilen	qkm	30. Juni 1903	engl. Pfd	(= 454 g)
Neusüdwales	310 700	804 695	1 415 760	$360_{,2}$	$181_{,4}$
Viktoria	87 884	227 614	1 208 070	$330_{,6}$	$239_{,8}$
Queensland	668 497	1 731 368	512 760	$344_{,0}$	$157_{,0}$
Südaustralien	903 690	2 340 504	365 020	$380_{,0}$	$126_{,1}$
Westaustralien	975 290	2 527 576	221 990	$474_{,1}$	$187_{,7}$
Tasmanien	26 215	67 895	176 960	$418_{,1}$	$624_{,7}$
Commonwealth	2 972 906	7 699 652	3 900 560	$357_{,2}$	$212_{,3}$
Neuseeland	104 471	270 575	818 830	$400_{,1}$	$522_{,5}$
Australasien	3 077 377	7 970 227	4 719 390	$364_{,4}$	$264_{,4}$

Die Landwirtschaft in Neusüdwales leidet vielfach unter Regenmangel, Dürre. Neuseeland und Tasmanien sind in dieser Beziehung besser daran als das Festland. In Viktoria und Südaustralien hat der Ackerbau immer die führende ‚Stellung gehabt; am meisten zurückgeblieben ist Westaustralien. Das Wachstum der bebauten Fläche in den letzten 4 Jahrzehnten zeigt die folgende Übersicht. (Die Zahlen bezeichnen Acres = 40,467 a.)

	1861	1871	1881	1891	1900/01	1902/03
Neusüdwales	265 389	390 099	578 243	846 383	2 446 767	2 249 092
Viktoria	410 406	851 354	1 435 446	2 116 654	3 114 132	3 246 568
Queensland	4 440	59 969	117 664	242 629	457 397	275 383
Südaustralien	400 717	837 730	2 156 407	1 927 689	2 369 680	2 224 593
Westaustralien	24 705	51 724	53 353	64 209	201 946	228 118
Tasmanien	163 385	155 046	148 494	168 121	224 352	246 923
Commonwealth	1 269 042	2 345 922	4 489 607	5 365 685	8 814 274	8 470 677
Neuseeland	68 506	337 282	1 070 906	1 424 777	1 578 958	1 728 709
Australasien	1 337 548	2 683 204	5 560 513	6 790 462	10 199 386	10 199 386

Von der landwirtschaftlich benutzten Fläche waren im Jahre 1902/03 bebaut mit

	Weizen	Mais	Hafer	andere Körnerfrüchte	Kartoffeln
Neusüdwales	1 279 760	202 437	42 992	9 761	19 444
Viktoria	1 994 371	10 906	433 489	39 203	49 706
Queensland	1 880	89 923	78	490	2 899
Südaustralien	1 746 842	—	50 296	21 493	7 763
Westaustralien	92 065	186	10 180	4 736	2 069
Tasmanien	40 898	—	55 058	9 052	34 625
Commonwealth	5 155 716	303 452	592 093	84 735	116 506
Neuseeland	194 355	12 038	483 659	29 200	31 408
Australasien	5 350 071	315 490	1 075 752	113 935	147 914

Das auf diesen Flächen erzielte Ernteergebnis zeigen die nachstehenden Zahlen (die Zahlen bezeichnen Bushel = 60 Pfd. engl. bei Weizen, 56 Pfd. bei Mais, 40 Pfd. bei Hafer, 50 Pfd. bei Gerste; bei Kartoffeln Tonnen = 2240 engl. Pfd.).

	Weizen	Mais	Hafer	andere Körnerfrüchte	Kartoffeln
Neusüdwales	1 585 097	3 049 269	351 758	60 304	30 732
Viktoria	2 569 364	750 524	4 402 982	582 323	168 759
Queensland	6 165	1 033 329	520	4 926	3 257
Südaustralien	6 354 912	—	620 823	317 155	28 312
Westaustralien	970 071	2 498	161 714	45 778	6 200
Tasmanien	876 971	—	1 752 745	212 078	163 518
Commonwealth	12 363 080	4 835 620	7 290 542	1 222 564	400 778
Neuseeland	7 457 915	607 609	21 766 708	1 174 602	193 267
Australasien	19 820 995	5 443 229	29 057 250	2 397 166	594 045

Das obige Ernteergebnis (1902/03) kann nicht als maßgebend betrachtet werden, da die Staaten Neusüdwales und Queensland in Weizen eine völlige, Viktoria und Südaustralien eine teilweise Mißernte hatte. Näheres ergibt die unten folgende Hauptübersicht von ganz Australien.

Die Landwirtschaft, die, wie fast überall, wo Neuland bebaut wird, ursprünglich Raubbau war, geht mehr und mehr zu einer verständigen, weiter ausschauenden Bewirtschaftung über, wofür die zunehmende Verwendung künstlicher Düngemittel Zeugnis ablegt. Der Durchschnittswert der Weizenernte (1898—1902) betrug für Australasien 6 619 000 Pfd. Sterling, der Haferernte 2 700 000, der Maisernte 1 369 400, der Gerstenernte 428 000, der Kartoffelernte 2 104 000.

Der Wert der Ausfuhr 1902 betrug in Pfd. Sterling (von Westaustralien fehlen die Nachweise):

	Weizen	Weizenmehl	Gerste	Hafer	Mais	Kartoffeln
Neusüdwales	563696	193559	6397	18356	44451	84561
Viktoria	644433	181629	6195	224609	93110	130166
Queensland	53	1273	18801	7251	6092	641
Südaustralien	744680	397763	6018	18571	133	148
Tasmanien	1760	702	4931	139265		325034
Neuseeland	31074	3735	25062	666664	40417	72807

Die Ernten fallen sehr ungleich aus infolge der wechselnden Witterungsverhältnisse. Deshalb sind auch die Ausfuhrmengen sehr schwankend. Die Ernte findet im Dezember statt, ihr Ausfall wird also erst im nächsten Jahre in der Ausfuhr sichtbar. Der Ausfall der Ernte war Dezember 1893 über Durchschnitt, 1894 Mißernte, 1895 Mißernte, 1896 Mißernte, 1897 knapper Durchschnitt, 1898 über Durchschnitt, 1899 über Durchschnitt, 1900 über Durchschnitt, 1901 knapper Durchschnitt, 1902 Mißernte, 1903 weit über Durchschnitt, 1904 ?

Die nachfolgenden Übersichten geben die Anbauflächen in Acres und Erntemengen von Australasien in 1000 dz und Quarter, wobei zu bemerken ist, daß die Zahlen von 1890—1900 bei Weizen und Mais Quarter von 480 engl. Pfd., bei Gerste 400 Pfd., bei Hafer 304 Pfd. bezeichnen von 1901 aber durchgängig Quarters von 8 Bushels, bei Kartoffeln Tonnen von 2240 Pfd. engl.

Anbaufläche in Acres.

Jahr	Weizen	Gerste	Hafer	Mais
1890	3537091	150182	616934	306749
1891	3737801	92336	569636	289875
1892	3822950	88332	566072	270912
1893	4165595	106121	680249	311079
1894	3849134	155809	686429	323233
1895	3780799	130217	679542	332628
1896	4450214	120136	920204	349413
1897	4673754	93376	944214	345236
1898	4705968	97469	780683	346806
1899	5893277	127806	792029	326947
1900	5898124	172237	768641	355528
1901	5874698	133548	919842	359256
1902	5283439	107566	867354	309420
1903	5351304	106372	1075906	316939
1904	5797299	158524	1012496	384937

Erntemenge in 1000 dz.

Jahr	Weizen	Gerste	Hafer	Mais
1890	8 938	606	2 278	2 264
1891	9 780	407	2 429	2 471
1892	11 196	400	2 274	2 011
1893	11 438	487	2 740	2 362
1894	8 565	660	2 525	2 245
1895	6 834	438	2 388	2 297
1896	7 294	427	2 917	2 512
1897	9 229	408	2 389	2 715
1898	14 830	727	3 621	2 468
1899	13 216	803	3 559	2346
1900	14 936	619	4 518	2 504
1901	11 596	517	3 605	1 932
1902	5 399	497	4 218	1 383
1903	22 328	831	4 739	2 590
1904	15 406	615	3 129	2 100

Jahr	Weizen	Gerste	Hafer	Mais	Kartoffeln
1890	4 100 000	355 600	2 066 200	1 197 820	547 700
1891	4 490 000	325 000	2 149 200	1 333 960	542 900
1892	5 100 000	233 400	2 954 400	1 143 200	401 600
1893	5 200 000	248 011	2 312 544	1 282 197	474 610
1894	3 930 000	308 622	2 089 221	1 212 817	541 524
1895	3 160 000	361 753	2 401 076	1 282 975	482 017
1896	3 373 000	232 871	2 520 000	1 282 659	497 733
1897	4 240 000	241 360	2 068 383	1 436 028	388 493
1898	6 778 000	417 000	3 128 000	1 235 630	646 000
1899	5 410 000	460 000	3 065 000	1 450 000	629 275
1900	6 536 000	353 500	3 877 500	1 212 170	489 576
1901	5 326 000	296 977	3 104 386	950 827	529 339
1902	2 477 600	285 408	3 632 156	680 404	594 045
1903	9 268 704	—	—	—	—
1904	6 805 936	—	—	—	—

Der Weltgetreidehandel.   18

Australiens bedeutendste Wettbewerber auf den europäischen Märkten sind gegenwärtig die Vereinigten Staaten von Amerika, Rußland und Argentinien; durch die Frachtverhältnisse ist der australische Landwirt diesen Ländern gegenüber sehr benachteiligt. Die Beförderung nimmt zwei Monate für Dampfer und vier Monate für Segler in Anspruch. Diese lange Transportzeit bringt einen erheblichen Zinsverlust mit sich, den der Erzeuger zu tragen hat. Für ganze Dampferladungen betragen die Frachten von Neuyork nach britischen oder Festlands-Häfen gewöhnlich zwischen 1 Sh. $4^1/_2$ P. und 2 Sh. $1^1/_2$ P. für 1 Quarter oder ungefähr 2 bis 3 Pence für 1 Bushel; dagegen beträgt von Australien dorthin die Frachtrate für ganze Seglerladungen 8 bis 9 Pence für 1 Bushel, und die Fahrzeit ist ungefähr zehnmal so lang. Der Unterschied zwischen den Frachtverhältnissen von den Häfen des Schwarzen Meeres und von Australien nach Nordwest-Europa ist ebenso groß: Weizenladungen werden von Odessa nach London mit Dampfern verschifft, die die Reise in wenigen Tagen zurücklegen, zu einem Satze von ungefähr 3 Pence für 1 Bushel. Mit Argentinien ist der Vergleich weniger ungünstig; die Reise von Buenos Aires und Rosario beansprucht drei Wochen für Dampfer, und die Fracht beträgt nicht ganz 5 Pence für 1 Bushel.

Es ist selbstverständlich, daß Australien wegen der größeren Entfernung nicht Anspruch auf die gleichen Frachtsätze wie jene Häfen machen kann; die Entfernung läßt jenes Land aber außerdem eines Teiles der Vorteile verlustig gehen, aus denen Verschiffer anderer Länder bei fallendem Frachtenmarkt Nutzen ziehen. Ein Frachtrückgang hat in Australien eine weit geringere Rückwirkung, als in Häfen, die näher an Europa liegen. Dagegen müssen australische Verschiffer, sobald eine Steigerung der Schiffsfrachtsätze eintritt, fast immer zuerst die höheren Sätze bewilligen. Denn wenn auch der australische Handelsverkehr einen beträchtlichen Wert besitzt, kommt er, seiner Bedeutung für die Weltschiffahrt nach, doch erst an vierter oder fünfter Stelle, so daß Australien nicht in der Lage ist, auf den Frachtenmarkt einen größeren Einfluß auszuüben.

Sicherlich kann manches geschehen, diese Nachteile zu überwinden; namentlich würde eine schnelle Zunahme in der Erzeugung von Ausfuhrartikeln mehr Schiffer anziehen, und hierdurch würden infolge des Wettbewerbes Zugeständnisse in den Frachtraten herbeigeführt werden. Um die australische Fracht für

Schiffseigner begehrenswerter zu machen, müßte man ferner die
Hafenanlagen verbessern und für neuzeitliche Ein- und Auslade-
vorrichtungen sorgen. Die Hafengebühren müßten mäßig sein
und es dürften keine neuen, den Schiffen zur Last fallende Ab-
gaben eingeführt werden, denn jeder Betrag, der von fremden
Schiffen in australischen Hafenanlagen erhoben wird, muß mit
Zinsen von den australischen Erzeugern zurückgezahlt werden.

Wendet man sich vom Seehandel zum Inlandsverkehr Australiens, so stößt man auf nicht minder ungünstige Verhältnisse.
Eine Eisenbahnverwaltung, die das Wohl des Landes fördern soll,
erfüllt ihre Pflichten nicht allein damit, daß sie neue Linien
baut und für Wagen sorgt; es ist ebenso notwendig, die Frachtsätze zu ermäßigen. Aber in dieser Richtung ist in Australien
fast nichts geschehen, weil bisher die Unkosten sich stärker ver-
mehrten als die Einnahmen der Bahnen. Das große Ziel einer
australischen Eisenbahnverwaltung müßte sein, dem Erzeuger
durch billige Landfrachten es zu ermöglichen, die Last der See-
frachten leichter zu tragen und hierdurch einigermaßen einen Ausgleich seinen mächtigen Wettbewerbern in Amerika und Rußland
gegenüber herbeizuführen.

In guten Erntejahren wird Weizen und Hafer nach England
und Südafrika ausgeführt. Die hauptsächlichsten Getreidehandelsplätze sind: Sydney, Melbourne, Adelaide und auf Neu-Seeland:
Auckland.

Die Weizenpreise werden in Shillings und Pence für 1 Imp.
Quarter (480 Pfd.) ausnahmsweise auch mit 500 Pfd. Durchschnittsgewicht oder für 1 Imp. Bushel (näheres s. oben S. 274)

Im Ausfuhrhandel nimmt man Brutto für Netto, in dem Preise
ist Fracht und Versicherung mit enthalten, d. h. die Preise verstehen sich cif (cost, insurance, freight).

Die Rechnungen werden gewöhnlich in der Weise beglichen,
daß der Verkäufer 60 Tage Sicht, in London zahlbare Wechsel
auf den Käufer zieht, gegen deren Annahme die Ladescheine ausgefolgt werden.

Im Ausfuhrhandel kommt meistens der Weizen aus Viktoria,
ohne weitere Benennung (Victorian Wheat), und der Hafer aus
Neu-Seeland in den Sorten: Dun, ordinary Bluff, „Canadian".

Seit 1902 wird Hafer, bevor er zum Export kommt, von
einem Regierungsbeamten untersucht und abgeschätzt, so daß nur
gute, mustergetreue Ware zur Abladung gelangt.

18*

Nordafrika.

a) Algier.

In Nordafrika ist Algier der Staat, der das meiste Getreide baut, wenn auch für das Land selbst der Weinbau größere Bedeutung hat als der Getreidebau. Algier erzeugt zumeist Weizen und Gerste, sehr wenig Hafer und Mais und nur eine ganz geringe Menge Roggen.

Getreide wird vorzüglich gebaut in Mitidja, Chéliff, Sétiff (Hauts-Plateaux) und die Gegend von Sidi-bel-Abbés. ' Der Getreidebau war früher ausgedehnter, er ist aber seit einiger Zeit, insbesondere in der Gegend von Constantine, Oran, Philippeville durch den Weinbau verdrängt worden.

Algiers Überschuß von Weizen und Gerste wird zur Hauptsache nach Frankreich, wo er Zollfreiheit genießt, aber auch nach Spanien ausgeführt.

Die folgenden Übersichten lassen die Bedeutung von Algiers Getreidebau erkennen.

Anbaufläche in Hektar.

Jahr	Weizen	Roggen	Gerste	Hafer	Mais
1890	1 302 862	463	1 426 117		
1891	1 253 135	425	1 426 866	43 107	13 891
1892	1 280 467	331	1 442 522	47 298	13 134
1893	1 312 903	450	1 475 880	51 796	12 930
1894	1 282 455	379	1 404 466	60 028	13 842
1895	1 321 523	371	1 435 396	71 865	16 268
1896	1 262 260	264	1 382 021	73 942	13 246
1897	1 263 852	364	1 342 925	74 761	12 776
1898	1 257 604	309	1 244 196	71 369	12 729
1899	1 303 582	326	1 393 533	84 630	13 290
1902	1 308 286	276	1 392 009	100 670	12 494
1903	1 405 208	400	1 411 705	136 194	11 502
1904	1 340 789	4 272	1 318 234	118 694	12 153

Aus „Annales du ministère d'agriculture", die nicht mehr erscheinen.

Ertrag in dz.

Jahr	Weizen	Roggen	Gerste	Hafer	Mais
1890	13·30	8·48	6·97		
1891	12·92	7·84	6·47	11·45	7·82
1892	8·39	6·47	5·66	8·24	6·46
1893	9·33	5·00	4·86	8·35	6·57
1894	14·80	8·17	7·43	12·63	7·75
1895	12·04	6·53	5·86	10·51	7·99
1896	10·57	7·17	4·89	10·48	8·97
1897	9·18	4·64	4·06	7·78	5·98
1898	12·49	8·15	7·26	12·25	6·92
1899	9·50	7·49	5·16	7·66	6·68

Erntemenge in dz.

Jahr	Weizen	Roggen	Gerste	Hafer	Mais
1890	7 756 486	3 929	9 953 143		
1891	7 126 138	3 333	9 235 863	493 784	101 743
1892	5 437 416	2 142	8 178 690	389 788	84 782
1893	5 517 725	2 250	7 177 107	432 719	84 932
1894	8 447 580	3 100	10 447 705	758 445	107 261
1895	7 070 971	2 424	8 412 263	755 114	130 014
1896	6 236 533	1 893	6 769 885	767 477	118 987
1897	5 413 387	1 686	5 455 163	581 937	76 360
1898	7 379 317	2 517	9 0 8 420	874 402	88 109
1899	6 064 073	2 442	7 203 965	658 067	88 756
1902	8 775 489	2 300	10 618 515	1 106 498	134 339
1903	9 306 914	2 450	8 398 381	1 780 197	103 112
1904	7 100 396	21 542	8 078 868	960 374	104 191

Aus „Annales du ministère d'agriculture", die nicht mehr erscheinen.

Ausfuhr in 1000 dz.

Jahr	Weizen	Gerste	Hafer	Mehl
1890	1 466	1677	230	23
1891	910	1159	213	29
1892	782	935	186	16
1893	383	402	416	9
1894	787	654	464	9
1895	1 130	1038	649	10
1896	540	765	760	42
1897	457	337	275	30
1898		493		15
1899				63
1900				83
1901				125
1902				113
1903	1 542	1 775	935	93
1904	4 143	5 809	1537	107

Einfuhr in 1000 dz.

Jahr	Weizen	Gerste	Mehl
1890	217	103	61
1891	121	62	45
1892	51	68	102
1893	168	237	169
1894	104	366	211
1895	11	11	78
1896	18	65	145
1897	11	430	130
1898	197	365	183
1899	10	3	126
1900	10	2	176
1901	1	1	94
1902	6	1	77
1903	44	114	60

Der Inlandsbedarf beläuft sich auf 700 000—750 000 t Weizen, 1 000 000 t Gerste, 90 000 t Hafer und ebensoviel Mais. Die Ernte findet im Monate Mai statt.

Die Handelsplätze sind: Algier und Oran, die gleichzeitig die Ausfuhrhäfen sind, ferner Bougie, Bona und Philippeville; dieser Ort steht mit Dünkirchen (Dunquerque) in Verbindung und führt besonders Gerste aus.

In Algier ist das Meter-System eingeführt und wird das Getreide für 100 kg in Franken gehandelt. Die Eingeborenen bedienen sich der Charge von Marseille (eigentlich 157 kg), die sie mit 156 Liter annehmen, an manchen Orten benützt man die Tupsia von je 4 Soáh die in Constantine die Charge von 160 Litern vertritt.

In Oran verstehen sich die Preise frei an Bord (fob), in Algier meistens frei Kai.*)

Das Bruttogewicht gilt für Netto. Man nimmt aber manchmal für Verpackung 650 Gramm, bei kleinen Säcken. Bei großen Säcken wird das tatsächliche Gewicht berechnet.

Die Lieferung der Ware geschieht: 1. ab Lager, 2. vom Schiff auf Kai gestellt, 3. aus dem Schiff überladen, 4. vom Fuhrwerk, 5. frei Eisenbahnwagen.

Für Beladung der Dampfer von 100—1500 Tonnen werden 2—18 Tage bewilligt, für Segler 4—45 Tage.

Die Qualität bestimmt man mittels der metrischen Probe oder der Probe von Marseille.

Die Gewichtsfeststellung (Naturalgewicht) geschieht in der Weise, daß der Käufer von je 100 Säcken 5 unbeschädigte Säcke bezeichnet, die auf der öffentlichen Wage abgewogen werden.

Wenn ein Käufer ein bestimmtes Gewicht bedungen hat, so nehmen die öffentlichen Wiegemeister den Marseiller Durchschnittsgewichten ähnliche Gewichte als Grundlage an und bestimmen so das Gewicht des Getreides. Ein Gewichtsüberschuss fällt zu Gunsten des Käufers. Wenn das Getreide um 1 kg und weniger leichter ist, als das bedungene Gewicht, so gibt der Ver-

---

*) Im Innern des Landes gebrauchen die Eingeborenen den Doppel-Dekaliter (20 Liter) unter dem Namen Quelba. Sehr verbreitet ist der Gebrauch, daß der Verkäufer dem Käufer gestattet, das Getreide in das Maß zu häufen, und zwar so viel es ihm seine Geschicklichkeit und Geduld möglich macht. Der spitzkegelige Haufen heißt chechia. Es kommt oft vor, daß der Käufer 22—23 Liter Getreide bekommt und blos 20 Liter zu bezahlen hat.

käufer nach je 250 Gramm eine Entschädigung von $^1/_4$ % ; bis zu 2 kg Unterschied, ebensoviel, wenn der Käufer die Ware überhaupt übernimmt.

Beim Sieben und Reutern des Getreides ist ein Gewichtsunterschied von $2^1/_2$ % gestattet, doch dann hat der Verkäufer eine reine, gesunde Ware zu liefern. Das Durchschnittsgewicht der weichen Weizensorten ist: 76/80 kg, der harten 78/80 kg. Der Hafer wiegt 47/48 kg.

Unter den algierischen Getreidesorten haben wir die der Eingewanderten und der Eingeborenen zu unterscheiden.

I. Die eingewanderten Landwirte bauen folgende Weizensorten:

a) weiche Sorten: 1. Tuzelle und die Abart Tuzelle de Provence oder de Bel-Abbés, 2. Mahoni, 3. Roter Tuzelle de Provence, 4. Seisettes, 5. Poulards de Rousillon.

b) seltene Sorte: 6. Richelle blanche, 7. Richelle No. 2, 8. Rieti.

c) harte Sorten: 9. weißer Médéahi, 10. Puelma, 11. Cheliff-Weizen, 12. harter Gebirgsweizen (mit rotem Bärtchen), 13. gekreuzter Weizen (aus rotem Weizen und solchem mit dunklem Bärtchen).

II. Die Eingeborenen bauen folgende Weizensorten: 1. Mahmondi, 2. Mohamed ben Bachir, 3. Tounsi, 4. Hadjet, 5. Hebda, 6. Hohla, 7. Stab-el-bel, 8. Medeba, 9. Terd-ouni.

Die beste Gerste ist jene aus der Gegend von Mostagenem, die besonders als Braugerste beliebt ist. Neuerlich wird auch die sechszeilige Gerste Escaurgon viel angebaut.

b) Tunis.

Die Überschüsse seines Getreidebaues finden zumeist in Frankreich Absatz, wohin im Sinne des Gesetzes v. J. 1890 19/VII alljährlich eine bestimmte Menge tunensischen Getreides zollfrei eingeführt werden darf.*)

Die dem Getreidebau gewidmeten Flächen und deren Erträge sind großen Schwankungen unterworfen. Nach guten Erntejahren fehlt es an Arbeitskräften, denn die Eingeborenen sind dann schwer zur Arbeit zu bewegen, bald werden die Saaten von der Heuschrecken- oder Sperlings-Plage heimgesucht, bald fehlt

---

*) Für die Zeit vom 1. Juli 1903 bis 30. Juni 1904 wurde die zollfreie Einfuhr von 800000 dz Weizen, 450000 dz Hafer, 200000 dz Gerste, 2000 dz Roggen und 25000 dz Mais gestattet.

es an genügenden Niederschlägen und die künstliche Bewässerung ist dermalen mangels Vorrichtungen und geschulter Hilfskräfte sehr erschwert.

Der Ertrag und Anbaufläche, die sich über das Soukh el Arba, Soukh el Kremis, die Gegenden von Thala, Sousse, Tebourla, Buzerte, Kairoman, Sahel, Cap Bon und das Medjerde Tal erstreckt, waren in den letzten 3 Jahren die folgenden:

	1904		1903		1902	
	ha	dz	ha	dz	ha	dz
Weizen	440 000	2 800 000	363 543	2 051 152	457 871	1 817 715
Gerste	600 000	3 000 000	376 358	2 654 400	578 888	1 881 790
Hafer	30 000	500 000	28 735	450 000	14 290	285 800
Mais	15 000	150 000	13 840	114 561	10 845	138 400

Die nachstehenden Mitteilungen des deutschen Konsulats weisen andere Zahlen auf, sie lauten:

Die Gesamtfläche des Ackerlandes 1902 betrug 363 543 ha Weizen, 376 358 ha Gerste, 14 290 ha Hafer, 13 840 ha Mais und Sorgo, 10 870 ha Bohnen. Die Ausfuhr bewertete sich 1902 für Weizen nach Frankreich und Algerien auf 5 108 940 fr., für Gerste nach Großbritannien auf 318 942 fr., nach Frankreich und Algerien auf 135 936 fr. und für Hafer nach Frankreich und Algerien auf 2 259 894 fr. Im Jahre 1903 waren mit Weizen und Roggen bebaut 457 871 ha, 578 888 mit Gerste, 28 735 mit Hafer, 10 845 mit Mais und Sorgo und 15 068 mit Bohnen. Nach Frankreich sind ausgeführt worden: Weizen in Körnern für 13 482 036 Franken, Gerste 7 189 587, Hafer 3 388 098; das ist beinahe die ganze Ernte. Nach Großbritannien wurde Gerste im Werte von 1 342 946 Franken ausgeführt. Dagegen wurde aus Rußland Weizen im Werte von 5 500 000 und Mais im Werte von 500 000 Franken eingeführt.

Die Ernte findet im Mai statt.

Der Ausfuhr, die

	1903*)	1902	
in Weizen	777,925 dz	283,863 dz	
„ Gerste	843,581 „	40,369 „	
„ Hafer	243,347 „	163,664 „	.
„ Mais	8,994 „	740 „	betrug,

*) Für 1904 bestehen zur Zeit nur Schätzungen, welche die Ausfuhr mit 1 000 000 dz in Weizen, 1 200 000 dz in Gerste, 300 000 dz in Hafer, 10 000 dz in Mais annehmen.

steht eine Einfuhr gegenüber, die je nach dem Ernteertrag verschieden ist.

Im Jahre 1903	1902	wurden
387 178	280 393	Weizen
48 680	126 014	Gerste
711	1 841	Hafer
37 298	56 308	Mais eingeführt.

Als Handelsplätze kommen Tunis, Ifax, Sousse Nahdia und
Bizerte in Betracht.

Im Handel treten die Marseiller Gebräuche hinsichtlich Preis-
und Gewichtsfeststellung in Anwendung. Im Innern des Landes
wird das Getreide auch noch per Kafiz (16 Houcha von je 12
Saâh = 640 l) in Piastern gehandelt.

c) Tripolis.

Tripolis hat eine sehr rückständige Bevölkerung, die sich nicht
entschließen kann, ihre althergebrachten Gepflogenheiten beim
Anbau zu verlassen und statt der ungenügenden alten Ackergeräte
zeitgemäßere anzuwenden. Nennenswerten Getreidebau hat Tripolis im Sandschak von Bengasi nur in Weizen und Gerste.

Man schätzt den Ertrag dieser beiden Getreidesorten für 1904
auf 1 200 000 dz Weizen, 1 800 000 Gerste (90 000 dz Hafer).

Von diesen Mengen kommt von der Gerste an 600 000 dz, vom
Weizen 200 000 dz zur Ausfuhr über die beiden Häfen Tripolis
und Bengasi.

Das Getreide wird im Ausfuhrhandel für 100 kg, oder per
Charge (157 kg) in Franken gehandelt; im Platzhandel für 1
Temen von 4 orbal = 107,3 l in Piastern (0,225 Frank).

d) Marokko

spielt zwar noch keine Rolle im Getreidehandel, könnte aber infolge seiner klimatischen Verhältnisse und Bodenbeschaffenheit
mit der Zeit Beachtung finden. Der Marokkaner ist als Landwirt fleißig und genügsam. Er zieht, da er heute in seiner eigenen
Heimat noch wenig Gelegenheit findet, seine Fähigkeiten zur
Geltung zu bringen, alljährlich in Mengen von Tausenden zur
Zeit der Ernte nach Algier, um sich dort als Feldarbeiter zu ver-
dingen. Da in Marokko kein Europäer Äcker, also Landbesitz
erwerben kann, so läßt die Entwickelung auf sich warten. Nur
durch Scheinverträge mit Eingeborenen kann der Europäer Land-

besitzer werden, oder in der Weise, daß er als Teilhaber eines
Eingeborenen eintritt, dem er das Geld zur Verfügung stellt, für
den er den Verkauf des Ertrages besorgt, und dem er den Schutz
seines Konsulats (Gesandtschaft) verschafft. Diese Eingeborenen
werden Mohalatler (Associi agricoli) genannt.

Ziffernmäßige Nachweise über Anbauflächen, Ertrag, Ausfuhr usw. sind nicht vorhanden, selbst an Schätzungen mangelt
es. Man erntet im Mai.

Als Handelsplätze kommen Casablanca, Magador und Tanger
in Betracht, die ersten zwei auch als Ausfuhrhäfen.

Für das marokkanische Getreide kamen bisher nur England
und Spanien als Abnehmer in Frage. Es soll dies daher kommen,
weil der Weizen hart und glasig und als Brotfrucht im allgemeinen
nicht verwendbar ist. In der Tat bezieht auch der marokkanische
Bäcker, der die Europäer versorgt, sein Mehl aus Europa. Das
viel billigere, aus heimischem Weizen gewonnene Mehl ist zu
Backzwecken ungeeignet. Der marokkanische Weizen hat daher
einen beschränkten Markt. Das Gleiche gilt von der Gerste; sie
ist bloße Futtergerste. Sollte sie sich für Mälzereizwecke verwendbar erweisen, so ist sie als solche jedenfalls noch nicht genügend bekannt.

Eine Verwendung des marokkanischen Weizens für die Nu-
delfabrikation und für technische Zwecke sowie der marokkanischen Gerste für Futter- und vielleicht auch Mälzereizwecke
dürfte indessen später einmal in Frage kommen.

Da der Sultan wiederholt Ausfuhrverbote erlassen hat, so
ist der Handel während dieser Zeit lahm gelegt. Dies mag auch
mit dazu beitragen, daß sich der Getreidebau in Marokko nur
langsam entwickelt, obgleich das Land geeignet wäre, große
Mengen von Getreide zu erzeugen. Da das Land immerhin dem
europäischen Einflusse unterworfen wird, so ist es nur eine Frage
der Zeit, daß auch Marokko größere Bedeutung für den Getreidehandel erlangt.

Frachten.

Frachtsätze.

Das Getreide als wichtiger Massenartikel hat auf besonders billige Frachtsätze Anspruch. Es kommen dafür bei Mengen von 10 000 kg und mehr Sonderfrachtsätze (Spezialtarife) und Ausnahmefrachtsätze zur Anwendung.

Die Bahnverfrachtung allein kommt nur bei kurzen Strecken in Betracht, oder zu Zeiten, wo die Wasserverfrachtung nicht ausführbar ist (im Winter oder bei ungünstigem Wasserstand).

a) Bahnverfrachtung.

Die in Betracht kommenden Frachtsätze werden mit Hilfe des Kilometerzeigers und der Frachtsätzeübersichten (Kilometer-Tariftabellen, Stations-Tariftabellen und Ausnahme-Tariftabellen) gefunden, und zwar laut Gütereinteilung (Klassifikation) in Spezialtarif I, wo es sich um die gleichen Bahnlinien handelt, oder aber in den bezüglichen Verbandstarifen, wo das Getreide über mehrere Bahnlinien rollt, was namentlich im Auslands-Verkehre vorkommt. Unter den Verbandstarifen finden wir solche, bei denen der Frachtsatz zwischen der Aufgabestation und der Abgabestation unmittelbar verzeichnet ist,*) meistens aber sind es Verbandstarife mit Schnittform, in dem der Anteil einer jeden Bahnlinie am Frachtsatze bis zu einem gewissen Punkte (Grenze, Schnittpunkt) besonders angegeben ist. Diese Schnitt-Tarife bestehen also aus zwei Teilen: Schnitt-Tabelle I (oder A) und II (oder B) und wenn 3 oder mehr Bahnlinien beteiligt sind, auch aus einer Schnitt-Tabelle III (C).

Im folgenden geben wir einen Teil eines Verbands-Stationstarifes und eines Verbands-Schnitt-Tarifes wieder.

1. Verbands-Güter-Tarif. (Ausnahme-Tarif) für Getreide des Ostdeutsch-Ungarischen Eisenbahn-Verbandes:

---

*) Stationstarife.

a) Stationen der Kgl. ung. Staatseisenbahnen.

Pfennig pro 100 Kilogramm

Zwischen	A. Abony	Alberti-Jrsa	Algyö	Arad	Aszöd	B. Budapest
Alttoyen	344	338	375	374	327	313
Angermünde	417	404	464	475	404	378
Banerwitz	233	238	264	263	216	213
Bentschen	367	362	398	397	350	337
Berlin { Anhalt. Görlitz. Schles } Bahnhof	381	368	428	440	368	342
Bernstadt	288	293	319	318	271	268
Beuthen (Liegnitz)	337	323	376	375	323	298
Beuthen O. S. L.	235	228	254	262	225	221
Beuthen R. O. V. E.	235	228	254	262	225	226
Biniew	319	314	340	348	302	299
Birowa	233	238	264	263	216	213
Blotrik	348	342	379	378	331	317
Blottritz	252	245	271	279	244	238
Böhmischdorf	277	268	308	307	260	242
Bösdorf	269	299	300	299	252	231
Bohrau	298	299	329	328	281	274
Bojarows	327	321	358	357	328	296

Bis zum Schnittpunkte von	Schnitt-Tafel I a				
	für Sendungen				
	von russischen Stationen			die mit Straßenfuhrwerk aus Rumänien Rußland anlangen.	
	Radsiwilow Wolotschisk Novoselitzy	der Gruppe			
		1**	11**		
	pro 100 kg in Pfennig.				
Brody (Bhf.) trst. . . .	109	109	74	134	—
Hustatyn trst.	—	—	—	164	—
Nadbriezie-Landungspl. trst.	—	—	—	63†*	—
Nowosielitza (Bhf.) trst. .	160	160	108	185	160
Podwoloczyska (Bhf.) trst.	134	134	91	159	—
Skala trst.	—	—	—	180	—

Vom Schnittpunkte bis	Schnitt-Tafel I b					
	für Sendungen					
	von russischen Stationen					die mit Straßenfuhrwerk aus Rußland und Rumänien und auf dem Wasserwege in Nadbriezie anlangen
	Radsiwilow. Wolotschisk, Nowosselizy	der Gruppe				
		I		II		
		im Verkehre mit				
		Brody (Bhf.) trst.	Nowosielitza trst.	Podwolocziska trst.	Brody Nowosielitza Podwoloczyska	
	per 100 kg in Pfennig					
Breslau Märk. Freibg. Bhf.	113	113	113	113	113	113
Breslau O. S. Bhf. . .	109	109	109	109	109	109
Breslau, Stadthafen .	114	114	114	114	114	114
Breslau, Odertorbhf. .	114	104	114	114	114	114
Brieg	90	90	90	90	90	90
Bromberg	214	—	—	—	—	214
Buchholz in Sachsen .	222	222	222	222	222	222

*) Für Sendungen, die auf dem Wasserwege anlangen.

†) Bei Sendungen in loser Schüttung (ohne Säcke) ermäßigt sich die Fracht um 4 Pfennig per 100 kg.

2. Norddeutsch - galizisch - südwestrussischer Grenzverkehr.
Ausnahmetarif A. Es ist der Frachtsatz für Getreide (Mais ausgeschlossen)
von Radziwilow nach Breslau O. S. Bhf. zu ermitteln. Laut Bestimmungen dieses Verbandverkehres ist der Gesamtfrachtsatz
durch Zusammenzählen der Sätze der Schnitt-Tafel I a und jener
der Schnitt-Tafel I b zu finden.

B) Gemischte (kombinierte) Verfrachtung.

Viel wichtiger für den Getreidehandel sind jene Sätze, die
sich auf die Beförderung des Getreides auf Wasserstraßen (Schiff)
und Bahn beziehen. Solange es möglich ist, wird die Ware mit
Schiff befördert und erst dort umgeladen, wo die Wasserstraße
nicht mehr befahrbar ist, oder aber der Bestimmungsort seitwärts
der Wasserstraße liegt und nur mit der Bahn zu erreichen ist.

Außer dem billigen Frachtsatze, der durch diese Verbindung
entsteht, genießt der Verlader oder Empfänger auch die Begünstigung der Reexpedition*) (Beförderungsunterbrechung), d. h.
das Getreide kann an bestimmten Orten eingelagert und von
dort nach einer gewissen Frist wieder weiterbefördert werden,
ohne daß die Begünstigung des billigen Frachtsatzes eine Einbuße
erleiden würde. Diese Stationen oder Lagerhäuser sind in Gruppen eingeteilt und gehören die entsprechenden Aufgabestationen
zu je einer anderen Gruppe.

Ein solcher gemischter (kombinierter) Tarif ist der Ausnahmetarif für die Beförderung in gewöhnlicher Fracht von Getreide, Hülsenfrüchten, Mahlprodukten aus Getreide und Hülsenfrüchten, Malz, sowie von Ölsaaten von Stationen der K. Ung.
Staatseisenbahnen*) nach den Stationen Passau transit und Regensburg mit der Bestimmung nach Bayern, Süddeutschland, Vorarlberg und der Schweiz mit Umschlag in Preßburg (Pozsony).

Berechnen wir den Frachtsatz für Weizen von der Station
Czegléd nach Frauenau in Bayern.

Aus der Schnitt-Tafel a) I. Teil

---

*) Diese Begünstigung ist wohl auch bei manchen Bahnen in Geltung.

**) Der Transport per Schiff geschieht durch die Ung. See- und Fluß-
Schiffahrts-A.-G.

Von untenstehenden Stationen bis zum Schnittpunkte.	Taxgruppe	Serie I	Serie II	Serie I und II Getreide und Mais
		Allgemeiner Teilbetrag a)	Allgemeiner Teilbetrag a)	Ausnahme- Teilfrachtsatz a)*)
		Pfennig für 100 kg.		
Stationen der kgl. ung. Staatseisenbahnen				
Budapest ng. p. u.	C	51	51	51
Csantavér	B	134	127	113
Csap	C	173	173	149
Csata	C	66	66	66
Csány	C	157	150	134
Czegléd	C	86	83	79

suchen wir den Frachtsatz bis zum Schnittpunkte aus, dieser beträgt 86 Pfennige für 100 kg.

Die Bestimmungs-Station F r a u e n a u ist eine Station der K. Bayrischen Lokalbahnen, deren Übergangsstation Z w i e s e l ist. Der Frachtsatz vom Schnittpunkte bis zu dieser Station ist in der Schnitt-Tafel b, in der Tax-Gruppe B und C zu suchen — weil laut Schnitt-Tafel a) die Aufgabe-Station Czegléd in diese Gruppe gehört:

---
*) Nur im Verkehre mit einer Anzahl namentlich angeführten bayrischen Stationen.

Schnitt-Tafel b

für Sendungen von den ungarischen Bahnstationen der

Bahn-Entfernung von Passau	Vom Schnittpunkte bis	Tax-Gruppe A)				Tax-Gruppe B)			
		Serie I Getreide		Serie II Mais		Serie I Getreide		Serie II Mais	
		b) Teilbetrag bis Passau	Frachtsatz ab Passau	b) Teilbetrag bis Passau	Frachtsatz ab Passau	b) Teilbetrag bis Passau	Frachtsatz ab Passau	b) Teilbetrag bis Passau	Frachtsatz ab Passau
	a) Stationen der K. Bayr. Staatsbahnen.				Pfennig für 100 kg				
213	Wolznach Bhf . .	89	108	89	71	118	108	105	71
321	Würzburg . . .	89	156	89	103	118	156	108	103
267	Wunsiedel . . .	89	113	89	81	93	113	99	81
306	Zeil	89	150	89	99	118	150	108	99
206	Zorneding . . .	89	104	89	67	112	104	95	67
292	Zunchaus . . .	89	143	89	95	B { 103 C { 109	143	108	95
191	Zwiesel	89	62	89	41	118	62	108	41

Der Frachtsatz beträgt demnach bis jetzt 86 + 118 + 62 Pfennige, hierzu kommt noch der in der Tarif-Tabelle der K. Bayrischen Lokalbahnen auffindbare Frachtsatz vom Zwiesel bis Frauenau,

a) K. bayer. Lokalbahn-Stationen.

Kilometer ab der Übergangsstation	Lokalbahn-Stationen	Übergangs-Stationen	Serie I Getreide etc.	Serie II Mais
			Pfennig für 100 kg	
	a) K. bayr. Lokalbahn-Stationen			
22	Forth	Erlangen .	10	6
10	Frauenau	Zwiesel . .	5	3
6	Frauenaurach	Erlangen .	3	2
8	Frensdorf	Strullendorf	10	8
	b) Stationen der Lokalbahn A.-G. München			
49	Bad Heilbrunn	München S. B.	36	23
13	Cadolzburg	Fürth . .	10	9

welcher 5 Pfennige ausmacht. Der Gesamtsatz beträgt also laut Tafel a) . . . . 86 Pfennige

„ „ b) . . . . . $\begin{cases} 118 \\ 62 \end{cases}$ „

„ Lokal-Tarif . . . . 5 „

271 Pfennige für 100 kg.

Das auf diesem Wege beförderte Getreide kann — da es in die Reexpeditions-Gruppe 2 gehört, in Budapest, Waitzen (Vácz), Preßburg (Pozsony), Passau und Regensburg eingelagert werden.

Die Frachtsätze für die Stationen in Süddeutschland, der Schweiz und Vorarlberg werden in ebensolcher Weise auf Grund der im 2. Teile, Abschnitt B (via Regensburg) enthaltenen Tafeln berechnet.

Es ist zu bemerken, daß das Getreide sowohl in Säcken als auch in loser Schüttung (alla rinfusa) verfrachtet werden kann.

C) Wasserfrachten (Flußschiffahrt).

Die billigste Verfrachtung ist die Wasserfracht.
Die Frachtsätze sind einfach und in Stationstarifen enthalten.
Bei ganzen Schleppladungen oder bei Aufgabe von wenigstens
10000 kg treten Ausnahmesätze in Kraft oder aber sind besondere
Vereinbarungen am Platze.
Wir geben hiermit einen Teil des Tarifes der K. K. priv.
Donau-Dampfschiffahrtsgesellschaft für die Verfrachtung von Ge-
treide von einer rumänischen Station nach deutschen Stationen:

Giurgevo

und den folgenden Stationen (in beiden Richtungen)	Valuta	Waren-Klasse		
		I	A	B
Deggendorf	Mark Pfg.	740	532	388
Obernzell	„	720	512	368
Passau	„	720	512	368
Regensburg	„	745	537	393

Getreide gehört in die Klasse B.

Außer den Frachtsätzen, die die großen Schiffahrtsgesell-
schaften in ihren amtlichen Tarifen angeben und von denen sie
je nach Vereinbarung, bei größeren Mengen offenkundige und
geheime Rückvergütungen (Refaktien) an die Aufgeber gewähren
(bonifizieren), sind auch die Frachtsätze der Privatschiffahrts-
unternehmungen und einzelner Schiffe sehr wichtig.

Diese Sätze bilden den Gegenstand des freien Wettbewerbs,
sie steigen und fallen je nach Angebot und Nachfrage für Schiffsraum. An einzelnen wichtigen Hafen- und Umschlagsplätzen sind
förmliche Börsen entstanden, an denen die Frachtverträge auf
Grund der aus dem Verhältnis der Nachfrage zum Angebot von
Schiffsraum hervorgegangenen Sätzen geschlossen werden.

Hier folgen einige Berichte über den Frachtenmarkt an einigen
Plätzen:

Breslau. (Juni.) Der Wasserstand der Oder hat sich einige-
mal verändert, ist aber immer noch so hoch, daß Kähne volle
Ladung einnehmen können. Im Verladungsgeschäft war der Verkehr in Kohlen und Getreide recht bedeutend, auch sind Zucker
und Mehl verschlossen worden. In Kohlen war das Angebot sogar so stark, daß sich Kahnraum knapp zeigte und Frachten

etwas anzogen, während für alle anderen Artikel genügend Kahnraum vorhanden war und Frachten eher eine Kleinigkeit nach-
gegeben haben. Zu notieren ist pro 50 kg Mehl Berlin 20—21
Pfg., Getreide Stettin 16—17 Pfg., Zucker Hamburg 25—26 Pfg.,
Kohlen Berlin 16—17 Pfg., Stückgut Stettin 17—18 Pfg., Berlin
23—24 Pfg., Hamburg 30—33 Pfg.

Mannheim. (Mai.) Großer ·Vorrat von leeren Schiffen in
den Ruhrhäfen bewirkte auf dem Frachtenmarkte eine weniger
feste Stimmung, unter der Bergfrachten nachgeben mußten. Für
große Schiffe zur Beladung nach Mainz und Mannheim werden
Mk. 1,70 und 1,75, nach Frankfurt a. M. Mk. 1,80 und 1,85 und
nach Straßburg 3 Mk. pro Karre von 1700 kg notiert. Das
Wasser fällt bei der trockenen Witterung und dürften auf der
oberen Stromstrecke schon bald Verkehrseinschränkungen stattfinden.

D) Seefrachten.

Diese Art der Verfrachtung ist heute die wichtigste, weil auf
diesem Wege die größten Mengen Getreides aus den überseeischen
Ländern auf die europäischen Märkte kommen.

Dabei ist diese Beförderungsart die billigste und für die Verfrachtung großer Mengen mit Rücksicht auf die Einrichtung
der Schiffe und der großen Lagerhäuser in den meisten Häfen
auch die zweckmäßigste.

Feste Frachtsätze gibt es auch bei dieser Beförderungsart
nicht; sie sind Schwankungen unterworfen, die von dem zur Verfügung stehenden Schiffsraum und der zur verfrachtenden Getreidemenge abhängen. Dies können wir aus den nachfolgenden
Berichten ersehen:

Bombay. (Jan.) Erhöhte Nachfrage nach Laderaum im Vereine mit lebhafter Spekulation verursachten eine Erhöhung der
Frachtraten nach Europa, die Ende des Monates Januar wie folgt
notierten, und zwar für 1 t nach: Liverpool 15 sh. 6 d prompt, 15 sh.
6 d Zeit; Dünkirchen 15 sh. prompt; 15 sh. 6 d Zeit; Hâvre 15 sh.
6 d prompt; 15 sh. 6 d Zeit. Triest-Venedig 16 sh. prompt, 14 sh.
3 d Zeit; Marseille 15 sh, 3 d Zeit; Genua 15 sh. 3 d Zeit; Hamburg 15 sh. prompt, 15 sh. 6 d Zeit.

Odessa. (April) Die schwache Nachfrage nach Schiffsraum stand im Monate April in gar keinem Verhältnis zu der
riesigen Anzahl von ausländischen Dampfschiffen. Demzufolge

gingen die Frachtraten von Woche zu Woche zurück. Es notierten: Parcels für Hull und London 7—8 sh., für das Festland: von Hâvre bis Hamburg 8—8³/₄sh. Für Antwerpen und Rotterdam 8—7 sh. und für das Mittelländische Meer und die Adria für 1 t Weizen 6—7³/₄ sh.

Bezüglich der Schiffsfrachtsätze haben wir im allgemeinen noch folgendes zu bemerken:

1. Die Schiffe, die aus den Häfen der Ostsee (Riga, Reval, Libau, Königsberg, Danzig, Stettin) nach den westeuropäischen und englischen Häfen ausfahren, ferner, die mit gleicher Bestimmung aus den rumänischen, bulgarischen (Galatz, Varna, Braila), türkischen (Saloniki, Konstantinopel) Häfen Getreide verschiffen, bestimmen den Frachtsatz für 1 I m p e r i a l Q u a r t e r W e i z e n (500 Pfd. engl.) in Shillings und Pence. Für Roggen sind 2%, Gerste (Raps) 5 %, Hafer 22 % hinzuzurechnen.

2. Für Getreide aus den Häfen des Schwarzen und Asowschen Meeres mit Bestimmung für England und den westlichen Häfen des europäischen Festlandes gelten die Frachten für 1 Ton Tallow (T. T.). Diese Frachtsätze sind unter dem Namen: „London Baltic Printed Rates" bekannt. Der vereinbarte Frachtsatz bezieht sich immer auf Weizen; für Roggen berechnet man $7^1/_2$ %, für Gerste 15 %, für Hafer $22^1/_2$ % w e n i g e r

Die T. T. ist ein Raummaß und entsprechen 15 T. T. = 97 Imp. Quarter Weizen von 480 Pfd. Gewicht.

3. Für Getreide aus Australien und Indien sind die Sätze der London Mediterranean and Black Sea Freigth Tables in Geltung, die für eine englische Tonne = 2240 Pfd., ton weight, lauten. Die Sätze beziehen sich auf Weizen, für Mais gebührt ebensoviel, Roggen zahlt $2^1/_2$ %, Gerste 17 %, Hafer 37 % mehr

4. Für 1 B u s h e l sind die Frachtsätze der zwischen Nordamerika und dem europäischen Festlande verkehrenden Schiffe festgestellt, und zwar in Pence. Für die Beförderung in Amerika selbst, also auf den Seen und Wasserstraßen wird der Frachtsatz in Cents angegeben.

5. Die holländischen Schiffe geben ihre Frachtsätze für 2400 kg (Last) an, und zwar für Weizen; für die anderen Getreidesorten sind die Aufzählungen, wie unter 1. für 1 Imp. Quarter in Geltung.

6. Die deutschen, französischen und italienischen Schiffe notieren ihre Frachtsätze für 1 Tonne v. 1000 kg.

Seefracht.

Die Einheitsfracht wird in Schilling und Pence angenommen und versteht sich bei

Weizen Mais ·Erbsen Bohnen Hirse }	auf 2240 lbs. engl. oder 1015 Ko.				
Roggen Dari · Kanariensaat }	„	2220	„	„	„	1006	„
Leinsaat Raps }	„	2170	„	„	„	983	„
Dotter	„	2100	„	„	„	951	„
Gerste Senfsaat Sesam }	„	2050	„	„	„	929	„
Hanfsaat	„	1800	„	„	„	815	„
Hafer	„	1600	„	„	„	725	„
Mohnsaat	„	1400	„	„	„	634	„

Englischer Normal-Frachtentarif in Shilling und Pence.

| | Weizen | | | Gerste plus 5% | | | Hafer plus 22⅓% | | |
für 500 fl.	für 504 fl.	für 496 fl.	für 480 fl.	für 448 fl.	für 432 fl.	für 416 fl.	für 336 fl.	für 320 fl.	für 300 fl.
— 3	— 3·02	— 2·98	— 2·88	— 2·82	— 2·72	— 2·62	— 2·47	— 2·35	— 2·20
— 6	— 6·05	— 5·95	— 5·76	— 5·64	— 5·44	— 5·24	— 4·94	— 4·70	— 4·41
— 9	— 9·07	— 8·93	— 8·64	— 8·46	— 8·16	— 7·86	— 7·41	— 7·06	— 6·61
1 —	1 0·10	— 11·90	— 11·52	— 11·29	— 10·89	— 10·48	— 9·88	— 9·41	— 8·82
1 3	1 3·12	1 2·88	1 2·40	1 2·11	1 1·61	1 1·10	1 0·35	— 11·76	— 11·02
1 6	1 6·14	1 5·86	1 5·28	1 4·93	1 4·33	1 3·72	1 2·82	1 2·11	1 1·23
1 9	1 9·17	1 8·83	1 8·16	1 7·75	1 7·05	1 6·35	1 5·29	1 4·46	1 3·43
2 —	2 0·19	1 11·81	1 11·04	1 10·57	1 9·77	1 8·97	1 7·75	1 6·82	1 5·64
2 3	2 3·22	2 2·78	2 1·92	2 1·39	2 0·49	1 11·59	1 10·22	1 9·17	1 7·85
2 6	2 6·24	2 5·76	2 4·80	2 4·22	2 3·21	2 2·21	2 0·69	1 11·52	1 10·05
2 9	2 9·26	2 8·74	2 7·68	2 7·04	2 5·93	2 4·83	2 3·16	2 1·87	2 0·26
3 —	3 0·29	2 11·71	2 10·56	2 9·87	2 8·66	2 7·45	2 5·63	2 4·22	2 2·46
3 3	3 3·31	3 2·69	3 1·44	3 0·69	2 11·38	2 10·07	2 8·10	2 6·58	2 4·67
3 6	3 6·34	3 5·66	3 4·32	3 3·51	3 2·10	3 0·59	2 10·57	2 8·93	2 6·87
3 9	3 9·36	3 8·64	3 7·20	3 6·34	3 4·82	3 3·31	3 1·04	2 11·28	2 9·08
4 —	4 0·38	3 11·62	3 10·08	3 9·16	3 7·55	3 5·93	3 3·51	3 1·63	2 11·28
4 3	4 3·41	4 2·59	4 0·96	3 11·98	3 10·27	3 8·55	3 5·98	3 3·98	3 1·49
4 6	4 6·43	4 5·57	4 3·84	4 2·80	4 0·99	3 11·17	3 8·45	3 6·34	3 3·69
4 9	4 9·45	4 8·55	4 6·72	4 5·63	4 3·71	4 1·80	3 10·92	3 8·69	3 5·90
5 —	5 0·48	4 11·52	4 9·66	4 8·45	4 6·43	4 4·42	4 1·39	3 11·04	3 8·10
5 3	5 3·50	5 2·50	5 0·48	4 11·27	4 9·15	4 7·04	4 3·86	4 1·39	3 10·31
5 6	5 6·53	5 5·47	5 3·36	5 2·10	4 11·87	4 9·66	4 6·33	4 3·74	4 0·51
5 9	5 9·55	5 8·45	5 6·24	5 4·92	5 2·59	5 0·28	4 8·80	4 6·09	4 2·72
6 —	6 0·58	5 11·42	5 9·12	5 7·74	5 5·32	5 2·90	4 11·27	4 8·45	4 4·29

Seefrachtentabelle.

Schillinge.

für 1 Tonne englisch	2240 lbs.		2220 lbs.	2170 lbs.	2100 lbs.	2050 lbs.	1600 lbs.
Einheitsfracht	Weizen und Mais		Roggen	Leinsaat und Raps	Dotter	Gerste	Hafer
	492 lbs.	480 lbs.	480 lbs.	424 lbs.	424 lbs.	400 lbs	304 lbs.
	Pence	Pence	Pence	Pence	Pence	Pence	Pence
3 d	0.658	0.642	0.648	0.586	0.605	0.585	0.57
6 „	1.317	1.285	1.297	1.172	1.211	1.170	1.14
9 „	1.976	1.928	1.945	1.758	1.817	1.756	1.71
1.— „	2.635	2.571	2.594	2.344	2.422	2.341	2.28
2.— „	5.271	5.142	5.189	4.689	4.845	4.682	4.56
3.— „	7.907	7.714	7.783	7.034	7.268	7.024	6.84
4.— „	10.542	10.285	10 378	9.378	9.691	9.365	9.12
5.— „	13.178	12.857	12.972	11.723	12.114	11.707	11.40
6.— „	15.814	15.428	15.567	14.068	14.537	14.048	13.68
7.— „	18.450	18.—	18.162	16.412	16.960	16.390	15.96
8.— „	21 085	20.571	20.756	18.757	19.382	18.731	18.24
9.— „	23.721	23.142	23.351	21.102	21 805	21.073	20.52
10.— „	26.357	25.714	25.945	23.447	24.228	23.414	22.80
11.— „	28.992	28.285	28.540	25.791	26.651	25.756	25.08
12.— „	31.628	30.857	31.135	28.136	29.074	28.097	27.36
13.— „	34.264	33.428	33.729	30.481	31.497	30.439	29.64
14.— „	36.900	36.—	36.324	32.825	33.920	32.780	31.92
15.— „	39.535	38.571	38.918	35.170	36.342	35.121	34.20
16.— „	42.171	41.142	41.513	37.515	38.765	37.463	36.48
17.— „	44.807	43.714	44.108	39.859	41.188	39.804	38.76
18.— „	47.442	46.285	46.702	42.204	43.611	42.146	41.04
19.— „	50.078	48.857	49.297	44.549	46.034	44.487	43.32
20.— „	52.714	51.428	51.891	46.894	48.457	46.829	45.60
21.— „	55.350	54.—	54.486	49.238	50.880	49.170	47.88
22.— „	57.985	56.571	57.081	51.583	53.302	51.512	50.16
23.— „	60.621	59.142	59 675	53.928	55.725	53.853	52.44
24.— „	63.257	61.714	62.270	56.272	58.148	56.195	54.72
25.— „	65.892	64.285	64 864	58.617	60.571	58.536	57.—
26.— „	68.528	66.857	67.459	60.962	62.994	60.878	59.28
27.— „	71.164	69.428	70.054	63.306	65.417	63.219	61.56
28.— „	73.800	72.—	72.648	65.651	67.840	65.560	63.84
29.— „	76.435	74.571	75.243	67.996	70.262	67.902	66.12
30.— „	79.071	77.142	77.837	70.341	72.685	70.243	68.40

Seefrachtentabelle.

Mark.

für Kilo:	1015	1006	983	929	725
Einheitsfracht	Weizen und Mais	Roggen	Leinsaat und Raps	Gerste	Hafer
	Umrechnung in Mark für 1000 Ko. zum Kurse von 20.40 für 1 £				
3 d	0.25_{11}	0.25_8	0.25_9	0.27_4	0.35_2
6 "	0.50_2	0.50_7	0.51_9	0.54_9	0.70_4
9 "	0.75_8	0.76	0.77_8	0.82_4	1.05_5
1.— "	1.00_5	1.01_4	1.03_8	1.09_8	1.40_7
2.— "	2.01	2.02_8	2.07_5	2.19_8	2.81_3
3.— "	3.01_5	3.04_2	3.11_8	3.29_4	4.22
4.— "	4.02	4.05_6	4.15_1	4.39_2	5.62_7
5.— "	5.02_5	5.06_9	5.18_9	5 49	7.03_4
6.— "	6.02_9	6.08_3	6.22_6	6.58_7	8.44
7.— "	7.03_4	7.09_7	7.26_3	7.68_5	9.84_7
8.— "	8.03_8	8.11_1	8.30_1	8.78_3	11.25_4
9.— "	9.04_4	9.12_5	9.33_8	9.88_1	12.66_1
10.— "	10.04_9	10.13_9	$10 37_6$	10.97_9	14.06_8
11.— "	11.05_4	11.15_8	11.41_4	12.07_7	15.47_4
12.— "	12.05_9	12.16_7	12.45_1	13.17_5	16.88_1
13.— "	13.06_4	13.18	13.48_9	14.27_8	18.28_8
14.— "	14.06_9	14.19_5	14.52_6	15.37_1	19.69_5
15.— "	15.07_4	15.20_9	15.56_4	16.46_9	21.10_1
16.— "	16.07_8	16.22_3	16.60_2	$17 56_7$	22.50_8
17.— "	17.08_3	17.23_6	17.64	18.66_5	23.91_5
18.— "	18.08_8	18.25	18.67_7	19.76_8	25.32_2
19.— "	19.09_3	19.26_4	19.71_4	20.86_1	26.72_8
20.— "	20.09_8	20.27_8	20.75_2	$21 95_9$	28.13_5
21.— "	21.10_3	21.29_2	21.79	23.05_7	29.54_2
22.— "	22.10_8	22.30_6	22.82_7	24.15_4	30.94_9
23.— "	23.11_8	23.32	23.86_5	25.25_2	32.35_5
24.— "	24.11_8	24.33_4	24.90_2	26.35	33.76_2
25.— "	25.12_3	25.34_8	25.94	27.44_8	35.16_9
26.— "	26.12_7	26.36_2	26.97_8	28.54_6	36.57_6
27.— "	27.13_2	27.37_6	28.01_5	29.64_4	37.98_2
28.— "	28.13_7	28.39	29.05_8	30.74_1	39.38_8
29.— "	29.14_2	29.40_3	30.09	31.83_9	40.79_4
30.— "	30.14_7	30.41_7	31.12_8	32.93_7	42.20_1

Seefrachtentabelle.

Franken.

für Kilo:	1015	1006	983	929	725
Einheitsfracht	Weizen und Mais	Roggen	Leinsaat und Raps	Gerste	Hafer
	Umrechnung in Franken für 100 Ko. zum Kurse von 25.20 für 1 £				
3 d	0.03_1	0.03_1	0.03_2	0.03_4	0.04_3
6 „	0.06_2	0.06_2	0.06_4	0.06_8	0.08_6
9 „	0.09_3	0.09_4	0.09_6	0.10_2	0.12_9
1.— „	0.12_4	0.12_5	0.12_8	0.13_6	0.17_4
2.— „	0.24_8	0.25	0.25_6	0.27_1	0.34_7
3.— „	0.37_2	0.37_6	0.38_4	0.40_7	0.52_1
4.— „	0.49_7	0.50_1	0.51_2	0.54_8	0.69_5
5.— „	0.62_1	0.62_6	0.64	0.67_8	0.86_9
6.— „	0.74_5	0.75_1	0.76_8	0.81_4	1.04_2
7.— „	0.86_9	$0\,87_7$	0.89_7	0.94_9	1.21_6
8.— „	0.99_3	1.00_2	1.02_5	1.08_5	1.39
9.— „	1.11_7	1.12_7	1.15_4	1.22	1.56_1
10.— „	1.24_1	1.25_2	1.28_2	1.35_6	1.73_6
11.— „	1.36_5	1.37_8	1.41	1.49_1	1.91_2
12.— „	1.48_9	1.50_3	1.53_7	1.62_8	2.08_6
13.— „	1.61_4	1.62_8	1.66_5	1.76_3	2.26
14.— „	1.73_8	1.75_3	1.79_4	1.89_9	2.43_8
15.— „	1.86_2	1.87_9	1.92_3	2.03_4	2.60_7
16.— „	1.98_6	2.00_4	2.05_1	2.17	2.78
17.— „	2.11	2.12_9	2.17_9	2.30_6	2.95_5
18.— „	2.23_4	2.25_4	2.30_8	2.44_1	3.12_9
19.— „	2.35_8	2.37_9	2.43_5	2.57_7	3.30_2
20.— „	2.48_3	2.50_5	2.56_4	2.71_8	3.47_6
21.— „	2.60_7	2.63	2.69_2	2.84_8	3.65
22.— „	2.73_1	2.75_5	2.82	2.98_4	3.82_3
23.— „	2.85_5	2.88	2.94_8	3.11_9	3.99_7
24.— „	2.97_9	3.00_6	3.07_4	3.25_5	4.17
25.— „	3.10_3	3.13_1	3.20_5	3.39_1	4.34_5
26.— „	3.22_8	3.25_8	3.33_8	3.52_6	4.51_8
27.— „	3.35_2	3.38_1	3.46_1	3.66_2	4.69_1
28.— „	$3\,47_6$	3.50_7	3.58_9	3.79_8	4.86_6
29.— „	3.60	3.63_2	3.71_8	3.93_3	5.03_9
30.— „	3.72_4	3.75_7	3.84_5	4.06_9	5.21_3

Seefrachtentabelle.

holl. Gulden.

für Kilo:	1015	1006	983	929	725		
	Umrechnung in holl. fl. zum Kurse von 12.10 für 1 £						
Einheits-fracht	Weizen und Mais		Roggen	Leinsaat und Raps	Gerste	Hafer	
	2400 Ko.	2000 Ko.	2100 Ko.	2040 Ko.	2000 Ko.	2100 Ko.	1000 Ko.
3 d	0.35_{8}	0.29_{8}	0.31_{5}	0.31_{4}	0.32_{5}	0.43_{8}	0.20_{8}
6 „	0.71_{5}	0.59_{6}	0.63_{1}	0.62_{8}	0.65_{1}	0.87_{8}	0.41_{7}
9 „	1.07_{8}	0.89_{4}	0.94_{6}	0.94_{2}	0.97_{6}	1.31_{4}	0.62_{5}
1.— „	1.43_{1}	1.19_{2}	1.26_{3}	1.25_{6}	1.30_{2}	1.75_{2}	0.83_{4}
2.— „	2.86_{1}	2.38_{4}	2.52_{5}	2.51_{1}	2.60_{5}	3.50_{5}	1.66_{8}
3.— „	4.29_{2}	3.57_{6}	3.78_{8}	3.76_{7}	3.90_{7}	5.25_{7}	2.50_{2}
4.— „	5.72_{2}	4.76_{8}	5.05_{2}	5.02_{2}	5.21	7.01	3.33_{7}
5.— „	7.15_{3}	5.96	6.31_{5}	6.27_{6}	6.51_{2}	8.76_{1}	4.17_{2}
6.— „	8.58_{3}	7.15_{6}	7.57_{7}	7.53_{8}	7.81_{4}	10.51_{8}	5.00_{6}
7.— „	10.01_{4}	$8\ 34_{5}$	8.84	8.78_{9}	9.11_{7}	12.26_{6}	5.84_{11}
8.— „	11.44_{4}	$9,53_{7}$	10.10_{3}	10.04_{4}	10.41_{9}	$14\ 01_{6}$	6.67_{15}
9.— „	12.87_{5}	10.72_{9}	11.36_{6}	11.30	11.72_{1}	$15,77_{2}$	7.50_{9}
10.— „	14.30_{6}	11.92_{1}	12.62_{9}	12.55_{6}	13.02_{4}	17.52_{4}	8.34_{4}
11.— „	15.73_{6}	13.11_{3}	13.89_{2}	13.81_{1}	$14\ 32_{6}$	19.27_{6}	9.17_{8}
12.— „	17.16_{6}	14.30_{5}	15.15_{5}	$15\ 06_{6}$	15.62_{9}	21.02_{9}	$10\ 01_{3}$
13.— „	18.59_{7}	15.49_{7}	16.41_{8}	16.32_{2}	16.93_{1}	$22\ 78_{1}$	10.84_{8}
14.— „	20.02_{7}	16.68_{9}	17.68_{1}	17.57_{7}	18.23_{4}	24.53_{4}	11.68_{2}
15.— „	21.45_{6}	17.88_{2}	18.94_{4}	18.83_{3}	19.53_{6}	26.28_{6}	12.51_{7}
16.— „	22.88_{6}	19.07_{4}	20.20_{6}	20.08_{8}	20.83_{8}	28.03_{8}	13.35_{1}
17.— „	$24,31_{9}$	$20,26_{6}$	21.46_{9}	21.34_{4}	22.14_{1}	29.79_{1}	14.18_{5}
18.— „	25.74_{9}	21.45_{8}	22.73_{2}	22.59_{9}	23.44_{3}	31.54_{3}	15.02_{9}
19.— „	27.18	22.65	24.99_{5}	23.85_{5}	23.74_{6}	33.29_{6}	15.85_{5}
20.— „	28.61	23.84_{2}	$25\ 25_{8}$	25.11	26.04_{5}	35.04_{6}	16.68_{9}
21.— „	30.04_{1}	25.03_{4}	26.52_{1}	26.36_{6}	27.35	36.80_{1}	17.52_{8}
22.— „	31.47_{2}	26.22_{6}	27.78_{4}	27.62_{1}	28.65_{8}	38.55_{8}	18.35_{8}
23.— „	32.90_{3}	27.41_{8}	29.04_{6}	28.87_{7}	29.95_{5}	40.30_{5}	19.19_{2}
24.— „	34.33_{3}	28.61	30.30_{9}	30.13_{2}	31.25_{6}	42.05_{6}	20.02_{7}
25.— „	35.76_{4}	29.80_{3}	31.57_{2}	31.38_{8}	32.56	43.81	20.86_{1}
26.— „	37.19_{4}	30.99_{5}	32.83_{5}	32.64_{8}	33.86_{2}	45.56_{3}	21.69_{6}
27.— „	38.62_{5}	32.18_{7}	34.09_{8}	$33\ 89_{9}$	35.16_{5}	47.31_{5}	22.53
28.— „	40.05_{5}	33.37_{10}	35.36_{1}	35.15_{4}	36.46_{7}	49.06_{7}	23.36_{4}
29.— „	41.48_{6}	34.57_{1}	36.62_{4}	36.41	37.77	50.82	24.19_{6}
30.— „	42.91_{6}	35.76_{6}	37.88_{7}	37.66_{6}	39.07_{2}	52.57_{2}	25.03_{4}

Tabellen.

Welterzeugung

Anbauflächen a) Weizen in 1000 Hektaren.

Land	1892	1893	1894	1895	1896	1897	1898	1899	1900	1901	1902	1903	1904
Belgien	328	328	328	328	328	206	201	197	193	189	192	193	
Dänemark	42	40	38	36	34	36	37	38	39	13	39	39	
Deutschland	2 335	2 393	2 826	2 271	2 250	2 248	2 297	2 341	2 366	1 896	2 224	2 107	
Finnland	3	3	3	3	3	3	3	3	3	3	3	3	
Frankreich	6 987	7 073	6 991	7 002	6 870	6 584	6 964	6 940	6 864	6 794	6 564	6 536	6 575
Großbritannien	931	791	802	589	702	785	873	832	770	707	717	656	
Italien	4 530	4 556	4 574	4 593	4 581	4 581	4 550	4 600	4 550	4 769	4 700	4 800	
Niederlande	74	71	65	62	62	62	73	72	64	54	62	55	
Norwegen	4	4	4	4	4	5	5	5	5	5	5	5	
Österreich-Ungarn	4 413	4 641	4 548	4 427	4 435	4 304	4 592	4 722	4 862	4 891	4 913	4 823	4 515
Portugal	350	350	350	350	350	350	350	350	350	350	350	350	
Rumänien	1 496	1 285	1 393	1 438	1 505	1 595	1 454	1 661	1 590	1 637	1 486	1 606	1 722
Rußland	13 798	13 744	13 789	13 798	15 050	15 370	15 532	16 221	17 137	17 910	18 147	18 621	
Schweden	78	77	78	77	78	79	81	82	85	86	89	89	
Schweiz	140	140	140	140	140	141	141	141	141	141	141	141	
Spanien	2 700	2 700	2 700	2 700	2 707	3 000	3 218	3 052	3 000	3 093	3 128	3 150	
Balkanstaaten	2 586	2 611	2 620	2 737	2 703	2 569	2 573	2 637	2 636	2 608	2 637	2 637	
Westeuropa	19 177	19 203	19 059	18 809	18 748	18 723	19 439	19 309	19 082	18 748	18 850	18 765	
Osteuropa	21 618	21 604	21 690	21 756	23 054	23 195	23 506	24 586	25 573	26 398	26 547	27 046	
Europa	40 795	40 807	40 749	40 565	41 802	41 918	42 945	43 894	44 655	45 146	45 397	45 811	
Vereinigte Staaten	15 601	14 013	14 113	13 789	14 010	17 567	18 719	18 947	18 056	20 191	18 697	20 017	

Welterzeugung

Anbauflächen b) Roggen in 1000 Hektaren.

Land	1892	1893	1894	1895	1896	1897	1898	1899	1900	1901	1902	1903	1904
Belgien	278	278	278	278	278	268	260	253	245	251	265	245	
Dänemark	286	287	288	289	291	287	284	280	276	273	273	273	
Deutschland	5 679	6 012	6 045	5 894	5 982	5 967	5 945	5 871	5 955	5 812	6 155	6 013	
Finnland	291	273	284	284	287	293	283	278	275	276	272	275	
Frankreich	1 542	1 530	1 556	1 534	1 500	1 452	1 475	1 489	1 420	1 412	1 332	1 341	1 299
Großbritannien	25	28	42	32	36	36	33	26	27	27	32	28	
Italien	144	145	142	137	137	137	137	137	130	130	125	125	
Niederlande	201	202	208	210	215	213	215	214	214	216	218	200	
Norwegen	14	14	14	14	14	13	13	13	13	13	18	13	
Östreich-Ungarn	3 172	3 266	3 162	2 946	2 972	2 949	2 955	3 002	2 837	2 963	2 988	3 050	2 969
Portugal	280	280	280	280	280	280	280	280	280	280	280	280	
Rumänien	133	143	160	218	243	226	193	189	164	211	173	158	134
Rußland	27 441	27 059	27 343	27 079	27 921	27 289	27 152	28 606	28 594	28 681	28 708	29 018	
Schweden	393	396	396	397	401	403	404	403	404	403	405	405	
Schweiz	35	35	35	35	35	35	35	35	35	35	35	35	
Spanien	700	700	700	700	715	715	715	715	715	715	715	715	
Balkanstaaten	890	890	890	909	912	890	900	890	890	893	890	890	
Westeuropa	11 182	11 488	11 582	11 357	11 449	11 381	11 349	11 269	11 124	11 078	11 377	11 187	
Osteuropa	30 322	30 050	30 241	29 879	30 770	30 072	29 930	30 412	31 350	31 513	31 502	31 877	
Europa	41 504	41 538	41 823	41 236	42 219	41 453	41 279	41 681	42 474	42 591	42 879	43 064	
Vereinigte Staaten	877	824	787	765	741	689	665	671	644	804	801	772	

Welterzeugung

Anbauflächen c) Gerste in 1000 Hektaren.

Land	1892	1893	1894	1895	1896	1897	1898	1899	1900	1901	1902	1903	1904
Belgien	40	40	40	40	40	40	39	39	38	38	38	38	
Dänemark	289	287	284	282	280	280	280	281	281	282	282	282	
Deutschland	1 690	1 627	1 628	1 691	1 676	1 644	1 635	1 641	1 670	1 859	1 644	1 700	
Finnland	124	119	121	120	120	120	118	118	116	113	114	113	
Frankreich	916	875	890	891	854	858	814	806	757	744	694	758	705
Großbritannien	898	911	919	949	925	896	837	874	879	866	843	818	
Italien	313	323	303	297	308	308	308	308	300	300	280	280	
Niederlande	44	42	42	39	39	36	35	36	40	36	40	36	
Norwegen	52	52	52	52	52	43	42	41	40	40	40	40	
Österreich-Ungarn	2 222	2 237	2 261	2 270	2 257	2 286	2 312	2 372	2 411	2 393	2 405	2 405	2 276
Portugal	150	150	150	150	150	150	150	150	150	150	150	150	
Rumänien	560	592	559	553	608	677	655	639	439	504	508	531	534
Rußland	6 704	6 871	6 773	6 792	7 244	7 391	7 542	7 496	7 567	7 810	7 843	8 314	
Schweden	222	221	219	220	218	219	221	221	218	218	215	215	
Schweiz	14	14	14	14	14	14	14	14	14	13	14	14	
Spanien	1 000	1 000	1 000	1 000	1 954	1 400	1 514	1 402	1 400	1 336	1 343	1 350	
Balkanstaaten	700	700	700	692	705	719	751	741	740	765	765	765	
Westeuropa	6 495	6 410	6 427	6 545	6 432	6 818	6 812	6 765	6 788	6 856	6 575	6 665	
Osteuropa	9 443	9 651	9 528	9 507	10 012	10 263	10 455	10 414	10 270	10 611	10 641	11 144	
Europa	15 938	16 061	15 955	16 052	16 444	17 081	17 267	17 179	17 058	17 467	17 216	17 809	
Vereinigte Staaten	1 376	1 302	1 283	1 395	1 194	1 435	1 485	1 535	1 585	1 738	1 886	2 021	

20*

Welterzeugung

Anbauflächen d) Hafer in 1000 Hektaren.

Land	1892	1893	1894	1895	1896	1897	1898	1899	1900	1901	1902	1903	1904
Belgien	250	250	250	250	250	251	251	252	253	249	262	262	
Dänemark	433	434	436	437	438	437	437	436	434	433	433	433	
Deutschland	3 988	3 907	3 917	4 029	3 980	3 999	3 997	4 000	4 123	4 411	4 156	4 290	
Finnland	237	227	242	255	262	267	277	274	278	285	296	296	
Frankreich	3 813	3 842	3 881	3 969	3 916	3 991	3 888	3 939	3 941	3 886	3 832	3 934	3 876
Großbritannien	1 715	1 795	1 831	1 832	1 742	1 710	1 658	1 663	1 679	1 664	1 682	1 723	
Italien	450	458	466	474	474	474	474	474	445	445	445	445	
Niederlande	126	126	133	131	128	134	127	128	131	135	139	140	
Norwegen	98	98	98	98	98	98	97	97	97	97	97	97	
Österreich-Ungarn	2 972	2 904	2 957	2 000	2 948	2 980	3 024	3 006	3 057	3 029	2 992	3 003	2 914
Portugal	30	30	30	30	30	60	60	60	60	70	70	70	
Rumänien	226	248	263	270	282	288	306	310	255	265	321	427	426
Rußland	14 715	14 431	14 250	14 717	15 416	15 666	15 447	16 629	16 187	16 486	16 188	16 354	
Schweden	811	814	815	823	815	819	819	817	821	822	820	820	
Schweiz	50	50	50	50	50	55	55	55	55	60	60	60	
Spanien	250	250	250	250	258	280	302	302	300	306	326	326	
Balkanstaaten	300	300	300	306	336	416	442	410	409	453	453	453	
Europa	30 464	30 164	30 169	30 921	31 425	31 926	31 661	31 852	32 525	33 096	33 572	33 133	
Westeuropa	13 403	13 427	13 539	13 812	13 620	13 746	13 606	13 633	13 788	13 998	13 746	14 037	
Osteuropa	17 061	16 737	16 630	17 109	17 805	18 180	18 055	18 219	18 737	19 098	18 826	19 096	
Vereinigte Staaten	10 952	11 032	10 934	11 282	11 155	10 412	10 431	11 659	11 074	11 550	11 595	11 184	

Welterzeugung

Anbauflächen e) Mais in 1000 Hektaren.

Land	1892	1893	1894	1895	1896	1897	1898	1899	1900	1901	1902	1903	1904
Frankreich	559	567	578	585	584	585	562	561	541	547	503	547	
Italien	1 903	1 920	1 901	1 957	1 957	1 956	1 956	1 956	2 000	1 903	1 905	1 905	
Östreich-Ungarn	2 808	2 763	2 713	2 860	2 794	2 874	3 041	3 025	3 116	3 109	3 068	3 128	2 700
Portugal	350	350	350	350	350	350	350	350	350	350	350	350	
Rumänien	1 822	1 839	1 768	1 845	1 939	1 855	2 120	2 017	2 035	2 134	2 000	2 072	2 094
Rußland	891	914	846	776	884	895	952	974	1 096	1 093	1 158	1 118	
Spanien	400	400	400	400	338	400	409	470	450	468	430	425	
Balkanstaaten	1 000	1 000	1 000	982	936	1 417	1 459	1 426	1 427	1 466	1 466	1 466	
Westeuropa	3 397	3 422	3 413	3 482	3 467	3 478	3 468	3 525	3 525	3 454	3 377	3 418	
Osteuropa	6 336	6 331	6 143	6 273	6 365	6 854	7 386	7 254	7 490	7 616	7 503	7 593	
Europa	9 733	9 753	9 556	9 755	9 832	10 332	10 849	10 779	10 015	10 070	10 880	11 011	
Vereinigte Staaten	28 580	29 151	25 321	33 214	32 789	32 412	31 451	33 227	33 717	36 966	38 057	35 648	

Welt

Erntemenge a) Weize

Land	1890	1891	1892	1893	1894	1895
A. Europ. Länder:						
Belgien	6 115	4 653	5 329	4 756	4 842	5 14⁸
Bulgarien	10 895	11 105	11 007	9 795	⁻8 329	10 07⁰
Dänemark	1 028	1 136	1 151	1 050	888	9⁴⁴
Deutschland	28 309	23 338	31 629	29 948	30 123	28 07⁶
Finnland	40	34	31	35	40	4⁰
Frankreich	89 734	58 509	84 567	75 592	93 671	92 42⁴
Griechenland	1 500	1 545	1 220	1 770	1 500	1 09⁰
Großbritannien	21 544	21 193	17 320	14 438	17 215	10 85⁸
Italien	36 130	38 885	31 798	37 170	33 423	32 36⁹
Niederlande	1 438	929	1 426	1 352	1 102	1 14⁰
Östreich-Ungarn	54 962	51 499	55 541	58 224	5 669	58 46⁹
Portugal	1 900	1 900	1 600	1 500	2 400	1 90⁰
Rumänien	14 748	13 328	19 829	16 697	11 981	18 92⁹
Rußland	57 652	46 723	87 029	123 770	121 858	112 48⁴
Schweden-Norwegen	1 185	1 262	1 262	1 141	1 268	1 08⁹
Schweiz	1 226	1 146	1 182	886	1 067	93⁴
Serbien	2 354	2 722	2 722	2 375	2 041	2 55⁸
Spanien	21 414	20 229	23 300	27 009	29 842	22 33³
Türkei (europäische)	8 100	8 165	6 738	5 443	5 443	5 88²
Summe:	360 251	308 277	384 594	412 951	422 702	406 73⁶
B. Außereurop. Länder:						
Ägypten	2 162	3 032	2 246	2 722	3 266	3 81⁰
Algier	7 756	7 126	5 437	5 518	8 448	7 07¹
Argentinien	9 000	8 981	8 165	15 513	20 450	16 33⁰
Australien	8 938	9 780	11 196	11 438	8 565	6 83⁴
Cap und Natal	556	765	840	1 091	868	69²
Chile	4 063	3 810	4 899	5 171	4 355	4 08²
Indien	62 214	64 076	56 239	73 086	68 798	63 78⁹
Japan	3 419	4 972	4 283	4 583	5 525	5 53³
Kanada	10 181	15 180	11 767	10 164	10 084	13 44⁷
Tunis	1 500	2 200	2 177	1 089	2 912	2 04¹
Uruguay	800	816	859	1 483	2 325	2 72²
Vereinigte Staaten	108 679	166 536	140 441	107 827	125 283	127 14⁷
Summe:	219 268	287 274	248 549	239 658	260 879	253 49⁴
Welterzeugung:	579 519	595 551	633 143	652 636	683 581	660 23⁰

1896	1897	1898	1899	1900	1901	1902	1903	1904
5 190	5 212	3 284	2 977	3 752	3 849	3 952	3 361	
13 139	8 340	9 251	5 887	7 348	6 532	11 500	10 000	
1 004	946	814	995	981	257	1 233	1 215	11 00
30 084	29 133	36 076	38 474	38 412	24 989	39 004	35 550	4 2586
41	40	44	39	43	38	22	40	
92 607	65 924	99 312	99 460	88 599	84 618	89 240	99 814	
1 310	820	1 089	680	816	816	850	790	
16 513	15 959	21 230	19 068	15 400	15 289	16 523	13 841	
39 527	23 656	37 752	37 908	36 761	45 240	37 440	50 700	
1 470	1 198	1 334	1 381	1 242	1 160	1 368	1 100	1 225
55 910	33 529	51 371	55 389	53 203	49 213	63 941	61 709	58 808
1 500	2 400	2 123	1 741	2 177	2 177	2 800	2 800	
19 569	10 019	16 068	7 164	15 575	19 897	20 951	20 258	18 937
112 128	92 571	124 987	123 587	115 110	121 263	165 284	169 118	106 030
1 376	1 370	1 328	1 344	1 590	1 245	1 312	1 608	1 506
800	1 020	1 225	1 415	1 415	1 497	1 388	1 429	
2 531	1 633	2 994	2 722	2 214	2 722	3 105	3 000	3 178
19 761	24 565	34 047	26 592	27 407	37 259	36 339	30 828	
6 532	4 844	6 304	4 082	5 443	5 988	5 204	5 179	
420 992	**323 179**	**450 633**	**430 905**	**417 488**	**424 049**	**501 456**	**512 340**	
3 266	3 266	3 538	3 538	3 538	3 266	3 470	3 453	
6 237	3 400	7 379	6 064	6 260	6 804	6 627	6 439	
14 000	15 000	14 530	28 571	27 666	20 345	22 778	24 840	
7 294	9 229	14 830	13 216	14 936	11 596	5 399	22 328	
614	591	549	623	544	544	565	569	
3 266	2 858	3 810	3 538	3 266	2 449	3 266	3 130	
55 959	49 715	73 241	69 475	54 431	72 968	61 883	80 212	
4 948	4 898	5 824	5 767	5 901	6 093	5 441	5 001	
8 973	12 828	15 607	13 446	11 794	19 580	21 544	16 877	
1 524	1 633	1 769	1 306	1 524	1 742	1 585	1 539	
1 633	980	1 633	1 950	1 874	997	2 069	1 723	
116 415	144 306	183 795	148 954	142 130	203 701	182 364	173 590	150 314
224 129	**248 704**	**326 505**	**296 448**	**273 864**	**350 085**	**316 991**	**339 701**	
645 121	**571 883**	**777 138**	**727 353**	**691 352**	**774 134**	**818 447**	**852 041**	

327

Welt

Erntemenge b) Roggei

Land	1890	1891	1892	1893	1894	1895
A. Europäische Länder:						
Belgien	5 087	3 991	5 724	4 939	5 367	5 347
Bulgarien	1 989	1 989	1 989	1 989	1 989	1 989
Dänemark	4 416	5 075	5 291	5 098	4 320	4 777
Deutschland	58 681	47 828	68 277	74 604	70 750	65 958
Finnland	3 240	3 138	2 426	2 745	3 084	3 346
Frankreich	16 332	15 398	17 039	16 346	19 032	18 247
Griechenland	7	7	7	7	7	7
Großbritannien	482	488	488	488	488	500
Italien	1 139	1 178	1 094	1 157	1 108	1 031
Niederlande	2 776	2 069	3 106	3 093	3 078	3 198
Östreich-Ungarn	33 722	27 291	31 530	34 459	36 016	28 517
Portugal	1 269	1 269	1 269	1 269	1 269	1 269
Rumänien	1 216	999	1 191	1 981	1 484	2 381
Rußland	172 616	129 571	156 961	194 230	227 287	203 516
Schweden-Norwegen	5 635	5 536	5 829	6 079	5 068	4 965
Schweiz	544	515	576	451	501	434
Serbien	303	303	303	334	303	303
Spanien	5 300	5 000	5 000	5 000	4 485	4 461
Türkei	3 500	3 500	3 500	3 500	3 500	3 500
Summe:	319 254	255 145	311 600	357 769	389 136	353 746
B. Außereurop. Länder:						
Algier	4	3	2	2	3	2
Japan	3 695	8 315	7 878	7 994	9 513	9 126
Kanada	530	530	530	530	530	530
Vereinigte Staaten	6 554	8 068	7 109	6 748	6 791	6 915
Summe:	10 783	16 916	15 519	15 274	16 837	16 573
Welterzeugung:	330 037	272 061	327 119	373 043	405 973	370 319

*) Aus „Statistisk Tidskrift".

rzeugung

in 1000 dz.

1896	1897	1898	1899	1900	1901	1902	1903	1904
5596	4760	5327	4776	5043	5382	5683	5526	
1989	1989	1381	1183	1778	2032	1593	1647	
5213	4704	4189	4767	5181	4311	4876	5012	4600
72323	69325	90322	86758	85507	81627	94942	99045	100608
3454	3000	3282	2583	2900	3197	2234	3000	
17722	12126	16999	17076	15088	14831	11598	15590	
7	7	200*	200*	200*	200*	200*	200*	
650	650	520*	420*	420*	420*	500*	442*	
1000	1000	1000*	1000*	1000*	1200*	1250*	1015*	
3429	2725	3462	3295	3394	3788	3521	3402	
31848	25294	32126	34451	24803	30347	34367	33612	34434
1269	1269	1800	1800	1800	1800	1800	1800	
3143	1748	1962	512	1541	2463	1790	1838	776
200540	166180	187317	231545	233704	191743	233421	231623	
6108	6069	5251	5234	6158	5750	5461	6448	5401
398	484	465*	465*	465*	465*	465*	465*	
303	303	328	328	328	328	328	328	262
3977	4000	5373	5415	5442	7206	6652	6500	
3500	3500	3500	3500	3500*	3500*	3500*	3500*	
362469	309133	364804	405308	398252	360590	414181	420993	
2	2	3	2	2	2	2	2	
7704	7704	9582	8691	9749	9487	8288	9054	
530	530	824	717	720	887	787	778	
6193	6951	6518	6087	6095	7708	8543	7462	6919
14429	15187	16927	15497	16566	18084	17620	17296	
376898	324320	381731	420805	414818	378674	431801	438289	

Erntemenge c) Gerst

Land	1890	1891	1892	1893	1894	1895
A. Europ. Länder:						
Belgien	1 019	819	815	768	836	859
Bulgarien	2 461	2 461	2 461	2 461	2 461	2 461
Dänemark	5 495	5 306	5 793	4 053	4 984	5 106
Deutschland	22 834	25 174	24 207	19 469	24 329	24 117
Finnland	1 387	1 073	882	1 069	1 218	1 292
Frankreich	12 525	18 557	11 862	8 936	12 464	12 421
Griechenland	650	650	650	681	650	650
Großbritannien	19 237	18 947	18 320	15 655	18 713	17 862
Italien	2 530	2 237	1 832	1 829	1 924	1 716
Niederlande	891	938	1 056	1 002	714	916
Östreich-Ungarn	25 699	25 998	27 150	27 145	28 220	26 513
Portugal	469	469	469	469	469	469
Rumänien	3 812	5 116	4 751	8 260	3 903	5 168
Rußland	36 352	31 009	41 699	70 524	58 840	55 048
Schweden-Norwegen	4 148	3 735	3 855	3 744	4 047	3 969
Schweiz	184	181	181	144	149	147
Serbien	546	546	546	548	546	546
Spanien	11 000	11 000	11 000	11 000	13 350	9 922
Türkei	2 500	2 500	2 500	2 500	2 500	2 500
Summe:	153 739	156 716	160 029	180 247	180 317	171 682
B. Außereurop. Länder:						
Ägypten	2 481	2 481	2 481	2 481	2 481	2 481
Algier	9 953	9 236	8 179	7 177	10 448	8 412
Australien	606	407	400	487	696	474
Cap und Natal	117	207	191	230	177	149
Chile	700	1 300	1 300	1 300	1 300	1 300
Japan	6 108	9 150	7 677	8 115	9 616	9 623
Kanada	3 238	4 211	3 289	2 691	3 040	3 862
Tunis	1 300	1 900	1 900	1 900	1 900	3 000
Uruguay	21	21	11	28	26	21
Vereinigte Staaten	14 621	18 902	17 435	15 210	13 366	18 953
Summe:	39 145	47 815	42 863	39 619	43 050	48 275
Welterzeugung:	192 884	204 531	202 892	219 866	223 367	219 961

rzeugung

in 1000 dz.

1896	1897	1898	1899	1900	1901	1902	1903	1904
882	729	853	919	1036	1056	1083	854	
2461	2461	2657	1448	2177	2613	2700	2500	
4979	4492	5124	5083	5349	5221	5456	5469	
23173	22420	28291	29839	30022	33211	31002	33236	29482
1258	1200	1211	798	980	1030	767	1000	
11856	10588	10563	10266	9194	8719	9479	10668	
650	650	650	650	650	650	650	650	
18530	17286	17786	17739	16314	16099	17722	15549	
2268	2000	1938	1742	1524	1742	1500	2240	
1029	1000	827	860	980	834	1002	818	875
27001	21324	27874	30753	26432	26997	31045	31882	25415
469	469	650	650	650	1000	1250	1300	
7337	4899	6845	1049	3374	5591	5695	6859	4076
55216	51955	66818	49399	51592	52531	73639	77823	
3901	3961	3951	3485	3878	3592	2997	4017	
125	162	200	200	200	300	300	300	
546	546	707	707	707	707	707	707	608
7509	8000	15851	11750	12348	17382	17697	13750	
2500	2500	2500	2500	2500	2500	2500	2500	
171690	156642	195296	169837	169907	181475	207191	212122	
2481	2481	2481	2481	2481	2481	2481	2481	
6770	6770	9028	7204	7185	7185	7650	7306	
427	408	727	803	619	517	497	831	
150	173	205	187	174	174	200	200	
1300	1300	1300	1300	1300	1300	1300	1300	
8850	8849	10051	9598	9763	10135	9185	9670	
3449	3311	3689	4400	4322	5072	7346	7203	
2000	2000	2395	1524	1524	1742	1796	1647	
21	21	8	12	4	4	10	8	
15172	14517	12144	15977	12830	23935	29383	28710	30427
40620	39830	42028	43486	40202	52545	59848	59356	
212310	197772	237324	213323	210109	234020	267039	271478	

Land	1890	1891	1892	1893	1894	1895
A. Europ. Länder:						
Belgien	4 944	5 202	4 341	3 322	4 550	4 833
Bulgarien	1 335	1 335	1 335	1 335	1 335	1 335
Dänemark	6 636	6 105	7 225	4 938	6 796	7 134
Deutschland	49 135	52 793	47 430	32 423	52 502	52 526
Finnland	2 594	3 012	2 154	2 283	2 783	3 113
Frankreich	42 604	48 296	38 216	28 466	41 805	43 169
Griechenland	30	30	30	30	30	30
Großbritannien	28 333	27 532	27 814	27 882	31 568	28 670
Italien	3 049	3 189	2 764	2 926	2 730	3 078
Niederlande	1 978	1 921	2 242	1 760	2 177	2 352
Östreich-Ungarn	25 883	28 488	28 629	25 317	29 720	29 793
Portugal	159	159	159	159	159	159
Rumänien	1 216	1 237	1 775	2 478	1 607	1 663
Rußland	88 937	71 131	56 676	114 038	117 120	113 128
Schweden-Norwegen	11 296	10 144	12 298	10 941	12 337	12 106
Schweiz	540	977	921	612	853	853
Serbien	555	555	555	474	555	555
Spanien	1 464	1 464	1 464	1 464	1 987	1 421
Türkei	500	500	500	500	500	500
Summe:	271 188	264 070	236 529	261 348	311 114	306 424
B. Außereurop. Länder:						
Algier	550	494	390	433	758	755
Australien	2 278	2 429	2 274	2 720	2 533	2 396
Cap und Natal	145	275	202	249	216	153
Kanada	8 060	13 031	11 091	9 930	11 914	15 568
Vereinigte Staaten	76 030	107 215	95 982	92 762	96 128	119 709
Summe:	87 063	123 444	109 939	106 094	111 549	138 581
Welterzeugung:	358 251	387 514	346 468	367 442	422 663	445 005

erzeugung

in 1000 dz.

1896	1897	1898	1899	1900	1901	1902	1903	1904
4 211	4 821	5 558	4 596	5 687	5 888	6 617	7 017	
1 335	1 335	1 548	837	871	1 161	1 104	993	
6 830	6 245	7 354	6 574	7 151	6 633	7 238	7 301	7 200
49 683	48 414	67 541	68 827	70 919	70 502	74 673	78 734	69 360
2 902	2 900	3 155	2 481	2 932	2 837	2 516	3 000	
41 861	36 493	46 675	44 694	41 413	36 999	46 404	52 917	
30	30	30	30	30	100	100	100	
26 936	27 050	28 544	27 480	27 314	26 658	30 461	28 602	
3 609	3 200	2 695	2 396	2 322	2 177	2 500	2 600	
2 541	2 500	2 623	2 519	2 657	2 913	2 686	3 140	3 189
28 002	23 832	31 745	33 579	28 604	28 267	31 587	33 182	25 019
159	159	200	200	200	250	450	500	
2 360	1 580	2 792	1 003	1 396	2 652	3 512	5 036	4 443
116 085	96 329	99 786	144 455	123 903	90 580	135 076	116 078	
10 572	10 776	12 194	9 824	12 227	10 799	9 796	12 127	8 501
760	777	800	800	800	1 000	1 000	1 000	
555	555	905	905	905	905	905	905	459
1 258	1 350	2 461	2 192	2 385	3 308	3 389	2 500	
500	500	500	500	500	750	750	750	
300 189	268 846	317 106	353 892	332 216	294 379	360 764	356 482	
767	767	874	658	726	871	1 000	1 000	
2 917	2 389	3 621	3 559	4 518	3 605	4 218	4 739	
252	142	217	272	254	254	250	250	
13 855	14 072	15 120	16 288	14 298	15 405	20 453	20 794	
102 707	101 461	106 128	115 567	117 446	106 949	143 387	113 810	129 851
120 498	118 831	125 960	136 344	137 242	127 084	169 308	140 593	
420 687	387 677	443 066	490 236	469 458	421 463	530 072	497 075	

Erntemenge e) Mais

Land	1890	1891	1892	1893	1894	1895
A. Europ. Länder:						
Bulgarien	4 560	4 560	4 560	4 560	4 560	4 560
Frankreich	5 969	6 776	6 914	6 459	6 798	6 716
Griechenland	800	1 100	1 100	1 100	1 100	1 100
Italien	19 443	18 797	18 708	21 468	15 459	18 282
Östreich-Ungarn	33 962	49 392	42 050	45 630	26 400	49 178
Portugal	3 816	3 816	3 816	3 816	3 816	3 816
Rumänien	15 958	15 430	23 742	18 730	7 690	18 348
Rußland	6 465	7 850	6 846	11 454	5 898	8 050
Serbien	4 690	4 690	4 690	4 604	4 690	4 690
Spanien	5 600	5 000	5 000	5 000	4 910	4 042
Türkei	2 000	2 000	2 000	2 000	2 000	2 000
Summe:	103 263	119 411	119 426	124 821	83 321	120 782
B. Außereuropäische Länder:						
Ägypten	4 000	6 000	6 000	6 000	6 000	6 000
Algier	105	102	85	85	107	130
Argentinien	10 000	8 450	8 450	8 450	6 080	18 000
Australien	2 271	2 413	2 011	2 362	2 245	2 297
Cap und Natal	975	1 382	914	1 537	878	929
Chile	400	1 000	1 000	1 000	1 000	1 000
Kanada	2 498	4 600	2 853	3 575	4 134	6 305
Uruguay	1 010	1 010	889	807	1 335	1 010
Vereinigte Staaten	378 452	523 279	413 630	411 353	308 063	546 389
Summe:	399 711	548 236	435 832	435 169	322 842	582 060
Welterzeugung:	502 974	667 647	555 258	559 990	413 163	702 842

erzeugung

in 1000 dz.

1896	1897	1898	1899	1900	1901	1902	1903	1904
4 560	4 560	9 589	5 198	8 000	6 000	4 625	4 800	
7 773	7 775	6 059	6 511	5 702	6 825	6 389	7 000	
1 100	1 100	1 000	1 000	1 000	1 000	1 000	1 000	
20 289	15 173	20 768	23 088	22 940	26 196	18 522	23 206	
45 266	35 999	44 704	39 013	43 338	44 514	35 335	46 744	18 269
3 816	3 816	4 000	4 000	4 000	4 000	4 000	4 000	
16 831	20 522	26 216	7 131	21 878	30 084	17 608	20 650	
6 038	13 199	12 170	7 851	8 701	17 389	12 356	12 893	
4 690	4 690	6 673	6 673	6 673	6 673	6 673	6 673	2 413
4 695	4 800	3 875	6 510	6 608	6 543	6 419	6 000	
2 000	2 000	3 000	3 000	3 000	3 500	3 500	3 500	
117 058	113 634	138 054	109 975	131 840	152 724	116 427	136 466	
8 400	8 400	5 500	6 000	4 000	4 500	5 700	5 600	
119	105	88	89	89	89	89	89	
18 000	15 000	14 225	18 289	15 241	27 500	21 342	37 001	
2 512	2 200	2 468	2 346	2 504	1 932	1 383	2 590	
560	666	1 134	749	1 029	1 138	1 042	1 256	
1 000	1 000	2 523	2 286	2 032	2 500	2 370	3 000	
6 115	6 265	5 955	5 505	6 882	6 309	5 210	7 440	
1 010	1 010	1 016	1 524	771	1 416	1 180	1 500	
580 104	483 353	488 743	527 882	534 730	386 744	641 047	566 066	626 789
617 820	517 999	521 652	564 670	567 278	432 128	679 363	623 793	
734 878	631 633	659 706	674 645	699 118	584 852	795 790	760 259	

	1894	1895	1896	1897
E u r o p a				
Belgien	1 900 000	1 850 000	1 900 000	1 800 000
Bulgarien	3 100 000	3 800 000	5 000 000	3 000 000
Cypern, Malta	250 000	250 000	300 000	300 000
Dänemark	500 000	550 000	520 000	420 000
Deutschland	15 300 000	14 600 000	15 700 000	15 000 000
Frankreich	42 900 000	42 400 000	42 500 000	30 300 000
Griechenland	600 000	450 000	600 000	400 000
Großbritannien	7 600 000	4 800 000	7 300 000	7 000 000
Herzegowina u. Bosnien	359 000	326 000	303 000	184 000
Holland	650 000	700 000	800 000	600 000
Italien	14 000 000	14 250 000	17 600 000	10 600 000
Kaukasus	7 400 000	8 300 000	5 600 000	3 700 000
Kroatien u. Slavonien	900 000	760 000	720 000	250 000
Norwegen	50 000	40 000	50 000	50 000
Östreich	5 900 000	5 000 000	5 204 000	4 000 000
Polen	2 100 000	2 100 000	2 400 000	2 200 000
Portugal	1 200 000	800 000	700 000	1 200 000
Rumänien	5 500 000	8 300 000	8 600 000	4 400 000
Rumelien, Ost-	200 000	500 000	1 000 000	400 000
Rußland	42 500 000	36 400 000	37 500 000	29 700 000
Schweden	540 000	450 000	570 000	550 000
Schweiz	600 000	750 000	500 000	450 000
Serbien	900 000	1 400 000	1 800 000	1 600 000
Spanien	13 000 000	12 500 000	9 000 000	12 500 000
Türkei	2 000 000	2 200 000	2 700 000	2 000 000
Ungarn	18 200 000	18 000 000	17 450 000	11 620 000
insgesamt:	118 149 000	181 476 000	186 317 000	144 224 000

ernte
480 engl. Pfund (=217.₂ kg).

1898	1899	1900	1901	1902	1903
2 100 000	1 700 000	1 600 000	1 500 000	1 600 000	1 500 000
4 000 000	2 500 000	3 300 000	3 300 000		
300 000	250 000	300 000	250 000	250 000	200 000
360 000	400 000	400 000	300 000	550 000	500 000
16 500 000	17 670 000	17 600 000	11 500 000	17 900 000	16 500 000
45 600 000	45 700 000	40 700 000	38 900 000	44 000 000	45 800 000
400 000	300 000	300 000	400 000	400 000	900 000
9 300 000	8 400 000	6 800 000	6 700 000	7 300 000	6 100 000
300 000	250 000	300 000	300 000	350 000	300 000
800 000	700 000	700 000	600 000	900 000	800 000
16 700 000	16 800 000	14 600 000	15 700 000	16 500 000	22 400 000
6 500 000	7 100 000	7 100 000	7 000 000		
1 400 000	1 100 000	1 400 000	1 200 000	1 500 000	1 700 000
50 000	40 000	40 000	50 000	40 000	40 000
5 900 000	6 200 000	5 100 000	5 200 000	6 000 000	6 100 000
2 700 000	2 700 000	2 500 000	1 700 000		
1 100 000	800 000	1 000 000	1 000 000	1 300 000	1 000 000
7 100 000	3 160 000	6 900 000	8 800 000	9 200 000	8 950 000
700 000	400 000	700 000	800 000		
41 600 000	39 200 000	39 700 000	40 600 000		
550 000	540 000	630 000	550 000	563 000	673 000
550 000	500 000	500 000	550 000	500 000	500 000
1 400 000	1 400 000	1 200 000	1 100 000	1 500 000	1 400 000
13 600 000	12 200 000	11 200 000	14 500 000	14 000 000	13 000 000
2 800 000	1 500 000	2 000 000	2 000 000	2 500 000	2 500 000
16 100 000	17 600 000	17 700 000	15 700 000	21 300 000	18 900 000
198 410 000	189 110 000	184 270 000	179 300 000	148 153 000	149 763 000

Welt-
in Quartern von je

	1894	1895	1896	1897
Amerika				
Argentinien	7 500 000	5 500 000	3 100 000	6 200 000
Chile	1 600 000	1 900 000	1 620 000	1 550 000
Kanada	5 250 000	6 800 000	4 820 000	6 740 000
Mexiko	2 500 000	1 700 000	1 900 000	1 900 000
Uruguay	1 100 000	620 000	400 000	500 000
Vereinigte Staaten	66 200 000	61 250 000	58 700 000	73 700 000
insgesamt	84 150 000	77 770 000	70 540 000	90 590 000
Asien				
Japan	2 000 000	2 500 000	2 250 000	2 250 000
Indien	32 400 000	25 800 000	23 000 000	31 400 000
Persien	2 750 000	2 750 000	2 500 000	2 500 000
Türkei	5 400 000	5 600 000	5 000 000	6 200 000
insgesamt	42 550 000	36 650 000	32 750 000	42 350 000
Afrika				
Ägypten	950 000	1 000 000	900 000	750 000
Algerien	3 900 000	3 200 000	2 200 000	2 000 000
Kapland	620 000	310 000	250 000	230 000
Tunis	1 250 000	900 000	700 000	620 000
insgesamt	6 720 000	5 410 000	4 050 000	3 600 000
Australien				
Neu-Seeland	452 000	855 000	741 000	709 000
Neu-Süd-Wales	881 000	649 000	1 106 000	1 320 000
Queensland	68 000	15 000	75 000	126 000
Süd-Australien	942 000	741 000	350 000	502 000
Tasmanien	109 000	146 000	161 000	208 000
Viktoria	1 436 000	709 000	884 000	1 323 000
West-Australien	71 000	24 000	30 000	51 000
insgesamt	3 959 000	3 139 000	3 347 000	4 239 000
Welternte, Quarters	325 528 000	304 445 000	297 004 000	285 003 000
„ Bushels	2 604 224 000	2 435 560 000	2 376 032 000	2 280 024 000
„ dz	708 727 000	662 776 000	646 577 000	620 486 000
„ hl	944 301 000	882 890 000	861 311 000	826 488 000

erntc
480 engl. Pfund (= 217,₂ kg).

1898	1899	1900	1901	1902	1903
13 500 000	12 700 000	9 000 000	6 000 000	13 000 000	17 000 000
1 400 000	1 000 000	1 000 000	1 100 000	1 700 000	1 700 000
8 200 000	7 300 000	5 500 000	10 500 000	11 700 000	10 000 000
2 000 000	2 000 000	2 000 000	2 000 000	2 000 000	2 000 000
400 000	900 000	800 000	600 000	1 000 000	700 000
89 100 000	73 000 000	75 000 000	90 000 000	85 000 000	80 000 000
114 600 000	96 900 000	93 300 000	110 200 000	114 400 000	111 400 000
2 600 000	2 500 000	2 000 000	2 000 000	2 000 000	2 000 000
29 300 000	23 000 000	30 900 000	28 000 000	36 500 000	35 000 000
2 200 000	2 000 000	2 000 000	1 900 000	1 700 000	2 000 000
5 000 000	4 000 000	3 500 000	3 500 000	3 500 000	4 000 000
39 100 000	31 500 000	38 400 000	35 400 000	43 700 000	46 000 000
1 000 000	1 100 000	1 200 000	1 100 000	1 000 000	1 000 000
3 400 000	1 500 000	2 200 000	2 900 000	4 236 000	4 273 000
500 000	600 000	500 000	500 000	500 000	500 000
830 000	600 000	700 000	800 000	1 000 000	1 000 000
5 730 000	3 800 000	4 600 000	5 300 000	6 736 000	6 773 000
1 630 000	1 070 000	815 000	600 000	900 000	1 000 000
1 150 000	1 100 000	1 700 000	2 300 000	200 000	3 500 000
62 000	76 000	149 000	100 000	1 000	300 000
1 100 000	1 050 000	1 406 000	1 090 000	800 000	1 900 000
290 000	140 000	138 000	150 000	100 000	150 000
2 440 000	1 900 000	2 230 000	1 900 000	320 000	3 000 000
106 000	100 000	97 000	100 000	100 000	150 000
6 778 000	5 436 000	6 535 000	6 240 000	2 421 000	10 000 000
364 600 000	326 600 000	327 000 000	336 440 000	396 910 000	407 336 000
2 916 800 000	2 612 000 000	2 616 000 000	2 691 200 000	3 175 280 000	3 258 688 000
793 734 000	711 040 000	711 884 000	732 305 000	864 073 000	886 870 000
1 057 340 000	947 173 000	948 373 000	975 566 000	1 151 039 000	1 181 274 000

21*

Welternte von Roggen
in Tausend Quartern (1 Qu. = 480 engl. Pfd.)

	1894	1895	1896	1897	1898	1899	1900	1901	1902	1903
Belgien	2500	2500	2600	2500	2400	2300	2300	2500	2200	2200
Bulgarien u. Rumelien	800	900	600	1200	600	500	900	1000	1300	1300
Dänemark	2000	2200	2400	2200	1900	2200	2400	2000	2300	2200
Deutschland	32500	30300	30200	31800	34600	39900	39300	37500	43700	45500
Frankreich	8700	8400	8100	5600	7800	8000	6900	7100	5300	7200
Holland	1500	1600	1700	1500	1700	1600	1700	1300	1600	1500
Italien	500	500	500	500	500	300	400	400	400	400
Kanada	200	200	300	400	400	300	400	300	500	400
Österreich-Ungarn	17400	13800	15600	12600	15500	16500	11400	14800	16400	15600
Rumänien	700	1100	1500	800	900	200	700	1100	800	900
Rußland	104200	93200	90600	76100	85100	106000	117000	88000	104500	106000
Schweden	2300	2400	2900	2900	2600	2400	3000	2700	2800	2900
Spanien	—	2100	1900	2200	2800	2500	2700	3000	3000	3000
Vereinigte Staaten	3200	3300	3000	3300	3100	2900	2900	3800	4100	3500
insgesamt: Quarters	176500	162500	164900	143600	159900	185600	192000	165500	188900	192600
„ Bushels	1412000	1300000	1319200	1148800	1279200	1484800	1536000	1324000	1511200	1540800
„ dz	384240	353762	358987	312617	348102	404051	417984	360293	411235	421490

Welternte von Mais

in Tausend Quartern (1 Qr. = 480 engl. Pfd.)

	1894	1895	1896	1897	1898	1899	1900	1901	1902	1903
Ägypten	4 000	4 200	2 300	4 300	4 000	4 400	4 300	3 800	2 500	3 000
Argentinien	2 000	9 000	10 000	5 000	7 000	9 000	7 000	8 600	9 000	13 000
Bulgarien	1 000	1 000	2 800	3 500	4 400	2 400	1 500	3 700	2 000	3 000
Italien	7 200	8 500	9 700	8 000	9 700	10 800	10 500	11 500	8 100	10 800
Kanada	2 000	2 000	2 200	3 100	2 900	2 700	3 400	3 100	2 600	3 500
Mexiko	14 000	13 800	14 100	14 800	13 500	11 400	11 200	11 400	10 000	11 000
Österreich-Ungarn	11 400	21 700	19 900	15 900	19 100	16 900	17 000	17 500	15 400	20 000
Rumänien	3 600	8 700	7 900	9 700	12 300	7 500	10 300	14 000	7 500	9 700
Rußland	2 700	3 700	2 800	6 000	5 700	3 600	4 000	8 300	5 600	5 900
Uruguay	600	700	700	500	500	500	400	900	900	1 000
Vereinigte Staaten	147 000	260 700	270 000	230 700	233 300	252 000	255 000	184 000	306 000	272 000
insgesamt Quarters	195 000	334 000	343 200	301 500	312 400	321 200	324 600	266 800	369 600	352 900
„ Bushels	1 564 000	2 672 000	2 745 600	3 412 000	2 499 200	2 569 600	2 596 800	2 134 400	2 956 800	2 823 200
„ dz	425 603	727 118	747 146	656 365	680 094	699 252	706 654	580 823	804 619	768 263

Welternte von Hafer

in Tausend Quartern (1 Qu. = 304 engl. Pfd.)

	1894	1895	1896	1897	1898	1899	1900	1901	1902	1903
Algerien	500	500	500	400	600	400	700	700	800	400
Belgien	3 400	3 700	3 200	3 600	3 900	3 400	4 100	4 200	3 800	4 000
Bulgarien	800	800	700	500	1 100	600	500	800	1 400	1 100
Dänemark	4 600	4 800	4 600	4 200	5 000	4 400	3 900	4 500	4 900	5 000
Deutschland	38 100	38 100	36 100	35 100	41 900	49 900	51 500	52 400	54 200	56 100
Frankreich	31 700	32 700	31 700	27 700	33 800	33 200	30 500	36 000	36 700	33 500
Großbritannien	23 900	21 800	20 400	20 400	21 600	20 900	20 600	20 300	23 000	21 500
Holland	1 800	1 900	1 900	2 000	2 000	2 000	2 000	2 000	1 600	1 900
Italien	2 100	2 200	2 400	2 400	2 300	2 000	2 000	1 900	1 600	2 000
Kanada	10 300	13 400	11 900	12 100	14 400	15 000	12 900	16 300	20 600	20 200
Österreich-Ungarn	22 400	22 600	21 700	18 500	23 000	23 900	21 400	20 600	25 000	22 300
Rumänien	1 200	1 300	1 800	1 200	2 100	800	1 000	2 000	2 700	3 800
Rußland	89 800	82 200	84 300	70 000	72 500	105 000	90 000	61 800	93 000	84 000
Schweden	8 500	8 500	6 800	7 100	8 500	8 100	7 300	6 900	7 400	7 700
Vereinigte Staaten	80 200	99 900	85 700	84 700	88 600	96 500	98 100	92 100	119 700	95 000
insgesamt: Quarters	319 300	334 400	313 700	289 900	321 300	366 100	346 400	312 500	396 400	358 500
„ Bushels	2 554 400	2 675 200	2 509 600	2 319 200	2 570 400	2 928 800	2 771 200	2 500 000	3 181 200	2 898 000
„ dz	441 214	462 080	433 476	400 589	443 978	505 883	478 661	431 818	547 752	495 381

Welternte von Gerste
in Tausend Quartern (1 Qu. = 400 engl. Pfd.)

	1894	1895	1896	1897	1898	1899	1900	1901	1902	1903
Algerien	5 700	4 600	3 700	3 000	5 000	4 000	6 000	6 700	5 900	3 400
Belgien	400	500	500	400	500	500	600	600	600	600
Bulgarien	1 500	2 000	2 600	1 400	1 500	800	1 300	1 600	1 900	2 000
Dänemark	2 600	2 600	2 600	2 300	2 600	2 600	2 400	2 700	2 800	2 800
Deutschland	13 400	13 300	12 800	12 400	13 900	16 400	16 500	18 200	17 100	18 300
Frankreich	5 900	5 900	5 600	5 000	5 700	5 800	5 000	4 700	5 700	5 100
Großbritannien	9 800	9 400	9 700	9 100	9 300	9 300	8 600	8 500	9 300	8 200
Holland	400	500	600	500	500	500	600	500	400	500
Japan	5 200	5 200	4 800	4 900	5 500	5 300	5 300	5 200	4 500	5 500
Italien	1 000	900	1 200	1 000	1 100	1 000	800	1 000	700	1 000
Kanada	1 700	2 200	2 000	1 900	2 200	2 600	2 500	3 000	4 400	4 200
Österreich-Ungarn	14 500	13 800	14 000	11 300	14 900	16 400	14 400	12 500	16 700	16 000
Rumänien	2 000	2 700	3 900	2 600	3 600	600	1 800	2 500	3 000	3 600
Rußland	33 500	30 200	30 300	28 500	36 700	27 100	28 300	28 700	39 800	42 600
Schweden	1 800	1 800	1 700	1 700	1 800	1 600	1 900	1 600	1 600	1 800
Tunis	1 100	1 000	500	600	1 400	900	900	1 000	1 000	1 500
Vereinigte Staaten	7 400	10 600	8 400	8 100	6 800	9 000	7 100	13 700	16 400	1 000
insgesamt: Quarters	107 900	107 200	104 800	94 600	112 000	104 400	104 000	112 700	131 800	133 100
„ Bushels	863 200	857 600	838 400	756 800	896 000	835 200	832 000	901 600	1 054 400	1 064 800
„ dz	196 181	194 909	190 545	172 000	203 636	189 818	189 090	204 909	221 455	242 000

Verbrauch in den wichtigsten Staaten.

Land	Im Jahre oder im Durchschnitt der Jahre	Gesamtmenge in 1000 dz					Pro Kopf der Bevölkerung in kg				
		Weizen	Roggen	Gerste	Hafer	Mais	Weizen	Roggen	Gerste	Hafer	Mais
Deutschland	1898	39 546	77 465	35 316	55 839	15 805	73·4	143·7	65·5	103·6	29·05
	1899	46 943	84 541	39 067	63 804	16 266	85·8	154·5	71·4	116·6	29·26
	1900	45 659	80 272	38 563	64 895	13 842	82·3	144·6	69·5	116·9	24·70
	1901	47 274	83 234	37 152	68 297	11 932	83·8	147·6	65·9	121·1	20·98
	1902	44 968	78 891	41 307	64 620	9 005	78·5	137·7	72·1	112·8	15·60
	Durchschnitt	44 878	80 881	38 281	63 491	13 870	80·1	144·4	68·3	113·3	23·87
	1903	54 002	92 117	43 339	72 465	9 531	92·8	158·3	94·5	124·6	16·26
Frankreich	1898	106 481	15 176	10 616	43 530	10 395	276	39	28	113	27
	1899	88 452	14 465	9 936	39 538	10 517	229	37	26	102	17
	1900	77 655	12 613	8 116	37 279	7 860	200	32	21	46	20
	1901	74 253	12 445	9 059	34 988	8 587	191	32	23	90	22
	1902	80 232	9 350	9 448	42 299	7 502	206	24	24	108	19
	Durchschnitt	85 415	12 810	9 435	39 427	8 972	220	33	32	105	23
	1903										
Großbritannien und Irland	1898	66 894	1 000	28 593	34 275	29 437	165·51	2·48	70·75	84·80	72·84
	1899	66 654	979	27 854	33 166	32 635	163·37	2·40	60·92	81·29	79·99
	1900	63 322	996	23 348	35 258	28 276	153·83	2·42	56·67	85·65	68·69
	1901	64 497	1 016	25 555	35 809	26 969	155·24	2·45	61·51	86·19	64·91
	1902	69 553	1 051	28 912	36 147	22 713	165·79	2·50	68·91	86·16	54·14
	Durchschnitt	66 184	1 008	26 252	34 931	28 006	160·75	2·45	66·75	84·82	68·11
	1903	71 546	1 015	27 606	34 518	25 728	168·89	2·40	65·17	81·58	60·73

Österreich-Ungarn mit Bosnien und Herzegowina

1898	45 957	29 432	19 671	27 275	45 095	102·35	65·55	43·81	60·74	100·43
1899	48 451	29 575	20 968	28 348	34 332	106·74	65·16	45·54	62·45	75·64
1900	45 003	20 080	17 805	23 569	38 746	97·62	43·56	38·63	51·13	84·05
1901	45 132	25 704	18 357	23 927	40 196	95·74	54·52	38·94	50·76	85·27
1902	55 590	29 467	21 761	26 879	29 980	115·51	61·21	45·13	55·75	62·18
Durchschnitt	48 027	26 852	19 712	26 000	37 670	103·59	57·91	42·51	56·07	81·24
1903	52 456	28 704	19 628	28 541	42 980	112·46	61·54	44·22	61·19	92·03

Europäisches Rußland und Polen (ohne Finnland)

						Durchschnitt 1898—1902				
1898	50 463	131 050	33 096	59 684	2 266					
1899	55 649	172 533	22 245	98 659	924					
1900	53 580	171 142	26 707	74 616	3 342					
1901	48 265	131 305	23 645	43 432	10 348					
1902	81 033	167 550	38 200	88 462	1 256					
Durchschnitt	57 798	154 716	28 779	72 971	3 125	54·5	145·9	27·1	68·8	2·9
1903	65 981	165 965	33 812	65 378	3 623	57·8	147·6	28·4	63·1	3·7

Vereinigte Staaten

1898	92 586	2 800	9 927	84 354	377 221	125	4	13	114	508
1899	69 202	4 394	9 109	91 484	406 236	91	6	12	120	532
1900	49 166	4 137	8 889	93 067	414 636	63	5	11	120	534
1901	108 176	5 622	19 221	86 625	293 429	137	7	24	110	384
1902	93 837	5 837	24 529	124 458	450 606	118	7	31	158	697
Durchschnitt	82 495	4 566	14 835	95 998	388 426	107	6	18	124	531
1903	110 651	5 940	23 237	95 561	480 984	138	7	29	119	598

Verbrauch von Weizen und Roggen
in den europäischen Staaten im Durchschnitt der Jahre
1896—1900.

Land	Mittlere Bevölke-rung in Mill.	Ernte	Aussaat	Überschuß der Einfuhr + oder Ausfuhr —	Ver-brauch	pro Kopf		
						Ernte	Konsum	
							mit	ohne
							Aussaat	
	Durchschnitt in 1000 dz					in Kilogramm		
Belgien	6·61	9 017	708	+ 9 630	17 939	136	282	271
Dänemark	2·37	5 757	605	+ 1 017	6 169	243	286	260
Deutschland	54·40	126 575	14 038	+ 17 944	130 481	233	266	240
Finnland	2·61	3 157	473	+ 2 730	5 414	121	225	207
Frankreich	38·80	104 982	13 739	+ 5 958	97 201	271	286	250
Großbritan-nien u. Irland	40·41	18 073	1 315	+ 47 894	64 652	45	163	160
Italien	31·97	36 066	4 479	+ 6 420	38 007	113	133	119
Niederlande	5·03	4 670	400	+ 6 325	10 595	93	219	211
Östreich-Ungarn	45·87	81 114	10 250	+ 1 485	72 349	177	180	158
Portugal	5·33	4 600	630	+ 1 154	5 124	86	108	96
Rußland	105·71	285 948	55 311	— 41 122	189 515	270	232	179
Schweden	5·03	7 317	956	+ 2 520	8 881	145	195	176
Norwegen	2·15	318	32	+ 3 065	3 351	15	157	156
Schweiz	3·21	2 965	345	+ 4 100	6 720	92	220	209
Spanien	18·41	30 354	4 075	+ 1 816	28 095	166	176	154
Balkanstaaten	20·26	46 635	6 686	— 10 000	29 949	221	174	142
Westeuropa	234·75	375 011	44 230	+ 119 682	450 463	160	211	192
Osteuropa	154·96	392 537	69 812	— 58 746	263 979	253	215	170
Europa	389·71	767 548	114 042	+ 60 936	714 442	197	213	183

Großhandelspreise von Getreide

an deutschen und außerdeutschen Börsenplätzen.

Berlin 1904	3.—9. Januar	11.—16. Januar	18.—23. Januar	25.—30 Januar
Roggen, guter, gesunder, mindestens 712 g das l	—	—	—	—
Weizen, guter, gesunder, mindestens 755 g das l	—	—	—	—
Hafer, guter, gesunder, mindestens 450 g das l	—	—	—	—
Mannheim				
Roggen, Pfälzer, russisch. bulgarisch. mittel	—	—	—	—
Weizen, Pfälzer, russischer amerikanisch. rumän. mittel	—	—	—	—
Hafer, badischer, württembergischer, mittel	—	—	—	—
Gerste, badische, Pfälzer, mittel . . .	—	—	—	—
Wien				
Roggen, Pester Boden	119 36	118 48	117 73	117 80
Weizen, Theiß- „	153 47	151 73	151 00	152 79
Hafer, ungarischer I	103 16	102 29	102 37	102 43
Gerste, slovakische	138 12	138 09	138 20	138 28
Mais, ungarischer	—	—	—	—
Budapest				
Roggen, Mittelware	109 13	109 19	109 20	108 83
Weizen, „	136 07	136 13	134 53	134 87
Hafer, „	95 06	95 04	95 12	95 18
Gerste, Futterware	95 49	95 47	96 40	96 46
Mais, Mittelware	—	—	—	—
Odessa				
Roggen, 71 bis 72 kg das hl . . .	82 88	82 62	84 20	84 63
Weizen, Ulka, 75 bis 76 kg. das hl .	115 55	115 06	112 71	111 60
Riga				
Roggen, 71 bis 72 kg das hl . . .	96 37	96 88	98 24	98 12
Weizen, 75 „ 76 „ „ „ . . .	123 45	123 84	123 23	121 92
Paris				
Roggen ⎱ lieferbare Ware der laufenden	122 12	122 44	122 56	123 13
Weizen ⎰ Monate	173 69	173 06	172 01	170 41
Antwerpen				
Weizen ⎰ Varna	125 71	125 75	125 81	125 89
Donau, mittel	131 79	131 84	133 93	133 61
Azima	135 44	135 89	135 96	136 04
Odessa	138 68	137 92	137 99	138 07
Californier	—	—	—	—
roter Winter-	139 90	139 95	140 02	140 10
Kansas	137 87	136 95	137 58	137 26
Walla Walla	—	—	—	—
Kurrachee, roter	—	—	—	—
Bombay, Club weiß . . .	136 90	136 95	137 01	137 10

Fortsetzung auf S. 340

1.—6. Februar	8.—13. Februar	15.—20. Februar	22.—27. Februar	1.—5. März	7.—12. März	14.—19. März	21.—26. März	28. März b. 2. April
—	—	—	—	—	—	—	—	—
—	—	—	—	—	—	—	—	—
—	—	—	—	—	—	—	—	—
—	—	—	—	—	—	—	—	—
—	—	—	—	—	—	—	—	—
—	—	—	—	—	—	—	—	—
118 73	123 73	129 61	127 74	125 08	122 43	119 00	118 97	119 15
152 90	161 27	167 13	168 62	164 22	160 69	158 17	157 21	157 45
102 50	107 52	110 00	109 00	106 36	104 57	107 20	99 21	99 58
138 38	138 23	138 14	137 96	137 85	137 73	138 33	137 67	137 88
—	—	—	—	—	—	—	—	—
109 34	110 93	116 22	116 41	115 13	112 48	110 72	110 05	110 22
135 31	140 11	148 46	152 18	148 82	144 19	140 38	140 13	139 79
95 24	96 59	101 90	102 62	102 11	101 00	98 82	95 60	93 20
96 52	98 81	102 32	102 19	101 85	101 17	100 52	99 77	99 58
—	—	—	—	—	—	—	—	—
83 54	88 07	94 01	99 33	97 19	92 75	92 09	90 18	89 85
112 26	115 10	119 53	129 59	127 47	119 29	117 75	116 74	118 49
98 67	103 33	103 62	110 74	104 00	100 65	99 33	99 83	100 39
123 45	126 44	129 14	137 92	134 93	128 50	127 60	127 70	129 02
123 13	123 30	122 60	124 26	124 34	123 23	121 92	121 71	120 07
171 55	176 24	182 84	183 21	179 53	178 22	175 32	177 53	177 34
125 89	126 96	134 43	145 15	141 85	137 82	136 87	135 64	134 50
131 98	133 62	139 06	148 97	145 66	141 06	140 62	138 48	137 26
136 04	136 06	141 09	149 78	149 32	143 09	141 03	138 48	137 90
138 07	138 50	144 09	153 02	151 34	146 33	145 36	142 52	141 96
				154 19	154 03	154 03	151 03	150 07
140 10	—	—	—	—	—	—	—	—
136 69	138 74	142 07	149 78	149 15	154 71	144 57	142 12	142 61
—	—	—	—	—	—	—	—	—
—	—	—	—	—	—	—	—	—
137 10	138 09	142 07	150 02	146 48	144 30	143 70	142 12	141 96

Berlin 1904	4.—9. April	11.—16. April	18.—23. April	25.—30. April
Roggen, guter, gesunder, mindestens 712 g das l	—	—	—	—
Weizen, guter, gesunder, mindestens 755 g das l	—	—	—	—
Hafer, guter, gesunder, mindestens 450 g das l	—	—	—	—
Mannheim				
Roggen, Pfälzer, russisch., bulgarisch. mittel	—	—	—	—
Weizen, Pfälzer, russischer, amerikanisch. rumän. mittel	—	—	—	—
Hafer, badischer, württembergischer, mittel	—	—	—	—
Gerste, badische, Pfälzer, mittel . . .	—	—	—	—
Wien				
Roggen, Pester Boden	120 20	118 46	118 47	118 53
Weizen, Theiß- „	159 42	156 80	155 97	155 19
Hafer, ungarischer I	100 60	98 00	95 01	98 91
Gerste, slovakische	138 11	138 06	138 07	138 14
Mais, ungarischer	—	—	—	—
Budapest				
Roggen, Mittelware	109 20	108 66	107 82	107 87
Weizen, „	139 77	138 91	137 31	137 07
Hafer, „	94 20	94 08	93 75	93 80
Gerste, Futterware	99 74	99 71	99 72	99 34
Mais, Mittelware	—	—	—	—
Odessa				
Roggen, 71 bis 72 kg das hl . . .	91 89	89 58	88 64	88 21
Weizen, Ulka, 75 bis 76 kg das hl .	119 81	116 96	115 42	114 97
Riga				
Roggen, 71 bis 72 kg das hl . . .	102 16	102 50	102 26	100 49
Weizen, 75 „ 76 „ „ „ . . .	130 34	130 10	129 90	129 02
Paris				
Roggen | lieferbare Ware der laufenden	120 15	121 57	123 79	122 65
Weizen | Monate	180 06	182 11	181 90	180 63
Antwerpen				
Weizen { Varna	132 92	131 84	131 76	127 81
Donau, mittel	135 93	135 89	135 81	135 93
Azima	137 96	137 92	137 03	135 93
Odessa	142 01	140 35	139 05	137 96
Californier	149 15	148 06	146 35	144 04
roter Winter-	—	—	—	—
Kansas	142 50	141 00	140 27	139 98
Walla Walla	—	—	—	—
Kurrachee, roter . . .	—	—	—	—
Bombay, Club weiß . .	142 01	140 35	138 24	137 39

Fortsetzung auf S. 342

2.—7. Mai	9.—14. Mai	16.—21. Mai	23.—28. Mai	30. Mai—4. Juni	6.—11. Juni	13.—18. Juni	20.—25. Juni	27. Juni—2. Juli
—	—	—	—	—	—	—	—	—
—	—	—	—	—	—	—	—	—
—	—	—	—	—	—	—	—	—
—	—	—	—	—	—	—	—	—
—	—	—	—	—	—	—	—	—
—	—	—	—	—	—	—	—	—
—	—	—	—	—	—	—	—	—
—	—	—	—	—	—	—	—	—
119 31	119 24	120 91	124 33	120 90	121 75	120 08	119 18	116 66
155 95	155 86	162 64	167 77	170 28	170 28	168 62	170 26	170 30
100 56	102 20	103 03	105 60	104 72	103 87	104 75	110 67	108 99
138 06	137 98	137 94	137 96	137 93	137 93	—	—	—
—	—	—	—	—	—	—	—	—
107 80	107 74	109 67	110 54	111 53	109 40	108 83	109 53	108 82
138 06	138 83	144 12	147 54	151 85	155 04	153 00	152 89	150 97
93 91	94 54	94 52	96 06	97 49	97 61	99 21	100 88	100 56
99 71	99 65	99 63	100 32	101 32	101 32	106 45	107 26	105 93
—	—	—	—	—	—	—	—	—
87 77	86 35	86 61	82 40	80 12	78 96	82 04	84 86	91 87
116 29	115 04	116 62	114 78	112 39	112 51	113 42	114 03	117 31
102 03	102 40	103 72	102 14	100 99	100 01	103 10	104 59	107 88
129 02	128 99	131 36	130 31	130 40	130 71	131 40	129 16	130 47
122 11	121 62	121 88	123 83	122 81	117 61	118 33	119 05	117 02
171 95	170 89	171 19	168 57	163 23	163 13	162 41	161 46	169 55
127 81	129 27	128 74	128 66	129 40	127 12	124 15	123 66	126 56
134 30	133 82	133 77	133 68	135 24	135 62	134 26	133 53	135 62
135 93	135 84	135 79	135 71	135 73	135 62	134 67	133 53	135 62
137 96	139 41	139 85	139 76	139 78	139 67	138 71	137 58	139 67
143 23	143 47	143 90	143 81	142 86	141 70	141 54	140 41	141 70
—	—	—	—	—	—	—	—	—
—	140 95	139 85	139 76	139 78	139 67	139 52	138 39	139 67
—	127 73	127 69	128 09	127 62	127 53	126 17	123 82	123 48
135 52	136 33	137 82	139 27	137 26	135 06	131 67	128 52	129 55

Berlin 1904	4.—9. Juli	11.—16. Juli	18.—23. Juli	25.—30. Juli
Roggen, guter, gesunder, mindestens 712 g das l	—	—	—	—
Weizen, guter, gesunder, mindestens 755 g das l	—	—	—	—
Hafer, guter, gesunder, mindestens 450 g das l	—	—	—	—
Mannheim				
Roggen, Pfälzer, russisch. bulgarisch. mittel	—	—	—	—
Weizen, Pfälzer, russischer amerikanisch. rumän. mittel	—	—	—	—
Hafer, badischer, württembergischer, mittel	—	—	—	—
Gerste, badische, Pfälzer, mittel	—·	—	—	—
Wien				
Roggen, Pester Boden	118 37	121 74	137 94	139 76
Weizen, Theiß „	172 87	175 37	185 63	190 04
Hafer, ungarischer I	114 11	118 33	124 32	129 53
Gerste, slovakische	—	—	160 08	161 92
Mais ungarischer	—	—	—	—
Budapest				
Roggen, Mittelware . ?	108 32	109 53	120 57	128 00
Weizen, „	152 52	157 36	162 59	171 57
Hafer, „	102 45	108 54	112 82	115 73
Gerste, Futterware	105 60	106 27	106 86	107 38
Mais, Mittelware	—	—	—	—
Odessa				
Roggen, 71 bis 72 kg das hl . . .	89 58	89 74	88 19	88 62
Weizen, Ulka, 75 bis 76 kg das hl .	120 54	125 92	126 36	127 68
Riga				
Roggen, 71 bis 72 kg das hl . . .	106 27	105 96	105 30	105 30
Weizen, 75 „ 76 „ „ „ . . .	129 98	131 40	132 28	131 19
Paris				
Roggen } lieferbare Ware der laufenden	114 30	115 33	118 22	122 23
Weizen } Monate	168 86	170 20	173 76	173 18
Antwerpen				
Weizen { Varna	127 54	128 34	131 14	131 71
Donau, mittel	135 64	135 62	135 68	135 76
Azima	135 64	135 62	135 68	135 76
Odessa	139 69	139 67	139 73	139 81
Californier	142 93	143 72	143 78	144 35
roter Winter-	—	—	—	—
Kansas	—	—	—	—
Walla Walla	141 55	142 75	142 80	142 89
Kurrachee, roter	124 71	125 50	125 55	124 09
Bombay, Club weiß . . .	131 03	131 98	133 41	132 76

Fortsetzung auf S. 344.

2.—6. August	8.—13. August	15.—20. August	22.—27. August	29. Aug. b. 3. Sept.	5.—10. Septemb.	12.—17. Septemb.	19.—24. Septemb.	26. Sept. b. 1. Okt.
—	—	—	—	—	—	—	—	—
—	—	—	—	—	—	—	—	—
—	—	—	—	—	—	—	—	—
—	—	—	—	—	—	—	—	—
—	—	—	—	—	—	—	—	—
—	—	—	—	—	—	—	—	—
149 15	144 86	147 53	145 79	141 53	141 35	137 03	136 06	137 03
202 85	198 54	199 56	197 80	191 84	194 99	191 50	189 64	190 65
135 52	132 93	133 89	129 60	127 89	127 73	123 41	123 31	122 56
161 94	161 90	162 03	161 99	161 99	161 79	158 30	158 17	158 30
—	—	—	—	—	—	—	—	—
134 83	136 34	136 02	137 10	132 15	131 56	130 05	128 16	125 54
184 44	184 31	182 71	184 59	179 98	177 75	178 14	176 08	175 16
122 05	126 11	125 79	127 89	126 01	125 81	122 05	120 33	120 69
113 19	120 57	125 36	126 61	125 76	125 17	125 11	125 01	125 11
—	—	—	—	—	—	—	—	—
90 16	90 16	89 50	90 82	90 82	91 04	93 23	93 02	94 11
128 33	128 56	126 03	131 19	128 56	124 38	126 36	125 70	126 36
105 96	105 52	101 13	102 67	102 67	102 67	102 67	102 01	101 78
131 40	133 16	132 94	135 14	133 60	132 06	134 03	132 72	134 26
117 77	119 72	122 12	123 69	123 85	125 40	126 77	127 58	129 41
176 18	179 74	186 25	183 03	181 98	182 27	186 52	193 19	194 03
134 33	139 00	141 46	143 21	141 80	139 59	141 08	139 91	140 80
137 73	142 24	144 46	147 83	147 88	146 06	146 34	147 59	147 68
138 06	142 24	146 48	148 64	147 88	146 06	146 34	147 59	147 68
141 14	144 27	148 51	150 66	149 91	148 08	148 36	149 61	149 70
148 67	151 97	152 56	157 95	158 01	155 77	156 44	157 70	157 79
—	—	—	—	—	—	—	—	—
—	—	—	—	—	—	—	—	—
145 35	147 75	150 21	151 31	150 72	147 92	147 96	150 42	151 97
125 26	127 65	128 98	128 39	127 62	125 67	127 99	129 63	132 71
134 74	136 16	137 73	138 92	138 56	137 56	132 47	140 71	143 23

Der Weltgetreidehandel. 22

Berlin 1904	3.—8. Oktober	10.—15, Oktober	17.—22. Oktober	24.—29. Oktober
Roggen, guter, gesunder, mindestens 712 g das l	—	—	—	—
Weizen, guter, gesunder, mindestens 755 g das l	—	—	—	—
Hafer, guter, gesunder, mindestens 450 g das l	—	—	—	—
Mannheim				
Roggen, Pfälzer, russisch. bulgarisch. mittel	—	—	—	—
Weizen, Pfälzer, russischer, amerikanisch., rumän. mittel	—	—	—	—
Hafer, badischer, württembergischer, mittel	—	—	—	—
Gerste, badische, Pfälzer, mittel	—	—	—	—
Wien				
Roggen, Pester Boden	136 98	140 22	138 44	135 89
Weizen, Theiß	189 73	193 75	191 94	186 85
Hafer, ungarischer I	124 22	126 62	125 70	124 00
Gerste slovakische	156 55	154 66	154 57	154 57
Mais, ungarischer	—	—	134 19	133 34
Budapest				
Roggen, Mittelware	125 62	128 74	129 69	127 99
Weizen, „	173 37	174 68	176 40	172 41
Hafer, „	119 67	120 93	121 45	120 60
Gerste, Futterware	125 02	125 18	125 70	125 70
Mais, Mittelware	—	—	—	125 70
Odessa				
Roggen 71 bis 72 kg das hl	95 43	94 05	93 39	93 19
Weizen, Ulka, 75 bis 76 kg das hl	126 36	122 76	124 52	124 33
Riga				
Roggen, 71 bis 72 kg das hl	101 78	101 06	101 28	100 21
Weizen, 75 „ 76 „ „ „	134 03	130 65	129 13	127 39
Paris				
Roggen ⎱ lieferbare Ware der laufenden	129 65	128 90	129 31	129 76
Weizen ⎰ Monate	193 42	190 77	190 20	188 57
Antwerpen				
Weizen ⎱ Varna	140 45	139 47	139 35	139 38
Donau, mittel	145 71	145 53	145 40	145 44
Azima	146 52	147 15	146 62	145 44
Odessa	148 95	149 57	149 44	148 27
Californier	157 85	157 66	157 52	157 56
roter Winter	—	—	—	—
Kansas	—	—	—	—
Walla Walla	149 60	148 60	149 28	150 53
Kurrachee, roter	132 19	131 38	131 27	131 14
Bombay, Club weiß	142 47	143 51	143 38	143 42

Fortsetzung auf S. 346.

31. Okt. b. 5. Nov.	7.—12. November	14.—19. November	21.—26. November	28. Nov. b. 3. Dez.	5.—10. Dezember	12.—17. Dezember	19.—24. Dezember	26.—31. Dezember
—	—	138 90	139 58	141 44	143 01	142 52	142 33	142 29
—	—	177 00	176 92	177 81	178 89	178 44	178 57	178 01
—	—	142 60	140 33	139 71	137 19	137 86	138 69	139 63
—	—	—	149 92	150 00	150 00	149 83	149 83	149 83
—	—	—	190 32	190 34	191 24	191 48	191 45	191 22
—	—	—	150 38	149 75	150 75	150 75	157 50	150.75 ,
—	—	—	176 66	176 66	179 16	179 16	179 17	179 16
136 75	187 52	138 42	139 29	140 25	140 22	141 05	140 20	140 12
184 32	186 76	187 67	189 39	189 55	189 51	189 48	189 48	188 52
123 16	124 79	124 83	125 70	126 65	126 62	126 61	127 46	126 53
154 59	154 50	154 55	154 57	154 70	154 66	154 65	154 65	154 55
135 05	137 52	137 57	140 98	141 10	141 92	141 90	141 90	141 82
125 71	127 08	128 23	127 65	128 78	129 51	128 56	129 49	129 50
167 33	169 61	172 56	171 56	171 91	173 27	171 98	172 70	172 73
120 61	120 54	121 44	120 60	120 70	120 67	120 66	120 66	120 59
125 71	125 21	126 53	125 70	123 25	123 22	123 21	123 21	123 13
125 63	129 20	131 88	130 37	131 07	132 14	134 00	135 53	135 45
94 11	95 43	96 09	96 97	100 03	98 28	96 48	96 04	97 63
122 41	123 73	125 04	124 16	124 82	124 82	124 55	125 21	125 48
102 01	102 89	101 78	101 78	103 55	102 23	102 18	102 62	103 76
127 24	129 87	130 74	129 43	130 08	129 65	129 59	130 47	130 74
130 05	129 15	129 88	131 50	132 79	133 97	133 19	133 44	133 54
191 11	190 84	191 74	192 14	195 54	195 98	192 35	191 41	190 99
139 38	139 35	139 33	137 71	137 36	187 76	137 55	137 33	137 04
145 44	145 40	145 39	145 39	145 44	145 44	145 39	145 40	145 13
145 44	145 40	145 39	143 77	143 42	144 23	143 61	143 38	143 51
147 46	147 42	147 41	149 02	149 48	149 08	147 00	146 45	146 58
157 56	157 52	157 50	156 69	157 56	157 56	157 50	157 52	155 64
—	—	—	—	—	—	—	—	—
150 53	151 70	152 49	152 49	151 74	152 31	152 49	152 19	150 79
129 76	131 11	131 25	130 69	130 90	132 11	131 49	131 03	130 41
143 42	143 39	143 37	141 75	141 40	142 21	141 59	141 37	141 49

22*

		1904	3.—9. Januar	11.—16. Januar	18.—23. Januar	25.—30. Januar
Amsterdam						
Roggen	Asow-		118 67	117 86	117 86	118 66
	St. Petersburger		113 42	113 42	113 82	112 61
Weizen	Odessa		128 56	128 56	128 55	128 55
	amerikanischer Winter-		138 45	137 04	137 03	137 03
Mais	amerikan. bunt		—	—	—	—
	La Plata		—	—	—	—
London						
Produktenbörse (Mark Lane).						
Weizen	englisch weiß		137 96	138 58	138 65	137 67
	„ rot		134 05	134 11	134 18	130 95
Weizen	englisches Getreide		124 33	126 34	127 97	126 53
Hafer	Mittelpreis aus 196 Marktorten		112 48	113 74	115 00	113 30
Gerste	(Gazette averages)		126 67	125 33	125 86	125 51
Liverpool						
	russischer		138 41	138 48	137 38	136 33
	Californier		—	—	—	—
	harter Kansas No. 2		137 24	137 78	137 13	136 33
Weizen	Manitoba		—	—	—	—
	La Plata		136 06	136 13	135 26	135 39
	Kurrachee		134 19	134 72	134 79	132 81
	Kalkutta		141 22	141 18	141 25	141 27
	Australier		—	—	—	—
Hafer	engl. weißer		128 78	130 39	130 45	130 58
	„ gelber		120 94	123 08	123 14	123 27
Gerste, Mahl-			93 05	94 66	94 70	94 20
	Odessa		—	—	—	—
Mais	amerikan. bunt		—	—	—	—
	La Plata		—	—	—	—
Chicago						
Weizen, Lieferungsware			128 38	128 20	—	139 23
			134 35	134 97	140 33	127 20
			126 98	126 82	128 19	120 10
Mais, Lieferungsware			—	—	—	—
Neuyork						
	roter Winter- No. 2		145 88	147 02	146 87	145 68
Weizen	Lieferungsware		139 31	140 14	143 09	142 84
			134 03	134 17	135 75	134 62
Mais, Lieferungsware			—	—	—	—
Buenos Aires						
Weizen, Mais	Durchschnittsware		108 69	110 47	109 58	106 02

1.—6. Februar	8.—13. Februar	15.—20. Februar	22.—27. Februar	1.—5. März	7.—12. März	14.—19. März	21.—26. März	28. März b. 2. April
118 71	—	116 58	—	123 38	116 79	112 68	110 17	110 35
111 44	—	115 37	—	121 77	120 82	119 92	119 01	119 21
128 59	—	133 42	—	136 19	131 09	131 69	129 12	127 92
137 08	—	142 60	—	144 65	140 25	142 86	144 24	144 48
—	—	—	—	—	—	—	—	—
—	—	—	—	—	—	—	—	—
135 43	137 80	138 86	144 38	144 24	144 17	141 24	144 03	143 61
130 39	135 00	136 62	139 91	143 12	141 94	143 47	138 45	138 58
125 75	125 48	126 59	130 84	134 62	136 51	133 65	132 08	131 04
115 11	114 02	115 77	117 52	118 61	120 36	119 64	119 64	119 45
125 98	125 16	127 45	125 98	126 80	126 27	128 02	127 55	128 61
136 33	141 17	144 39	152 31	153 57	154 91	154 75	154 75	154 91
				165 78	164 29	163 66	159 91	160 07
137 27	138 34	140 63	147 61	148 65	147 39	145 84	144 44	145 98
148 80	151 99	155 68	165 95	165 31	164 77	165 04	163 66	166 17
135 39	133 17	138 52	146 67	146 53	144 11	145 50	145 62	145 05
132 57	135 05	138 28	145 26	146 30	144 11	143 03	141 62	141 76
140 56	141 17	144 86	150 43	153 57	153 50	153 00	—	—
						165 84	163 66	—
130 58	129 66	131 69	131 62	131 49	131 43	131 30	131 30	131 42
123 27	123 39	124 91	123 27	123 14	123 08	126 96	122 96	123 08
93 64	93 32	94 84	96 36	97 05	97 79	97 69	96 32	96 22
—	—	—	—	—	—	—	—	—
—	—	—	—	—	—	—	—	—
—	—	—	—	—	—	—	—	—
144 68	147 93	154 87	162 63	151 38	145 18	146 57	143 80	147 93
130 93	135 03	141 80	149 62	143 46	138 07	138 64	133 24	135 27
123 19	127 97	134 84	141 01	134 00	130 29	129 43	125 46	126 59
—	—	—	—	—	—	—	—	—
148 52	151 06	158 20	168 34	164 86	157 05	159 02	160 79	165 11
147 25	150 05	156 52	163 32	156 84	151 76	153 05	149 09	151 94
138 42	142 43	149 42	156 06	151 36	147 23	147 02	142 20	144 31
128 45	132 05	138 88	144 84	138 63	134 69	123 79	130 11	131 45
—	—	—	—	—	—	—	—	—
107 80	112 25	117 60	124 73	121 16	115 82	117 60	115 82	117 60

	1904	4.—9. April	11.—16. April	18.—23. April	25—30. April
Amsterdam					
Roggen { Asow-		109 58	107 21	108 02	100 79
St. Petersburg		117 23	116 08	117 69	113 69
Weizen { Odessa		128 31	126 96	127 96	—
amerikanischer Winter- . .		144 53	143 18	139 66	137 57
Mais { amerikan. bunt		—	—	—	—
La Plata		—	—	—	—
London					
Produktenbörse (Mark Lane).					
Weizen { englisch weiß.		143 05	143 05	141 80	140 68
„ rot		138 58	137 47	136 22	135 10
Weizen { englisches Getreide . . .		130 65	130 26	130 13	129 74
Hafer { Mittelpreis aus 196 Marktorten		118 55	117 95	117 84	117 24
Gerste { (Gazette averages)		126 27	126 73	123 80	124 27
Liverpool					
{ russischer		154 91	154 91	154 75	154 75
Californier		159 13	159 13	158 97	158 04
harter Kansas No. 2 . . .		147 39	145 29	145 37	145 37
Weizen { Manitoba		166 17	164 54	162 03	160 85
La Plata		146 23	144 11	143 50	138 81
Kurrachee		141 54	141 29	141 15	137 65
Kalkutta		145 98	145 52	144 91	—
Australier		—	—	—	—
Hafer { engl. weißer		131 43	131 43	131 30	131 30
„ gelber		123 08	123 08	122 96	122 96
Gerste, Mahl-		96 22	96 22	95 35	91 44
{ Odessa		—	—	—	—
Mais { amerikan. bunt		—	—	—	—
La Plata		—	—	—	—
Chicago					
		145 99	143 49	138 02	135 24
Weizen, Lieferungsware . . .		133 97	133 70	130 98	129 37
		124 83	126 16	125 06	123 27
Mais, Lieferungsware		—	—	—	—
Neuyork					
{ roter Winter- No. 2 . . .		162 46	164 06	161 91	161 21
		148 48	147 21	140 71	139 83
Weizen { Lieferungsware		141 93	140 86	137 73	136 98
		129 96	130 91	129 94	128 57
Mais, Lieferungsware		—	—	—	—
Buenos Aires					
Weizen } Durchschnittsware		118 49	117 60	114 93	113 14
Mais }					

2.—7. Mai	9.—14. Mai	16.—21. Mai	23.—28. Mai	30. Mai b. 4 Juni	6.—11. Juni	13.—18. Juni	20.—25. Juni	27. Juni b. 2. Juli
97 13	96 67	95 34	94 02	93 17	93 92	93 92	95 58	98 90
112 04	111 97	110 62	110 89	111 64	111 99	112 39	114 05	114 17
126 95	125 48	128 12	127 97	130 02	129 95	131 70	133 53	140 71
141 06	139 57	142 20	143 44	144 42	144 35	144 00	144 67	147 74
—	—	—	—	—	—	—	—	—
—	—	—	—	—	—	—	—	—
137 82	137 26	136 02	136 02	134 41	132 74	132 67	132 67	132 67
131 13	130 57	129 33	129 33	129 39	129 39	129 33	128 21	129 33
128 11	126 94	125 25	125 25	125 71	124 15	123 69	123 69	123 30
119 58	118 98	119 46	119 46	120 12	121 32	120 05	121 27	123 07
116 24	111 55	114 25	110 50	104 94	103 53	102 08	107 70	104 89
154 68	150 46	147 28	145 16	145 23	145 23	144 22	143 29	143 29
157 96	157 96	157 80	156 40	154 60	154 60	152 65	150 78	
142 49	141 55	141 88	142 35	142 42	139 14	138 38	136 73	136 73
159 61	157 96	152 65	152 65	152 26	150 39	148 91	147 03	146 57
139 21	140 15	139 32	138 14	138 67	137 74	137 67	135 80	135 33
134 99	132 18	131 58	129 24	128 37	126 27	123 40	120 81	121 28
—	—	—	—	—	128 37	127 37	122 68	125 27
—	—	—	146 57	146 64	146 17	144 94	142 60	141 88
131 24	131 24	131 11	131 11	131 17	131 17	131 11	131 11	131 11
122 90	122 90	122 78	122 78	122 84	122 84	122 78	122 78	122 78
91 40	89 83	88 18	86 62	85 88	85 10	85 06	85 06	88 18
—	—	—	—	—	—	—	—	—
—	—	—	—	—	—	—	—	—
—	—	—	—	—	—	—	—	—
138 43	140 16	149 60	148 80	134 34	133 40	130 33	130 54	131 00
131 18	130 93	133 51	132 88	125 78	124 66	123 19	123 18	124 47
123 63	122 88	123 51	123 90	124 96	123 93	122 90	123 28	124 47
—	—							
162 99	164 66	—	149 34	142 39	173 50	167 78	165 52	164 68
142 02	141 58	148 74	141 08	131 39	141 61	139 72	137 90	137 38
138 49	138 06	141 20	129 16	130 39	130 39	129 62	129 68	130 70
128 76	128 05	128 99	128 55	—	129 31	129 17	129 90	130 62
128 45	127 85	128 65	—	—	—	—	—	—
114 93	115 82	115 82	116 71	113 14	112 25	113 14	111 36	114 03

		1904	4.—9. Juli	11.—16. Juli	18.—23. Juli	25.—30. Juli
Amsterdam						
Roggen {	Asow		98 97	103 39	103 88	101 83
	St. Petersburger		114 26	116 67	116 76	117 53
Weizen {	Odessa-		140 81	—	—	—
	amerikanischer Winter- . .		148 20	153 13	153 23	154 96
Mais {	amerikan. bunt		—	—	—	—
	La Plata		—	—	—	—
London						
Produktenbörse (Mark Lane).						
Weizen {	englisch weiß		133 29	137 20	139 07	139 77
	„ rot		130 50	136 08	137 40	137 53
Weizen {	englisches Getreide . . .		124 15	125 71	129 41	—
Hafer {	Mittelpreis aus 196 Marktorten		123 13	126 13	126 32	—
Gerste {	(Gazette averages)		—	105 41	106 03	—
Liverpool						
	russischer		143 36	144 30	145 45	145 59
	Californier		—	—	—	—
	harter Kansas No. 2 . . .		137 27	137 74	139 82	139 96
Weizen {	Manitoba		149 22	151 79	155 54	154 04
	La Plata		140 55	142 42	144 98	146 06
	Kurrachee		124 15	125 80	128 09	128 21
	Kalkutta		129 55	130 24	133 25	132 91
	Australier		143 36	146 17	148 73	148 88
Hafer {	engl. weißer		130 13	129 09	129 28	131 49
	„ gelber		120 76	118 68	118 85	118 97
Gerste, Mahl-			88 24	91 35	92 27	97 70
Mais {	Odessa		—	—	—	—
	amerik. bunt		—	—	—	—
	La Plata		—	—	—	—
Chicago						
Weizen, Lieferungsware			136 68	144 74	146 38	149 09
			128 60	133 04	135 21	137 39
Mais, „			128 27	131 53	134 06	135 99
			—	—	—	—
Neuyork						
	roter Winter- No. 2 . .		169 73	168 64	165 65	154 72
Weizen { Lieferungsware . . .			144 13	152 88	156 55	157 42
			134 68	138 75	141 57	144 31
Mais, „ . .			134 26	137 56	139 86	142 59
Buenos Aires						
Weizen } Durchschnittsware			117 60	120 27	122 94	122 05
Mais			—	—	—	—

2.—6. August	8.—13. August	15.—20. August	22.—27. August	29. Aug. b. 3. Sept.	5.—10. Sept.	12.—17. Sept.	19.—24. Sept.	26. Sept. b. 1. Okt.
102 71	101 83	104 65	104 59	104 57	106 09	105 19	106 78	106 94
117 61	117 53	107 87	106 60	106 58	109 89	105 19	107 58	108 55
—	—	—	168 95	154 84	147 68	145 79	149 28	149 50
158 60	154 96	169 05	168 95	165 40	163 51	161 59	165 09	165 33
—	—	—	—	—	—	—	—	—
—	—	—	—	—	—	—	—	—
140 89	140 96	141 45	143 61	150 80	150 73	150 58	149 95	150 43
138 65	137 04	138 93	141 38	146 89	147 38	147 79	147 72	149 32
132 67	133 12	134 62	138 08	141 53	140 68	138 79	139 69	139 62
128 85	127 10	119 82	118 55	117 29	116 03	114 72	113 46	112 81
111 30	111 35	126 33	130 49	142 16	139 74	139 14	145 15	142 75
147 47	148 48	149 82	155 84	155 77	155 69	157 41	159 21	160 07
—	—	—	—	—	—	—	—	—
157 80	162 82	165 31	167 82	167 64	163 66	168 19	168 57	168 96
148 41	153 18	155 70	158 19	157 64	157 57	157 41	161 08	163 81
131 03	135 32	136 20	145 05	138 88	136 46	138 67	138 61	139 01
151 22	155 53	156 86	159 13	158 11	155 22	156 25	155 46	158 91
133 58	133 65	133 58	133 52	133 45	134 43	135 34	135 27	135 20
—	—	—	—	94 60	95 35	93 69	93 27	93 60
97 84	96 32	96 27	96 22	—	—	—	—	—
—	—	—	—	—	—	—	—	—
—	—	—	—	—	—	—	—	—
146 91	156 26	164 80	163 23	163 31	161 39	170 83	166 99	170 14
145 94	155 06	166 04	165 24	166 56	165 78	174 38	170 64	172 65
149 02	157 11	169 56	168 96	170 00	168 98	177 40	173 04	173 98
—	—	—	—	—	—	—	—	—
158 22	160 79	169 15	169 38	170 51	172 55	184 17	177 77	179 53
153 68	162 11	170 98	170 81	172 58	173 09	182 70	176 92	178 97
152 48	160 79	171 15	170 27	171 92	171 47	180 36	175 55	177 45
153 60	161 08	172 32	171 27	173 05	171 59	179 80	174 93	176 18
—	—	—	—	—	—	—	—	—
128 29	128 29	130 96	131 85	130 96	129 18	133 63	130 96	133 63
—	—	—	—	—	—	—	—	—

1904	3.—8. Oktober	10.—15. Oktober	17.—22. Oktober	24.—29. Oktober

Amsterdam

		3.—8. Oktober	10.—15. Oktober	17.—22. Oktober	24.—29. Oktober
Roggen	Asow	107 40	110 07	110 02	109 22
	St. Petersburger	109 42	112 48	112 43	111 63
Weizen	Odessa-	151 35	152 55	152 49	151 79
	amerikanischer Winter-	163 67	165 21	165 14	164 43
Mais	amerikan. bunt	—	—	—	105 41
	La Plata	—	—	—	94 87

London
Produktenbörse (Mark Lane).

Weizen	englisch weiß	151 47	151 32	152 36	153 40
	„ rot	149 25	148 54	149 03	147 84
Weizen	englisches Getreide	141 11	142 14	141 69	142 39
Hafer	Mittelpreis aus 196 Marktorten	113 35	112 64	114 38	113 73
Gerste	(Gazette averages)	143 14	142 07	142 46	139 59

Liverpool

	russischer	159 99	159 83	158 82	155 94
	Californier	—	—	—	—
	harter Kansas No. 2	—	—	—	—
Weizen	Manitoba	167 94	168 24	168 63	167 39
	La Plata	162 10	158 90	158 35	157 81
	Kurrachee	138 47	136 93	135 93	135 40
	Kalkutta	—	—	—	—
	Australier	160 23	159 83	157 88	157 81
Hafer	engl. weißer	135 14	135 00	134 94	134 87
	„ gelber	94 33	94 24	95 38	96 48
Gerste, Mahl-		—	—	—	128 40
	Odessa	—	—	—	103 54
Mais	amerik. bunt	—	—	—	93 73
	La Plata	—	—	—	—

Chicago

Weizen, Lieferungsware		168 59	168 32	174 20	173 60
		170 95	170 59	175 83	175 01
		171 45	170 41	173 84	173 22
Mais, „		—	—	—	80 96

Neuyork

	roter Winter- No. 2	178 89	179 74	186 45	186 56
Weizen	Lieferungsware	175 98	176 66	181 43	181 77
		173 40	172 69	175 53	174 66
					93 58
Mais, „		—	—	—	

Buenos Aires

Weizen	Durchschnittsware	130 96	129 18	131 85	130 96
Mais					73 94

31. Okt. b. 5. Nov.	7.—12. November	14.—19. November	21.—26. November	28. Nov. b. 3. Dez.	5.—10. Dezember	12.—17. Dezember	19.—24. Dezember	26.—31. Dezember
109 30	110 56	111 36	111 38	112 67	116 66	116 59	116 66	116 69
112 52	116 59	117 39	118 22	118 30	120 68	120 61	120 68	120 71
151 55	151 97	151 97	151 99	152 10	154 87	154 78	154 87	154 92
164 56	165 33	165 33	165 36	165 48	165 43	165 33	165 43	167 24
107 60	113 97	114 40	114 42	116 61	118 27	109 75	109 82	107 74
97 05	99 62	101 31	100 48	101 40	103 90	101 31	101 37	105 63
153 48	153 55	153 55	153 63	153 70	152 59	151 32	151 40	151 47
147 92	149 10	149 10	149 17	149 25	149 25	147 99	146 95	145 91
142 46	141 37	140 98	142 21	141 89	141 89	141 75	141 43	141 89
114 98	114 44	115 04	115 69	116 35	116 35	116 23	115 69	116 35
140 13	137 39	136 93	136 52	137 53	136 59	136 46	137 93	138 46
154 15	149 55	149 55	149 62	152 04	154 37	154 22	153 83	153 44
—	—	—	—	—	—	—	—	—
167 69	—	—	—	—	—	—	—	—
157 88	154 22	154 22	154 30	154 37	154 37	156 09	155 23	154 37
134 58	132 03	131 79	132 79	135 91	137 07	136 46	136 06	136 13
—	137 87	137 87	137 93	138 94	141 99	142 54	141 67	141 74
157 42	157 50	156 09	155 23	156 71	159 30	158 90	158 51	157 65
116 25	118 39	118 39	118 45	118 51	118 51	118 39	118 45	118 51
97 71	—	—	—	—	—	—	—	—
128 46	98 14	98 54	101 30	99 79	99 79	101 25	—	—
105 10	125 25	125 72	125 78	126 77	127 71	130 39	133 26	131 45
94 94	106 91	107 49	106 72	109 00	108 64	109 00	108 83	109 00
—	97 67	98 14	97 50	98 13	98 59	101 30	101 00	100 82
171 62	174 48	170 70	167 00	166 23	168 05	165 21	170 24	173 61
171 18	173 83	171 05	168 20	168 72	171 65	168 69	170 94	175 19
—	151 68	150 30	151 27	151 66	152 85	151 13	150 84	151 71
79 68	83 39	82 28	80 66	79 71	76 41	75 49	75 65	74 06
182 92	187 76	186 05	183 35	182 82	182 53	179 68	181 29	186 39
179 50	183 28	181 50	178 74	178 21	180 19	178 67	181 29	186 28
173 33	176 63	174 41	171 27	171 74	174 23	171 68	173 11	176 65
92 69	96 85	157 88	158 02	158 73	160 01	158 01	157 97	158 54
—	—	96 22	94 81	93 94	91 05	90 42	91 51	91 70
128 29	128 29	126 51	124 73	125 62	126 51	129 18	126 51	119 38
72 16	76 62	75 78	76 62	77 51	79 29	81 07	81 96	80 18

Berlin 1905	2.—7. Januar	9.—14. Januar	16.—21. Januar	23.—28. Januar
Roggen, guter, gesunder, mindestens 712 g das l	140 79	140 71	140 81	141 25
Weizen, guter, gesunder, mindestens 755 g das l	177 21	176 83	176 50	177 25
Hafer, guter, gesunder, mindestens 450 g das l	140 83	141 00	141 83	142 25
Mannheim				
Roggen, Pfälzer; russisch. bulgarisch, mittel	149 83	149 83	149 83	149 83
Weizen, Pfälzer, russischer amerikanisch. rumän. mittel	190 55	190 77	190 77	190 77
Hafer, badischer, württembergischer, mittel	150 75	150 75	150 75	150 75
Gerste, badische, Pfälzer, mittel . . .	180 00	180 83	182 50	181 60
Wien				
Roggen, Pester Boden	138 60	136 05	137 81	139 48
Weizen, Theiß- „	187 07	184 52	186 30	187 96
Hafer, ungarischer I	125 84	125 84	125 05	126 72
Gerste, slovakische	154 75	154 75	154 83	154 79
Mais, ungarischer	140 30	140 30	141 22	139 48
Budapest				
Roggen, Mittelware	128 14	125 08	124 63	125 58
Weizen, „	172 04	168 53	167 38	170 06
Hafer, „	120 49	119 13	118 89	119 71
Gerste, Futterware	123 89	122 02	122 08	122 05
Mais, Mittelware	134 86	132 94	131 86	131 83
Odessa				
Roggen, 71 bis 72 kg das hl . . .	96 31	97 73	100 03	99 94
Weizen, Ulka 75 bis 76 kg das hl .	123 73	125 37	125 27	125 81
Riga				
Roggen, 71 bis 72 kg das hl . . .	101 57	103 00	103 98	103 89
Weizen, 75 „ 76 „ „ „ . .	128 99	130 64	130 53	131 07
Paris				
Roggen ⎫ lieferbare Ware des laufenden	133 09	130 78	130 40	130 32
Weizen ⎭ Monats	192 49	190 73	192 23	192 07
Antwerpen				
Weizen ⎰ Varna	135 68	135 79	135 93	135 89
Donau, mittel	143 78	143 90	144 04	144 01
Azima	143 78	143 90	144 04	144 01
Odessa	147 26	147 95	148 10	148 06
roter Winter-	—	—	—	—
Californier . ·	155 93	156 06	156 21	156 18
Walla Walla	149 85	149 98	150 13	150 09
Kurrachee, rot	130 25	129 14	128 87	129 81
Bombay, Club weiß . . .	140 54	139 85	139 98	139 95

Fortsetzung auf Seite 356.

30. Jan. b. 4. Feb.	6.—11. Februar	13.—18. Februar	20—25 Februar	27. Febr. b. 4. März	6.—11. März	13.—18. März	20.—25 März	27/3.—1. April
140 83	140 58	140 98	141 15	139 88	140 85	139 84	140 16	140 23
177 08	176 56	176 49	176 50	175 20	176 54	173 65	173 13	172 42
141 54	141 67	142 00	142 29	141 75	141 91	140 42	139 58	139 17
149 50	149 85	149 50	149 50	149 54	148 65	149 16	149 28	149 63
190 77	190 75	190 29	190 36	190 31	190 20	189 70	189 71	189 18
150 75	150 75	152 50	152 50	152 50	151 84	152 36	152 50	152 50
181 60	180 00	179 37	179 37	179 37	179 65	176 67	174 77	174 38
138 75	139 58	139 63	140 65	142 40	140 10	140 24	135 55	133 01
186 41	187 24	186 46	187 53	188 45	187 37	184 57	178 17	176 49
126 83	127 67	128 56	128 71	130 46	128 61	130 01	127 88	127 04
154 92	154 90	154 95	155 14	155 19	155 01	154 30	151 75	151 76
137 89	139 58	140 48	143 20	143 25	140 53	143 65	144 07	143 24
125 21	125 39	126 86	128 20	130 38	126 43	128 58	127 28	125 50
168 39	168 75	171 05	171 08	171 99	169 85	167 54	164 49	161 76
119 81	119 79	119 83	120 61	124 49	120 03	126 00	127 11	125 33
122 15	122 13	122 18	122 53	132 51	122 26	124 68	125 10	125 12
133 21	131 35	132 82	133 04	135 58	132 63	137 17	137 85	136 84
99 06	99 00	99 28	100 38	101 91	99 67	103 10	104 20	105 20
126 47	126 90	125 81	125 58	128 44	126 29	126 77	125 87	125 81
103 01	104 98	106 52	106 52	106 95	105 58	108 07	109 02	108 05
131 72	132 16	131 50	133 04	134 36	132 38	134 03	134 20	133 25
130 08	129 48	129 79	129 24	123 69	129 14	123 89	124 23	124 26
191 24	189 50	186 68	187 19	186 35	188 26	190 91	193 17	194 44
137 36	139 26	140 04	140 07	140 16	139 62	139 05	138 07	138 07
145 49	146 16	146 12	146 16	146 25	146 20	144 98	144 17	143 35
145 49	146 16	146 12	146 81	146 66	146 44	144 33	143 19	141 32
148 74	148 19	148 15	148 19	148 28	148 31	146 60	145 22	144 17
—	—	—	—	—				
156 46	158 34	158 30	156 72	156 41	157 49	155 78	155 54	154 32
150 37	151 84	152 21	152 25	151 78	151 88	150 99	150 91	150 26
131 51	132 76	133 54	133 57	134 71	133 28	134 91	135 07	134 42
140 21	140 07	141 66	142 10	142 19	141 24	142 78	142 38	141 97

Berlin 1905	3.—8. April	10.—15. April	17.—22. April	24.—29. April
Roggen, guter, gesunder, mindestens 712 g das l	140 46	141 29	143 13	143 65
Weizen, guter, gesunder, mindestens 755 g das l	171 50	172 00	172 81	171 45
Hafer, guter, gesunder, mindestens 450 g das l	140 08	138 96	138 56	136 20
Mannheim				
Roggen, Pfälzer, russisch. bulgarisch. mittel	150 25	151 25	151 50	151 50
Weizen, Pfälzer, russischer amerikanisch. rumän. mittel	187 17	186 83	186 30	186 30
Hafer, badischer, württembergischer, mittel	152 50	152 50	152 50	152 50
Gerste, badische, Pfälzer, mittel	174 38	172 50	171 88	171 88
Wien				
Roggen, Pester Boden	131 33	133 02	133 92	135 58
Weizen, Theiß- „	170 56	168 83	170 60	173 10
Hafer, ungarischer I	125 36	126 20	126 24	126 20
Gerste, slovakische	151 80	151 78	150 13	150 08
Mais, ungarischer	143 27	143 25	143 30	141 55
Budapest				
Roggen, Mittelware	124 23	123 81	124 11	125 09
Weizen, „	158 94	154 85	156 04	156 00
Hafer, „	125 36	125 35	125 39	124 49
Gerste, Futterware	125 15	125 13	125 18	125 39
Mais, Mittelware	133 19	132 17	132 43	130 21
Odessa				
Roggen, 71 bis 72 kg das hl	103 89	102 57	101 58	99 99
Weizen, Ulka 75 bis 76 kg das hl	124 49	122 29	123 94	125 25
Riga				
Roggen, 71 bis 72 kg das hl	110 03	112 00	115 06	115 38
Weizen, 75 „ 76 „ „ „	132 59	131 61	130 52	129 06
Paris				
Roggen } lieferbare Ware des laufenden Monats	125 90	124 74	126 14	126 22
Weizen } lieferbare Ware des laufenden Monats	192 59	193 17	193 36	193 88
Antwerpen				
Weizen: Varna	137 72	136 50	136 09	136 09
Weizen: Donau, mittel	142 19	142 19	142 19	142 19
Weizen: Azima	140 40	139 59	138 13	136 58
Weizen: Odessa	144 22	144 22	144 22	144 22
Weizen: roter Winter-	—	—	—	—
Weizen: Californier	154 38	154 38	154 38	152 83
Weizen: Walla Walla	150 31	150 31	150 31	146 49
Weizen: Kurrachee, rot	133 49	134 06	134 06	134 55
Weizen: Bombay, Club weiß	141 21	142 19	142 19	142 43

Fortsetzung auf Seite 358.

1.—6. Mai	8.—13. Mai	15.—20 Mai	22.—27. Mai	29. Mai b. 3. Juni	5.—10. Juni	12.—17. Juni	19.—24. Juni	26. Juni b. 1. Juli
146 52	150 83	153 23	156 50	152 00	153 00	152 45	151 46	151 67
171 29	174 88	175 55	177 54	176 56	175 63	174 30	172 83	172 33
134 89	137 79	141 33	140 88	142 44	140 00	144 00	140 33	138 83
152 25	158 38	160 63	161 25	161 25	161 75	162 63	162 63	162 63
185 42	185 46	186 50	187 00	187 04	187 00	186 96	186 96	186 48
152 50	152 50	156 25	156 25	156 25	157 50	157 50	157 50	157 50
171 88	171 88	171 88	171 88	171 88	171 88	171 88	171 88	171 88
139 70	136 24	134 55	131 98	131 15	130 26	128 50	127 70	128 47
177 17	172 85	172 02	168 60	168 62	166 02	160 84	158 34	157 40
127 77	125 17	124 33	120 91	120 93	117 49	115 74	117 48	119 11
149 22	149 86	144 77	140 76	144 77	144 74	140 42	—	—
139 70	140 50	143 07	142 20	142 22	142 18	142 16	142 17	142 08
127 43	127 09	124 89	123 42	121 35	121 32	118 61	115 10	115 20
160 99	159 95	156 23	155 76	151 84	148 65	146 24	142 95	142 89
124 70	124 32	122 48	119 36	118 37	116 43	117 52	111 18	110 01
125 73	124 66	124 12	124 11	123 35	122 18	121 27	119 52	113 84
130 58	130 81	133 55	131 77	130 81	133 41	133 08	133 06	132 30
100 03	102 44	105 25	107 22	106 57	105 03	105 25	105 25	105 25
126 36	126 58	127 84	128 50	128 67	127 62	127 62	127 62	127 62
114 51	112 97	110 18	110 08	111 43	110 84	109 72	108 76	108 87
129 25	129 10	131 01	131 34	131 96	130 25	128 41	128 38	129 70
127 96	130 05	130 24	132 15	131 74	129 95	130 08	130 11	130 19
199 02	200 92	200 08	199 56	197 54	198 66	194 39	192 57	193 34
135 12	135 76	138 77	141 24	141 80	141 04	139 22	138 92	138 39
142 19	142 01	144 45	146 11	146 11	145 34	144 01	143 95	143 51
136 50	136 33	139 98	—	—	—	—	—	—
144 22	144 04	146 88	149 35	148 62	147 13	146 03	145 98	146 51
—	—	—	—	—				
151 37	150 13	152 16	154 22	154 22	152 64	152 12	151 90	152 19
144 22	144 45	148 34	150 16	149 43	148 34	148 06	148 01	148 14
—	—	—	—	—	129 35	129 08	129 76	129 87
142 19	142 01	143 07	143 10	143 10	142 26	141 98	141 93	—

Berlin	1905	3.—8. Juli	10.—15. Juli	17.—22. Juli	24.—29. Juli
Roggen, guter, gesunder, mindestens 712 g das l		152 69	149 73	152 51	159 14
Weizen, guter, gesunder, mindestens 755 g das l		172 52	172 63	174 00	173 18
Hafer, guter, gesunder, mindestens 450 g das l		138 33	136 98	138 65	139 27
Mannheim					
Roggen, Pfälzer, russisch. bulgarisch. mittel		162 68	162 68	162 38	157 50
Weizen, Pfälzer, russischer, amerikanisch. rumän. mittel		186 17	187 40	186 42	186 38
Hafer, badischer, württembergischer, mittel		157 50	157 50	157 50	157 50
Gerste, badische, Pfälzer, mittel . . .		171 88	171 88	171 88	—
Wien					
Roggen, Pester Boden		128 46	121 68	123 40	123 47
Weizen, Theiß- „		159 93	155 71	153 18	158 38
Hafer, ungarischer I		120 80	120 83	121 69	121 76
Gerste, slovakische		—	—	—	—
Mais, ungarischer		141 32	141 25	141 27	143 05
Budapest					
Roggen, Mittelware		115 82	112 60	108 23	109 42
Weizen, „		144 04	142 38	141 14	145 27
Hafer, „		111 80	113 17	113 18	113 25
Gerste, Futterware		113 14	113 17	113 18	100 48
Mais, Mittelware		132 28	132 31	132 33	133 73
Odessa					
Roggen, 71 bis 72 kg das hl . . .		105 25	104 68	99 72	99 06
Weizen, Ulka 75 bis 76 kg das hl .		127 62	126 90	125 15	126 24
Riga					
Roggen, 71 bis 72 kg das hl . . .		109 75	110 36	109 04	107 83
Weizen, 75 „ 76 „ „ „ . . .		129 59	129 53	128 77	130 95
Paris					
Roggen ⎱ lieferbare Ware des laufenden		126 12	126 09	126 09	126 09
Weizen ⎰ Monats		196 51	200 37	202 40	205 33
Antwerpen					
Weizen ⎰ Varna		138 04	137 99	137 72	136 77
Donau, mittel.		142 75	143 10	142 10	141 16
Azima		141 29	142 05	141 37	141 65
Odessa		148 68	147 32	145 51	144 17
roter Winter-		148 19	146 11	142 75	145 71
Californier		150 22	150 16	150 22	150 26
Walla Walla		148 19	147 97	146 48	146 68
Kurrachee, rot		130 98	133 52	133 01	131 98
Bombay, Club weiß . . .		—	—	—	—

Fortsetzung auf Seite 360.

31. Juli b. 5. Aug.	7.—12. Aug.	14.—19. Aug.	21.—26. Aug.	28. Aug. b. 2. Sept.	4—9. Sept.	11.—16. Sept.	18.—23. Sept.	25.—30. Sept.
153 00	149 50	148 75	149 50	152 40	152 27	151 33	153 30	153 40
172 38	171 42	168 83	167 29	169 06	169 12	168 56	170 21	172 00
138 83	138 00	135 33	134 56	134 79	136 21	138 54	141 84	142 44
154 25	152 38	152 13	152 13	154 38	156 25	156 00	157 62	160 06
185 96	185 04	184 75	185 13	184 27	183 63	183 71	184 19	185 52
—	152 50	150 00	151 25	150 00	151 25	151 25	152 50	153 75
155 00	159 38	159 38	159 38	159 38	162 50	163 75	165 00	167 81
122 67	120 98	119 25	117 56	119 25	118 26	118 30	118 26	119 11
160 16	157 62	155 03	153 34	155 03	154 85	154 40	154 85	153 99
124 38	123 54	122 63	120 12	117 55	114 01	114 90	116 56	116 56
—	155 06	153 32	153 34	153 32	157 40	157 45	157 40	157 40
147 38	145 69	146 51	147 38	147 36	148 04	148 94	148 88	148 88
110 21	109 57	108 18	107 98	107 97	107 80	107 30	108 05	108 05
146 74	142 20	140 25	138 92	137 59	136 98	139 01	138 60	137 02
113 30	107 48	107 75	108 19	108 18	108 05	108 09	108 05	108 05
102 37	104 42	104 77	104 78	105 90	106 35	106 39	106 35	108 48
138 15	143 22	145 23	145 84	145 44	144 47	143 94	143 79	143 79
97 97	99 06	100 60	105 20	105 86	106 52	106 43	105 20	105 86
124 05	124 49	124 70	124 05	123 61	123 61	123 61	123 61	124 49
107 40	105 64	105 43	106 74	110 69	111 55	113 09	113 32	115 50
129 53	128 65	128 98	128 87	127 89	129 10	129 42	128 98	129 96
123 81	123 62	123 94	125 97	125 89	125 13	123 64	123 75	126 30
194 02	185 84	186 19	183 51	181 28	182 91	182 90	185 75	188 88
136 04	135 49	136 04	135 98	135 96	135 76	135 81	137 54	137 75
140 10	139 72	140 10	140 04	139 21	137 79	137 84	137 70	137 75
142 13	142 15	137 10	137 03	137 01	136 81	137 84	139 32	139 78
144 17	144 18	144 17	144 09	144 08	143 86	143 51	142 16	142 86
146 20	145 24	144 49	142 88	142 05	141 84	142 70	143 78	148 69
150 26	149 87	148 23	147 34	146 92	147 92	147 97	148 23	149 91
146 20	145 81	145 22	145 15	144 89	143 86	144 16	144 18	147 88
134 01	135 08	134 01	134 35	133 93	134 95	136 86	136 32	137 75

Berlin 1905	2.—7. Oktober	9.—14. Oktober	16.—21. Oktober	23.—28. Oktober
Roggen, guter, gesunder, mindestens 712 g das l	153 77	158 77	161 67	169 17
Weizen, guter, gesunder, mindestens 755 g das l	169 51	171 79	173 07	180 24
Hafer, guter, gesunder, mindestens 450 g das l	141 52	144 93	147 14	154 65
Mannheim				
Roggen, Pfälzer, russisch. bulgarisch, mittel	160 75	164 00	165 13	167 48
Weizen, Pfälzer, russischer amerikanisch. rumän. mittel	185 79	185 96	187 27	190 44
Hafer, badischer, württembergischer, mittel	155 00	155 00	155 00	156 25
Gerste, badische, Pfälzer, mittel . . .	169 38	169 38	171 88	174 44
Wien				
Roggen, Pester Boden	119 93	121 59	121 49	127 52
Weizen, Theiß- „	156 51	159 01	158 88	164 92
Hafer, ungarischer I	122 49	124 14	124 04	125 81
Gerste, slovakische	157 36	157 31	157 18	157 27
Mais, ungarischer	148 85	148 80	125 74	130 92
Budapest				
Roggen, Mittelware	108 75	110 54	111 30	113 74
Weizen, „	138 61	142 55	142 08	145 60
Hafer, „	109 17	113 94	115 83	121 71
Gerste, Futterware	108 45	109 65	115 34	119 93
Mais, Mittelware	143 75	143 70	143 58	145 37
Odessa				
Roggen, 71 bis 72 kg das hl . . .	106 52	107 04	109 37	113 61
Weizen, Ulka 75 bis 76 kg das hl .	124 40	125 72	127 33	136 19
Riga				
Roggen, 71 bis 72 kg das hl . . .	115 95	117 59	120 76	129 13
Weizen, 75 „ 76 „ „ „ . . .	130 41	129 96	130 41	133 61
Paris				
Roggen ⎰ lieferbare Ware des laufenden	124 75	124 20	124 44	126 23
Weizen ⎱ Monats	188 92	186 75	186 99	186 86
Antwerpen				
Weizen ⎰ Varna	137 67	137 70	139 32	141 18
Donau, mittel.	137 67	137 70	139 73	142 16
Azima	139 69	139 73	140 94	144 42
Odessa	142 53	142 97	144 18	149 85
roter Winter	149 81	149 85	151 07	154 31
Californier	149 81	151 07	153 09	156 33
Walla Walla	147 79	147 83	148 88	151 88
Kurrachee, rot	137 67	138 35	139 32	142 16
Bombay, Club weiß . . .	—	—	—	—

Fortsetzung auf Seite 362.

30. Okt. b. 4. Nov.	6.—11. November	18.—18. November	20.—25. November	27. Nov. b. 2. Dez.	4.—9. Dezember	11.—16. Dezember	18.—23. Dezember	25.—30. Dezember
166 92	166 17	168 46	166 60	167 53	170 00	169 21	171 24	172 99
180 04	179 33	179 58	179 50	180 34	182 27	182 72	183 27	184 60
154 67	153 67	153 00	153 10	151 84	154 29	154 28	155 73	156 35
177 00	175 88	175 00	174 75	174 00	173 75	173 25	172 88	172 83
195 08	193 88	193 29	192 69	191 44	191 00	191 08	191 38	191 29
158 75	160 00	161 25	161 25	162 50	162 50	165 00	166 25	166 25
179 38	177 48	177 55	177 50	176 93	176 88	172 25	176 63	176 63
126 65	128 24	128 32	127 47	125 70	125 61	125 53	125 52	124 67
161 50	162 22	163 16	162 31	161 37	162 10	162 01	161 99	161 99
125 80	130 79	133 42	131 72	129 09	130 70	130 62	130 61	130 61
157 25	157 12	157 21	157 21	157 12	155 31	155 22	155 20	155 20
131 75	132 49	132 57	130 87	128 24	128 15	128 08	124 67	123 82
114 54	116 04	117 12	117 00	117 06	116 02	115 57	115 19	114 71
144 67	144 91	145 42	145 42	145 42	145 38	145 68	144 92	144 07
121 44	122 00	125 56	127 05	126 55	124 76	124 69	124 67	124 67
124 53	124 42	124 20	125 35	126 12	125 52	121 42	119 16	119 16
146 54	145 65	119 86	118 06	117 23	115 85	115 29	113 43	112 37
118 05	117 39	113 47	113 23	113 80	—	—	—	—
133 82	134 04	130 72	129 12	126 61	—	—	—	—
131 41	133 38	131 81	129 34	126 88	—	—	—	—
136 67	136 44	133 33	131 95	132 11	—	—	—	—
127 72	129 68	131 82	132 40	133 41	130 81	129 71	129 97	130 89
186 50	186 92	188 27	189 18	188 47	189 36	189 62	189 59	189 75
143 29	141 04	139 64	139 02	138 62	137 03	137 45	137 05	135 89
144 26	143 63	143 69	142 42	141 61	141 01	140 52	139 88	137 92
147 83	147 68	147 73	147 68	146 87	148 13	148 60	148 79	148 06
151 88	151 73	151 78	150 35	149 70	—	149 57	149 76	150 09
158 19	151 73	152 02	150 92	150 51	150 72	151 19	151 21	151 15
159 98	158 04	158 90	158 85	158 04	157 76	157 66	157 45	156 18
153 90	153 75	153 81	153 75	154 15	155 73	155 23	153 40	152 12
144 83	144 68	144 74	144 68	145 09	145 62	145 53	145 71	146 03
—	—	—	—	—	—	—	—	—

23*

	1905	2.—7. Januar	9.—14. Januar	16.—21. Januar	23.—28. Januar
Amsterdam					
Roggen { Asow-		116 77	116 81	116 92	116 88
{ St. Petersburger . . .		120 80	120 84	120 95	120 91
Weizen { Odessa-		155 03	155 08	153 81	153 75
{ amerikanischer Winter- . .		169 12	169 18	169 33	169 27
Mais { amerikan. bunt . . .		107 81	104 47	99 48	97 75
{ La Plata		104 01	102 35	100 75	100 72
London					
Produktenbörse (Mark Lane)					
Weizen { englisch weiß		151 62	151 85	152 00	152 00
{ „ rot		146 05	148 50	148 64	149 20
Weizen { englisches Getreide . . .		142 03	142 24	142 77	143 16
Hafer { Mittelpreis aus 196 Marktorten		117 06	117 24	118 55	119 76
Gerste { (Gazette averages) . . .		136 61	137 87	140 82	141 29
Liverpool					
{ russischer		151 72	151 94	152 09	152 09
{ Californier		—	—	—	—
{ Manitoba		—	—	178 85	179 78
{ Walla-Walla		—	—	—	—
Weizen { La Plata		154 53	154 75	152 09	152 09
{ Kurrachee		136 04	136 00	136 13	137 07
{ Kalkutta		141 42	141 15	142 23	142 23
{ Australier		157 80	158 04	158 19	159 84
Hafer, englisch weißer, neu		118 62	118 80	118 91	118 91
Gerste, Futter- { Odessa		99 11	99 26	100 92	100 92
{ amerikan.		98 33	97 69	98 57	98 57
{ Odessa		134 39	135 06	134 72	140 82
Mais { amerikan bunt, neu . . .		99 05	93 56	90 60	91 65
{ La Plata		100 68	101 07	101 86	102 33
Chicago					
		176 27	179 53	177 13	177 80
Weizen, Lieferungsware . . . . . {		151 45	152 68	151 14	151 72
		—	—	140 46	142 03
Mais		73 02	73 58	73 88	74 33
Neuyork					
{ roter Winter- No. 2 . . .		188 64	188 67	184 61	185 63
Weizen {		177 65	179 30	177 10	177 45
{ Lieferungsware . . . . . {		158 26	158 92	157 44	158 00
		—	—	145 63	147 16
Mais		82 66	83 08	82 82	83 05
Buenos-Aires					
Weizen { Durchschnittsware		120 27	121 16	118 49	122 05
Mais {		77 51	75 73	75 73	77 51

30. Januar b. 4. Febr.	6.—11. Februar	13.—18. Februar	20.—25. Februar	27. Febr. b. 4. März	6.—11. März	13.—18. März	20.—25. März	27. März b. 1. April
117 05	—	116 91	117 00	117 00	116 99	117 87	117 68	117 69
121 09	—	120 14	121 04	121 04	120 82	120 61	120 50	120 51
153 98	—	153 80	155 33	155 33	154 08	155 19	155 16	155 17
169 52	—	172 85	172 98	169 45	172 08	169 30	169 27	169 28
97 90	—	99 05	97 43	96 16	98 16	97 60	99 45	99 45
101 71	—	102 44	101 67	101 67	101 87	107 93	112 14	112 15
152 22	152 78	153 90	154 53	154 53	153 62	153 59	153 34	153 34
149 98	151 10	151 66	152 29	152 29	151 52	150 98	149 98	150 54
143 37	143 77	142 98	145 01	144 23	143 77	144 55	144 55	144 55
119 93	120 54	121 14	121 80	121 80	120 84	122 10	122 95	122 34
141 02	141 96	141 96	141 09	142 03	141 49	141 59	141 96	141 49
155 13	157 95	157 95	158 03	155 68	157 95	157 14	153 25	152 78
180 05	180 05	179 94	179 20	177 78	179 48	173 62	172 06	171 12
154 19	156 07	156 07	156 15	155 68	156 07	151 26	150 43	148 55
138 21	138 32	140 09	142 04	143 45	140 30	141 05	140 92	139 26
140 33	140 09	141 50	—					
160 30	161 24	160 08	158 97	158 97	159 93	157 77	157 48	157 26
119 09	119 09	122 22	126 46	127 51	122 76	127 44	127 44	127 44
102 63	104 20	104 20	104 25	104 25	104 20	105 11	105 39	105 39
97 93	97 93	97 93	97 98	97 98	97 93	99 72	99 69	99 50
	—	145 73	145 58	145 33	145 50	145 62	145 73	145 73
89 90	91 91	94 26	94 07	94 54	93 04	97 42	98 14	98 50
103 31	105 77	108 59	110 53	110 06	107 95	114 91	116 58	117 05
179 63	179 49	184 28	183 10	177 87	181 23	175 73	176 05	174 14
153 79	155 82	157 08	156 84	153 10	155 89	143 61	141 33	136 86
144 04	143 39	143 91	143 18	140 81	143 43	133 82	131 95	128 83
74 09	75 10	77 40	77 84	79 41	76 47	88 04	80 68	78 63
188 22	188 20	191 37	190 86	187 07	189 51	182 25	180 97	177 94
179 27	178 92	181 31	180 86	177 07	179 83	173 57	173 27	170 67
159 85	161 62	162 86	162 85	159 31	161 79	150 62	148 44	144 17
148 72	148 88	148 76	148 27	145 47	148 46	138 85	137 02	134 06
82 82	83 93	85 99	86 77	88 73	85 24	89 99	90 34	88 31
119 38	120 27	122 05	121 16	121 16	120 72	120 09	120 20	118 49
81 07	80 18	82 85	85 53	85 53	82 41	78 04	73 94	70 38

		1905	3.—8. April	10.—15. April	17.—22. April	24—29. April
	Amsterdam					
Roggen {	Asow-		117 84	117 88	117 49	117 91
	St. Petersburger		120 67	120 70	121 13	121 14
Weizen {	Odessa		153 96	154 01	151 92	151 93
	amerikanischer Winter- . .		169 50	169 55	166 09	162 53
Mais {	amerikan. bunt		99 16	99 19	97 51	95 82
	La Plata		112 72	112 75	110 23	110 24
	London					
	Produktenbörse (Mark Lane).					
Weizen {	englisch weiß		153 34	153 41	153 34	153 41
	„ rot		151 10	151 17	151 10	151 17
Weizen ⎰	englisches Getreide . .		144 55	144 23	144 16	144 62
Hafer ⎱	Mittelpreis aus 196 Marktorten		122 95	126 62	125 96	128 43
Gerste ⎰	(Gazette averages)		143 84	136 86	137 26	137 33
	Liverpool					
	russischer		151 62	155 68	151 37	151 45
	Californier		154 66		—	154 74
	Manitoba		169 70	—	—	
Weizen {	Walla-Walla		—	—	151 84	150 98
	La Plata		145 73	145 33	146 67	146 52
	Kurrachee		138 79	140 63	140 56	140 16
	Kalkutta		—			
	Australier		156 19	155 21	156 07	154 15
Hafer, englisch weißer, neu			127 44	127 51	127 44	127 51
Gerste, Futter- {	Odessa		107 33	108 95	108 90	101 95
	amerikan.		100 69	103 47	102 63	—
	Odessa		—	—	—	—
Mais {	amerikan. bunt, neu . . .		97 31	95 83	96 14	95 25
	La Plata		116 58	116 17	116 11	115 70
	Chicago					
			179 53	178 09	171 03	139 41
Weizen, Lieferungsware			135 86	135 33	135 27	129 33
			128 59	127 50	127 39	123 63
Mais			79 46	80 12	78 35	76 41
	Neuyork					
	roter Winter- No. 2 . . .		173 28	170 09	165 31	145 32
Weizen {			171 18	167 93	163 30	142 71
	Lieferungsware		143 57	142 64	142 74	137 24
			134 57	133 81	133 73	130 20
Mais			88 18	88 40	87 09	85 24
	Buenos-Aires					
Weizen {	Durchschnittsware		116 71	118 49	117 60	114 93
Mais			69 49	71 27	74 84	74 84

1.—6. Mai	8.—13. Mai	15.—20. Mai	22.—27. Mai	29. Mai b. 3. Juni	5.—10. Juni	12.—17. Juni	19—24. Juni	26. Juni b. 1. Juli
117 81	117 74	119 37	120 13	122 54	122 59	122 56	122 48	122 14
121 84	121 77	122 19	122 55	124 15	124 20	124 17	125 71	127 38
151 80	151 71	155 96	156 62	156 60	155 26	155 21	153 71	152 37
162 39	162 29	174 66	176 38	176 35	176 43	176 38	176 27	174 59
96 16	96 53	99 93	100 32	104 12	104 16	104 13	106 99	114 28
110 14	110 08	103 32	103 29	105 81	105 86	105 83	108 30	111 74
153 34	154 46	154 46	154 53	154 53	155 09	155 50	155 98	156 62
151 10	152 22	152 22	152 29	152 29	152 85	153 26	153 19	153 26
144 16	144 16	144 94	145 40	146 97	147 36	148 39	148 32	148 79
130 18	132 00	133 19	135 07	138 08	136 88	137 95	136 07	141 56
142 43	140 08	139 14	137 33	132 63	135 45	146 59	133 84	130 62
150 43	149 49	149 96	151 45	152 39	154 27	154 12	151 22	149 42
150 43	149 96	—	—	—	—	—	—	—
—	—	—	—	—	153 33	153 18	153 57	154 12
149 96	149 96	150 21	151 92	—	—	—	—	151 77
141 74	143 48	144 32	144 86	145 33	145 80	146 13	146 30	148 01
139 62	139 15	142 21	145 11	145 80	145 58	145 19	145 36	145 90
153 25	152 31	153 72	154 85	153 80	153 80	153 65	153 57	152 71
136 84	143 11	144 16	150 50	154 68	154 68	156 62	158 63	151 40
110 87	111 25	—	—	—	113 66	113 54	113 49	111 98
—	105 77	105 77	107 39	106 60	105 82	106 90	106 85	106 90
—	—	—	—	—	151 45	149 89	151 00	147 54
95 79	97 20	97 78	99 95	102 31	105 94	112 30	113 30	114 89
115 64	114 23	118 35	122 29	128 40	128 64	119 35	112 96	112 19
141 79	143 28	148 30	159 43	136 17	133 99	134 91	137 98	141 36
128 75	130 26	135 27	139 36	126 64	126 06	128 60	130 39	135 35
122 38	122 25	125 55	128 05	125 79	125 86	128 56	129 95	134 49
79 33	80 87	87 58	99 93	83 20	85 30	88 04	89 48	92 06
143 21	148 62	155 25	167 62	—	162 65	165 63	163 23	165 95
144 17	145 60	152 54	164 61	143 65	141 32	142 48	145 46	149 39
136 67	138 49	143 03	146 76	133 23	132 62	135 09	136 79	141 75
129 04	129 03	132 50	134 73	132 24	132 36	134 86	136 31	141 01
87 29	89 09	92 55	96 66	91 69	93 37	96 24	98 31	101 18
114 93	116 71	118 49	119 38	118 49	117 60	117 60	118 49	116 71
73 05	77 51	79 29	78 40	80 18	81 96	81 96	81 96	81 96

1905	3.—8. Juli	10.—15. Juli	17.—22. Juli	24.—29. Juli
Amsterdam				
Roggen { Asow·	124 24	124 18	122 16	124 26
St. Petersburger	127 47	127 40	120 95	119 02
Weizen { Odessa	152 48	152 40	152 40	152 51
amerikanischer Winter-	176 48	176 48	176 39	176 51
Mais { amerikan. bunt	116 90	116 84	114 30	114 38
La Plata ·	118 59	118 53	116 84	116 07
London				
Produktenbörse (Mark Lane).				
Weizen { englisch weiß	157 74	158 78	157 66	157 74
„ rot	153 82	154 31	154 31	154 38
Weizen { englisches Getreide	150 74	151 45	151 06	151 53
Hafer { Mittelpreis aus 196 Marktorten	140 96	141 49	136 67	139 15
Gerste { (Gazette averages)	129 21	134 31	132 90	134 85
Liverpool				
russischer	150 83	151 22	152 16	150 36
Californier	—	—	—	—
Manitoba	153 42	152 88	152 88	151 30
Weizen { Walla-Walla	151 77	151 69	151 69	151 77
La Plata	148 48	148 65	149 12	145 66
Kurrachee	147 07	146 06	145 12	140 02
Kalkutta	—	—	—	—
Australier	153 65	153 57	152 41	152 71
Hafer, englisch weißer, neu	151 40	150 28	150 28	147 22
Gerste, Futter- { Odessa	113 54	116 62	118 19	115 90
amerikan.	110 82	114 68	116 62	114 33
Mais { Odessa	144 25	142 77	142 30	141 90
amerikan. bunt, neu	116 06	116 83	117 41	119 12
La Plata	117 82	119 53	119 87	118 88
Chicago				
Weizen, Lieferungsware {	139 33	137 00	137 34	133 99
	134 81	132 40	133 42	133 12
	135 15	132 48	133 61	134 41
Mais	93 99	94 45	95 02	91 67
Neuyork				
roter Winter- No. 2	162 67	150 88	147 67	144 83
Weizen {	147 63	145 48	146 19	142 93
Lieferungsware {	141 60	139 19	139 98	140 33
	141 51	139 25	140 23	141 85
Mais	103 08	102 82	103 77	103 31
Buenos-Aires				
Weizen } Durchschnittsware	120 27	120 27	119 38	118 49
Mais }	82 85	84 63	84 63	84 63

31. juli b. 5. Aug.	7.—12. Aug.	14.—19. Aug.	21.—26. Aug.	28. Aug b. 2. Sept	4.—9. Sept.	11.—16. Sept.	18.—23. Sept.	25.—30. Sept.
121 09	120 58	120 14	120 04	119 97	119 68	119 77	120 46	124 50
—	—	—	—	—	—	—	—	123 70
151 86	151 74	144 64	144 51	144 42	144 08	144 18	144 76	144 78
176 58	176 44	169 33	169 18	169 08	168 68	168 80	168 65	168 68
114 43	112 64	110 91	110 81	110 75	110 49	110 56	109 62	111 33
114 43	113 48	110 49	110 39	110 32	110 06	110 14	111 73	110 49
157 74	157 74	137 53	135 23	135 23	136 22	136 28	136 15	136 15
154 38	154 38	132 50	131 88	131 88	132 31	131 81	132 24	132 80
149 96	142 91	133 45	127 13	126 34	127 00	126 28	124 99	125 38
132 52	122 28	118 00	113 74	113 74	114 83	115 49	114 77	115 98
124 04	126 39	131 49	132 37	131 90	131 30	132 77	134 05	136 39
150 36	150 36	150 28	150 21	150 21	150 06	150 14	149 99	149 99
152 71	153 65	154 04	153 97	153 50	153 35	153 42	153 27	153 27
151 07	150 83	148 88	—	—.	—	—	—	—
145 66	145 66	143 71	143 64	140 82	142 56	142 87	141 33	142 49
137 45	186 73	136 67	136 60	138 01	143 03	141 94	142 49	143 67
152 71	150 36	150 06	150 21	150 21	153 12	154 83	154 68	156 08
143 04	142 00	144 02	143 95	139 77	141 72	141 79	141 65	141 65
115 11	113 54	111 92	110 30	107 18	109 23	111 03	110 92	110 92
113 54	111 38	108 79	106 39	105 42	105 32	104 40	105 46	105 46
140 27	140 38	137 60	138 01	138 95	141 62	142 41	143 20	143 43
115 70	113 82	111 30	113 02	114 54	113 13	109 91	109 21	108 63
115 01	113 82	111 30	111 36	110 56	109 98	109 09	109 10	108 39
130 68	127 41	125 88	123 94	122 03	124 53	128 06	130 18	130 66
133 00	129 35	128 08	126 48	124 99	126 80	129 19	130 76	131 23
137 33	133 50	132 45	131 37	126 72	131 32	132 60	133 74	133 94
88 06	88 69	87 60	88 42	87 37	87 90	88 40	86 38	85 15
138 82	136 22	135 67	135 26	132 74	135 49	137 69	138 64	139 31
137 94	134 84	134 25	133 84	132 03	134 13	136 28	137 42	139 40
140 72	137 04	136 54	135 57	134 05	135 29	137 33	138 32	138 56
143 25	139 45	138 98	138 44	136 99	137 88	139 17	139 83	139 53
99 26	99 35	97 97	99 07	97 85	97 98	98 92	97 65	96 89
118 49	119 38	118 49	120 27	119 38	120 27	121 16	122 94	124 73
84 63	86 42	85 53	86 42	85 53	87 31	86 42	88 20	89 09

1905	2.—7. Oktober	9.—14. Oktober	16.—21. Oktober	23—28. Oktober
Amsterdam				
Roggen { Asow-	124 49	124 89	131 55	134 00
Roggen { St. Petersburger	123 69	120 38	128 34	130 79
Weizen { Odessa	144 07	145 71	147 40	154 46
Weizen { amerikanischer Winter- . .	165 16	165 02	168 45	172 01
Mais { amerikan. bunt	111 32	112 07	117 92	126 38
Mais { La Plata	110 90	109 97	111 60	115 84
London				
Produktenbörse (Mark Lane).				
Weizen { englisch weiß	136 22	136 28	136 28	137 40
Weizen { „ rot	132 87	134 05	134 33	134 61
Weizen { englisches Getreide . . .	125 44	126 28	127 06	128 24
Hafer { Mittelpreis aus 196 Marktorten	117 24	119 10	119 70	120 30
Gerste { (Gazette averages)	139 27	139 82	140 75	140 28
Liverpool				
russischer	150 06	150 14	150 14	151 79
Californier	—	—	—	—
Manitoba	153 35	152 48	152 95	154 86
Weizen { Walla-Walla		—	—	—
La Plata	142 56	144 51	144 99	150 14
Kurrachee	144 44	144 51	146 16	149 91
Kalkutta	—			
Australier	156 16	156 24	156 71	157 89
Hafer, englisch weißer, neu . . .	141 72	145 96	145 96	145 96
Gerste, Futter- { Odessa	111 76	111 81	112 60	114 16
Gerste, Futter- { amerikan.	103 94	102 43	103 21	107 12
Mais { Odessa	143 56	143 57	143 57	145 22
Mais { amerikan. bunt, neu . . .	108 44	112 96	114 01	117 18
Mais { La Plata	107 86	109 56	111 44	113 07
Chicago				
Weizen, Lieferungsware . . . . . {	130 60	132 47	133 50	136 26
	132 61	134 22	134 50	138 41
	—	—	128 60	130 93
Mais	72 55	73 55	73 70	75 36
Neuyork				
Weizen { roter Winter- No. 2 . . .	137 69	140 39	142 89	147 23
Weizen { Lieferungsware . . . . . {	137.69	140 04	141 74	146 08
	137 97	139 71	139 93	144 26
Mais	—	—	—	—
	86 61	89 55	89 78	94 00
Buenos-Aires				
Weizen { Durchschnittsware . . . . {	122 94	126 51	128 29	133 63
Mais {	87 31	89 98	89 98	94 43

30. Okt. b. 4 Nov.	6.—11. November	13.—18. November	20.—25. November	27. Nov. b. 2. Dez.	4.—9. Dezember	11.—16. Dezember	18.—23. Dezember	25.—30. Dezember
145 20	142 63	140 23	139 41	136 22	140 17	139 42	137 91	136 47
148 41	140 63	140 23	139 41	136 22	140 17	139 42	137 91	136 47
154 43	154 25	152 49	150 72	150 74	150 68	150 74	150 84	151 02
173 73	175 28	173 53	171 76	168 27	168 20	168 27	168 38	168 58
124 67	124 52	121 58	121 14	121 15	121 10	119 47	117 87	118 01
117 09	116 11	116 95	116 93	112 74	112 69	111 06	109 45	109 58
144 10	143 96	145 15	145 08	145 01	144 86	144 65	143 12	142 70
141 59	141 73	141 80	141 73	141 66	141 52	141 31	139 22	138 24
130 58	132 41	134 04	133 19	134 29	133 38	132 80	132 54	132 28
123 31	124 99	127 46	128 00	129 13	129 01	128 82	128 94	130 27
139 34	139 67	137 87	137 80	137 73	138 06	136 93	137 53	138 13
152 95	152 80	152 88	152 80	152 73	152 58	152 35	152 50	152 65
—	—	—	—	—	—	—	—	—
155 30	153 74	154 28	153 74	152 73	152 35	153 76	152 97	153 12
—	—	—	—					
152 48	152 80	152 88	151 87	150 85	150 71	150 48	150 63	146 10
150 38	147 42	147 49	147 65		147 90	148 39	149 23	151 72
—								
160 46	159 83	159 91	159 83	159 53	159 37	159 36	159 52	159 68
145 96	145 82	145 89	145 82	145 75	145 60	147 47	149 69	147 76
116 51	115 61	114 89	114 83	114 77	114 66	114 49	113 05	—
109 47	107 02	105 51	105 46	105 03	104 52	103 59	103 69	103 79
145 45	145 30	145 37	145 30	145 23	144 62	144 41	144 55	—
116 71	117 07	116 30	114 26	111 03	109 88	109 47	107 59	107 23
113 07	112 02	111 97	111 20	110 10	109 29	109 71	108 53	107 70
137 52	134 43	132 27	128 90	130 17	132 66	132 25	128 34	127 63
139 23	137 28	135 88	133 58	135 14	137 00	136 32	134 57	134 28
131 74	129 73	128 42	127 09	128 70	129 87	128 88	128 21	128 52
—								
75 86	75 20	74 00	72 77	73 12	75 11	73 76	73 93	72 54
149 01	145 67	143 83	142 34	147 58	151 02	147 02	144 26	143 80
147 56	144 36	142 52	140 51	144 49	147 40	146 02	145 70	145 48
145 03	143 13	142 29	140 60	142 18	143 83	143 15	141 19	140 81
—	—	—	—	—	—	—	—	—
94 11	92 55	89 93	89 11	89 59	92 25	90 86	93 21	93 19
135 42	130 96	130 96	130 07	133 63	135 42	135 42	130 96	129 18
96 22	96 22	94 43	94 43	92 65	91 76	91 76	89 98	86 42

Wöchentliche Verschiffungen von allen Ländern in Tausend Quartern.

	1895 bis 1896	1896 bis 1897	1897 bis 1898	1898 bis 1899	1899 bis 1900	1900 bis 1901	1901 bis 1902	1902 bis 1903	1903 bis 1904	1904 bis 1905	1905 bis 1906
Aug. 8	666	644	632	699	1 014	778	1 432	956	907	1 139	1 125
15	769	804	1 081	677	897	852	1 415	1 206	1 245	1 063	956
22	1 056	815	1 006	566	870	779	1 325	1 147	1 174	1 047	1 049
29	669	1 036	1 095	795	839	904	1 105	1 459	1 102	1 194	1 290
Sept. 5	736	1 100	1 203	592	877	695	1 141	1 378	1 125	1 379	1 209
12	739	1 071	1 235	792	902	1 037	1 220	1 390	1 678	1 304	1 260
19	1 179	1 140	1 229	933	872	1 156	1 413	1 376	1 264	1 424	1 574
26	880	1 103	1 382	941	948	1 141	1 196	1 709	1 661	1 101	1 347
Okt. 3	1 029	1 314	1 191	1 257	873	1 019	1 219	1 827	1 545	1 327	1 425
10	1 148	1 497	1 198	1 052	981	1 266	1 125	1 494	1 449	1 421	1 240
17	955	1 184	1 149	1 017	1 111	1 033	1 061	1 625	1 488	1 421	1 348
24	1 014	1 308	1 240	1 075	1 041	993	1 059	1 661	1 604	1 365	1 584
31	1 058	1 330	1 303	1 404	889	1 163	1 459	1 602	1 445	1 357	1 520
Nov. 7	1 058	1 128	1 217	1 124	850	1 326	1 323	1 418	1 433	1 630	1 769
14	1 152	1 256	1 304	1 016	1 015	958	1 310	1 497	1 473	1 526	1 565
21	1 173	1 410	1 215	1 253	886	1 090	1 333	1 312	1 314	1 436	1 711
28	854	1 083	1 237	1 024	869	891	1 023	1 116	1 291	1 485	1 665
Dez. 5	958	1 198	1 286	1 308	685	855	1 214	1 134	1 422	1 324	1 742
12	1 056	1 360	1 050	1 132	868	1 295	990	846	1 199	1 161	1 595
19	1 044	1 079	1 065	913	653	898	1 013	910	1 301	1 105	1 147
26	981	790	844	1 093	596	860	972	854	983	1 304	1 407
Jan. 2	799	767	928	1 157	654	804	1 017	982	1 072	867	1 176
9	767	800	950	1 018	672	1 056	1 097	1 181	1 029	923	1 014
16	757	753	781	1 001	812	876	1 110	761	668	879	1 082
23	801	740	709	797	625	870	1 102	907	1 307	882	1 039
30	648	813	945	1 080	635	1 170	1 167	1 155	1 377	1 128	1 257
Feb. 6	946	785	794	1 128	702	1 208	1 130	1 296	1 444	1 129	1 572
13	861	622	956	1 054	739	1 097	910	1 055	1 168	1 236	1 390
20	964	585	1 090	716	858	804	959	1 078	1 097	1 208	1 565
27	892	525	966	1 024	944	1 044	1 062	1 214	1 350	1 236	1 110
März 6	881	448	1 121	1 155	1 036	1 015	1 007	1 280	1 264	1 391	1 313
13	951	581	1 011	1 060	1 150	1 091	811	1 042	1 149	1 405	1 243
20	669	574	886	932	954	1 104	1 033	1 185	1 323	1 247	1 216
27	894	751	1 104	835	1 074	1 171	983	1 227	1 154	1 219	1 170
April 3	641	696	1 086	898	932	1 104	1 112	1 553	1 234	1 168	—
10	822	562	1 297	876	800	1 424	1 112	1 102	1 380	1 172	—
17	905	566	1 103	932	868	1 093	1 067	1 238	1 169	1 160	—
24	986	769	1 157	824	1 023	994	1 223	1 336	1 318	1 036	—
Mai 1	930	610	1 020	1 107	899	1 043	1 050	1 229	1 310	1 166	—
8	1 105	728	1 375	1 133	1 124	1 318	1 180	1 601	1 560	1 376	--
15	1 090	994	1 219	1 124	854	1 163	1 297	1 444	1 332	1 148	—
22	1 128	1 013	1 528	957	1 034	1 183	1 251	1 553	1 287	1 382	—
29	859	865	1 796	1 245	1 049	1 436	1 199	1 652	1 175	1 144	—
Juni 5	1 134	952	1 734	944	836	1 323	1 166	1 649	1 257	1 581	—
12	1 164	815	1 640	948	993	1 229	1 146	1 356	1 304	1 411	—
19	1 151	748	1 427	1 057	1 104	1 104	958	1 404	1 167	1 468	—
26	1 031	849	1 078	952	1 084	1 246	1 006	1 305	1 162	1 343	—
Juli 3	916	782	857	1 041	910	1 148	1 006	1 175	914	1 637	—
10	746	645	850	953	938	910	904	1 138	871	1 311	—
17	802	690	740	889	755	1 063	792	1 320	851	1 180	—
24	705	596	667	868	976	1 348	937	944	1 007	1 162	—
31	775	724	608	920	910	1 415	740	988	1 067	1 044	
					873						
Sa :	47 894	45 998	57 858	51 288	47 353	55 992	57 882	66 267	64 870	55 164	

Schwimmende Mengen von Brotgetreide nach Europa in Tausend Quartern.

	1895 bis 1896	1896 bis 1897	1897 bis 1898	1898 bis 1899	1899 bis 1900	1900 bis 1901	1901 bis 1902	1902 bis 1903	1903 bis 1904	1904 bis 1905	1905 bis 1906
Aug. 7	644	534	557	671	950	807	1 312	832	785	991	837
14	722	726	1 004	625	845	711	1 281	1 018	1 148	915	951
21	1 017	745	901	518	806	780	1 196	980	1 005	1 069	1 157
28	620	949	1 018	720	790	707	952	1 317	1 010	1 151	1 069
Sept. 4	707	1 021	1 121	518	791	840	1 015	1 229	996	1 084	1 163
11	692	1 004	1 155	742	836	635	1 099	1 225	1 502	1 251	1 456
18	1 133	1 081	1 152	886	802	974	1 286	1 260	1 133	984	1 171
25	841	1 057	1 293	891	877	1 004	1 047	1 592	1 519	1 162	1 270
Okt. 2	985	1 238	1 052	1 198	816	1 045	1 078	1 620	1 403	1 275	1 078
9	1 069	1 396	1 117	993	933	878	1 006	1 330	1 324	1 261	1 194
16	887	1 118	1 023	928	1 029	1 160	925	1 479	1 296	1 212	1 329
23	942	1 221	1 150	1 014	970	927	894	1 501	1 334	1 192	1 290
30	983	1 217	1 209	1 307	840	902	1 239	1 479	1 234	1 437	1 448
Nov. 6	965	1 071	1 143	1 062	768	1 049	1 110	1 241	1 270	1 459	1 415
13	1 070	1 174	1 224	942	928	1 181	1 161	1 350	1 176	1 335	1 397
20	1 097	1 262	1 087	1 201	796	821	1 151	1 149	1 172	1 265	1 455
27	792	1 002	1 171	970	813	1 009	909	984	1 281	1 218	1 542
Dez. 4	892	1 015	1 230	1 230	621	799	1 025	1 000	1 019	1 047	1 383
11	983	1 255	979	1 034	772	777	815	680	1 109	930	959
18	960	969	972	837	579	1 123	901	747	889	1 133	934
25	916	683	776	1 093	558	820	837	697	952	841	871
Jan. 1	687	633	795	1 098	587	757	853	831	929	779	963
8	692	690	882	960	607	718	938	926	543	761	894
15	700	643	700	930	736	895	916	607	1 145	732	1 158
22	729	617	665	741	567	761	886	736	1 173	940	1 394
29	566	688	883	1 012	543	687	1 029	924	1 243	1 034	1 216
Febr. 5	874	687	743	1 062	634	1 039	966	1 079	1 043	1 083	1 378
12	763	565	898	976	682	1 041	743	896	974	1 075	1 003
19	865	496	1 009	681	796	992	828	908	1 218	1 112	1 126
26	803	443	913	960	884	711	905	992	1 135	1 256	
März 5	796	335	1 028	1 071	981	920	830	988	1 060	1 246	
12	854	490	968	989	1 080	863	673	827	1 136	1 097	
19	616	473	831	874	884	987	854	979	1 014	1 036	
26	825	657	1 030	788	1 012	992	845	966	1 061	988	
April 2	582	603	1 027	853	866	1 020	951	1 413	1 231	973	
9	725	485	1 249	809	731	996	950	912	1 030	1 020	
16	819	486	1 058	886	809	1 276	930	1 091	1 216	928	
23	918	695	1 088	791	942	941	1 104	1 126	1 187	979	
30	847	534	975	1 037	810	826	913	1 066	1 368	1 170	
Mai 7	1 015	623	1 341	1 068	1 039	933	1 051	1 443	1 248	1 004	
14	980	919	1 188	1 073	781	1 174	1 168	1 310	1 158	1 231	
21	1 065	945	1 458	888	960	1 034	1 137	1 373	1 069	974	
28	780	789	1 745	1 194	962	1 031	1 094	1 449	1 118	1 423	
Juni 4	1 032	859	1 695	885	770	1 322	1 059	1 405	1 189	1 271	
11	1 070	750	1 593	887	893	1 160	1 015	1 264	1 089	1 366	
18	1 058	672	1 388	1 013	1 016	1 076	802	1 210	1 026	1 248	
25	954	796	1 044	885	993	1 099	847	1 143	774	1 523	
Juli 2	849	703	818	980	834	1 068	821	1 025	775	1 204	
9	607	590	816	893	840	1 030	761	991	691	1 092	
16	699	614	703	834	677	811	666	1 201	867	1 080	
23	636	521	620	801	894	907	817	823	825	952	
30	701	618	551	864	837	1 231	607	871	982	1 006	
						1 289					
Sa.	44 024	41 357	54 036	48 163	42 767	50 536	50 198	57 485	57 074	57 606	

Schwimmende Mengen von Brotgetreide nach Großbritannien in Tausend Quartern.

	1895 bis 1896	1896 bis 1897	1897 bis 1898	1898 bis 1899	1899 bis 1900	1900 bis 1901	1901 bis 1902	1902 bis 1903	1903 bis 1904	1904 bis 1905	1905 bis 1906
Aug. 7	424	305	242	290	533	363	454	478	499	551	490
14	378	388	433	270	369	455	396	512	587	500	418
21	544	420	351	210	369	418	388	498	497	438	468
28	291	487	346	315	364	425	388	489	538	514	477
Sept. 4	298	462	323	237	423	438	270	465	518	528	407
11	340	425	322	328	460	386	476	554	578	480	363
18	557	466	395	440	366	626	412	437	479	496	360
25	340	496	451	522	435	440	459	701	835	423	310
Okt. 2	440	523	516	542	320	485	479	719	674	540	393
9	363	641	610	435	458	427	389	501	552	561	323
16	409	593	574	415	502	564	471	702	537	572	414
23	359	597	607	410	500	485	520	652	455	595	468
30	473	560	534	519	424	455	577	658	673	606	615
Nov. 6	497	513	542	469	331	434	553	638	628	668	514
13	534	632	553	381	447	517	636	460	670	691	539
20	480	659	512	552	370	365	472	552	505	659	659
27	465	502	486	628	384	526	391	416	518	562	572
Dez. 4	437	496	526	689	377	407	545	470	579	462	436
11	419	781	414	581	415	413	482	347	584	521	579
18	441	516	465	486	320	630	498	361	565	343	455
25	483	422	387	643	331	422	496	393	421	575	545
Jan. 1	406	386	394	571	333	401	550	380	599	440	455
8	438	448	419	518	375	461	555	484	591	450	379
15	461	481	302	503	394	498	549	346	451	453	468
22	415	375	376	389	376	453	551	418	677	528	531
29	301	406	482	566	318	356	477	548	747	577	577
Feb. 5	491	448	374	596	397	568	588	652	760	602	642
12	438	346	538	493	404	622	472	575	583	642	670
19	464	305	480	365	459	603	539	529	543	667	724
26	411	222	436	538	499	470	489	516	769	753	522
März 5	480	218	616	597	587	643	467	488	635	799	622
12	452	267	510	573	570	475	416	389	579	650	—
19	323	298	401	553	388	660	470	445	671	528	—
26	366	406	489	434	497	454	445	427	526	539	—
April 2	302	398	480	469	419	580	413	615	580	559	—
9	386	252	546	422	398	551	493	378	659	488	—
16	401	262	444	371	464	670	396	359	521	426	—
23	339	252	465	421	499	473	540	491	673	537	—
30	358	282	335	500	440	348	512	400	608	328	—
Mai 7	376	346	453	525	483	401	457	495	719	500	—
14	389	427	309	551	393	495	572	514	587	445	—
21	422	411	387	454	436	422	574	645	538	430	—
28	316	318	493	635	516	410	602	629	536	456	—
Juni 4	545	392	426	475	376	641	509	570	612	516	—
11	478	311	628	412	443	617	427	562	536	476	—
18	493	328	470	522	534	516	323	584	510	568	—
25	457	355	487	489	421	651	426	497	364	506	—
Juli 2	416	287	520	505	493	483	382	604	340	646	—
9	293	307	475	499	421	598	346	588	352	526	—
16	421	276	340	424	371	378	283	670	400	473	—
23	347	234	330	358	422	414	429	462	416	489	—
30	425	301	278	368	410	629 499	304	538	433	414	—
Sa.	21 582	21 229	23 272	24 458	22 034	26 121	24 308	26 701	29 407	27 696	

Schwimmende Mengen von Brotgetreide nach dem europäischen Festlande in Tausend Quartern.

	1895 bis 1896	1896 bis 1897	1897 bis 1898	1898 bis 1899	1899 bis 1900	1900 bis 1901	1901 bis 1902	1902 bis 1903	1903 bis 1904	1904 bis 1905	1905 bis 1906
Aug. 7	220	229	315	381	417	444	858	354	286	431	516
14	344	338	571	355	476	256	865	506	561	491	419
21	573	325	550	308	437	362	808	482	508	477	483
28	329	462	672	405	426	282	564	828	472	555	680
Sept. 4	409	559	798	281	368	402	745	764	478	623	662
11	352	579	833	414	376	237	623	671	924	604	800
18	576	615	757	446	436	348	874	823	654	755	1 096
25	501	537	842	369	442	564	588	891	684	561	861
Okt. 2	545	715	536	656	496	560	599	901	729	622	877
9	706	755	507	558	475	451	600	829	772	714	755
16	478	525	449	513	527	596	454	777	759	689	780
23	584	624	543	604	470	442	374	849	879	617	861
30	510	657	657	788	416	447	662	821	561	586	675
Nov. 6	471	558	601	593	437	615	557	603	606	769	934
13	536	542	671	561	481	664	525	890	600	778	876
20	617	603	607	649	426	456	679	597	671	676	738
27	321	500	685	342	427	483	513	568	654	703	883
Dez. 4	455	519	704	541	244	392	480	530	702	756	1 106
11	564	474	565	453	357	364	333	333	435	526	804
18	519	453	518	351	259	493	403	386	544	587	533
25	433	261	389	400	227	398	341	304	468	558	608
Jan. 1	281	247	401	527	254	356	303	451	353	401	479
8	254	242	463	442	232	257	383	442	338	329	492
15	239	162	398	427	342	387	367	261	92	308	495
22	314	242	289	342	191	308	335	318	468	204	363
29	266	282	401	446	225	331	552	376	426	363	581
Febr. 5	583	239	369	466	237	471	378	427	483	432	749
12	325	219	360	483	278	419	271	321	460	441	546
19	401	191	529	316	337	389	289	379	431	408	654
26	382	221	477	422	385	211	416	476	449	359	481
März 5	316	117	412	474	394	277	363	500	500	457	504
12	402	223	458	416	510	388	257	438	481	596	—
19	293	175	430	321	496	327	384	547	465	569	—
26	459	251	541	354	515	538	400	539	488	497	—
April 2	280	205	547	384	447	440	538	798	482	429	—
9	339	233	703	387	333	445	457	534	572	485	—
16	418	224	614	515	345	606	534	732	509	594	—
23	579	443	623	370	443	468	564	635	543	391	—
30	489	252	620	537	370	478	401	666	579	651	—
Mai 7	639	277	888	543	556	532	594	948	649	670	—
14	591	492	879	522	388	679	596	796	661	559	—
21	643	534	1 071	434	524	612	563	728	620	801	—
28	464	471	1 252	559	446	621	492	820	533	518	—
Juni 4	487	467	1 269	410	394	681	550	835	506	907	—
11	592	439	965	475	450	543	588	702	663	795	—
18	565	344	918	491	482	560	479	626	579	798	—
25	497	441	557	396	572	448	421	646	662	742	—
Juli 2	433	416	298	475	341	585	439	421	434	877	—
9	314	283	341	394	419	432	415	403	423	678	—
16	278	333	363	410	306	433	383	531	291	619	—
23	289	287	290	443	472	493	388	361	451	591	—
30	275	317	273	496	427	602	303	333	392	538	—
						790					
Sa.	22 730	20 099	30 787	23 655	20 733	24 403	25 853	31 327	27 930	30 075	

Wöchentl. Verschiffungen v. Weizen u. Mehl v. Nordamerika (Verein. Staat. u. Kanada) in Tausend Quartern.

	1895 bis 1896	1896 bis 1897	1897 bis 1898	1898 bis 1899	1899 bis 1900	1900 bis 1901	1901 bis 1902	1902 bis 1903	1903 bis 1904	1904 bis 1905	1905 bis 1906
Aug. 7	172	362	363	411	644	378	1 156	577	446	222	107
14	221	379	655	461	480	436	1 019	818	524	140	80
21	231	424	636	363	440	381	859	759	482	209	150
28	236	503	672	547	435	388	730	850	449	165	127
Sept. 4	254	513	749	368	546	418	682	702	366	229	202
11	274	421	810	433	565	376	807	724	446	286	163
18	387	508	688	571	527	643	641	642	302	126	161
25	304	568	815	659	549	548	826	864	470	157	262
Okt. 2	340	520	719	754	449	589	650	933	591	160	297
9	355	662	730	577	547	503	692	635	366	146	248
16	411	455	687	631	647	570	621	848	474	205	391
23	313	508	760	592	561	551	736	872	545	106	533
30	397	615	762	774	402	411	880	658	590	172	494
Nov 6	429	424	740	642	486	481	728	732	523	257	652
13	463	625	707	561	474	555	749	586	581	152	472
20	320	574	822	836	552	425	706	696	448	173	687
27	439	443	712	723	516	489	572	552	427	249	423
Dez. 4	428	503	802	876	442	398	674	649	537	170	375
11	275	502	612	821	535	469	525	476	591	151	569
18	460	452	671	713	377	784	579	522	515	202	403
25	417	367	484	856	320	443	620	434	358	185	693
Jan. 1	448	380	557	849	418	428	631	560	543	120	475
8	475	399	616	737	397	583	578	644	423	170	559
15	469	432	511	710	488	712	609	488	387	113	438
22	391	332	484	592	387	573	611	556	490	162	394
29	374	387	632	692	386	445	567	562	433	244	383
Febr. 5	468	395	378	784	373	663	572	507	352	89	384
12	324	272	447	593	369	668	456	459	274	145	445
19	394	286	542	345	465	595	520	335	192	98	246
26	360	202	321	518	423	419	544	461	260	112	282
März 5	327	238	552	623	432	715	497	437	280	135	—
12	367	244	567	607	474	525	470	510	134	138	—
19	197	202	367	441	321	653	590	332	340	183	—
26	221	345	451	426	324	512	482	454	223	84	—
April 2	218	337	459	356	344	642	532	473	223	163	—
9	344	204	452	385	361	654	537	345	212	156	—
16	256	208	515	227	351	914	614	454	148	121	—
23	196	230	406	339	385	696	526	451	165	102	—
30	224	208	373	355	491	523	602	497	164	178	—
Mai 7	240	228	365	421	444	633	576	594	142	216	—
14	280	380	461	385	418	613	700	584	116	130	—
21	248	301	418	326	493	640	656	680	196	200	—
28	315	311	547	492	533	585	691	660	219	220	—
Juni 4	439	330	659	374	477	849	515	698	269	162	—
11	411	297	611	330	526	728	527	493	183	149	—
18	426	344	576	417	585	763	467	573	204	104	—
25	375	366	442	475	506	678	629	437	188	74	—
Juli 2	352	279	485	397	406	622	544	366	121	119	—
9	328	302	335	374	376	616	433	376	150	138	—
16	385	327	296	491	361	581	526	450	216	87	—
23	346	286	263	377	295	679	532	352	177	81	—
30	419	366	246	378	435	901	468	367	307	80	—
						1 105					
Sa.	17 743	19 746	28 930	27 985	23 538	31 149	32 654	29 684	17 762	8 095	

Wöchentliche Verschiffungen von Rußland und dem Schwarzen Meere in Tausend Quartern.

	1895 bis 1896	1896 bis 1897	1897 bis 1898	1898 bis 1899	1899 bis 1900	1900 bis 1901	1901 bis 1902	1902 bis 1903	1903 bis 1904	1904 bis 1905	1905 bis 1906
Aug. 7	343	292	224	171	94	203	137	169	175	379	342
14	327	224	368	140	146	172	184	258	422	349	513
21	388	361	311	133	163	329	244	289	432	564	765
28	520	332	381	185	147	239	270	487	481	669	759
Sept. 4	309	469	405	176	109	280	319	614	526	606	836
11	369	513	379	310	139	227	263	558	951	774	1 166
18	366	597	486	300	138	289	556	658	808	609	927
25	643	581	533	230	189	472	266	746	763	624	920
Okt. 2	472	509	431	455	279	470	367	798	790	931	835
9	584	736	424	431	266	364	343	740	756	853	816
16	724	779	415	335	248	455	356	640	785	760	843
29	460	660	418	420	303	355	246	723	893	892	722
30	656	730	476	584	292	411	452	847	595	856	923
Nov 6	604	648	428	379	221	521	468	554	703	967	777
13	535	652	535	383	301	620	453	750	651	798	906
20	649	594	331	335	189	431	545	508	682	760	991
27	757	781	459	203	253	422	405	409	658	770	738
Dez. 4	372	594	427	345	145	305	421	393	700	665	547
11	418	594	390	239	211	287	268	296	438	599	415
18	653	749	316	152	119	348	363	316	472	626	366
25	517	496	278	146	110	317	259	320	440	418	384
Jan. 1	458	302	303	209	109	297	280	315	323	347	306
8	239	264	279	191	175	140	339	424	333	294	280
15	241	307	221	178	113	160	331	189	67	240	471
22	213	242	119	106	98	117	305	191	383	299	558
29	327	295	130	229	81	282	379	399	411	441	495
Febr. 5	185	345	259	135	107	318	278	494	371	426	464
12	362	332	249	190	194	259	147	302	331	328	302
19	391	279	318	161	89	251	206	439	304	284	248
26	387	236	376	152	126	148	268	354	347	409	283
März 5	315	254	245	169	115	83	233	415	351	456	—
12	339	159	237	139	193	189	207	320	411	348	—
19	388	273	323	129	238	175	154	406	352	337	—
26	245	244	281	117	152	248	239	410	272	306	—
April 2	478	307	364	147	125	166	341	558	320	405	—
9	298	282	448	152	79	157	317	413	385	279	—
16	310	287	385	204	131	243	253	458	355	434	—
23	432	308	396	187	166	232	409	516	332	405	—
30	653	485	411	264	98	198	243	338	409	519	—
Mai 7	545	344	582	195	255	220	456	616	543	495	—
14	694	430	452	287	182	407	427	498	502	738	—
21	634	564	632	234	188	318	334	419	292	480	—
28	723	646	718	281	169	389	370	589	406	770	—
Juni 4	464	516	612	263	201	325	448	549	471	758	—
11	582	570	579	272	226	311	462	385	473	672	—
18	668	489	597	215	211	278	327	417	490	689	—
25	640	379	295	196	334	273	262	521	322	795	—
Juli 2	520	439	179	228	134	330	280	412	316	655	—
9	463	482	237	209	239	206	298	436	273	598	—
16	354	310	195	170	184	122	215	491	341	528	—
23	367	325	217	167	372	98	269	269	270	453	—
30	330	276	173	163	276	118	188	282	367	407	—
	306				128						—
Sa.	23 911	23 168	19 227	11 991	9 422	14 703	16 450	23 898	24 144	29 064	

Wöchentliche Verschiffungen von Rußland in Tausend Quartern.

	1895 bis 1896	1896 bis 1897	1897 bis 1898	1898 bis 1899	1899 bis 1900	1900 bis 1901	1901 bis 1902	1902 bis 1903	1903 bis 1904	1904 bis 1905	1905 bis 1906
Aug. 7	266	163	204	118	73	176	94	80	132	236	309
14	285	201	337	103	133	110	145	157	166	227	204
21	238	129	292	71	152	210	170	157	246	149	325
28	329	183	339	121	118	75	205	235	261	378	414
Sept. 4	206	225	372	121	87	139	234	302	281	562	540
11	191	168	340	210	117	143	194	302	572	439	531
18	206	160	455	233	129	155	446	317	545	591	739
25	283	173	487	158	167	267	201	411	523	505	541
Okt. 2	228	273	404	366	246	277	265	509	563	564	609
9	306	288	397	290	228	180	287	388	475	708	597
16	284	371	352	227	206	302	285	462	484	654	465
23	306	373	309	242	251	193	167	503	682	590	464
30	411	422	395	290	262	217	229	641	440	768	404
Nov. 6	375	385	376	301	211	378	295	328	494	674	603
13	355	356	478	295	270	288	316	514	458	879	400
20	320	562	276	274	163	327	311	406	472	687	447
27	502	355	382	134	192	272	290	262	489	554	574
Dez. 4	157	319	341	259	91	223	254	280	485	603	656
11	211	494	257	159	154	198	178	173	284	537	475
18	276	215	214	122	95	154	194	227	220	402	321
25	309	158	196	84	76	112	105	278	287	441	274
Jan. 1	270	189	183	116	66	154	144	271	275	258	186
8	123	162	224	141	132	68	163	361	233	288	133
15	143	161	201	115	44	76	189	164	59	237	93
22	87	180	91	69	84	24	185	181	261	194	221
29	209	219	116	145	51	176	261	322	241	149	327
Feb. 5	57	194	187	90	61	185	215	407	221	347	429
12	282	151	222	154	166	185	103	250	289	349	287
19	162	107	251	111	64	158	193	369	217	262	284
26	275	146	335	84	81	132	197	206	303	211	172
März 5	211	115	184	113	93	64	139	287	323	319	158
12	257	166	201	80	152	160	125	172	325	353	141
19	304	138	243	102	178	108	78	205	223	241	250
26	184	218	236	100	130	143	134	254	213	254	—
April 2	340	163	288	92	82	95	215	368	224	242	—
9	207	197	355	116	50	104	196	326	304	326	—
16	156	240	319	160	117	185	172	367	250	214	—
23	216	419	302	159	112	177	318	398	298	380	—
30	381	292	312	174	75	153	108	255	323	354	—
Mai 7	345	314	500	101	208	169	259	368	493	409	—
14	491	395	361	197	139	304	309	391	400	392	—
21	446	469	535	189	114	234	207	311	387	539	—
28	380	384	636	225	158	321	287	522	195	302	—
Juni 4	345	418	565	223	164	290	294	454	322	565	—
11	400	384	524	198	194	268	324	342	358	609	—
18	476	288	526	182	175	197	228	367	356	440	—
25	457	316	230	157	236	254	201	420	422	496	—
Juli 2	456	404	132	200	56	298	205	356	295	612	—
9	330	257	197	177	177	180	207	391	258	565	—
16	292	268	163	150	162	105	120	377	187	538	—
23	240	221	186	134	234	84	194	220	275	453	—
30	244	276	138	143	194	98	96	158	181	402	—
	243					99					
Sa.:	15 053	13 824	16 146	8 575	7 370	9 644	10 931	16 772	17 570	22 348	

Wöchentliche Verschiffungen von Rumänien, Bulgarien, Rumelien und der Türkei in Tausend Quartern.

	1895 bis 1896	1896 bis 1897	1897 bis 1898	1898 bis 1899	1899 bis 1900	1900 bis 1901	1901 bis 1902	1902 bis 1903	1903 bis 1904	1904 bis 1905	1905 bis 1906
Aug. 7	68	45	20	53	21	27	40	89	43	131	98
14	83	156	31	37	13	62	39	101	256	152	138
21	134	196	19	62	11	108	74	132	186	200	188
28	174	278	42	64	29	164	65	252	220	186	351
Sept. 4	83	267	33	55	22	141	85	312	245	107	219
11	150	381	39	100	22	84	69	256	379	167	305
18	135	403	31	67	9	132	110	341	263	183	427
25	329	306	46	72	22	205	65	395	240	104	386
Okt. 2	219	428	27	89	33	193	102	289	227	60	311
9	261	491	27	141	38	184	56	352	281	223	238
16	421	289	63	108	42	153	71	178	301	199	351
25	134	357	109	178	52	162	79	220	211	170	379
30	220	226	81	294	30	194	223	206	156	124	318
Nov. 6	194	267	52	78	10	143	173	226	209	182	320
13	151	238	57	88	31	332	137	236	193	88	284
20	289	219	55	61	26	104	334	102	210	111	330
27	215	239	77	69	63	150	115	147	169	206	332
Dez. 4	187	275	86	86	54	82	167	113	215	167	335
11	191	255	133	80	57	89	90	123	154	128	263
18	363	281	102	30	24	194	169	89	252	197	226
25	195	144	82	62	36	205	154	42	153	185	241
Jan. 1	137	75	120	93	43	143	136	44	48	160	180
8	105	145	55	50	43	72	176	63	100	59	251
15	98	81	10	68	69	84	142	25	8	57	213
22	109	115	28	37	15	93	120	10	122	46	59
29	113	126	14	84	30	106	118	77	170	150	144
Febr. 5	114	138	72	45	46	133	63	87	150	94	129
12	69	128	27	36	28	74	44	52	42	77	208
19	203	129	67	50	25	93	13	70	87	64	180
26	88	108	41	69	45	16	71	148	44	73	130
März 5	85	44	61	56	22	19	94	128	28	90	90
12	63	107	36	59	41	29	82	148	86	103	142
19	69	106	80	27	60	67	76	201	129	107	125
29	36	89	45	17	22	105	105	156	59	83	—
April 2	122	119	76	55	43	71	126	190	96	64	—
9	63	90	93	36	29	53	121	87	81	79	—
16	140	68	66	44	14	58	81	91	105	65	—
23	197	66	94	28	54	55	91	118	34	54	—
30	254	52	99	90	23	45	135	83	86	51	—
Mai 7	190	116	82	94	47	51	197	248	50	110	—
14	173	169	91	90	43	103	118	107	102	103	—
21	165	177	97	45	74	84	127	108	124	199	—
28	217	132	82	56	11	68	83	67	97	178	—
Juni 4	105	152	47	40	37	35	154	95	84	205	—
11	152	105	55	74	32	43	138	43	113	149	—
18	164	91	71	33	36	81	99	50	117	232	—
25	144	123	65	39	98	19	61	101	68	193	—
Juli 2	40	78	47	28	78	32	75	56	27	183	—
9	110	53	40	32	62	26	91	45	58	90	—
16	41	57	32	20	22	17	95	114	86	60	—
23	119	55	31	33	138	14	75	49	66	75	—
30	77	30	35	20	68	20	92	124	89	51	—
	37					29					
Sa.	7 995	8 865	3 071	3 422	2 043	5 046	5 616	7 126	7 139	6 574	

24*

Wöchentliche Verschiffungen von Argentinien nach Europa in Tausend Quartern.

	1895 bis 1896	1896 bis 1897	1897 bis 1898	1898 bis 1899	1899 bis 1900	1900 bis 1901	1901 bis 1902	1902 bis 1903	1903 bis 1904	1904 bis 1905	1905 bis 1906
Aug. 7	—	5	—	—	101	220	41	6	138	136	349
14	11	10	—	—	106	98	51	30	71	202	292
21	18	3	—	—	91	103	42	16	87	92	188
28	9	4	—	—	134	101	21	8	76	158	190
Sept. 4	4	12	—	—	110	123	18	9	27	168	131
11	4	—	—	—	113	20	1	13	51	117	158
18	2	10	—	—	130	62	24	—	28	92	122
25	1	8	—	—	163	78	13	—	33	60	85
Okt. 2	—	20	—	—	110	30	24	—	21	62	97
9	—	6	—	—	140	83	16	—	25	68	47
16	12	6	—	—	147	118	25	12	1	84	80
23	2	12	—	—	129	35	20	—	22	107	52
30	2	10	—	—	134	50	17	—	18	79	177
Nov. 6	7	14	—	—	99	60	22	—	5	128	77
13	9	10	—	3	184	147	4	14	4	83	276
20	9	9	—	2	105	33	10	6	17	114	92
27	5	3	—	—	70	92	1	21	8	58	144
Dez. 4	23	15	—	—	72	91	9	11	14	83	190
11	55	3	—	—	89	25	36	14	22	23	134
18	9	18	—	—	119	89	20	32	7	76	115
25	24	10	—	—	128	67	—	5	5	92	55
Jan. 1	17	1	—	—	69	53	19	16	2	48	62
8	5	1	2	—	63	7	18	4	18	35	55
15	7	—	5	—	158	76	4	29	33	15	67
22	27	3	41	—	86	82	33	57	193	95	59
29	35	4	109	6	95	21	40	135	212	218	126
Feb. 5	95	2	83	81	100	90	73	159	315	203	298
12	101	14	92	120	114	162	60	209	347	276	253
19	119	20	162	106	203	110	85	216	333	391	409
26	159	20	180	180	328	129	62	292	425	509	420
März 5	148	12	202	184	373	103	133	267	423	442	409
12	129	27	106	216	404	201	53	123	322	467	526
19	132	38	119	271	316	156	161	345	320	534	294
26	143	29	308	151	537	299	153	183	425	485	435
April 2	85	13	157	280	404	171	142	469	363	295	422
9	113	8	216	207	292	212	134	213	407	389	—
16	115	—	127	373	330	168	124	271	381	520	—
23	76	.	140	183	406	93	185	175	488	322	—
30	72	8	118	297	259	169	126	267	396	350	—
Mai 7	102	3	172	350	357	115	76	284	344	435	—
14	76	—	74	273	225	118	78	216	430	381	—
21	110	1	143	253	287	97	138	236	284	202	—
28	60	8	109	276	281	101	41	152	223	142	—
Juni 4	27	—	106	188	92	78	83	136	181	311	—
11	26	—	33	207	153	129	38	230	218	272	—
18	44	—	35	175	229	78	88	170	145	313	—
25	39	—	25	106	192	111	30	129	190	325	—
Juli 2	31	—	9	126	294	92	30	182	81	313	—
9	10	—	4	152	271	51	10	94	105	193	—
16	15	—	14	97	142	48	3	144	85	322	—
23	2	—	3	147	217	88	4	151	205	251	—
30	10	—	1	149	175	37	4	140	126	284	—
						17					—
S.:	a233 6	400	2 895	5 159	9 926	5 127	2 643	5 891	8 810	11 420	

Wöchentliche Verschiffungen von Ostindien nach Europa in Tausend Quartern.

	1895 bis 1896	1896 bis 1897	1897 bis 1898	1898 bis 1899	1899 bis 1900	1900 bis 1901	1901 bis 1902	1902 bis 1903	1903 bis 1904	1904 bis 1905	1905 bis 1906
Aug. 7	12	10	—	74	149	—	40	144	108	288	167
14	104	23	—	23	51	—	36	51	179	260	115
21	83	4	7	15	114	—	81	30	93	235	122
28	208	10	—	24	66	—	9	51	37	186	132
Sept. 4	46	—	—	12	55	—	35	—	146	168	34
11	53	23	—	—	28	—	32	56	137	223	50
18	29	—	14	22	2	—	66	28	58	246	71
25	86	—	—	28	9	—	3	54	312	189	19
Okt. 2	44	8	—	22	—	—	55	19	58	272	62
9	29	—	—	2	3	—	17	42	235	127	49
16	15	—	15	15	—	—	19	62	160	145	33
23	21	19	24	35	—	—	1	6	61	258	62
30	—	—	12	12	—	—	34	44	147	103	56
Nov. 6	15	—	40	53	—	—	—	86	141	274	62
13	20	—	—	32	—	—	21	76	149	251	110
20	3	—	7	30	—	—	—	16	109	276	51
27	20	—	10	65	—	—	4	82	139	292	97
Dez. 4	—	—	15	58	—	—	42	18	82	227	49
11	49	—	4	35	—	—	47	32	68	232	49
18	—	—	28	16	—	—	10	10	215	131	25
25	4	—	—	65	—	—	32	36	79	255	96
Jan. 1	33	—	21	58	—	—	13	28	95	251	47
8	29	—	12	54	—	—	34	57	127	244	9
15	6	—	—	47	—	—	83	9	23	320	20
22	17	—	—	41	—	—	3	22	59	170	20
29	—	—	20	70	—	—	20	11	60	219	25
Feb. 5	7	—	—	20	—	—	40	67	73	215	10
12	4	—	31	90	—	—	88	16	31	160	2
19	3	—	—	30	—	—	28	28	50	79	9
26	14	—	6	28	—	—	38	31	82	141	—
März 5	3	—	20	34	—	—	11	15	53	91	7
12	19	—	16	9	—	—	—	25	108	48	12
19	3	—	26	27	—	—	29	4	80	67	1
26	20	—	24	49	—	—	—	20	82	99	—
April 2	16	—	53	29	—	—	24	19	121	185	—
9	18	—	133	32	—	—	17	—	146	43	—
16	8	—	20	52	—	—	11	30	116	102	—
23	20	—	162	77	—	—	38	115	128	31	—
30	4	—	79	111	—	—	34	68	133	83	—
Mai 7	27	—	223	96	—	1	23	51	195	137	—
14	35	—	202	103	—	—	56	87	171	76	—
21	55	—	286	99	—	6	89	149	147	171	—
28	15	—	391	122	—	6	65	153	273	211	—
Juni 4	5	—	328	95	—	20	76	177	255	228	—
11	25	5	368	91	—	35	90	213	255	110	—
18	45	—	200	177	—	34	37	179	266	305	—
25	—	—	301	96	—	19	55	161	204	180	—
Juli 2	31	6	161	254	—	53	109	169	229	274	—
9	31	—	259	186	—	146	105	157	212	246	—
16	37	3	208	96	2	31	18	162	177	121	—
23	5	10	163	131	—	59	96	106	203	239	—
30	1	—	62	184	—	185	36	124	263	157	—
		14				37					
Sa.:	1 377	135	3 951	3 226	479	632	1 950	3 399	7 130	9 640	

Wöchentliche Verschiffungen von Australien in Tausend Quartern.

	1895 bis 1896	1896 bis 1897	1897 bis 1898	1898 bis 1899	1899 bis 1900	1900 bis 1901	1901 bis 1902	1902 bis 1903	1903 bis 1904	1904 bis 1905	1905 bis 1906
Aug. 7	—	—	—	—	—	8	18	—	—	37	63
14	—	—	—	—	83	21	53	—	—	88	43
21	—	—	—	—	22	—	25	—	—	25	25
28	—	—	—	—	24	3	41	—	—	89	31
Sept. 4	—	—	—	—	7	22	12	—	—	51	24
11	—	—	—	—	2	15	33	—	—	125	16
18	—	—	—	—	46	—	42	—	—	60	10
25	—	—	—	—	6	3	10	—	—	121	19
Okt. 2	—	—	—	—	9	2	48	—	—	71	18
9	—	—	—	5	—	15	10	—	—	91	16
16	—	—	—	3	24	49	—	—	—	73	5
23	—	—	—	—	20	8	22	—	15	25	9
30	—	—	—	—	5	38	32	—	—	61	2
Nov. 6	—	—	—	—	9	17	59	—	—	37	4
13	—	—	—	—	10	14	20	—	12	38	26
20	—	—	—	—	2	—	24	—	—	43	28
27	—	—	—	—	—	8	12	—	—	13	31
Dez. 4	—	—	—	—	—	23	14	—	14	60	30
11	—	—	—	—	—	12	50	—	14	35	18
18	—	—	—	—	—	17	11	—	22	79	4
25	—	—	—	—	—	10	31	—	26	44	66
Jan. 1	—	—	—	12	15	20	34	—	74	53	72
8	—	—	—	4	—	18	83	—	90	98	84
15	—	—	—	37	16	43	42	—	99	129	208
22	—	—	—	20	10	54	114	—	137	185	212
29	—	—	—	53	35	—	134	—	178	121	285
Febr. 5	—	—	—	81	69	34	121	—	251	144	199
12	—	—	—	29	28	58	110	—	120	254	192
19	—	—	—	39	46	95	90	—	152	131	111
26	—	—	—	106	32	37	120	—	163	234	233
März 5	—	—	—	107	69	69	112	—	108	244	117
12	—	—	3	45	32	49	36	—	132	80	178
19	—	—	—	38	27	77	40	—	147	123	—
26	—	—	—	43	15	62	74	—	84	171	—
April 2	—	—	—	52	8	173	45	—	141	115	—
9	—	—	—	66	24	57	59	—	148	90	—
16	—	—	—	43	—	59	31	—	109	104	—
23	—	—	4	11	2	47	16	—	154	107	—
30	—	—	—	42	7	72	15	—	153	56	—
Mai 7	—	—	—	26	24	35	6	—	251	22	—
14	—	—	—	47	—	132	—	—	48	35	—
21	—	—	10	13	17	72	—	—	88	69	—
28	—	—	—	38	11	60	—	—	77	66	—
Juni 4	—	—	2	7	18	112	—	—	82	88	—
11	—	—	12	24	22	48	—	—	128	36	—
18	—	—	—	50	23	28	—	—	43	31	—
25	—	—	—	55	4	92	—	—	38	74	—
Juli 2	—	—	—	7	25	86	—	—	81	55	—
9	—	—	—	3	—	52	—	—	57	22	—
16	—	—	9	—	—	37	—	—	34	23	—
23	—	—	—	17	29	54	—	—	28	36	—
30	—	—	—	17	—	66	—	—	37	54	—
		—				61			87		
Sa.	—	—	40	1 140	877	2 244	1 849	—	3 622	4 926	

Wöchentliche Verschiffungen von Weizen und Mehl von Östreich-Ungarn in Tausend Quartern.

	1895 bis 1896	1896 bis 1897	1897 bis 1898	1898 bis 1899	1899 bis 1900	1900 bis 1901	1901 bis 1902	1902 bis 1903	1903 bis 1904	1904 bis 1905	1905 bis 1906
Aug. 7	31	8	11	—	—	8	9	—	6	—	7
14	26	16	11	—	—	2	10	—	21	—	3
21	23	11	—	—	3	—	6	—	10	—	—
28	26	13	—	—	—	—	1	—	8	—	—
Sept. 4	21	7	—	—	19	6	3	—	11	—	3
11	23	5	—	—	13	12	10	—	21	—	—
18	21	4	—	9	—	—	—	—	14	—	—
25	26	2	—	—	4	5	4	—	14	—	—
Okt. 2	21	8	—	—	—	—	11	—	11	—	—
9	34	7	—	—	—	—	4	15	31	—	—
16	22	5	—	1	10	—	7	8	10	—	—
23	23	6	—	—	—	5	6	6	19	—	—
30	27	5	—	—	17	4	11	16	10	—	—
Nov. 6	23	—	—	—	3	5	—	13	31	—	—
13	33	—	—	—	11	8	10	31	29	—	—
20	18	12	—	4	5	—	—	16	8	—	2
27	40	—	—	—	3	6	4	16	19	—	—
Dez. 4	22	—	—	—	—	—	4	11	18	—	4
11	24	44	—	—	4	2	1	9	21	—	7
18	45	11	—	—	—	4	—	8	34	—	7
25	31	17	—	3	—	6	—	15	19	—	5
Jan. 1	28	30	—	—	4	9	2	15	16	—	15
8	35	24	—	—	—	6	—	9	14	—	8
15	24	18	—	—	—	9	16	7	24	—	2
22	33	22	—	—	10	8	8	8	18	—	9
29	25	20	—	—	—	7	7	13	20	—	5
Feb. 5	24	10	—	—	15	8	5	5	16	—	—
12	21	15	—	—	—	16	4	7	18	—	—
19	18	11	—	—	—	8	—	—	21	—	3
26	18	16	—	—	—	12	4	19	3	—	3
März 5	33	9	—	—	—	20	1	8	10	—	—
12	15	6	—	—	—	9	5	3	5	—	—
19	40	24	—	—	—	5	3	7	21	1	—
26	20	4	—	—	4	5	—	9	9	—	—
April 2	21	5	—	—	9	5	—	—	5	—	—
9	14	15	—	—	3	—	—	9	—	—	—
16	37	—	—	—	17	11	—	6	2	—	—
23	24	8	—	—	27	—	—	5	10	—	—
30	16	11	—	—	7	—	—	9	—	—	—
Mai 7	17	15	.	—	11	11	—	11	10	4	—
14	27	3	—	—	—	8	—	6	6	—	—
21	16	24	—	—	3	11	—	1	5	—	—
28	14	2	—	—	11	4	—	—	4	—	—
Juni 4	16	15	—	—	4	13	—	—	1	—	—
11	15	6	—	—	22	23	—	—	11	—	—
18	26	—	—	—	3	14	—	1	1	3	—
25	26	5	—	—	—	48	—	4	—	—	—
Juli 2	19	—	—	—	4	34	—	—	1	—	—
9	2	4	—	—	8	50	13	10	1	5	—
16	14	10	—	3	5	55	—	19	—	—	—
23	11	3	—	—	—	46	—	8	—	—	—
30	14	8	—	—	—	7	—	11	—	—	—
					18						
Sa.	1 223	524	22	20	259	553	169	374	617	13	

Wöchentl. Verschiffungen v. Chile, Nordafrika, Persien, europäische Türkei und Cypern in Tausend Quartern.

	1895 bis 1896	1896 bis 1897	1897 bis 1898	1898 bis 1899	1899 bis 1900	1900 bis 1901	1901 bis 1902	1902 bis 1903	1903 bis 1904	1904 bis 1905	1905 bis 1906
Aug. 7	55	34	34	43	26	56	69	60	29	27	14
14	44	56	47	53	31	49	62	49	24	29	16
21	45	45	52	55	37	50	68	53	36	33	9
28	61	65	41	39	33	48	33	63	28	65	10
Sept. 4	60	53	49	36	31	55	72	53	19	22	11
11	49	61	46	49	42	45	74	39	34	12	9
18	54	45	41	31	28	45	84	48	37	29	6
25	45	31	34	24	28	50	74	45	42	22	7
Okt. 2	47	30	41	26	26	50	64	77	40	28	9
9	52	43	44	37	25	54	43	62	32	32	10
16	52	39	32	32	35	74	33	52	37	33	10
23	61	51	38	28	28	79	28	54	28	22	8
30	52	52	53	22	39	79	33	37	29	42	7
Nov. 6	54	38	55	50	36	79	46	33	19	22	7
13	80	26	63	37	35	82	53	40	24	25	5
20	64	34	54	46	33	69	48	70	27	29	5
27	63	43	56	33	25	73	25	36	15	35	5
Dez. 4	54	86	43	29	26	74	50	52	18	30	5
11	53	62	46	37	29	60	63	19	30	27	5
18	60	102	50	32	38	53	30	22	20	35	5
25	64	114	47	26	36	55	30	44	39	39	5
Jan. 1	62	92	48	29	39	53	38	48	19	38	5
8	59	69	41	32	37	50	45	43	23	27	5
15	37	61	44	29	37	56	25	39	19	34	4
22	47	88	64	38	34	42	28	73	11	31	5
29	50	56	55	30	38	47	20	35	17	33	6
Febr. 5	52	46	73	27	38	57	41	64	29	31	6
12	45	41	67	32	34	45	45	62	22	32	6
19	61	32	69	35	55	38	30	60	17	23	4
26	66	33	84	40	35	59	26	57	50	35	3
März 5	56	30	103	38	47	54	20	42	14	20	3
12	63	31	83	44	47	42	40	29	13	20	3
19	53	66	51	26	52	25	56	17	15	17	3
26	72	66	40	49	42	38	35	31	25	16	—
April 2	43	59	54	34	43	14	28	15	21	12	—
9	40	48	48	34	41	24	48	30	13	16	—
16	33	50	56	33	39	29	34	14	24	11	—
22	74	46	50	27	37	25	49	17	24	13	—
30	72	39	40	38	37	32	30	15	23	9	—
Mai 7	73	52	34	45	33	28	43	10	15	9	—
14	40	47	31	29	29	40	36	7	32	16	—
21	74	41	39	32	46	19	34	8	16	13	—
28	55	28	31	36	44	38	32	20	36	13	—
Juni 4	43	32	33	17	44	39	44	11	45	12	—
11	77	23	37	24	44	49	29	15	25	11	—
18	36	25	19	23	53	34	39	11	27	14	—
25	53	33	15	24	48	32	30	9	17	12	—
Juli 2	77	21	23	29	47	29	43	16	19	10	—
9	49	26	15	29	44	27	45	14	21	11	—
16	37	18	18	32	59	36	30	17	22	8	—
23	38	31	21	29	63	39	36	22	28	11	—
30	36	30	26	29	45	34	44	29	32	14	—
	51					49					—
Sa.	2 893	2 470	2 378	1 758	1 994	2 502	2 205	1 888	1 321	1 210	

Wöchentliche Verschiffungen von Roggen von allen Ländern nach Europa in Tausend Quartern.

	1895 bis 1896	1896 bis 1897	1897 bis 1898	1898 bis 1899	1899 bis 1900	1900 bis 1901	1901 bis 1902	1902 bis 1903	1903 bis 1904	1904 bis 1905	1905 bis 1906
Aug. 8	199	102	110	176	55	98	108	94	48	183	59
15	118	111	150	51	48	176	79	164	134	61	85
22	102	116	183	118	95	147	126	198	125	150	140
29	104	115	158	72	48	154	179	232	99	156	241
Sept. 5	100	145	140	140	64	98	171	294	136	110	130
12	78	186	178	88	110	188	132	283	173	93	306
19	208	138	157	157	70	164	219	392	167	139	192
26	226	135	130	130	88	172	183	335	107	160	203
Okt. 3	133	182	246	150	137	163	197	306	108	68	215
10	145	221	102	120	88	184	207	206	118	144	186
17	204	211	136	114	164	237	187	306	80	149	136
24	166	242	143	88	124	264	246	240	135	155	141
31	186	250	140	170	143	189	236	199	204	136	149
Nov. 7	174	171	230	198	187	120	195	250	181	149	125
14	172	237	216	104	155	262	180	308	144	143	174
21	115	234	346	143	113	146	235	286	173	133	130
28	139	89	217	106	114	168	177	260	124	106	134
Dez. 5	113	182	133	106	156	231	118	150	155	179	122
12	114	110	79	146	135	126	111	114	118	116	103
19	137	103	113	94	115	117	139	101	86	82	66
26	149	98	109	94	68	81	141	103	79	86	48
Jan. 2	95	43	98	91	65	97	80	115	68	72	53
9	95	56	67	90	96	43	93	120	32	49	102
16	32	30	105	77	57	74	81	84	50	25	74
23	70	36	118	62	67	44	81	60	50	41	90
30	70	34	118	96	52	36	64	162	72	39	90
Febr. 6	32	71	98	103	70	61	116	71	118	36	64
13	88	51	84	87	66	54	95	54	65	79	55
20	139	88	144	79	54	45	48	151	71	66	43
27	93	94	122	78	45	69	82	81	66	60	57
März 6	104	91	71	61	85	85	110	122	128	117	27
13	100	100	91	57	70	78	81	113	90	72	83
20	125	113	100	83	67	91	94	162	90	54	—
27	92	119	120	52	74	106	85	180	60	84	—
April 3	130	126	85	63	86	69	119	110	44	65	—
10	208	132	76	39	68	122	100	57	99	93	—
17	112	139	118	94	72	128	105	198	83	96	—
24	137	153	107	115	75	111	123	210	106	100	—
Mai 1	102	93	170	94	114	137	127	166	165	131	—
8	194	105	233	118	213	112	147	183	174	145	—
15	193	170	303	122	153	157	151	118	158	134	—
22	188	198	305	195	118	167	115	156	111	96	—
29	159	143	274	276	189	231	137	246	145	154	—
Juni 5	175	246	387	120	177	195	152	207	156	162	—
12	118	155	345	245	180	269	120	149	77	144	—
19	262	81	276	164	170	290	150	200	95	127	—
26	126	173	221	130	230	177	170	187	82	117	—
Juli 3	226	122	173	108	167	154	117	133	125	133	—
10	146	140	151	118	187	115	112	140	141	151	—
17	142	160	142	74	222	94	88	136	139	112	—
24	139	108	130	95	175	60	71	91	154	79	—
31	255	81	153	70	175	119	53	77	149	99	—
	112					114					—
Sa.	7 341	6 829	8 401	5 821	5 916	7 189	6 833	9 050	5 857	5 630	

Wöchentliche Verschiffungen von Mais von allen Ländern nach Großbritannien in Tausend Quartern.

	1895 bis 1896	1896 bis 1897	1897 bis 1898	1898 bis 1899	1899 bis 1900	1900 bis 1901	1901 bis 1902	1902 bis 1903	1903 bis 1904	1904 bis 1905	1905 bis 1906
Aug. 8	249	299	298	200	336	347	198	218	308	145	281
15	231	356	334	323	333	237	240	166	198	231	304
22	206	245	278	220	321	216	219	102	273	281	250
29	228	421	182	276	263	271	206	104	323	357	317
Sept. 5	187	293	280	222	339	229	225	150	366	309	238
12	194	381	340	314	262	232	202	93	258	319	287
19	173	295	296	184	254	202	137	175	338	252	225
26	182	329	351	170	423	204	198	214	321	234	236
Okt. 3	147	325	164	267	316	225	131	232	164	253	184
10	193	278	183	160	271	108	98	97	231	346	148
17	163	253	126	229	335	188	162	185	208	299	149
24	205	308	125	162	420	257	154	196	261	216	110
31	207	259	130	207	282	212	149	147	286	199	173
Nov. 7	183	271	133	272	334	331	110	123	246	77	151
14	124	269	188	201	357	243	123	107	211	262	188
21	216	349	177	267	377	299	177	72	220	143	238
28	231	173	238	337	288	211	262	107	206	172	216
Dez. 5	158	230	243	264	363	377	239	110	175	146	173
12	222	293	188	240	222	369	201	140	160	104	141
19	227	192	302	311	315	318	287	180	142	178	258
26	169	304	307	281	201	291	286	117	197	142	175
Jan. 2	156	257	277	319	239	295	257	261	138	220	288
9	289	425	205	261	214	388	269	217	151	233	275
16	212	296	129	181	219	304	154	172	175	297	227
23	211	240	274	268	192	338	212	204	267	334	229
30	318	286	313	303	175	222	177	223	234	256	297
Feb. 6	313	310	308	347	144	289	104	167	245	221	279
13	389	301	243	212	200	165	187	205	103	161	323
20	337	229	261	141	249	291	130	200	294	201	253
27	258	335	193	285	268	223	245	198	155	179	230
März 6	197	300	227	318	220	266	154	207	285	149	199
13	299	286	286	339	141	180	233	227	245	71	224
20	195	382	270	309	229	168	93	229	189	128	174
27	165	280	206	231	206	178	159	185	135	99	—
April 3	127	230	278	224	221	203	231	196	133	179	—
10	122	251	328	181	304	212	188	151	164	172	—
17	127	240	196	215	150	166	130	180	123	138	—
24	134	345	158	200	214	211	232	173	136	151	—
Mai 1	106	118	221	200	231	175	252	256	140	226	—
8	180	197	303	232	256	190	329	231	96	185	—
15	205	189	481	289	313	326	291	178	131	289	—
22	200	224	403	271	336	287	328	139	190	241	—
29	223	194	319	283	379	309	244	150	169	150	—
Juni 5	169	131	484	314	184	364	371	298	250	189	—
12	151	255	284	206	140	290	205	190	217	238	—
19	174	131	267	372	231	310	147	292	239	175	—
26	200	190	320	370	170	269	195	398	270	192	—
Juli 3	168	233	277	298	268	354	268	337	180	267	—
10	223	313	216	292	260	325	241	341	219	216	—
17	148	256	228	253	338	286	302	275	248	182	—
24	202	238	204	228	238	188	284	290	220	212	—
31	361	153	314	261	283	280	170	368	208	341	—
	299					253					
Sa.:	10 953	13 938	13 335	13 316	13 824	13 672	10 786	10 173	11 031	10 921	

Wöchentl. Verschiffungen von Mais von allen Ländern nach dem europäischen Festlande in Tausend Quartern.

	1895 bis 1896	1896 bis 1897	1897 bis 1898	1898 bis 1899	1899 bis 1900	1900 bis 1901	1901 bis 1902	1902 bis 1903	1903 bis 1904	1904 bis 1905	1905 bis 1906
Aug. 8	160	139	245	453	451	311	250	220	254	285	253
15	99	207	329	434	542	247	174	155	316	232	212
22	151	229	267	410	501	268	233	193	233	304	274
29	99	242	231	290	581	274	112	163	325	289	285
Sept. 5	148	255	256	334	400	264	95	150	266	184	246
12	172	217	281	384	378	247	151	137	257	175	191
19	107	244	184	374	421	166	108	87	276	170	251
26	143	293	251	205	501	115	138	129	220	254	144
Okt. 3	154	215	262	341	373	150	73	167	227	216	156
10	117	363	150	340	363	172	75	109	239	177	84
17	125	237	215	314	448	269	73	160	257	184	132
24	116	295	159	203	386	200	141	113	209	221	171
31	105	278	173	317	306	234	96	123	188	221	180
Nov. 7	117	188	192	315	481	133	114	93	387	236	232
14	91	280	298	306	418	245	137	116	208	230	263
21	135	267	276	420	477	377	144	120	317	212	212
28	158	284	193	310	430	445	197	121	294	182	255
Dez. 5	196	261	470	471	376	552	215	174	258	252	234
12	160	260	427	515	318	429	191	145	223	195	316
19	187	203	438	430	376	388	235	131	274	280	399
26	160	178	412	450	347	546	279	141	191	401	542
Jan. 2	194	195	340	572	310	263	215	163	183	324	450
9	276	327	379	293	258	449	198	186	136	327	460
16	160	264	226	285	325	320	105	145	103	382	564
23	167	246	380	210	327	324	216	132	167	244	540
30	175	184	369	374	330	254	140	124	85	401	574
Feb. 6	190	287	303	311	333	274	232	193	185	437	337
13	240	414	364	300	256	288	203	267	176	166	320
20	247	348	370	183	320	333	135	325	179	398	288
27	128	335	429	332	281	189	164	360	145	409	221
März 6	226	396	294	350	161	354	150	365	191	280	187
13	219	344	252	338	190	236	164	308	184	218	217
20	154	438	428	277	287	236	241	364	263	239	—
27	177	493	302	247	210	336	214	347	266	200	—
April 3	214	344	415	326	216	311	181	210	132	288	—
10	215	306	405	357	327	129	185	120	157	216	—
17	195	269	349	253	228	293	196	173	100	189	—
24	122	297	399	268	254	169	233	189	91	224	—
Mai 1	124	312	518	321	183	181	220	237	113	179	—
8	215	211	524	240	291	159	191	235	116	182	—
15	150	264	545	313	190	232	155	210	165	125	—
22	122	265	646	364	230	320	230	250	159	171	—
29	162	131	600	418	367	302	197	351	147	167	—
Juni 5	127	230	565	448	303	462	375	430	235	221	—
12	219	163	413	304	375	373	401	251	244	137	—
19	221	119	447	419	370	493	478	325	253	213	—
26	146	193	317	284	334	460	338	261	236	249	—
Juli 3	165	162	306	367	452	450	454	246	207	227	—
10	200	159	374	426	321	402	251	275	264	278	—
17	187	204	370	445	343	463	208	355	344	367	—
24	158	236	389	345	380	447	245	311	306	226	—
31	120	219	399	363	409	243	182	264	174	323	—
	205					238					—
Sa.	8 720	13 490	18 126	17 949	18 035	16 015	10 328	10 919	11 115	13 907	

Wöchentl. Verschiffungen v. Mais v. den Vereinigten Staaten u. Kanada nach Europa in Tausend Quartern.

	1895 bis 1896	1896 bis 1897	1897 bis 1898	1898 bis 1899	1899 bis 1900	1900 bis 1901	1901 bis 1902	1902 bis 1903	1903 bis 1904	1904 bis 1905	1905 bis 1906
Aug. 8	120	133	388	294	575	400	55	2	103	31	162
15	122	308	472	446	600	335	70	4	58	74	125
22	126	266	404	353	571	331	65	—	90	74	131
29	144	388	295	232	599	430	28	3	103	84	128
Sept. 5	154	264	493	310	559	398	78	8	93	85	184
12	156	362	562	426	451	349	69	2	130	76	141
19	146	282	419	230	408	192	65	—	78	55	153
26	157	395	451	232	517	239	89	5	99	103	148
Okt. 3	174	281	337	346	436	317	82	14	124	89	108
10	148	387	269	300	467	240	66	19	174	93	103
17	181	218	241	342	539	357	81	10	194	68	98
24	216	347	189	200	550	393	128	7	210	82	87
31	171	331	210	314	369	341	71	15	134	46	100
Nov. 7	188	302	244	357	575	416	69	21	215	32	118
14	141	405	392	321	425	335	67	30	148	20	119
21	197	413	323	456	640	527	58	51	186	7	155
28	259	291	320	427	493	531	73	94	143	17	142
Dez. 5	211	243	543	474	470	723	16	128	106	82	237
12	208	371	393	468	594	594	26	152	90	50	241
19	241	294	532	487	591	491	24	201	75	157	470
26	222	298	428	456	424	620	38	203	115	176	428
Jan. 2	245	340	487	590	430	412	6	331	96	333	691
9	411	559	446	417	370	680	17	287	115	347	618
16	305	464	264	303	383	517	12	233	91	442	635
23	284	418	576	319	410	593	25	292	171	441	703
30	384	395	598	489	447	366	34	289	155	461	779
Feb. 6	350	542	527	580	380	489	22	304	238	555	749
13	388	646	510	373	376	370	40	339	148	278	549
20	363	531	522	211	511	555	23	383	244	505	511
27	252	674	511	467	472	379	19	441	128	432	456
März 6	315	662	383	511	343	530	16	505	264	389	384
13	340	585	427	486	276	327	20	394	174	295	337
20	227	765	551	482	445	313	31	440	215	334	329
27	235	715	433	335	346	404	24	462	179	263	—
April 3	171	503	500	369	349	385	17	306	134	442	—
10	234	465	544	421	551	295	35	178	130	327	—
17	188	428	372	331	305	290	26	216	63	276	—
24	140	577	419	272	389	227	10	204	51	304	—
Mai 1	145	379	585	326	370	228	12	239	37	284	—
8	228	329	571	291	457	170	2	171	43	207	—
15	204	367	749	388	418	282	3	165	33	233	—
22	187	364	735	379	414	263	3	163	10	143	—
29	197	213	715	426	588	219	4	126	15	127	—
Juni 5	185	259	746	410	408	327	—	86	27	95	—
12	152	274	504	339	353	202	—	107	8	129	—
19	130	179	437	453	337	307	7	164	34	75	—
26	180	267	369	347	354	292	5	193	45	125	—
Juli 3	156	204	285	464	506	308	9	119	58	145	—
10	159	350	332	376	341	267	3	180	60	119	—
17	109	305	340	566	529	307	7	177	100	99	—
24	123	263	292	356	419	162	1	143	44	106	—
31	143	205	393	437	509	81	—	123	38	121	—
	199					84					
Sa.:	11 008	19 818	23 028	19 985	22 822	19 190	1 751	8 729	5 916	9 933	

Wöchentl. Verschiffungen v. Mais v. Schwarzen Meer und der Donau nach Europa in Tausend Quartern.

	1895 bis 1896	1896 bis 1897	1897 bis 1898	1898 bis 1899	1899 bis 1900	1900 bis 1901	1901 bis 1902	1902 bis 1903	1903 bis 1904	1904 bis 1905	1905 bis 1906
Aug. 8	134	128	139	248	41	96	155	237	54	97	1
15	51	70	188	195	99	66	118	189	101	90	18
22	47	46	125	163	133	33	128	146	140	74	8
29	47	77	113	175	85	47	119	125	76	71	1
Sept. 5	26	53	40	143	50	27	108	96	82	16	26
12	14	43	56	177	55	38	113	78	47	43	3
19	22	49	57	200	30	31	63	59	68	13	15
26	15	23	148	112	117	31	157	98	55	8	1
Okt. 3	27	35	86	68	78	22	68	129	39	5	5
10	23	38	61	88	65	20	45	69	35	2	11
17	17	36	93	136	69	12	70	85	47	23	1
24	29	29	92	58	72	25	78	104	55	14	2
31	36	32	88	111	55	32	110	116	48	1	14
Nov. 7	25	31	78	115	41	22	107	103	169	18	4
14	10	32	91	84	51	67	106	86	95	5	2
21	41	30	156	131	61	78	211	47	125	14	12
28	52	66	109	157	57	93	328	90	147	7	5
Dez. 5	40	64	168	193	61	152	374	94	114	16	2
12	77	52	218	177	48	178	317	69	72	23	10
19	87	43	206	222	17	142	450	43	172	17	7
26	43	30	172	226	56	154	500	34	125	24	10
Jan. 2	58	75	135	221	54	98	427	76	141	11	4
9	50	43	147	118	34	126	423	85	132	14	5
16	20	23	89	112	55	87	238	53	40	11	5
23	9	20	84	128	50	54	396	33	118	7	12
30	41	11	81	153	48	106	275	43	104	2	6
Febr. 6	9	28	82	158	31	59	296	40	110	6	12
13	40	46	95	122	57	80	347	103	75	9	13
20	32	22	107	92	29	51	233	134	152	17	24
27	31	12	103	142	20	27	380	107	117	9	12
März 6	15	27	136	143	27	70	282	55	123	7	8
13	41	20	110	170	43	47	372	131	154	6	12
20	35	16	146	90	63	65	294	138	142	10	—
27	18	24	72	140	39	85	341	51	161	11	—
April 3	58	32	192	168	75	117	375	81	106	6	—
10	48	53	175	110	50	29	309	54	103	26	—
17	35	38	165	129	65	157	261	114	108	9	—
24	50	40	129	189	69	106	367	91	100	36	—
Mai 1	19	33	138	245	33	75	347	153	146	11	—
8	56	33	194	176	74	112	407	102	124	17	—
15	51	64	246	209	72	150	329	131	158	21	—
22	56	69	236	237	100	214	392	111	209	13	—
29	68	79	168	261	65	235	323	197	129	12	—
Juni 5	95	65	201	293	50	353	551	312	217	7	—
12	103	69	150	128	93	319	418	146	198	8	—
19	159	40	211	220	150	320	432	245	236	16	—
26	51	84	142	205	55	192	340	290	166	7	—
Juli 3	83	114	248	142	117	376	474	187	128	8	—
10	124	90	196	220	73	245	317	189	150	40	—
17	144	109	185	63	108	252	366	155	176	13	—
24	123	177	161	110	113	229	364	131	182	16	—
31	143	132	252	76	90	197	204	101	116	5	—
	79					179					
Sa.	2 807	2 675	7 260	8 249	3 343	6 178	14 605	5 936	6 186	1 072	

Wöchentliche Verschiffungen von Mais von Argentinien nach Europa in Tausend Quartern.

	1895 bis 1896	1896 bis 1897	1897 bis 1898	1898 bis 1899	1899 bis 1900	1900 bis 1901	1901 bis 1902	1902 bis 1903	1903 bis 1904	1904 bis 1905	1905 bis 1906
Aug. 8	154	171	14	110	170	161	237	198	404	301	437
15	179	179	1	115	175	62	225	127	352	299	425
22	131	156	14	113	117	119	258	148	275	437	313
29	152	193	3	158	159	67	170	138	468	489	455
Sept. 5	193	225	—	102	129	67	133	195	456	391	333
12	109	175	—	94	133	91	170	149	337	375	356
19	147	203	—	127	236	143	116	202	467	354	255
26	96	184	—	30	289	48	89	239	386	377	322
Okt. 3	138	216	—	193	174	35	53	255	225	375	212
10	87	203	—	111	101	19	52	117	260	428	192
17	72	230	4	64	174	87	83	248	223	392	117
24	101	221	—	106	183	38	88	196	204	341	148
31	84	166	2	111	163	72	63	133	291	372	237
Nov. 7	60	120	—	114	198	22	47	87	248	263	180
14	110	97	—	101	298	85	86	103	175	467	271
21	75	165	—	99	152	70	51	89	225	333	336
28	110	92	—	62	167	27	57	31	209	326	274
Dez. 5	94	184	—	67	207	53	63	54	212	294	177
12	82	124	2	106	114	25	47	57	220	225	117
19	60	154	—	31	82	72	47	60	168	279	83
26	44	152	—	48	67	62	26	14	147	340	113
Jan. 2	96	34	—	80	64	43	37	11	83	189	93
9	40	147	—	18	67	30	26	26	39	193	79
16	77	70	—	50	105	19	4	26	145	213	37
23	61	45	3	30	58	14	—	6	144	112	61
30	139	59	1	34	54	3	4	5	55	182	21
Febr. 6	143	24	—	19	65	14	13	13	80	62	35
13	179	21	—	16	22	2	2	27	55	25	78
20	97	24	—	20	28	17	6	4	76	41	28
27	87	3	7	7	56	5	—	5	53	62	16
März 6	131	6	—	13	10	19	3	8	88	23	14
13	81	6	—	20	11	41	—	6	99	15	26
20	86	38	—	11	7	25	1	2	94	6	24
27	108	33	2	1	30	24	3	3	59	8	—
April 3	51	38	—	11	12	11	16	12	23	14	—
10	96	38	13	6	29	16	25	26	87	27	—
17	63	42	7	7	7	11	33	18	51	42	—
24	63	24	8	6	9	46	83	35	73	35	—
Mai 1	108	17	15	2	10	52	106	91	69	109	—
8	90	45	18	4	15	66	108	165	41	143	—
15	72	21	40	4	12	125	110	86	102	159	—
22	115	55	77	18	51	129	161	107	128	256	—
29	46	32	35	13	92	156	112	175	171	174	—
Juni 5	77	36	101	58	28	145	193	322	240	283	—
12	101	74	42	42	68	141	186	179	253	322	—
19	110	30	65	117	113	175	184	198	221	228	—
26	85	30	95	101	94	244	186	175	294	263	—
Juli 3	135	76	49	58	96	119	237	273	200	363	—
10	78	30	61	121	166	214	170	246	272	315	—
17	111	44	72	68	43	189	135	297	315	322	—
24	189	32	139	102	85	243	163	324	299	461	—
31	207	33	67	110	92	244	147	407	227	430	—
						227					
Sa.	5 460	4 815	957	3 229	5 087	4 234	4 615	6 118	10 088	12 635	

Wöchentliche Verschiffungen von Gerste von Rußland und dem Schwarzen Meere in Tausend Quartern.

	1895 bis 1896	1896 bis 1897	1897 bis 1898	1898 bis 1899	1899 bis 1900	1900 bis 1901	1901 bis 1902	1902 bis 1903	1903 bis 1904	1904 bis 1905	1905 bis 1906
Aug. 8	103	75	112	87	55	50	208	278	222	266	255
15	88	114	284	54	55	72	194	229	491	319	401
22	234	71	253	199	143	177	280	515	440	350	435
29	189	208	201	185	109	156	424	395	559	439	584
Sept. 5	208	308	286	331	130	196	230	550	523	348	455
12	268	223	351	375	162	228	431	402	681	440	459
19	264	259	293	362	145	349	393	573	590	613	687
26	411	425	364	438	263	199	389	524	422	366	464
Okt. 3	270	405	328	531	227	353	320	463	541	354	515
10	432	417	299	549	215	179	245	507	649	349	464
17	340	279	289	456	143	298	320	378	473	545	377
24	196	339	335	408	153	260	266	553	406	410	400
31	317	375	320	309	174	169	427	483	468	336	305
Nov. 7	294	387	345	535	185	211	335	381	419	304	447
14	281	327	304	314	217	178	303	384	483	336	323
21	312	330	189	325	95	214	277	242	366	374	391
28	303	190	299	332	119	194	183	263	368	495	294
Dez. 5	130	269	334	305	120	170	137	215	294	283	468
12	224	157	274	268	80	121	165	159	199	324	266
19	317	212	267	261	49	65	122	182	281	238	224
26	203	140	213	218	79	71	179	90	223	353	164
Jan. 2	121	114	252	198	45	87	131	191	161	237	180
9	109	83	146	152	56	57	213	164	258	145	84
16	70	71	102	121	36	81	164	143	41	125	107
23	65	49	114	159	61	64	175	81	212	93	239
30	89	24	110	201	39	89	132	240	253	114	188
Febr. 6	48	97	93	191	31	103	201	94	215	168	156
13	141	107	220	153	66	89	193	180	309	168	224
20	82	127	158	71	26	73	75	172	260	162	220
27	91	76	136	121	28	58	156	155	176	96	128
März 6	52	84	106	77	52	105	148	220	255	238	72
13	86	96	128	89	18	51	94	178	334	171	207
20	53	89	143	143	30	114	133	166	169	151	207
27	36	134	153	111	34	57	56	133	130	101	—
Apr. 3	146	130	181	97	33	49	144	240	109	83	—
10	151	118	130	105	20	123	158	134	212	170	—
17	98	143	138	139	21	98	156	286	245	139	---
24	100	167	155	196	55	104	130	276	227	162	—
Mai 1	124	103	238	246	52	107	174	234	337	285	—
8	131	71	405	137	99	141	135	286	398	324	---
15	216	145	319	221	56	154	164	201	282	292	—
22	330	141	199	250	62	167	87	231	308	345	—
29	213	101	180	246	49	167	69	216	219	199	—
Juni 5	227	193	221	198	136	155	148	243	179	302	—
12	253	159	128	289	106	100	93	124	206	376	—
19	178	148	59	204	109	88	126	243	195	260	—
26	124	164	129	116	103	99	123	337	252	206	—
Juli 3	79	199	143	115	61	125	62	240	278	158	—
10	101	156	77	131	47	59	47	242	192	210	—
17	119	194	53	45	27	32	11	231	335	178	—
24	112	136	153	55	44	40	40	158	280	108	—
31	136	131	78	50	19	46	130	146	291	106	—
	133					100					
Sa.	9 392	9 255	10 789	11 469	4 539	6 892	9 696	13 951	16 416	14 719	

Wöchentliche Verschiffungen von Hafer von allen Ländern nach Europa in Tausend Quartern.

	1895 bis 1896	1896 bis 1897	1897 bis 1898	1898 bis 1899	1899 bis 1900	1900 bis 1901	1901 bis 1902	1902 bis 1903	1903 bis 1904	1904 bis 1905	1905 bis 1906
Aug. 8	177	184	233	210	169	454	321	190	162	91	338
15	226	317	241	235	140	213	262	213	212	63	466
22	183	259	322	132	206	304	228	151	169	110	470
29	232	169	311	229	300	260	330	186	149	112	365
Sept. 5	128	200	269	100	358	224	326	251	206	116	421
12	188	168	253	193	351	448	214	241	179	98	539
19	153	166	317	181	274	339	346	306	255	111	286
26	181	230	257	183	382	405	259	489	223	102	365
Okt. 3	92	339	247	220	352	407	264	373	106	185	647
10	172	241	244	239	195	322	292	364	275	341	484
17	162	413	173	152	255	369	212	291	157	197	473
24	161	488	321	150	205	295	264	283	187	145	292
31	100	358	271	155	171	203	244	294	245	323	403
Nov. 7	101	330	254	214	131	311	265	307	179	139	310
14	190	344	357	207	140	179	134	408	234	347	576
21	231	412	193	153	270	212	206	354	151	390	541
28	165	297	259	78	161	284	144	455	173	277	310
Dez. 5	177	338	224	120	168	228	238	194	155	322	326
12	100	338	282	123	176	274	218	307	225	248	452
19	130	261	212	67	162	195	148	204	88	278	276
26	150	209	159	75	132	239	204	211	137	285	215
Jan. 2	134	205	160	106	204	155	133	157	117	215	180
9	4	173	127	113	163	234	159	79	155	137	157
16	86	169	157	95	154	140	105	196	143	141	345
23	84	173	198	106	132	252	125	251	98	238	218
30	118	183	194	130	186	155	98	186	114	336	269
Febr. 6	142	164	169	102	176	292	66	264	252	169	453
13	106	179	155	117	186	232	87	267	128	146	318
20	79	123	260	104	153	192	111	176	125	185	332
27	120	131	118	104	175	210	182	104	83	284	329
März 6	109	125	228	99	220	264	95	209	116	414	324
13	110	271	164	112	249	182	114	280	89	185	208
20	64	141	169	69	168	215	131	203	209	292	211
27	109	192	134	107	176	201	84	252	118	325	—
April 3	121	222	138	66	149	249	165	178	81	316	—
10	88	160	100	75	132	268	101	172	99	105	—
17	84	268	143	150	166	190	119	155	87	326	—
24	149	212	144	128	203	267	93	243	56	390	—
Mai 1	126	135	210	74	208	291	73	129	114	214	—
8	163	256	213	125	266	313	174	209	60	354	—
15	111	224	279	164	327	322	135	259	177	365	—
22	141	176	287	238	293	398	112	203	144	305	—
29	100	260	326	222	280	251	174	139	63	366	—
Juni 5	98	172	244	252	200	330	63	110	78	506	—
12	232	347	321	133	400	369	155	169	128	473	—
19	314	275	252	177	330	387	153	235	108	409	—
26	219	361	201	177	364	255	123	195	91	441	—
Juli 3	224	334	192	230	292	278	155	240	82	332	—
10	232	328	264	150	315	269	105	216	93	440	—
17	194	346	232	222	373	385	85	264	90	327	—
24	148	278	296	182	224	328	137	238	91	341	—
31	235	313	219	139	317	275	260	267	51	386	—
	258				244						
Sa.	7 901	12 957	11 693	7 684	11 880	14 558	8 991	12 257	7 297	13 743	

Schwimmende Mengen von Weizen und Mehl nach Europa in Tausend Quartern.

Monat	Woche	1895	1896	1897	1898	1899	1900	1901	1902	1903	1904	1905	1906
Januar	1	4 562	3 517	3 547	4 251	3 610	2 432	3 356	4 190	2 809	3 065	3 870	3 584
	2	4 619	3 182	3 438	4 346	3 702	2 532	3 441	4 347	3 082	2 990	3 863	3 505
	3	4 762	3 172	3 322	4 204	3 623	2 651	3 529	4 491	3 001	2 698	3 671	3 484
	4	4 626	3 266	3 395	4 052	3 364	2 554	3 581	4 637	2 919	2 976	3 913	3 748
Februar	5	4 377	3 230	3 456	4 231	3 668	2 553	3 660	4 956	3 139	3 399	4 368	4 294
	6	4 544	3 322	3 392	4 449	3 980	2 643	4 211	5 224	3 609	3 833	4 609	4 897
	7	4 508	3 409	3 341	4 612	4 112	3 004	4 588	5 213	3 570	4 097	4 882	5 506
	8	4 481	3 550	3 012	4 892	3 845	3 319	4 947	5 194	3 718	4 257	5 249	5 719
März	9	4 644	3 673	2 782	5 000	4 044	3 665	4 811	5 471	3 922	4 674	5 707	5 798
	10	4 871	3 795	2 580	5 144	4 511	3 975	4 854	5 586	4 042	4 953	6 056	5 883
	11	4 841	3 802	2 492	5 167	4 658	4 508	4 952	5 483	3 835	5 167	6 166	6 099
	12	4 911	3 618	2 300	5 120	4 773	4 751	5 114	5 747	3 878	5 320	6 098	6 190
	13	4 870	3 597	2 318	5 009	4 805	5 117	5 236	6 034	3 731	5 404	5 905	—
April	14	5 194	3 476	2 327	5 230	4 713	5 373	5 576	6 074	4 214	5 610	5 821	—
	15	5 365	3 527	2 268	5 263	4 726	5 186	5 763	6 002	4 187	5 759	5 961	—
	16	5 520	3 639	2 092	5 005	4 803	5 064	6 198	6 035	4 119	6 120	5 766	—
	17	5 793	3 841	2 207	4 976	4 813	5 240	5 993	5 956	4 208	6 361	5 583	—
Mai	18	5 782	3 598	2 134	5 122	4 934	5 011	5 569	5 971	4 206	6 738	5 653	—
	19	5 963	3 709	2 061	5 046	5 134	5 033	5 549	5 902	4 390	6 648	5 783	—
	20	6 074	3 929	2 358	5 017	5 429	4 992	5 586	5 984	4 495	6 689	5 821	—
	21	6 925	4 131	2 625	5 298	5 160	5 064	5 460	5 936	4 479	6 560	5 583	—
	22	6 081	3 969	2 544	5 626	5 337	4 982	5 320	5 785	4 639	6 644	5 680	—
Juni	23	6 258	3 992	2 471	6 204	5 362	4 520	5 394	5 455	4 556	6 699	5 708	—
	24	6 257	3 930	2 289	6 196	5 327	4 403	5 262	5 164	4 421	6 370	5 655	—
	25	5 992	3 767	2 031	5 965	5 092	4 173	5 120	4 745	4 202	6 146	5 584	—
	26	5 351	3 632	1 929	4 998	5 052	4 088	5 132	4 280	4 080	5 649	5 787	—
Juli	27	5 273	3 323	1 868	3 033	4 696	3 896	5 089	4 174	3 950	5 442	5 615	—
	28	5 209	3 000	1 723	3 982	4 413	3 752	4 850	3 863	3 700	5 032	5 254	—
	29	4 974	2 618	1 695	3 545	4 111	3 643	4 591	3 568	3 707	4 983	4 894	—
	30	4 535	2 532	1 492	3 083	3 981	3 642	4 343	3 346	3 498	4 839	4 597	—
August	31	4 068	2 429	1 548	2 777	3 898	3 734	4 722	2 923	3 183	4 955	4 278	—
	32	3 815	2 330	1 471	2 655	4 021	3 666	4 858	2 959	3 006	5 017	4 101	—
	33	3 615	2 239	1 915	2 552	3 936	3 564	5 107	3 165	3 303	5 049	3 989	—
	34	3 628	2 251	2 171	2 264	3 740	3 599	5 186	3 203	3 417	4 862	4 085	—
September	35	3 425	2 622	2 447	2 205	3 391	3 408	5 098	3 489	3 458	5 035	4 262	—
	36	3 151	2 873	2 562	2 140	3 351	3 419	4 870	3 902	3 272	5 106	4 046	—
	37	3 029	2 937	2 768	2 109	3 429	3 094	4 619	3 851	3 711	4 894	3 981	—
	38	2 267	3 116	2 897	2 135	3 416	3 127	4 331	3 711	3 735	4 804	3 822	—
	39	3 321	3 221	3 367	2 312	3 485	3 394	4 336	4 035	4 020	4 768	3 737	—
Oktober	40	3 352	3 460	3 265	2 713	3 229	3 514	4 201	4 288	4 044	5 015	3 574	—
	41	3 435	3 952	3 293	2 918	3 248	3 368	3 949	4 297	3 990	5 008	3 152	—
	42	3 392	4 063	3 364	2 666	3 350	3 558	3 710	4 270	3 954	4 832	3 338	—
	43	3 334	4 129	3 606	2 705	3 466	3 507	3 526	4 282	3 818	4 422	3 551	—
November	44	3 348	4 038	3 722	3 070	3 309	3 442	3 409	4 207	3 714	4 516	3 635	—
	45	3 308	4 055	3 934	3 039	3 077	3 291	3 863	4 090	3 714	4 775	3 897	—
	46	3 412	4 058	4 077	3 034	3 116	3 435	4 179	4 062	3 602	4 903	3 912	—
	47	3 557	4 243	3 963	3 141	3 041	3 273	4 410	4 004	3 357	4 950	4 243	—
	48	3 395	4 502	4 310	3 161	2 980	3 326	4 389	3 691	3 204	4 974	4 303	—
Dezember	49	3 150	4 187	4 414	3 554	2 919	3 281	4 034	3 609	3 416	4 888	4 492	—
	50	3 367	5 149	4 329	3 540	2 836	3 244	4 131	3 216	3 361	4 533	3 923	—
	51	3 564	4 220	4 394	3 389	2 532	3 513	4 041	2 997	3 384	4 490	3 762	—
	52	3 719	3 895	4 379	3 464	2 393	3 598	4 037	2 879	3 221	4 148	3 654	—
	53							4 102					

Schwimmende Mengen von Weizen und Mehl nach Großbritannien in Tausend Quartern.

Monat	Woche	1895	1896	1897	1898	1899	1900	1901	1902	1903	1904	1905	1906
Januar	1	3 362	2 557	2 883	2 045	2 441	1 731	2 582	3 124	2 058	1 870	2 703	2 026
	2	3 433	2 473	2 886	2 040	2 534	1 818	2 610	3 233	2 163	1 897	2 660	1 967
	3	3 560	2 562	2 891	1 929	2 523	1 829	2 739	3 331	2 170	2 048	2 786	2 011
	4	3 535	2 586	2 900	1 884	2 340	1 812	2 785	3 497	2 156	2 232	2 929	2 126
Februar	5	3 380	2 533	2 911	2 001	2 564	1 828	2 698	3 592	2 248	2 471	3 018	2 323
	6	3 522	2 594	2 782	2 129	2 740	1 937	3 027	3 858	2 584	2 724	3 226	2 592
	7	3 616	2 666	2 697	2 251	2 764	2 138	3 314	3 939	2 689	2 865	3 356	2 983
	8	3 647	2 723	2 438	2 346	2 602	2 379	3 587	4 078	2 791	2 981	3 593	3 370
März	9	3 734	2 717	2 221	2 405	2 804	2 590	3 664	4 237	2 878	3 333	3 981	3 671
	10	3 781	2 787	2 063	2 566	3 058	2 811	3 826	4 290	2 838	3 477	4 236	3 842
	11	3 762	2 711	1 958	2 633	3 206	3 064	3 804	4 298	2 638	3 525	4 280	3 926
	12	3 758	2 548	1 779	2 570	3 377	3 104	3 944	4 445	2 606	3 650	4 183	3 937
	13	3 608	2 493	1 758	2 547	3 396	3 340	3 860	4 572	2 362	3 693	4 039	3 944
April	14	3 679	2 432	1 777	2 691	3 303	3 484	4 001	4 340	2 486	3 831	3 359	—
	15	3 737	2 534	1 641	2 671	3 264	3 407	4 145	4 226	2 397	3 895	3 397	—
	16	3 922	2 554	1 510	2 601	3 163	3 343	4 345	4 312	2 244	3 796	3 300	—
	17	3 828	2 528	1 405	2 556	3 183	3 406	4 127	4 349	2 323	4 011	3 230	—
Mai	18	3 855	2 367	1 408	2 511	3 226	3 339	2 709	4 472	2 197	4 140	3 589	—
	19	3 946	2 431	1 423	1 484	3 329	3 335	2 681	4 308	2 656	4 263	3 359	—
	20	4 108	2 511	1 520	1 427	3 486	3 298	2 630	4 272	2 154	4 236	3 397	—
	21	4 165	2 516	1 594	1 521	3 400	3 269	2 601	4 245	2 635	4 165	3 300	—
Juni	22	4 045	2 536	1 379	1 633	3 562	3 230	2 608	4 209	2 222	4 111	3 230	—
	23	3 997	2 689	1 342	1 820	3 577	3 022	2 788	3 875	2 210	4 184	3 151	—
	24	4 022	2 520	1 204	2 127	3 513	2 956	2 915	3 571	2 173	4 160	3 112	—
	25	3 875	2 332	1 055	2 169	3 380	2 681	2 824	3 162	2 123	3 843	3 172	—
	26	3 515	2 220	1 038	2 176	3 334	2 548	2 986	3 009	2 164	3 629	3 183	—
Juli	27	3 501	2 087	991	2 360	3 127	2 491	2 927	2 925	2 202	3 343	3 338	—
	28	3 546	1 912	966	2 458	2 905	2 419	2 957	2 669	2 270	3 272	3 232	—
	29	3 478	1 801	934	2 202	2 743	2 402	2 826	2 456	2 326	3 104	3 036	—
	30	3 311	1 716	841	1 933	2 565	2 409	2 716	2 235	2 224	3 072	2 872	—
August	31	3 059	1 678	770	1 812	2 470	2 436	2 894	1 994	2 116	2 988	2 585	—
	32	2 932	1 616	734	1 723	2 582	2 430	2 809	2 096	2 079	3 115	2 472	—
	33	2 806	1 465	882	1 614	2 362	2 403	2 752	2 211	2 153	3 143	2 356	—
	34	2 202	1 481	906	1 358	2 172	2 373	2 562	2 151	2 101	3 125	2 316	—
	35	2 461	1 616	961	1 254	1 947	2 370	2 438	2 102	2 086	2 978	2 252	—
September	36	2 182	1 642	970	1 188	1 982	2 358	2 336	2 114	2 005	3 018	2 182	—
	37	2 084	1 559	938	1 183	2 012	2 246	2 226	2 027	2 020	3 063	1 945	—
	38	1 125	1 644	1 014	1 234	2 034	2 377	2 217	1 803	1 876	2 888	1 680	—
	39	2 060	1 781	1 161	1 390	1 989	2 421	2 249	1 996	2 189	2 869	1 473	—
Oktober	40	2 068	1 966	1 361	1 595	1 904	2 302	2 199	2 179	2 241	2 889	1 335	—
	41	2 041	2 317	1 593	1 626	1 837	2 214	2 197	2 209	2 177	2 954	1 360	—
	42	2 061	2 450	1 782	1 454	1 863	2 362	2 075	2 278	2 091	2 863	1 199	—
	43	2 068	2 562	1 953	1 414	1 950	2 332	2 095	2 357	1 850	2 848	1 308	—
November	44	2 138	2 551	1 948	1 552	1 925	2 303	2 266	2 399	2 042	2 632	1 534	—
	45	2 178	2 555	2 023	1 567	1 840	2 162	2 497	2 493	1 953	2 730	1 572	—
	46	2 227	2 702	2 013	1 570	1 832	2 138	2 666	2 371	2 067	2 849	1 713	—
	47	2 265	2 766	1 911	1 713	1 838	2 057	2 831	2 346	1 808	2 959	1 844	—
Dezember	48	2 372	2 831	1 989	2 010	1 774	2 224	2 703	2 254	1 724	2 980	1 980	—
	49	2 220	2 880	1 998	2 240	1 820	2 284	2 469	2 192	1 906	2 887	1 880	—
	50	2 271	3 150	1 958	2 322	1 839	2 296	2 651	2 077	1 964	2 868	1 958	—
	51	2 383	3 162	2 029	2 290	1 715	2 501	2 717	1 959	2 020	2 736	1 845	—
	52	2 530	3 068	2 080	2 424	1 632	2 602	2 794	2 002	1 825	2 819	1 875	—
	53					2 875							—

Schwimmende Mengen von Weizen und Mehl nach dem europäischen Festlande in Tausend Quartern.

Monat	Woche	1895	1896	1897	1898	1899	1900	1901	1902	1903	1904	1905	1906
Januar	1	1 200	960	664	2 206	1 169	701	974	1 066	751	1 195	1 470	1 628
	2	1 186	709	558	2 306	1 168	714	831	1 114	919	1 003	1 210	1 617
	3	1 202	610	431	2 275	1 100	822	790	1 160	831	650	1 077	?
	4	1 091	680	495	2 178	1 024	742	796	1 140	763	744	742	1 358
Februar	5	997	697	545	2 230	1 104	725	962	1 364	891	928	895	1 425
	6	1 022	728	610	2 302	1 246	706	1 184	1 366	1 025	1 109	1 142	1 702
	7	892	743	644	2 361	1 348	866	1 274	1 274	881	1 232	1 253	1 914
	8	834	827	574	2 546	1 243	940	1 360	1 166	927	1 276	1 289	2 136
März	9	910	956	561	2 595	1 240	1 075	1 167	1 234	1 044	1 341	1 268	2 048
	10	1 090	1 008	517	2 560	1 483	1 164	1 028	1 296	1 204	1 476	1 468	1 956
	11	1 079	1 091	534	2 534	1 452	1 444	1 148	1 185	1 195	1 642	1 776	?
	12	1 153	1 070	521	2 550	1 396	1 647	1 170	1 302	1 272	1 670	1 983	2 162
	13	1 262	1 104	560	2 462	1 409	1 777	1 376	1 462	1 369	1 711	2 059	2 246
April	14	1 515	1 044	550	2 539	1 410	1 889	1 575	1 734	1 728	1 779	1 995	—
	15	1 628	993	627	2 592	1 462	1 779	1 618	1 776	1 790	1 864	2 023	—
	16	1 598	1 085	582	2 404	1 640	1 721	1 853	1 723	1 875	1 999	2 129	—
	17	1 965	1 313	802	2 420	1 630	1 834	1 866	1 607	1 885	2 109	1 978	—
Mai	18	1 927	1 231	726	2 611	1 708	1 672	2 860	1 499	2 008	2 221	1 994	—
	19	2 017	1 278	638	3 562	1 766	1 698	2 868	1 594	2 234	2 475	2 284	—
	20	1 966	1 418	838	3 590	1 943	1 694	2 956	1 712	2 341	2 412	2 386	—
	21	2 130	1 621	1 031	3 777	1 766	1 796	2 859	1 691	2 344	2 524	2 521	—
Juni	22	2 036	1 433	1 165	3 993	1 775	1 752	2 712	1 576	2 417	2 449	2 353	—
	23	2 261	1 303	1 129	4 384	1 785	1 498	2 606	1 580	2 346	2 460	2 529	—
	24	2 235	1 410	1 085	4 069	1 814	1 447	2 347	1 593	2 296	2 549	2 596	—
	25	2 117	1 435	976	3 796	1 712	1 492	2 296	1 583	2 079	2 527	2 483	—
	26	1 836	1 412	891	2 822	1 718	1 540	2 146	1 271	1 916	2 517	2 401	—
Juli	27	1 772	1 236	877	1 673	1 519	1 405	2 162	1 249	1 748	2 306	2 452	—
	28	1 663	1 088	757	1 524	1 508	1 333	1 893	1 194	1 430	2 170	2 383	—
	29	1 496	817	761	1 343	1 368	1 284	1 765	1 112	1 381	1 928	2 218	—
	30	1 224	816	651	1 150	1 416	1 233	1 617	1 111	1 274	1 911	2 022	—
August	31	1 009	751	686	965	1 298	1 298	1 828	929	1 077	1 851	2 012	—
	32	883	714	645	932	1 439	1 236	2 049	863	987	1 840	1 806	—
	33	809	774	913	938	1 574	1 151	2 355	954	1 150	1 874	1 745	—
	34	926	770	1 132	906	1 568	1 206	2 624	1 052	1 316	1 924	1 673	—
	35	964	1 006	1 130	951	1 444	1 038	2 660	1 387	1 372	1 884	1 833	—
September	36	969	1 231	1 461	952	1 369	1 061	2 534	1 788	1 267	2 017	2 060	—
	37	945	1 378	1 830	926	1 417	848	2 393	1 824	1 721	2 043	2 101	—
	38	1 142	1 472	1 883	901	1 382	750	2 114	1 908	1 859	2 006	2 301	—
	39	1 261	1 440	2 206	922	1 446	973	2 087	2 039	1 831	1 935	2 349	—
Oktober	40	1 284	1 494	1 904	1 118	1 325	1 212	2 002	2 109	1 803	1 879	2 402	—
	41	1 394	1 635	1 700	1 292	1 411	1 154	1 752	2 088	1 832	2 061	2 214	—
	42	1 331	1 613	1 582	1 212	1 487	1 196	1 635	1 992	1 863	2 145	1 953	—
	43	1 266	1 567	1 653	1 291	1 516	1 175	1 431	1 925	1 998	1 984	2 021	—
November	44	1 210	1 487	1 774	1 518	1 384	1 139	1 143	1 808	1 832	1 792	2 017	—
	45	1 130	1 500	1 911	1 472	1 237	1 129	1 366	1 597	1 781	1 786	2 063	—
	46	1 185	1 356	2 064	1 464	1 284	1 297	1 504	1 691	1 625	1 926	2 184	—
	47	1 288	1 477	2 052	1 428	1 203	1 216	1 579	1 658	1 549	1 944	2 068	—
	48	1 023	1 471	2 321	1 151	1 206	1 102	1 686	1 437	1 480	1 970	2 263	—
Dezember	49	930	1 307	2 416	1 314	1 099	997	1 565	1 417	1 510	2 087	2 423	—
	50	1 096	1 199	2 371	1 218	997	948	1 480	1 139	1 397	2 020	2 534	—
	51	1 181	1 058	2 365	1 099	817	1 012	1 324	1 038	1 360	1 797	2 078	—
	52	1 189	827	2 299	1 040	761	996	1 279	877	1 396	1 671	1 887	—
	53							1 227					

25*

Schwimmende Mengen von Roggen nach dem europäischen Festlande in Tausend Quartern.

Monat	Woche	1895	1896	1897	1898	1899	1900	1901	1902	1903	1904	1905	1906
Januar	1	246	183	216	196	206	121	141	271	276	190	115	180
	2	253	118	145	184	208	146	134	226	277	135	94	146
	3	277	109	105	163	177	163	100	191	264	112	69	165
	4	299	102	86	216	170	88	77	177	216	79	61	196
Februar	5	178	74	90	222	188	62	97	201	229	149	68	190
	6	151	81	132	245	226	93	111	219	263	203	57	235
	7	181	160	127	182	196	107	95	252	260	215	112	194
	8	220	192	157	225	199	107	128	245	266	169	104	177
März	9	205	193	177	288	145	83	151	191	293	230	101	151
	10	157	150	198	257	117	133	168	241	348	215	183	110
	11	179	214	226	204	83	131	152	217	298	251	187	85
	12	202	230	273	188	100	153	171	268	347	236	138	144
	13	180	235	288	226	115	134	146	246	441	206	155	103
April	14	246	324	296	208	155	140	201	271	364	163	119	113
	15	367	365	335	172	94	125	197	294	246	167	143	—
	16	423	258	337	216	120	129	176	285	295	204	128	—
	17	417	193	362	181	202	118	259	309	458	205	149	—
Mai	18	483	253	294	274	217	124	244	329	511	293	179	—
	19	434	329	328	352	247	299	228	357	417	369	236	—
	20	534	408	342	527	262	336	315	338	376	352	210	—
	21	557	391	418	647	314	253	412	261	385	335	226	—
	22	435	362	430	609	481	316	394	333	438	290	269	—
Juni	23	419	312	492	729	431	268	485	376	520	309	349	—
	24	509	393	433	642	424	353	505	346	469	275	371	—
	25	431	403	336	591	396	296	378	366	439	233	377	—
	26	461	390	323	443	337	342	344	397	388	206	404	—
Juli	27	425	446	334	357	229	377	249	285	408	249	329	—
	28	462	349	295	258	281	348	213	243	334	277	247	—
	29	438	312	319	294	250	367	115	208	362	299	263	—
	30	541	428	328	235	164	393	155	176	270	279	298	—
August	31	497	399	298	219	129	268	172	144	206	300	283	—
	32	384	229	202	198	130	187	220	174	178	310	351	—
	33	260	206	253	227	80	290	179	248	185	203	135	—
	34	192	211	326	208	105	211	186	366	255	150	162	—
	35	155	229	317	111	133	252	337	412	291	267	202	—
September	36	216	288	321	183	121	182	323	548	271	199	347	—
	37	283	328	265	165	189	164	325	641	336	184	338	—
	38	496	253	261	247	161	245	261	738	396	210	468	—
	39	406	250	256	253	154	319	418	754	401	266	490	—
Oktober	40	316	372	349	299	180	241	495	717	290	224	449	—
	41	387	353	284	281	193	334	464	720	264	180	522	—
	42	338	426	220	266	232	349	352	690	222	262	483	—
	43	380	457	236	247	239	425	399	610	275	291	424	—
November	44	354	455	267	362	187	414	539	551	390	261	333	—
	45	334	380	359	394	310	261	597	499	442	270	328	—
	46	296	396	371	393	289	294	481	620	382	264	325	—
	47	243	425	452	308	199	242	458	722	410	290	338	—
	48	213	232	448	279	193	319	478	672	326	276	380	—
Dezember	49	184	288	301	262	247	291	306	581	308	364	369	—
	50	217	324	254	292	228	289	276	407	310	331	277	—
	51	268	265	221	264	171	181	245	263	292	270	275	—
	52	215	231	217	210	162	189	291	207	207	196	242	—
	53						170						

Schwimmende Mengen von Mais nach Großbritannien in Tausend Quartern.

Monat	Woche	1895	1896	1897	1898	1899	1900	1901	1902	1903	1904	1905	1906
Januar	1	544	690	1 180	779	870	828	898	831	560	668	775	861
	2	526	699	1 223	516	708	756	917	774	618	674	796	922
	3	485	680	1 163	592	677	681	964	633	596	630	846	839
	4	454	749	1 162	673	712	661	824	531	569	747	904	837
Februar	5	397	876	1 110	780	850	627	780	518	571	757	871	857
	6	402	962	992	833	796	650	637	443	533	826	831	888
	7	375	978	976	784	663	715	765	423	519	817	693	936
	8	324	993	956	727	650	809	656	343	534	646	723	958
März	9	304	877	1 009	655	751	732	676	424	507	646	688	924
	10	286	954	903	697	826	610	564	452	557	726	627	874
	11	253	804	912	730	830	544	515	472	630	770	448	648
	12	237	696	965	702	791	534	486	429	663	703	397	507
	13	201	566	838	734	691	593	538	425	603	617	375	—
April	14	223	562	772	715	615	684	513	459	564	598	387	—
	15	196	519	1 744	666	519	579	491	501	471	562	371	—
	16	195	448	811	513	500	696	525	460	494	488	359	—
	17	153	438	682	476	496	554	509	520	492	435	338	—
Mai	18	211	486	563	547	563	607	518	585	561	448	397	—
	19	238	593	506	869	619	717	649	762	638	415	439	—
	20	301	639	503	1 042	637	799	773	883	657	457	582	—
	21	346	611	516	916	670	872	830	902	591	528	719	—
	22	397	605	458	1 020	718	719	909	939	549	560	691	—
Juni	23	425	543	509	923	622	587	994	1 055	719	668	725	—
	24	439	564	442	902	770	517	946	1 025	731	729	797	—
	25	450	621	477	774	855	556	896	873	904	834	812	—
	26	493	654	520	737	842	636	1 020	825	1 146	992	781	—
Juli	27	478	701	663	644	812	703	1 033	875	1 277	962	905	—
	28	654	644	736	612	747	820	979	863	1 120	968	937	—
	29	692	709	659	587	699	784	811	896	1 098	968	919	—
	30	771	830	480	663	628	781	872	1 002	1 115	1 064	930	—
August	31	844	944	560	636	733	832	870	951	1 109	1 001	1 111	—
	32	875	1 001	745	746	852	841	897	809	1 211	913	1 165	—
	33	881	1 097	753	710	891	721	956	760	1 197	950	1 241	—
	34	838	1 103	626	693	823	701	933	647	1 267	1 035	1 244	—
	35	793	1 234	623	641	861	695	900	588	1 408	1 198	1 294	—
September	36	743	1 244	747	741	825	668	926	575	1 503	1 275	1 317	—
	37	683	1 173	754	647	845	605	857	514	1 374	1 445	1 265	—
	38	688	1 219	807	540	968	658	765	551	1 411	1 496	1 117	—
	39	645	1 133	647	609	1 006	633	812	663	1 420	1 475	1 090	—
Oktober	40	628	1 181	429	583	982	516	721	823	1 264	1 373	995	—
	41	594	1 129	379	650	986	476	592	793	1 278	1 403	1 005	—
	42	623	1 015	353	590	1 086	530	567	833	1 238	1 436	825	—
	43	645	1 069	302	608	1 041	538	524	822	1 283	1 271	705	—
November	44	619	1 089	339	654	1 047	615	526	797	1 220	1 233	636	—
	45	543	1 008	410	685	1 116	692	445	689	1 089	1 091	654	—
	46	503	995	415	713	1 149	722	456	643	930	1 100	675	—
	47	551	1 035	513	733	1 094	684	484	570	963	1 076	804	—
	48	567	881	577	850	1 192	794	599	489	916	1 006	833	—
Dezember	49	590	885	581	789	1 048	897	672	456	894	922	839	—
	50	629	893	712	802	1 016	888	720	443	823	1 264	832	—
	51	637	952	678	811	926	870	791	482	829	843	788	—
	52	653	989	785	942	890	873	915	441	751	820	692	—
	53		1 042										

Schwimmende Mengen von Mais nach dem europäischen Festlande in Tausend Quartern.

Monat	Woche	1895	1896	1897	1898	1899	1900	1901	1902	1903	1904	1905	1906
Januar	1	189	593	699	1 045	1 392	1 178	1 237	587	488	805	1 425	1 332
	2	134	609	874	1 034	1 247	1 052	1 236	560	431	654	1 449	1 606
	3	148	554	922	816	997	992	1 033	374	469	534	1 562	?
	4	142	534	903	861	812	980	887	362	385	443	1 475	1 678
Februar	5	152	550	786	965	868	963	830	374	363	378	1 448	1 784
	6	184	607	914	930	985	980	912	416	427	472	1 518	1 952
	7	144	713	1 055	980	941	983	1 043	479	523	451	1 264	1 635
	8	104	673	1 175	919	778	1 122	838	434	766	499	1 376	1 364
März	9	98	649	1 129	1 046	745	1 050	777	384	893	454	1 576	1 053
	10	123	789	1 088	1 119	906	775	831	359	966	479	1 316	934
	11	137	647	1 124	950	941	621	679	379	829	521	951	?
	12	122	634	1 169	1 140	908	675	699	471	851	626	1 025	645
	13	135	655	1 276	993	809	607	857	569	983	625	815	670
April	14	184	676	1 197	1 096	820	639	690	551	805	559	889	—
	15	188	703	1 242	1 106	827	566	720	414	629	481	778	—
	16	163	581	1 009	1 024	725	615	509	494	567	420	721	—
	17	185	516	901	797	708	721	441	450	456	304	728	—
Mai	18	221	495	889	1 089	758	662	403	518	471	301	599	—
	19	204	555	834	1 140	701	676	431	528	497	346	605	—
	20	243	447	706	1 336	644	580	652	436	524	331	519	—
	21	234	364	752	1 567	746	635	762	482	572	399	529	—
	22	203	423	649	1 467	801	720	948	572	782	377	521	—
Juni	23	188	539	631	1 366	937	808	1 014	795	947	504	581	—
	24	255	550	538	1 232	989	910	1 053	991	813	664	740	—
	25	309	464	390	1 095	937	1 065	1 242	1 149	921	757	658	—
	26	406	423	431	971	885	983	1 237	1 167	886	852	779	—
Juli	27	437	434	518	765	824	1 036	1 169	1 146	917	830	953	—
	28	404	494	480	801	1 030	1 003	1 255	1 027	841	801	957	—
	29	401	538	507	884	1 091	1 052	1 193	993	899	876	987	—
	30	451	502	582	870	958	1 079	1 044	771	994	939	1 083	—
August	31	489	504	612	967	939	1 024	1 017	727	1 059	964	1 197	—
	32	392	520	617	1 074	1 174	961	982	578	957	941	1 175	—
	33	424	594	699	1 112	1 293	813	924	588	1 118	951	1 243	—
	34	459	639	807	1 132	1 449	732	814	592	1 009	971	1 147	—
September	35	457	729	683	1 078	1 501	787	732	602	1 169	1 047	1 097	—
	36	496	789	620	1 041	1 538	771	635	552	1 159	948	1 133	—
	37	497	684	631	1 011	1 369	688	509	487	1 129	896	1 105	—
	38	458	735	635	1 041	1 157	612	449	472	1 114	974	1 055	—
Oktober	39	519	811	583	853	1 347	492	385	480	1 098	938	1 030	—
	40	488	823	648	828	1 268	464	303	549	970	987	968	—
	41	445	889	502	869	1 405	467	302	524	933	947	812	—
	42	383	997	490	867	1 432	580	232	528	935	979	762	—
November	43	377	973	440	792	1 393	691	278	545	877	998	674	—
	44	346	1 045	419	856	1 212	586	279	487	872	916	565	—
	45	365	1 004	433	929	1 220	527	291	420	984	1 036	597	—
	46	399	915	522	919	1 400	590	331	411	897	1 078	664	—
	47	428	926	709	1 049	1 496	791	366	359	895	1 141	812	—
Dezember	48	482	930	588	1 065	1 472	1 060	424	377	915	1 229	923	—
	49	489	926	877	1 159	1 507	1 252	510	424	928	1 198	916	—
	50	534	889	1 046	1 326	1 408	1 321	549	448	831	1 160	998	—
	51	553	862	1 109	1 330	1 346	1 148	556	478	889	1 119	1 178	—
	52	562	793	1 154	1 367	1 216	1 302	600	381	887	1 375	1 206	—
	53						1 108						—

Schwimmende Mengen von Gerste nach Großbritannien in Tausend Quartern.

Monat	Woche	1895	1896	1897	1898	1899	1900	1901	1902	1903	1904	1905	1906
Januar	1	552	455	588	557	278	641	441	724	558	934	609	397
	2	496	429	453	511	241	617	413	796	549	1 045	591	374
	3	459	420	478	452	243	621	381	823	586	1 007	553	?
	4	427	466	552	434	266	608	407	747	567	918	565	442
Februar	5	343	468	443	441	294	550	464	695	593	893	568	440
	6	384	456	412	483	309	532	459	677	574	867	527	388
	7	372	466	385	536	304	557	409	623	552	813	480	380
	8	342	410	397	574	235	549	369	562	498	829	473	378
März	9	303	425	317	508	181	541	362	506	409	738	463	271
	10	256	367	307	424	156	490	303	510	408	702	460	294
	11	205	325	270	392	171	437	306	427	385	733	466	?
	12	145	217	267	391	184	412	261	452	331	669	405	239
	13	159	248	271	375	166	462	208	422	250	545	369	277
April	14	142	302	260	380	112	474	276	317	230	468	265	—
	15	234	310	249	303	140	403	338	305	274	497	297	—
	16	322	304	248	261	118	325	301	281	341	528	272	—
	17	362	308	236	169	138	309	276	290	279	525	300	—
Mai	18	297	290	266	147	186	318	258	340	251	522	314	—
	19	291	294	255	283	173	290	286	343	244	576	363	—
	20	339	363	223	359	161	268	241	321	261	504	399	—
	21	296	371	267	391	226	229	226	301	243	452	318	—
	22	249	459	273	313	263	192	260	270	229	415	251	—
Juni	23	274	458	244	274	254	224	253	263	250	366	240	—
	24	297	374	232	222	243	245	201	238	258	326	217	—
	25	302	324	223	179	215	272	220	199	279	333	171	—
	26	318	261	251	170	169	277	210	204	297	378	101	—
Juli	27	332	192	266	239	186	218	203	201	395	422	122	—
	28	294	246	214	252	181	173	171	141	263	388	124	—
	29	278	274	251	148	115	185	110	136	309	391	124	—
	30	297	317	232	115	118	156	123	127	298	409	123	—
August	31	283	358	260	145	184	166	115	208	262	394	125	—
	32	247	312	207	148	225	182	134	323	312	416	158	—
	33	259	284	210	97	245	154	203	384	361	374	260	—
	34	311	289	301	119	247	295	294	453	513	390	337	—
	35	340	305	371	156	346	313	433	520	655	414	357	—
September	36	379	439	335	233	366	355	499	578	820	450	419	—
	37	415	520	371	322	390	447	667	673	890	477	420	—
	38	451	509	367	398	379	568	750	602	894	605	481	—
	39	478	555	476	392	453	636	740	702	847	660	590	—
Oktober	40	518	732	543	483	516	672	773	908	806	590	609	—
	41	508	704	542	461	545	588	652	946	913	492	629	—
	42	435	697	571	480	567	567	619	889	892	574	575	—
	43	421	651	567	481	525	586	730	852	895	609	556	—
November	44	483	827	623	451	536	581	843	993	1 014	541	543	—
	45	489	918	681	504	644	624	895	990	1 012	463	555	—
	46	526	840	724	422	639	530	884	1 013	967	398	640	—
	47	579	752	626	374	668	552	950	846	922	492	620	—
	48	568	767	600	496	619	562	834	815	900	578	560	—
Dezember	49	509	724	637	487	618	567	675	800	916	470	574	—
	50	536	727	688	470	679	567	718	708	974	519	496	—
	51	549	717	669	398	641	493	660	658	940	554	411	—
	52	533	629	620	319	648	484	694	531	964	598	407	—
	53						484						

Schwimmende Mengen von Gerste nach dem europdischen Festlande in Tausend Quartern.

Monat	Woche	1895	1896	1897	1898	1899	1900	1901	1902	1903	1904	1905	1906
Januar	1	470	284	391	474	391	269	151	276	292	512	519	406
	2	481	203	299	339	339	228	161	229	283	320	331	435
	3	397	122	243	256	223	191	102	221	316	277	219	?
	4	323	88	193	166	263	170	117	169	282	263	222	322
Februar	5	292	76	150	175	285	150	112	234	263	261	200	475
	6	274	89	158	166	238	168	170	250	268	336	266	537
	7	305	88	181	202	252	202	139	294	230	527	340	539
	8	171	103	235	228	222	191	136	276	279	543	359	619
März	9	174	101	177	215	211	137	200	195	305	514	287	593
	10	183	126	194	198	135	138	177	227	338	395	452	465
	11	247	120	228	203	155	135	135	207	409	535	404	?
	12	258	130	174	215	184	135	151	234	358	493	467	492
	13	297	162	223	244	237	119	155	193	370	397	365	528
April	14	443	233	257	279	189	96	163	269	389	271	241	—
	15	553	227	297	285	256	84	147	315	306	308	317	—
	16	576	202	274	321	224	92	152	325	373	430	319	—
	17	545	198	263	263	335	104	193	283	489	464	305	—
Mai	18	558	226	259	406	382	117	232	229	578	588	407	—
	19	523	311	246	630	381	198	278	210	459	591	587	—
	20	484	433	211	590	331	178	347	251	470	592	513	—
	21	491	490	243	543	317	209	323	168	510	615	531	—
	22	500	425	210	390	417	181	252	167	403	550	589	—
Juni	23	395	382	245	393	348	150	208	189	415	367	621	—
	24	362	359	291	276	398	181	166	201	352	442	694	—
	25	366	336	308	180	444	207	186	234	344	404	748	—
	26	337	233	307	170	319	191	202	228	372	415	684	—
Juli	27	333	189	376	123	168	177	148	159	463	424	506	—
	28	263	213	375	111	248	126	118	144	461	414	390	—
	29	223	211	401	100	203	88	64	84	504	449	396	—
	30	240	187	303	152	145	107	75	51	305	519	380	—
August	31	205	160	296	197	87	54	136	121	273	469	305	—
	32	199	166	227	199	90	60	300	300	320	498	351	—
	33	279	168	371	164	173	110	408	413	584	586	537	—
	34	339	150	455	257	232	211	345	673	828	737	770	—
	35	330	258	390	287	313	313	557	787	925	772	936	—
September	36	453	438	397	476	298	353	524	878	946	916	924	—
	37	416	570	528	506	440	390	546	837	1 072	873	958	—
	38	564	521	614	526	400	430	530	930	1 123	958	1 123	—
	39	551	629	556	595	652	478	652	908	1 210	774	1 029	—
Oktober	40	523	719	627	848	619	381	678	998	1 015	769	1 032	—
	41	642	719	661	969	647	459	568	843	1 121	724	969	—
	42	517	746	624	845	510	404	515	783	1 127	794	893	—
	43	509	648	631	753	495	462	572	773	970	905	819	—
November	44	486	581	686	624	537	505	633	825	978	846	850	—
	45	464	664	675	685	507	356	712	689	834	690	921	—
	46	443	743	609	616	484	364	574	672	1 004	712	785	—
	47	463	702	578	695	444	387	465	586	908	805	852	—
	48	334	508	586	813	424	429	361	519	717	809	730	—
Dezember	49	344	450	628	474	438	384	322	546	812	941	841	—
	50	492	503	660	345	356	373	275	429	676	994	949	—
	51	541	527	676	439	264	208	218	340	738	647	656	—
	52	389	470	566	433	243	86	271	267	562	702	528	—
	53						97						

Schwimmende Mengen v. Hafer nach Großbritannien und dem europäischen Festlande in Tausend Quartern.

Monat	Woche	1898	1899	1900	1901	1902	1903	1904	1905	1906
Januar	1	392	178	404	451	385	368	264	513	473
	2	381	250	389	413	355	236	265	389	425
	3	379	269	343	438	340	274	219	325	?
	4	425	203	307	450	253	485	213	399	509
Februar	5	449	267	346	454	235	474	209	603	672
	6	469	250	322	661	143	445	385	574	840
	7	369	227	404	637	170	526	387	354	820
	8	476	228	417	450	228	481	371	386	734
März	9	427	223	380	503	287	312	225	387	827
	10	490	224	395	467	336	331	297	703	674
	11	493	196	553	422	222	503	252	634	?
	12	354	239	490	422	259	482	292	514	498
	13	336	236	402	490	217	502	412	630	590
April	14	346	185	361	533	267	429	223	673	—
	15	282	180	359	634	251	351	163	535	—
	16	255	268	356	486	226	384	232	436	—
	17	314	343	435	612	213	429	191	543	—
Mai	18	400	290	459	634	166	400	184	710	—
	19	428	261	506	664	258	353	240	564	—
	20	535	293	700	783	315	498	245	734	—
	21	640	380	756	723	259	580	414	686	—
	22	723	457	678	667	283	516	147	684	—
Juni	23	710	534	575	722	242	270	187	910	—
	24	636	439	666	808	214	275	234	881	—
	25	614	388	779	652	306	450	255	894	—
	26	511	411	764	552	287	478	282	859	—
Juli	27	601	454	783	562	431	491	221	801	—
	28	488	450	635	641	272	523	201	781	—
	29	520	430	754	702	184	530	205	787	—
	30	550	405	665	625	215	549	205	669	—
August	31	525	349	578	515	264	509	166	741	—
	32	429	318	771	551	162	419	154	732	—
	33	331	342	719	608	341	423	186	826	—
	34	363	373	578	489	478	405	201	939	—
	35	363	509	614	561	327	404	237	835	—
September	36	337	764	520	656	427	370	226	801	—
	37	293	800	696	527	486	436	211	967	—
	38	362	711	828	545	563	440	230	827	—
	39	342	789	796	597	821	474	271	605	—
Oktober	40	385	916	878	515	856	326	302	930	—
	41	465	811	745	517	705	396	545	1 072	—
	42	436	568	738	479	670	384	572	873	—
	43	312	567	678	497	533	348	353	712	—
November	44	300	433	503	462	505	388	476	722	—
	45	362	343	557	471	639	386	478	669	—
	46	411	279	548	369	711	467	493	883	—
	47	356	446	448	328	700	362	770	897	—
	48	247	490	514	343	802	314	666	888	—
Dezember	49	209	399	497	372	785	360	614	701	—
	50	210	370	518	336	532	438	578	766	—
	51	276	330	479	378	538	312	540	623	—
	52	146	316	479	399	420	269	622	603	—
	53			429						

Sichtbare Bestände von Weizen östlich vom Felsengebirge in Tausend Bushel.

	1895 bis 1896	1896 bis 1897	1897 bis 1898	1898 bis 1899	1899 bis 1900	1900 bis 1901	1901 bis 1902	1902 bis 1903	1903 bis 1904	1904 bis 1905	1905 bis 1906
Aug. 7	46 227	57 892	23 295	11 430	49 155	60 398	38 959	32 293	21 532	19 515	21 314
14	44 837	57 312	22 245	9 892	48 503	61 504	38 097	31 352	21 259	20 008	24 406
21	43 471	57 171	22 168	8 494	47 848	63 995	37 428	31 558	21 252	19 678	23 868
28	44 734	57 588	20 362	8 605	46 966	65 195	39 348	32 366	21 558	20 027	22 565
Sept. 4	48 591	58 692	20 073	10 499	48 087	66 240	42 242	33 579	22 824	20 905	21 705
11	50 551	59 838	22 973	12 284	50 922	69 003	44 726	34 977	23 867	21 474	19 656
18	53 260	62 061	24 024	15 376	56 229	72 321	48 393	36 153	26 046	21 775	21 529
25	56 080	61 904	29 194	15 982	57 666	73 852	51 442	40 454	29 015	24 233	25 842
Okt. 2	59 174	63 905	31 508	22 857	60 030	76 071	53 790	44 217	33 043	29 230	28 894
9	63 880	67 396	34 320	26 026	64 362	75 535	55 727	47 961	35 036	33 828	35 443
16	67 665	71 276	36 594	29 463	69 218	77 408	58 227	54 628	38 216	39 985	39 385
23	72 916	75 287	38 506	29 487	72 493	70 164	63 181	58 815	41 644	42 824	44 087
30	76 497	76 666	42 609	31 870	74 583	81 361	64 616	63 480	43 463	46 215	47 841
Nov. 6	81 135	78 597	44 919	33 930	77 195	82 238	67 100	67 490	49 269	48 752	53 745
13	85 488	80 250	48 062	39 153	79 123	83 636	74 470	69 630	52 882	52 882	56 235
20	86 009	79 053	48 758	42 985	81 039	85 776	80 011	72 968	56 113	55 623	59 509
27	87 688	76 383	49 859	45 993	83 397	85 064	85 631	77 288	56 857	58 311	62 605
Dez. 4	87 925	73 986	50 112	45 914	84 687	86 591	91 023	78 352	59 050	60 387	62 402
11	92 396	71 787	50 395	48 338	86 757	86 407	94 449	80 527	60 136	59 016	61 694
18	96 032	73 023	51 448	52 956	87 260	86 939	94 849	81 894	59 634	60 411	65 760
25	97 769	72 444	52 738	52 249	88 907	87 926	94 736	82 209	60 736	60 601	66 349
Jan. 1	98 414	72 815	54 173	50 126	89 265	87 911	94 900	80 769	61 827	61 240	69 867
8	99 085	72 825	54 311	51 057	89 252	88 456	93 572	81 071	63 461	60 145	71 634
15	98 908	71 563	52 680	51 579	88 992	89 278	93 213	81 054	63 751	59 585	72 863
22	98 436	70 042	52 149	51 927	89 638	87 968	91 331	82 332	63 120	58 697	73 993
29	97 952	68 088	51 105	51 648	88 500	87 408	88 800	81 748	62 013	58 704	73 919
Febr. 5	96 663	66 197	50 061	51 737	87 463	86 324	87 177	81 348	62 118	57 697	75 151
12	96 456	64 960	49 413	52 430	86 608	87 412	86 594	80 957	61 535	53 179	71 550
19	95 384	63 496	48 248	52 244	85 750	84 095	84 593	80 483	58 391	55 400	70 648
26	94 538	61 660	46 532	52 135	85 093	82 503	84 315	78 081	56 688	55 449	70 539
März 5	92 853	60 455	44 990	51 085	85 570	80 704	82 790	76 336	55 459	52 907	70 530
12	92 464	59 206	44 167	51 102	84 335	79 300	80 441	74 114	53 584	51 774	70 480
19	91 237	58 239	42 570	51 380	82 807	77 527	78 842	72 246	51 286	49 040	69 764
26	90 497	56 288	40 827	51 686	81 542	76 350	75 598	70 141	50 435	47 534	68 743
April 2	89 156	55 946	40 901	51 238	79 690	75 501	73 576	67 954	49 639	46 835	66 599
9	87 570	54 717	40 577	51 747	77 113	73 879	70 112	64 573	49 358	45 301	64 619
16	86 180	52 969	39 141	51 161	75 840	69 967	65 162	60 247	48 241	43 930	63 013
23	84 747	52 800	35 045	49 189	74 172	66 235	59 194	56 095	46 235	42 316	—
30	80 388	49 684	31 042	47 258	70 764	63 631	54 610	52 585	45 307	40 158	—
Mai 7	77 737	45 533	29 826	45 644	67 268	60 298	50 476	49 858	43 027	37 641	—
14	75 108	42 480	28 525	43 520	63 602	58 941	46 672	44 764	38 790	34 582	—
21	71 333	39 987	29 325	42 742	61 079	54 649	41 993	40 030	36 445	32 259	—
28	68 773	37 975	29 226	40 349	58 705	50 963	37 676	36 040	31 511	30 254	—
Juni 4	66 919	35 222	27 479	42 092	67 617	47 109	35 067	33 947	29 685	28 532	—
11	65 190	32 554	24 074	43 122	57 311	45 610	32 106	29 495	26 878	25 971	—
18	63 467	29 618	23 240	43 811	57 428	45 043	29 047	27 124	24 671	24 134	—
25	61 364	27 090	20 784	44 750	58 119	42 017	27 453	25 908	22 800	22 381	—
Juli 2	59 422	25 730	18 069	46 870	58 523	39 317	26 786	24 142	21 131	20 476	—
9	59 841	24 284	15 880	46 892	59 063	37 819	27 793	22 082	20 490	19 139	—
16	59 506	22 128	15 632	47 596	58 238	35 977	28 165	20 154	19 200	18 118	—
23	59 296	22 331	12 639	49 174	57 613	36 433	29 688	20 293	18 322	17 825	—
30	58 414	23 793	12 325	48 622	58 622	38 851	31 436	21 480	19 508	20 075	—
						40 924					

Sichtbare Bestände von Weizen in Großbritannien in 100 000 Bushel.

	1895	1896	1897	1898	1899	1900	1901	1902	1903	1904	1905	1906
Januar	10,3	16,4	10,8	8,1	4,7	13,2	13,5	11,5	10,4	14,6	19,1	14,7
Februar	11,8	12,1	11,4	5,6	5,2	11,7	11,6	10,0	8,4	12,9	17,6	11,6
März	9,9	10,1	12,5	3,6	5,2	8,7	10,4	7,4	6,9	11,0	14,4	8,8
April	10,1	10,0	12,5	5,3	5,2	6,3	10,3	6,9	9,0	10,7	15,2	8,7
Mai	10,0	9,1	10,5	4,5	5,2	8,1	11,6	7,1	6,0	10,0	15,7	—
Juni	10,5	7,3	11,3	4,8	7,3	9,4	9,4	10,2	7,0	11,8	14,8	—
Juli	14,4	9,9	13,1	6,2	8,9	12,6	10,0	10,2	10,1	14,1	13,2	—
August	18,2	10,5	9,6	7,5	11,2	12,3	9,8	10,4	11,7	13,8	15,8	—
September	22,3	9,8	6,2	6,4	13,6	12,9	13,2	9,6	12,9	13,6	17,4	—
Oktober	24,5	8,1	4,8	4,5	13,0	14,1	13,3	9,3	12,3	14,5	19,8	—
November	21,1	7,8	6,7	4,7	12,5	16,0	13,2	11,8	14,6	18,4	16,8	—
Dezember	18,4	9,6	9,0	5,7	14,4	15,7	13,8	12,3	15,2	20,2	15,2	—

Monatliche Verschiffungen nach Europa von Weizen und Mehl in Quartern.

	Küste des Atlantischen Meeres. Weizen	Küste des Atlantischen Meeres. Mehl	Kalifornische Küste. Mehl	Oregon und Tacoma. Weizen und Mehl	Schwarzes Meer und Nord-Rußland. Weizen	Indien. Weizen	Argentinien. Weizen	Ungarn Deutschland Nordafrika. Weizen und Mehl	Gesamtsumme von Weizen und Mehl
1895—1896									
August	346 000	328 000	131 000	24 000	1 843 000	453 000	52 000	394 000	3 571 000
September	473 000	495 000	118 000	52 000	1 803 000	212 000	14 000	286 000	3 453 000
Oktober	364 000	469 000	193 000	172 000	2 324 000	65 000	14 000	282 000	3 883 000
November	617 000	614 000	292 000	226 000	2 694 000	89 000	32 000	365 000	4 929 000
Dezember	508 000	477 000	170 000	192 000	1 894 000	86 000	112 000	312 000	3 751 000
Januar	573 000	591 000	246 000	92 000	921 000	52 000	59 000	275 000	2 809 000
Summe des 1. Halbjahrs	2 881 000	2 974 000	1 150 000	758 000	11 479 000	957 000	283 000	1 914 000	22 396 000
Februar	463 000	771 000	162 000	138 000	1 472 000	31 000	494 000	351 000	3 882 000
März	305 000	430 000	70 000	44 000	1 258 000	58 000	563 000	287 000	3 015 000
April	263 000	362 000	84 000	30 000	1 594 000	50 000	390 000	275 000	3 048 000
Mai	523 000	347 000	66 000	—	2 873 000	159 000	420 000	321 000	4 709 000
Juni	860 000	400 000	51 000	28 000	2 262 000	79 000	187 000	285 000	4 092 000
Juli	627 000	416 000	35 000	—	1 393 000	74 000	60 000	187 000	2 791 000
Summe des 2. Halbjahrs	3 031 000	2 725 000	468 000	240 000	10 852 000	451 000	2 054 000	1 706 000	21 527 000
Gesamtsumme	5 912 000	5 699 000	1 618 000	998 000	22 331 000	1 408 000	2 337 000	3 620 000	43 923 000
1896—1897									
August	630 000	593 000	196 000	57 000	1 309 000	37 000	41 000	208 000	2 954 000
September	840 000	515 000	367 000	57 000	2 071 000	35 000	30 000	228 000	4 143 000
Oktober	1 126 000	644 000	311 000	317 000	3 371 000	19 000	55 000	352 000	6 195 000
November	664 000	583 000	218 000	295 000	2 424 000	—	37 000	298 000	4 509 000
Dezember	543 000	509 000	110 000	223 000	2 009 000	—	46 000	482 000	3 922 000
Januar	531 000	560 000	231 000	102 000	1 286 000	—	9 000	565 000	3 283 000
Summe des 1. Halbjahrs	4 324 000	3 404 000	1 373 000	994 000	12 469 000	91 000	218 000	2 133 000	25 006 000
Februar	419 000	371 000	60 000	31 000	1 101 000	—	67 000	112 000	2 191 000
März	299 000	384 000	30 000	—	983 000	—	106 000	153 000	1 955 000
April	377 000	346 000	19 000	—	1 362 000	—	21 000	144 000	2 268 000
Mai	677 000	409 000	27 000	12 000	2 500 000	11 000	20 000	165 000	3 810 000
Juni	760 000	327 000	35 000	14 000	1 877 000	27 000	—	69 000	3 083 000
Juli	593 000	547 000	84 000	13 000	1 699 000	—	—	83 000	3 046 000
Summe des 2. Halbjahrs	3 115 000	2 384 000	255 000	70 000	9 522 000	38 000	204 000	766 000	16 354 000
Gesamtsumme	7 439 000	5 788 000	1 628 000	1 064 000	21 991 000	129 000	422 000	2 889 000	41 360 000

Monatliche Verschiffungen nach Europa von Weizen und Mehl in Quartern.

	Küste des Atlantischen Meeres. Weizen	Küste des Atlantischen Meeres. Mehl	Kalifornische Küste. Mehl	Oregon und Tacoma. Weizen und Mehl	Schwarzes Meer und Nord-Rußland. Weizen	Indien. Weizen	Argentinien. Weizen	Ungarn Deutschland Nordafrika. Weizen und Mehl	Gesamtsumme von Weizen und Mehl
1897—1898									
August	1 445 000	501 000	106 000	—	1 284 000	7 000	—	137 000	3 480 000
September	1 834 000	481 000	298 000	196 000	1 803 000	—	—	107 000	4 719 000
Oktober	1 975 000	616 000	302 000	397 000	2 164 000	51 000	—	46 000	5 551 000
November	1 446 000	625 000	254 000	465 000	1 753 000	57 000	—	67 000	4 657 000
Dezember	1 233 000	622 000	182 000	375 000	1 411 000	36 000	2 000	107 000	3 968 000
Januar	1 215 000	773 000	175 000	410 000	1 052 000	32 000	157 000	90 000	3 904 000
Summe des 1. Halbjahrs	9 148 000	3 618 000	1 317 000	1 833 000	9 467 000	183 000	159 000	554 000	26 279 000
Februar	697 000	580 000	94 000	210 000	1 202 000	37 000	517 000	226 000	3 563 000
März	774 000	636 000	98 000	205 000	1 086 000	86 000	735 000	237 000	3 857 000
April	1 104 000	513 000	102 000	239 000	2 004 000	427 000	758 000	249 000	5 396 000
Mai	1 217 000	352 000	16 000	54 000	2 384 000	851 000	498 000	360 000	5 732 000
Juni	1 646 000	404 000	7 000	111 000	2 083 000	1 191 000	199 000	79 000	5 720 000
Juli	1 071 000	395 000	17 000	74 000	1 001 000	791 000	31 000	128 000	3 508 000
Summe des 2. Halbjahrs	6 509 000	2 880 000	334 000	893 000	9 760 000	3 383 000	2 788 000	1 279 000	27 776 000
Gesamtsumme	15 657 000	6 498 000	1 651 000	2 726 000	19 227 000	3 556 000	2 897 000	1 833 000	54 055 000
1898—1899									
August	1 195 000	411 000	32 000	15 000	629 000	136 000	—	116 000	2 534 000
September	1 290 000	508 000	15 000	71 000	1 016 000	62 000	—	75 000	3 037 000
Oktober	2 052 000	695 000	13 000	285 000	2 225 000	86 000	5 000	84 000	5 440 000
November	1 527 000	696 000	40 000	206 000	1 300 000	180 000	5 000	174 000	4 126 000
Dezember	2 456 000	973 000	67 000	294 000	1 091 000	182 000	—	182 000	5 245 000
Januar	1 534 000	879 000	44 000	160 000	704 000	262 000	6 000	54 000	3 643 000
Summe des 1. Halbjahrs	10 054 000	4 160 000	211 000	1 031 000	6 965 000	908 000	11 000	685 000	24 025 000
Februar	1 223 000	650 000	59 000	153 000	638 000	168 000	487 000	287 000	3 665 000
März	1 063 000	691 000	11 000	170 000	554 000	119 000	822 000	288 000	3 718 000
April	679 000	676 000	13 000	115 000	954 000	301 000	1 340 000	293 000	4 371 000
Mai	850 000	504 000	40 000	85 000	997 000	420 000	1 152 000	175 000	4 223 000
Juni	864 000	465 000	98 000	28 000	946 000	459 000	676 000	139 000	3 670 000
Juli	1 072 000	641 000	72 000	58 000	937 000	851 000	671 000	70 000	4 372 000
Summe des 2. Halbjahrs	5 751 000	3 627 000	288 000	609 000	6 026 000	2 318 000	5 148 000	1 252 000	24 019 000
Gesamtsumme	15 805 000	7 787 000	499 000	1 640 000	11 191 000	3 226 000	5 159 000	1 937 000	48 044 000

Monatliche Verschiffungen nach Europa von Weizen und Mehl in Quartern.

	Küste des Atlantischen Meeres. Weizen	Küste des Atlantischen Meeres. Mehl	Kalifornische Küste. Mehl	Oregon und Tacoma. Weizen und Mehl	Schwarzes Meer und Nord-Rußland. Weizen	Indien. Weizen	Argentinien. Weizen	Ungarn Deutschland Nordafrika. Weizen und Mehl	Gesamtsumme von Weizen und Mehl
1899—1900									
August	1 143 000	638 000	38 000	66 000	550 000	380 000	432 000	144 000	3 391 000
September	1 587 000	765 000	49 000	68 000	854 000	94 000	626 000	80 000	4 122 000
Oktober	1 235 000	595 000	31 000	174 000	1 109 000	3 000	550 000	75 000	3 772 000
November	982 000	607 000	63 000	171 000	964 000	—	458 000	60 000	3 305 000
Dezember	905 000	676 000	93 000	211 000	694 000	—	477 000	61 000	3 117 000
Januar	687 000	485 000	98 000	199 000	467 000	—	402 000	115 000	2 453 000
Summe im 1. Halbjahr	6 539 000	3 766 000	372 000	888 000	4 638 000	477 000	2 945 000	535 000	20 160 000
Februar	699 000	511 000	197 000	86 000	516 000	—	745 000	245 000	2 898 000
März	778 000	653 000	205 000	130 000	823 000	—	2 034 000	200 000	4 823 000
April	695 000	507 000	131 000	114 000	474 000	—	1 287 000	84 000	3 292 000
Mai	948 000	643 000	51 000	83 000	794 000	—	1 160 000	73 000	3 742 000
Juni	1 219 000	734 000	171 000	171 000	1 106 000	2 000	960 000	145 000	4 506 000
Juli	521 000	521 000	106 000	79 000	1 071 000	—	805 000	100 000	3 205 000
Summe im 2. Halbjahr	4 860 000	3 568 000	861 000	663 000	4 784 000	2 000	6 981 000	847 000	22 566 000
Gesamtsumme	11 399 000	7 334 000	1 233 000	1 551 000	9 422 000	479 000	9 926 000	1 382 000	42 726 000
1900—1901									
August	849 000	432 000	111 000	108 000	943 000	—	522 000	40 000	3 005 000
September	1 249 000	871 000	78 000	179 000	1 736 000	—	313 000	72 000	4 498 000
Oktober	917 000	633 000	131 000	102 000	1 585 000	—	286 000	213 000	3 867 000
November	719 000	601 000	101 000	241 000	1 994 000	—	232 000	272 000	4 160 000
Dezember	1 040 000	715 000	162 000	312 000	1 554 000	—	325 000	168 000	4 276 000
Januar	936 000	532 000	204 000	354 000	699 000	—	186 000	218 000	3 129 000
Summe im 1. Halbjahr	5 710 000	3 784 000	787 000	1 296 000	8 511 000	—	1 864 000	983 000	22 935 000
Februar	1 075 000	585 000	169 000	216 000	976 000	—	491 000	271 000	3 783 000
März	1 364 000	744 000	245 000	347 000	861 000	—	870 000	351 000	4 782 000
April	1 346 000	753 000	88 000	347 000	830 000	—	642 000	95 000	4 039 000
Mai	1 378 000	565 000	116 000	285 000	1 334 000	13 000	431 000	175 000	4 172 000
Juni	2 045 000	930 000	173 000	160 000	1 517 000	161 000	488 000	247 000	5 725 000
Juli	1 739 000	599 000	68 000	164 000	544 000	421 000	224 000	227 000	3 981 000
Summe im 2. Halbjahr	8 947 000	4 176 000	859 000	1 331 000	6 062 000	595 000	3 146 000	1 366 000	26 482 000
Gesamtsumme	14 657 000	7 960 000	1 646 000	2 627 000	14 573 000	595 000	5 010 000	2 349 000	49 417 000

Monatliche Verschiffungen nach Europa von Weizen und Mehl in Quartern.

	Küste des Atlantischen Meeres. Weizen	Küste des Atlantischen Meeres. Mehl	Kalifornische Küste. Mehl	Oregon und Tacoma. Weizen und Mehl	Schwarzes Meer und Nord-Rußland. Weizen	Indien. Weizen	Argentinien. Weizen	Ungarn Deutschland Nordafrika. Weizen und Mehl	Gesamt-summe von Weizen und Mehl
1901—1902									
August	3 659 000	782 000	16 000	60 000	963 000	194 000	172 000	258 000	6 104 000
September	1 898 000	609 000	105 000	139 000	1 404 000	136 000	56 000	321 000	4 668 000
Oktober	1 303 000	511 000	295 000	245 000	1 312 000	92 000	102 000	240 000	3 884 000
November	1 623 000	766 000	248 000	496 000	2 323 000	59 000	37 000	186 000	5 738 000
Dezember	769 000	604 000	269 000	395 000	1 311 000	131 000	66 000	178 000	3 723 000
Januar	764 000	519 000	217 000	491 000	1 634 000	153 000	114 000	189 000	4 081 000
Summe im 1. Halbjahr	10 016 000	3 791 000	1 250 000	1 826 000	8 947 000	765 000	547 000	1 372 000	28 198 000
Februar	746 000	478 000	197 000	377 000	899 000	194 000	281 000	155 000	3 327 000
März	1 014 000	455 000	293 000	441 000	833 000	40 000	501 000	160 000	3 737 000
April	1 073 000	473 000	160 000	208 000	1 320 000	124 000	713 000	189 000	4 260 000
Mai	1 815 000	719 000	116 000	203 000	1 830 000	233 000	334 000	145 000	5 395 000
Juni	1 084 000	564 000	61 000	129 000	1 499 000	258 000	240 000	142 000	3 967 000
Juli	1 077 000	457 000	57 000	75 000	1 062 000	364 000	51 000	211 000	3 354 000
Summe im 2. Halbjahr	6 809 000	3 136 000	884 000	1 433 000	7 443 000	1 213 000	2 120 000	1 002 000	24 040 000
Gesamtsumme	16 825 000	6 927 000	2 134 000	3 259 000	16 390 000	1 978 000	2 667 000	2 374 000	52 238 000
1902—1903									
August	1 978 000	510 000	70 000	73 000	1 203 000	276 000	60 000	225 000	4 395 000
September	1 723 000	658 000	93 000	63 000	2 576 000	138 000	22 000	185 000	5 458 000
Oktober	1 642 000	690 000	96 000	501 000	3 748 000	176 000	12 000	317 000	7 182 000
November	1 528 000	844 000	63 000	345 000	2 221 000	260 000	41 000	255 000	5 557 000
Dezember	810 000	589 000	19 000	344 000	1 325 000	127 000	62 000	170 000	3 446 000
Januar	1 185 000	708 000	103 000	297 000	1 518 000	73 000	241 000	290 000	4 415 000
Summe im I. Halbjahr	8 866 000	3 999 000	444 000	1 623 000	12 591 000	1 050 000	438 000	1 442 000	30 453 000
Februar	724 000	470 000	14 000	248 000	1 589 000	142 000	876 000	274 000	4 337 000
März	618 000	586 000	12 000	115 000	1 551 000	84 000	918 000	146 000	4 030 000
April	723 000	628 000	—	94 000	1 945 000	232 000	1 395 000	120 000	5 137 000
Mai	1 740 000	808 000	43 000	136 000	2 460 000	440 000	888 000	63 000	6 578 000
Juni	1 183 000	603 000	1 000	81 000	1 872 000	730 000	665 000	51 000	4 886 000
Juli	754 000	513 000	2 000	26 000	1 890 000	718 000	711 000	146 000	4 760 000
Summe im 2. Halbjahr	5 742 000	3 608 000	72 000	700 000	11 307 000	2 346 000	5 453 000	800 000	29 728 000
Gesamtsumme	14 608 000	7 607 000	516 000	2 323 000	23 898 000	3 396 000	5 891 000	2 242 000	60 181 000

Umrechnungstabelle: *Amerik. Bushel auf Hektoliter.*

Bushel	Hektoliter	Bushel	Hektoliter	Bushel	Hektoliter
1	0·35	51	17·97	11 000	3 876
2	0·70	52	18·32	12 000	4 229
3	1·06	53	18·68	13 000	4 581
4	1·41	54	19·03	14 000	4 933
5	1·76	55	19·38	15 000	5 286
6	2·11	56	19·73	16 000	5 638
7	2·47	57	20·09	17 000	5 990
8	2·82	58	20·44	18 000	6 343
9	3·17	59	20·79	19 000	6 695
10	3·52	60	21·14	20 000	7 048
11	3·88	61	21·50	21 000	7 400
12	4·23	62	21·85	22 000	7 752
13	4·58	63	22·20	23 000	8 105
14	4·93	64	22·55	24 000	8 457
15	5·29	65	22·90	25 000	8 810
16	5·64	66	23·26	30 000	10 571
17	5·99	67	23·61	35 000	12 333
18	6·34	68	23·96	40 000	14 095
19	6·70	69	24·31	45 000	15 857
20	7·05	70	24·67	50 000	17 619
21	7·40	71	25·02	55 000	19 381
22	7·75	72	25·37	60 000	21 143
23	8·10	73	25·72	65 000	22 905
24	8·46	74	26·08	70 000	24 667
25	8·81	75	26·43	75 000	26 429
26	9·16	76	26·78	80 000	28 190
27	9·51	77	27·13	85 000	29 952
28	9·87	78	27·49	90 000	31 714
29	10·22	79	27·84	95 000	33 476
30	10·57	80	28·19	100 000	35 238
31	10·92	81	28·54	1 Million	352 381
32	11·28	82	28·90	2 Millionen	704 762
33	11·63	83	29·25	3 Millionen	1 057 144
34	11·98	84	29·60	4 Millionen	1 409 525
35	12·33	85	29·95	5 Millionen	1 761 906
36	12·69	86	30·30	6 Millionen	2 114 287
37	13·04	87	30·66	7 Millionen	2 466 668
38	13·39	88	31·01	8 Millionen	2 819 050
39	13·74	89	31·36	9 Millionen	3 171 431
40	14·10	90	31·71	10 Millionen	3 523 812
41	14·45	91	32·07	11 Millionen	3 876 193
42	14·80	92	32·42	12 Millionen	4 228 574
43	15·15	93	32·77	13 Millionen	4 580 956
44	15·50	94	33·12	14 Millionen	4 933 337
45	15·86	95	33·48	15 Millionen	5 285 718
46	16·21	96	33·83	16 Millionen	5 638 099
47	16·56	97	34·18	17 Millionen	5 990 480
48	16·91	98	34·53	18 Millionen	6 342 862
49	17·27	99	34·89	19 Millionen	6 695 243
50	17·62	100	35·24	20 Millionen	7 047 624

Umrechnungstabelle: *Imp. Quarter auf Hektoliter.*

Imp. Quarter	Hektoliter	Imp. Quarter	Hektoliter	Imp. Quarter	Hektoliter
1	2·91	51	148·30	11 000	31 986
2	5·82	52	151·21	12 000	34 894
3	8·72	53	154·11	13 000	37 802
4	11·63	54	157·02	14 000	40 709
5	14·54	55	159·93	15 000	43 617
6	17·45	56	162·84	16 000	46 525
7	20·35	57	165·75	17 000	49 433
8	23.26	58	168·65	18 000	52 341
9	26·17	59	171·56	19 000	55 248
10	29·08	60	174·47	20 000	58 156
11	31·99	61	177·38	21 000	61 064
12	34·89	62	180·28	22 000	63 972
13	37·80	63	183·19	23 000	66 880
14	40·71	64	186·10	24 000	69 787
15	43·62	65	189·01	25 000	72 695
16	46·53	66	191·92	30 000	87 234
17	49·43	67	194·82	35 000	101 773
18	52·34	68	197·73	40 000	116 312
19	55·25	69	200·64	45 000	130 851
20	58·16	70	203·55	50 000	145 391
21	61·06	71	206·45	55 000	159 930
22	63·97	72	209·36	60 000	174 469
23	66·88	73	212·27	65 000	189 008
24	69·79	74	215·18	70 000	20354 7
25	72·70	75	218·09	75 000	21808 6
26	75·60	76	220·99	80 000	232 625
27	78·51	77	223·90	85 000	247 164
28	81·42	78	226·81	90 000	261 703
29	84·53	79	229·72	95 000	276 242
30	87·23	80	232·03	100 000	4 290 781
31	90·14	81	235·53	1 Million	2 907 810
32	93·05	82	238·45	2 Millionen	5 815 620
33	95·96	83	241·35	3 Millionen	8 723 430
34	98·87	84	244·26	4 Millionen	11 631 240
35	101·77	85	247·16	5 Millionen	14 539 050
36	104·68	86	250·07	6 Millionen	17 446 860
37	107·58	87	252·98	7 Millionen	20 354 670
38	110·49	88	255·89	8 Millionen	23 262 480
39	113·40	89	258·80	9 Millionen	26 170 290
40	116·31	90	261·70	10 Millionen	29 078 100
41	119·22	91	264·61	11 Millionen	31 985 910
42	122·13	92	267·52	12 Millionen	34 893 720
43	125·04	93	270·43	13 Millionen	37 801 530
44	127·94	94	273·33	14 Millionen	40 709 340
45	130·85	95	276·24	15 Millionen	43 617 150
46	133·76	96	279·15	16 Millionen	46 524 960
47	136·67	97	282·06	17 Millionen	49 432 770
48	139·58	98	284·97	18 Millionen	52 340 580
49	142·48	99	287·87	19 Millionen	55 245 390
50	145·39	100	290·78	20 Millionen	58 156 200

Umrechnungstabelle: Centweight auf Doppelzentner.

Cwt	Dz	Cwt	Dz	Cwt	Dz
1	0·51	51	25·91	11 000	5 588
2	1·02	52	26·42	12 000	6 096
3	1·52	53	26·93	13 000	6 604
4	2·03	54	27·43	14 000	7 112
5	2·54	55	27·94	15 000	7 620
6	3·05	56	28·45	16 000	8 128
7	3·56	57	28·96	17 000	8 636
8	4·06	58	29·47	18 000	9 144
9	4·57	59	29·97	19 000	9 652
10	5·08	60	30·48	20 000	10 160
11	5·59	61	30·99	21 000	10 668
12	6·10	62	31·50	22 000	11 177
13	6·60	63	32·01	23 000	11 685
14	7·11	64	32·51	24 000	12 193
15	7·62	65	33·02	25 000	12 701
16	8·13	66	33·53	30 000	15 241
17	8·64	67	34·04	35 000	17 781
18	9·14	68	34·55	40 000	20 321
19	9·65	69	35·05	45 000	22 861
20	10·16	70	35·56	50 000	25 401
21	10·67	71	36·07	55 000	27 941
22	11·18	72	36·58	60 000	30 481
23	11·68	73	37·09	65 000	33 022
24	12·19	74	37·59	70 000	35 562
25	12·70	75	38·10	75 000	38 102
26	13·21	76	38·61	80 000	40 642
27	13·72	77	39·12	85 000	43 182
28	14·22	78	39·63	90 000	45 722
29	14·73	79	40·13	95 000	48 262
30	15·24	80	40·64	100 000	50 802
31	15·75	81	41·15	1 Million	508 023
32	16·26	82	41·66	2 Millionen	1·016 047
33	16·76	83	42·17	3 Millionen	1·524 070
34	17·27	84	42·67	4 Millionen	2·032 093
35	17·78	85	43·18	5 Millionen	2·540 116
36	18·29	86	43·69	6 Millionen	3·048 140
37	18·80	87	44·20	7 Millionen	3·556 163
38	19·30	88	44·71	8 Millionen	4·064 186
39	19·81	89	45·21	9 Millionen	4·572 209
40	20·32	90	45·72	10 Millionen	5·080 233
41	20·83	91	46·23	11 Millionen	5·588 256
42	21·34	92	46·74	12 Millionen	6·096 279
43	21·85	93	47·25	13 Millionen	6·604 302
44	22·35	94	47·75	14 Millionen	7·112 326
45	22·86	95	48·26	15 Millionen	7·620 349
46	23·37	96	8·77	16 Millionen	8·128 372
47	23·68	97	9·28	17 Millionen	8·636 395
48	24·39	98	49·79	18 Millionen	9·144 419
49	24·89	99	50·29	19 Millionen	9·652 442
50	25·40	100	50·80	20 Millionen	10·160 465

Umrechnungstabelle: Tschetwert auf Hektoliter.

Tschetwert	Hektoliter	Tschetwert	Hektoliter	Tschetwert	Hektoliter
1	2·10	51	107·05	11 000	23 089
2	4·20	52	109·15	12 000	25 188
3	6·30	53	111·25	13 000	27 287
4	8·40	54	113·35	14 000	29 386
5	10·50	55	115·45	15 000	31 485
6	12·59	56	117·55	16 000	33 584
7	14·69	57	119·64	17 000	35 683
8	16·79	58	121·74	18 000	37 782
9	18·89	59	123·84	19 000	39 881
10	20·99	60	125·94	20 000	41 980
11	23·09	61	128·04	21 000	44 079
12	25·19	62	130·14	22 000	46 178
13	27·29	63	132·24	23 000	48 277
14	29·39	64	134·34	24 000	50 376
15	31·49	65	136·44	25 000	52 476
16	33·58	66	138·54	30 000	62 971
17	35·68	67	140·63	35 000	73 466
18	37·78	68	142·73	40 000	83 961
19	39·88	69	144·83	45 000	94 456
20	41·98	70	146·93	50 000	·04 951
21	44·08	71	149·03	55 000	115 446
22	46·18	72	151·13	60 000	125 941
23	48·28	73	153·23	65 000	136 436
24	50·38	74	155·33	70 000	146 931
25	52·48	75	157·43	75 000	157 427
26	54·57	76	159·53	80 000	167 922
27	56·67	77	161·62	85 000	178 417
28	58·77	78	163·72	90 000	188 912
29	60·87	79	165·82	95 000	199 407
30	62·97	80	167·92	100 000	209 902
31	65·07	81	170·02	1 Million	2·099 020
32	67·17	82	172·12	2 Millionen	4·198 040
33	69·27	83	174·22	3 Millionen	6·297 060
34	71·37	84	176·32	4 Millionen	8·396 080
35	73·47	85	178·42	5 Millionen	10·495 100
36	75·56	86	180·52	6 Millionen	12·594 120
37	77·66	87	182·61	7 Millionen	14·693 140
38	79·76	88	184·71	8 Millionen	16·792 160
39	81·86	89	186·81	9 Millionen	18·891 180
40	83·96	90	188·91	10 Millionen	20·990 200
41	86·06	91	191·01	11 Millionen	23·089 220
42	88·16	92	193·11	12 Millionen	25·188 240
43	90·26	93	195·21	13 Millionen	27·287 260
44	92·36	94	197·31	14 Millionen	29·386 280
45	94·46	95	199·41	15 Millionen	31·485 300
46	96·55	96	201·51	16 Millionen	33·584 320
47	98·65	97	203·60	17 Millionen	35·683 340
48	100·75	98	205·70	18 Millionen	37·782 360
49	102·85	99	207·80	69 Millionen	39·881 380
50	104·95	100	209·90	20 Millionen	41·999 400

26*

Umrechnungstabelle: Bushel in Tonnen.

Tausend	t	Tausend	t	Tausend	t	Millionen	t	Millionen	t
1	27·2	37	1 006	73	1 986	20	544 000	56	1 523 200
2	54·4	38	1 034	74	2 013	21	571 200	57	1 550 400
3	81·6	39	1 061	75	2 040	22	598 400	58	1 557 600
4	108·8	40	1 088	76	2 067	23	625 600	59	1 604 800
5	136·0	41	1 115	77	2 094	24	652 800	60	1 632 000
6	163·2	42	1 142	78	2 122	25	680 000	61	1 659 200
7	190·4	43	1 170	79	2 149	26	707 200	62	1 686 400
8	217·6	44	1 197	80	2 176	27	734 400	63	1 713 600
9	244·8	45	1 224	81	2 203	28	761 600	64	1 740 800
10	272	46	1 251	82	2 230	29	788 800	65	1 768 000
11	299·2	47	1 278	83	2 258	30	816 000	66	1 795 200
12	326·4	48	1 306	84	2 285	31	843 200	67	1 822 400
13	353·6	49	1 333	85	2 312	32	870 400	68	1 849 600
14	380·8	50	1 360	86	2 339	33	897 600	69	1 876 800
15	408·0	51	1 387	87	2 366	34	924 800	70	1 904 000
16	435·2	52	1 414	88	2 394	35	952 000	71	1 931 200
17	462·4	53	1 442	89	2 421	36	979 200	72	1 958 400
18	489·6	54	1 469	90	2 448	37	1 006 400	73	1 985 600
19	516·8	55	1 496	91	2 475	38	1 033 600	74	2 012 800
20	544·0	56	1 523	92	2 502	39	1 060 800	75	2 040 000
21	571	57	1 550	93	2 530	40	1 088 000	76	2 067 200
22	598	58	1 578	94	2 557	41	1 115 200	77	2 094 400
23	626	59	1 605	95	2 584	42	1 142 400	78	2 121 600
24	653	60	1 632	96	2 611	43	1 169 600	79	2 148 800
25	680	61	1 659	97	2 638	44	1 196 800	80	2 176 000
26	707	62	1 684	98	2 666	45	1 224 000	81	2 203 200
27	734	63	1 714	99	2 693	46	1 251 200	82	2 230 400
28	762	64	1 741	100	2 720	47	1 278 400	83	2 257 600
29	789	65	1 768	200	5 440	48	1 305 600	84	2 284 800
30	816	66	1 795	300	8 160	49	1 332 800	85	2 312 000
31	843	67	1 822	400	10 880	50	1 360 000	86	2 339 200
32	870	68	1 850	500	13 600	51	1 387 200	87	2 366 400
33	898	69	1 877	600	16 320	52	1 414 400	88	2 393 600
34	925	70	1 904	700	19 040	53	1 444 600	89	2 420 800
35	952	71	1 931	800	21 760	54	1 468 800	90	2 448 000
36	979	72	1 958	900	24 480	55	1 496 000	100	2 720 000

Umrechnungstabelle: Das Verhältnis des auf Grund der metrischen Probe festgestellten Qualitäten-Gewichtes zu den wichtigsten vier Proben.

Kilogramm pr. Hektoliter	Troy Pfd. holl. pr. Zack	Pfd. engl. pr. Quarter	Pfd. russ. pr. Tschetwert	Pfd. engl. pr. am. Bushel	Kilogramm pr. Hektoliter	Troy Pfd. holl. pr. Zack	Pfd. engl. pr. Quarter	Pfd. russ. pr. Tschetwert	Pfd. engl. pr. am. Bushel
82	139	526	420	63·7	59.5	101	381	305	46·2
81·5	138	522	418	63·3	59	100	378	302	45·8
81	137	519	415	62·9	58·5	99	375	300	45·4
80·5	136	516	413	62·5	58	98	372	297	45·1
80	135·5	513	410	62·1	57·5	97	369	295	44·7
79·5	135	509	408	61·8	57	96·5	365	292	44·3
79	134	506	405	61·4	56·5	96	362	290	43·9
78·5	133	503	402	61·0	56	95	359	287	43·5
78	132	500	400	60·6	55·5	94	356	284	43·1
77·5	131	497	397	60·2	55	93	353	282	42·7
77	130.5	493	395	59·8	54·5	92	349	279	42·3
76·5	130	490	392	59·4	54	91.5	346	277	41·9
76	129	487	390	59·0	53·5	91	343	274	41·6
75·5	128	484	387	58·7	53	90	340	272	41·2
75	127	481	384	58·3	52·5	89	337	269	40·8
74·5	126	478	382	57·9	52	88	333	267	40·4
74	125·5	475	379	57·5	51·5	87	330	264	40·0
73·5	125	471	377	57·1	51	86·5	327	261	39·6
73	124	468	374	56·7	50·5	86	324	259	39·2
72·5	123	465	372	56·3	50	85	321	256	38·8
72	122	462	369	55·9	49·5	84	317	254	38·5
71·5	121	458	367	55·5	49	83	314	251	38·1
71	120	455	364	55·2	48·5	82	311	249	37·7
70·5	119	452	362	54·8	48	81·5	308	246	37·3
70	118·5	449	359	54·4	47·5	81	304	243	36·9
69·5	118	446	356	54·0	47	80	301	241	36·5
69	117	442	354	53·6	46·5	79	298	238	36·1
68·5	116	439	352	53·2	46	78	295	236	35·7
68	115	436	349	52·8	45·5	77	292	233	35·3
67·5	114	433	346	52·4	45	76	288	231	35·0
67	113·5	430	343	52·0	44·5	75	285	228	34·6
66·5	113	426	341	51·7	44	74·5	282	226	34·2
66	112	423	338	51·3	43·5	74	279	223	33·8
65·5	111	420	336	50·9	43	73	276	220	33·4
65	110	417	333	50·5	42·5	72	272	218	33·0
64·5	109	414	331	50·1	42	71	269	215	32·6
64	108·5	410	328	49·7	41·5	70	266	213	32·2
63·5	108	407	326	49·3	41	69·5	263	210	31·9
63	107	404	323	48·9	40·5	69	260	208	31·5
62·5	106	401	320	48·6	40	68	256	205	31·1
62	105	397	318	48·2	39·5	67	253	202	30·7
61·5	104	394	315	47·8	39	66	250	200	30·3
61	103	391	313	47·4	38·5	65	247	197	29·9
60·5	102	388	310	47·0	38	64	244	195	29·5
60	101·5	385	308	46·6	37·5	63·5	240	192	29·1
					37	63	237	190	28·7

Umrechnungstabelle: *Quarter* in *Tonnen.*

		100	200	300	400	500	600	700	800	900	
1	220	22 000	43 780	65 560	87 340	109 120	130 900	152 680	174 460	196 240	1
2	435	22 215	43 995	65 775	87 555	109 335	131 115	152 895	174 675	196 455	2
3	655	22 435	44 215	65 995	87 775	109 555	131 335	153 115	174 895	196 675	3
4	870	22 650	44 430	66 210	87 990	109 770	131 550	153 330	175 110	196 890	4
5	1 090	22 870	44 650	66 430	88 210	109 990	131 770	153 550	175 330	197 110	5
6	1 305	23 085	44 865	66 645	88 425	110 205	131 985	153 765	175 545	197 325	6
7	1 525	23 305	45 085	66 865	88 645	110 425	132 205	153 985	175 765	197 545	7
8	1 740	23 520	45 300	67 080	88 860	110 640	132 420	154 200	175 980	197 760	8
9	1 960	23 740	45 520	67 300	89 080	110 860	132 640	154 420	176 200	197 980	9
10	2 180	23 960	45 740	67 520	89 300	111 080	132 860	154 640	176 420	198 200	10
11	2 395	24 175	45 955	67 735	89 515	111 295	133 075	154 855	176 635	198 415	11
12	2 615	24 395	46 175	67 955	89 735	111 515	133 295	155 075	176 855	198 635	12
13	2 830	24 610	46 390	68 170	89 950	111 730	133 510	155 290	177 070	198 850	13
14	3 050	24 830	46 610	68 390	90 170	111 950	133 730	155 510	177 290	199 070	14
15	3 265	25 045	46 825	68 605	90 385	112 165	133 945	155 725	177 505	199 285	15
16	3 485	25 265	47 045	68 825	90 605	112 385	134 165	155 945	177 725	199 505	16
17	3 700	25 480	47 265	69 045	90 825	112 600	134 380	156 165	177 945	199 725	17
18	3 920	25 700	47 480	69 260	91 040	112 820	134 600	156 380	178 160	199 940	18
19	4 140	25 920	47 700	69 480	91 260	113 040	134 820	156 600	178 380	200 160	19
20	4 355	26 135	47 915	69 695	91 475	113 255	135 030	156 815	178 595	200 375	20
21	4 575	26 355	48 135	69 915	91 695	113 475	135 255	157 035	178 815	200 595	21
22	4 790	26 570	48 350	70 130	91 910	113 690	135 470	157 250	179 030	200 810	22
23	5 010	26 790	48 570	70 350	92 130	113 910	135 690	157 470	179 250	201 030	23
24	5 225	27 005	48 785	70 565	92 345	114 125	135 905	157 685	179 465	201 245	24
25	5 445	27 225	49 005	70 785	92 565	114 345	136 125	157 905	179 685	201 465	25
26	5 665	27 445	49 225	71 005	92 785	114 565	136 345	158 125	179 905	201 685	26
27	5 880	27 660	49 440	71 220	93 000	114 780	136 560	158 340	180 120	201 900	27
28	6 100	27 880	49 660	71 440	93 220	115 000	136 780	158 560	180 340	202 120	28
29	6 315	28 095	49 875	71 655	93 435	115 215	136 995	158 775	180 555	202 335	29
30	6 535	28 315	50 095	71 875	93 655	115 435	137 215	158 995	180 775	202 555	30
31	6 750	28 530	50 310	72 090	93 870	115 650	137 430	159 210	180 990	202 770	31
32	6 970	28 750	50 530	72 310	94 090	115 870	137 650	159 430	181 210	202 990	32
33	7 185	28 965	50 745	72 525	94 305	116 085	137 865	159 645	181 425	203 205	33
34	7 405	29 185	50 965	72 745	94 525	116 305	138 085	159 865	181 645	203 425	34
35	7 625	29 405	51 185	72 965	94 745	116 525	138 305	160 085	181 865	203 645	35
36	7 840	29 620	51 400	73 180	94 960	116 740	138 520	160 300	182 080	203 860	36
37	8 060	29 840	51 620	73 400	95 180	116 960	138 740	160 520	182 300	204 080	37
38	8 275	30 055	51 835	73 615	95 395	117 175	138 955	160 735	182 515	204 295	38
39	8 495	30 275	52 055	73 835	95 615	117 395	139 175	160 955	182 735	204 515	39
40	8 710	30 490	52 270	74 050	95 830	117 610	139 390	161 170	182 950	204 730	40
41	8 930	30 710	52 490	74 270	96 050	117 830	139 610	161 390	183 170	204 950	41
42	9 150	30 930	52 710	74 490	96 270	118 050	139 830	161 610	183 390	205 170	42
43	9 365	31 145	52 925	74 705	96 485	118 265	140 045	161 825	183 605	205 385	43
44	9 585	31 365	53 145	74 925	96 705	118 485	140 265	162 045	183 825	205 605	44
45	9 800	31 580	53 360	75 140	96 920	118 700	140 480	162 260	184 040	205 820	45
46	10 020	31 800	53 580	75 360	97 140	118 920	140 700	162 480	184 260	206 040	46
47	10 235	32 015	53 795	75 575	97 355	119 135	140 915	162 695	184 475	206 255	47
48	10 455	32 235	54 015	75 795	97 575	119 355	141 135	162 915	184 695	206 475	48
49	10 670	32 450	54 230	76 010	97 790	119 570	141 350	163 130	184 910	206 690	49
50	10 890	32 670	54 450	76 230	98 010	119 790	141 570	163 350	185 130	206 910	50

Q = 0.2178 t, 10 Q = 2.178 t, 100 Q = 21.78 t, 1000 Q = 217.8 t, 10 000 Q = 2178 t, 100 000 Q = 21 780 t.

Umrechnungstabelle: Quarter in Tonnen.

		100	200	300	400	500	600	700	800	900	
51	11 110	32 890	54 670	76 450	98 230	120 010	141 790	163 570	185 350	207 130	**51**
52	11 325	33 105	54 885	76 665	98 445	120 225	142 005	163 785	185 565	207 345	**52**
53	11 545	33 325	55 105	76 885	98 665	120 445	142 225	164 005	185 785	207 565	**53**
54	11 760	33 540	55 320	77 100	98 880	120 660	142 440	164 220	186 000	207 780	**54**
55	11 980	33 760	55 540	77 320	99 100	120 880	142 660	164 440	186 220	208 000	**55**
56	12 195	33 975	55 755	77 535	99 315	121 095	142 875	164 655	186 435	208 215	**56**
57	12 415	34 195	55 975	77 755	99 535	121 315	143 095	164 875	186 655	208 435	**57**
58	12 630	34 410	56 190	77 970	99 750	121 530	143 310	165 090	186 870	208 650	**58**
59	12 850	34 630	56 410	78 190	99 970	121 750	143 530	165 310	187 090	208 870	**59**
60	13 070	34 850	56 630	78 410	100 190	121 970	143 750	165 530	187 310	209 090	**60**
61	13 285	35 065	56 845	78 625	100 405	122 185	143 965	165 745	187 525	209 305	**61**
62	13 505	35 285	57 065	78 845	100 625	122 405	144 185	165 965	187 745	209 525	**62**
63	13 720	35 500	57 280	79 060	100 840	122 620	144 400	166 180	187 960	209 740	**63**
64	13 940	35 720	57 500	79 280	101 060	122 840	144 620	166 400	188 180	209 960	**64**
65	14 155	35 935	57 715	79 495	101 275	123 055	144 835	166 615	188 395	210 175	**65**
66	14 375	36 155	57 935	79 715	101 495	123 275	145 055	166 835	188 615	210 395	**66**
67	14 590	36 370	58 150	79 930	101 710	123 490	145 270	167 050	188 830	210 610	**67**
68	14 810	36 590	58 370	80 150	101 930	123 710	145 490	167 270	189 050	210 830	**68**
69	15 030	36 810	58 590	80 370	102 150	123 930	145 710	167 490	189 270	211 050	**69**
70	15 245	37 025	58 805	80 585	102 365	124 145	145 925	167 705	189 485	211 265	**70**
71	15 465	37 245	59 025	80 805	102 585	124 365	146 145	167 925	189 705	211 485	**71**
72	15 680	37 460	59 240	81 020	102 800	124 580	146 360	168 140	189 920	211 700	**72**
73	15 900	37 680	59 460	81 240	103 020	124 800	146 580	168 360	190 140	211 920	**73**
74	16 115	37 895	59 675	81 455	103 235	125 015	146 795	168 575	190 355	212 135	**74**
75	16 335	38 115	59 895	81 675	103 455	125 235	147 015	168 795	190 575	212 355	**75**
76	16 555	38 335	60 115	81 895	103 675	125 455	147 235	169 015	190 795	212 575	**76**
77	16 770	38 550	60 330	82 110	103 890	125 670	147 450	169 230	191 010	212 790	**77**
78	16 990	38 770	60 550	82 330	104 110	125 890	147 670	169 450	191 230	213 010	**78**
79	17 205	38 985	60 765	82 545	104 325	126 105	147 885	169 665	191 445	213 225	**79**
80	17 425	39 205	60 985	82 765	104 545	126 325	148 105	169 885	191 665	213 445	**80**
81	17 640	39 420	61 200	82 980	104 760	126 540	148 320	170 100	191 880	213 660	**81**
82	17 860	39 640	61 420	83 200	104 980	126 760	148 540	170 320	192 100	213 880	**82**
83	18 075	39 855	61 635	83 415	105 195	126 975	148 755	170 535	192 315	214 095	**83**
84	18 295	40 075	61 855	83 635	105 415	127 195	148 975	170 755	192 535	214 315	**84**
85	18 515	40 295	62 075	83 855	105 635	127 415	149 195	170 975	192 755	214 535	**85**
86	18 730	40 510	62 290	84 070	105 850	127 630	149 410	171 190	192 970	214 750	**86**
87	18 950	40 730	62 510	84 290	106 070	127 850	149 630	171 410	193 190	214 970	**87**
88	19 165	40 945	62 725	84 505	106 285	128 065	149 845	171 625	193 405	215 185	**88**
89	19 385	41 165	62 945	84 725	106 505	128 285	150 065	171 845	193 625	215 405	**89**
90	19 600	41 380	63 160	84 940	106 720	128 500	150 280	172 060	193 840	215 620	**90**
91	19 820	41 600	63 380	85 160	106 940	128 720	150 500	172 280	194 060	215 840	**91**
92	20 040	41 820	63 600	85 380	107 160	128 940	150 720	172 500	194 280	216 060	**92**
93	20 255	42 035	63 815	85 595	107 375	129 155	150 935	172 715	194 495	216 275	**93**
94	20 475	42 255	64 035	85 815	107 595	129 375	151 155	172 935	194 715	216 495	**94**
95	20 690	42 470	64 250	86 030	107 810	129 590	151 370	173 150	194 930	216 710	**95**
96	20 910	42 690	64 470	86 250	108 030	129 810	151 590	173 370	195 150	216 930	**96**
97	21 125	42 905	64 685	86 465	108 245	130 025	151 805	173 585	195 365	217 145	**97**
98	21 345	43 125	64 905	86 685	108 465	130 245	152 025	173 805	195 585	217 365	**98**
99	21 560	43 340	65 120	86 900	108 680	130 460	152 240	174 020	195 800	217 580	**99**
100	21 780	43 560	65 340	87 120	108 900	130 680	152 460	174 240	196 020	217 800	**100**
Mill.	217 800	435 600	653 400	871 200	1 089 000	1 306 800	1 524 600	1 742 400	1 960 200	2 178 000	

Umrechnungstabelle: Sack in dz.

	100	200	300	400	500	600	700	800	900
1	1 270	128 270	255 270	382 270	509 270	636 270	763 270	890 270	1 017 270	1 144 270
2	2 540	129 540	256 540	383 540	510 540	637 540	764 540	891 540	1 018 540	1 145 540
3	3 810	130 810	257 810	384 810	511 810	638 810	765 810	892 810	1 019 810	1 146 810
4	5 080	132 080	259 080	386 080	513 080	640 080	767 080	894 080	1 021 080	1 148 080
5	6 350	133 350	260 350	387 350	514 350	641 350	768 350	895 350	1 022 350	1 149 350
6	7 620	134 620	261 620	388 620	515 620	642 620	769 620	896 620	1 023 620	1 150 620
7	8 890	135 890	262 890	389 890	516 890	643 890	770 890	897 190	1 024 890	1 151 890
8	10 160	137 160	264 160	391 160	518 160	645 160	772 160	899 460	1 026 160	1 153 160
9	11 430	138 430	265 430	392 430	519 430	646 430	773 430	900 830	1 027 430	1 154 430
10	12 700	139 700	266 700	393 700	520 700	647 700	774 700	901 700	1 028 700	1 155 700
11	13 970	140 970	267 970	394 970	521 970	648 970	775 970	902 970	1 029 970	1 156 970
12	15 240	142 240	269 240	396 240	523 240	650 240	777 240	904 240	1 031 240	1 158 240
13	16 510	143 510	270 510	397 510	524 510	651 510	778 510	905 510	1 032 510	1 159 510
14	17 780	144 780	271 780	398 780	525 780	652 780	779 780	906 780	1 033 780	1 160 780
15	19 050	146 050	273 050	400 050	527 050	654 050	781 050	908 050	1 035 050	1 162 050
16	20 320	147 320	274 320	401 320	528 320	655 320	782 320	909 320	1 036 320	1 163 320
17	21 590	148 590	275 590	402 590	529 590	656 590	783 590	910 590	1 037 590	1 164 590
18	22 860	149 860	276 860	403 860	530 860	657 860	784 860	911 860	1 088 860	1 165 860
19	24 130	151 130	278 130	405 130	532 130	659 130	786 130	913 130	1 040 130	1 167 130
20	25 400	152 400	279 400	406 400	533 400	660 400	787 400	914 400	1 041 400	1 164 800
21	26 670	153 670	280 670	407 670	534 670	661 670	788 670	915 670	1 042 670	1 169 670
22	27 940	154 940	281 940	408 940	535 940	662 940	789 940	916 940	1 043 940	1 170 940
23	29 210	156 210	283 210	410 210	537 210	664 210	791 210	918 210	1 045 210	1 172 210
24	30 480	157 480	284 480	411 480	538 480	665 480	792 480	919 480	1 046 480	1 173 480
25	31 750	158 750	285 750	412 750	539 750	666 750	793 750	920 750	1 047 750	1 174 750
26	33 020	160 020	287 020	414 020	541 020	668 020	795 020	922 020	1 049 020	1 176 020
27	34 290	161 290	288 290	415 290	542 290	669 290	796 290	923 290	1 050 290	1 177 290
28	35 560	162 560	289 560	416 560	543 560	670 560	797 560	924 560	1 051 560	1 178 560
29	36 830	163 830	290 830	417 830	544 830	671 830	798 830	925 830	1 052 830	1 179 830
30	38 100	165 100	292 100	419 100	546 100	673 100	800 100	927 100	1 054 100	1 181 100
31	39 370	166 370	293 370	420 370	547 370	674 370	801 370	928 370	1 055 370	1 182 370
32	40 640	167 640	294 640	421 640	548 640	675 640	802 640	929 640	1 056 640	1 183 640
33	41 910	168 910	295 910	422 910	549 910	676 910	803 910	930 910	1 057 910	1 184 910
34	43 180	170 180	297 180	424 180	551 180	678 180	805 180	932 180	1 059 180	1 186 180
35	44 450	171 450	298 450	425 450	552 450	679 450	806 450	933 450	1 060 450	1 187 450
36	45 720	172 720	299 720	426 720	553 720	680 720	807 720	934 720	1 061 720	1 188 720
37	46 990	173 990	300 990	427 990	554 990	681 990	808 990	935 990	1 062 990	1 189 990
38	48 260	175 260	302 260	429 260	556 260	683 260	810 260	937 260	1 064 260	1 191 260
39	49 530	176 530	303 530	430 530	557 530	684 530	811 530	938 530	1 065 530	1 192 530
40	50 800	177 800	304 800	431 800	558 800	685 800	812 800	939 800	1 066 800	1 193 800
41	52 070	179 070	306 070	433 070	560 070	687 070	814 070	941 070	1 068 070	1 195 070
42	53 340	180 340	307 340	434 340	561 340	688 340	815 340	942 340	1 069 340	1 196 340
43	54 610	181 610	308 610	435 610	562 610	689 610	816 610	943 610	1 070 610	1 197 610
44	55 880	182 880	309 880	436 880	563 880	690 880	817 880	944 880	1 071 880	1 198 880
45	57 150	184 150	311 150	438 150	565 150	692 150	819 150	946 150	1 073 150	1 200 150
46	58 420	185 420	312 420	439 420	566 420	693 420	820 420	947 420	1 074 420	1 201 420
47	59 690	186 690	313 690	440 690	567 690	694 690	821 690	948 690	1 075 690	1 202 690
48	60 960	187 960	314 960	441 960	568 960	695 960	822 960	949 960	1 076 960	1 203 960
49	62 230	189 230	316 230	443 230	570 230	697 230	824 230	951 230	1 078 230	1 205 230
50	63 500	190 500	317 500	444 500	571 500	698 500	825 500	952 500	1 079 500	1 206 500

Umrechnungstabelle: Sack in dz.

	100	200	300	400	500	600	700	800	900
51	64 770	191 770	318 770	445 770	572 770	699 770	826 770	953 770	1 080 770	1 207 770
52	66 040	193 040	320 040	447 040	574 040	701 040	828 040	955 040	1 082 040	1 209 040
53	67 310	194 310	321 310	448 310	575 310	702 310	829 310	956 310	1 083 310	1 210 310
54	68 580	195 580	322 580	449 580	576 580	703 580	830 580	957 580	1 084 580	1 211 580
55	69 850	196 850	323 850	450 850	577 850	704 850	831 850	958 850	1 085 850	1 212 850
56	71 120	198 120	325 120	452 120	579 120	706 120	833 120	960 120	1 087 120	1 214 120
57	72 390	199 390	326 390	453 390	580 390	707 390	834 390	961 390	1 088 390	1 215 390
58	73 660	200 660	327 660	454 660	581 660	708 660	835 660	962 660	1 089 660	1 216 660
59	74 930	201 930	328 930	455 930	582 930	709 930	836 930	963 930	1 090 930	1 217 930
60	76 200	203 200	330 200	457 200	584 200	711 200	838 200	965 200	1 092 200	1 219 200
61	77 470	204 470	331 470	458 470	585 470	712 470	839 470	966 470	1 093 470	1 220 470
62	78 740	205 740	332 740	459 740	586 740	713 740	840 740	967 740	1 094 740	1 221 740
63	80 010	207 010	334 010	461 010	588 010	715 010	842 010	969 010	1 096 010	1 223 010
64	81 280	208 280	335 280	462 280	589 280	716 280	843 280	970 280	1 097 280	1 224 280
65	82 550	209 550	336 550	463 550	590 550	717 550	844 550	971 550	1 098 550	1 225 550
66	83 820	210 820	337 820	464 820	591 820	718 820	845 820	972 820	1 099 820	1 226 820
67	85 090	212 090	339 090	466 090	593 090	720 090	847 090	974 090	1 101 090	1 228 090
68	86 360	213 360	340 360	467 360	594 360	721 360	848 360	975 360	1 102 360	1 229 360
69	87 630	214 630	341 630	468 630	595 630	722 630	849 630	976 630	1 103 630	1 230 630
70	88 900	215 900	342 900	469 900	596 900	723 900	850 900	977 900	1 104 900	1 231 900
71	90 170	217 170	344 170	471 170	598 170	725 170	852 170	979 170	1 106 170	1 233 170
72	91 440	218 440	345 440	472 440	599 440	726 440	853 440	980 440	1 107 440	1 234 440
73	92 710	219 710	346 710	473 710	600 710	727 710	854 710	981 710	1 108 710	1 235 710
74	93 980	220 980	347 980	474 980	601 980	728 980	855 980	982 980	1 109 980	1 236 980
75	95 250	222 250	349 250	476 250	603 250	730 250	857 250	984 250	1 111 250	1 238 250
76	96 520	223 520	350 520	477 520	604 520	731 520	858 520	985 520	1 112 520	1 239 520
77	97 790	224 790	351 790	478 790	605 790	732 790	859 790	986 790	1 113 790	1 240 790
78	99 060	226 060	353 060	480 060	607 060	734 060	861 060	988 060	1 115 060	1 242 060
79	100 330	227 330	354 330	481 330	608 330	735 330	862 330	989 330	1 116 330	1 243 330
80	101 600	228 600	355 600	482 600	609 600	736 600	863 600	990 600	1 117 600	1 244 600
81	102 870	229 870	356 870	483 870	610 870	737 870	864 870	991 870	1 128 870	1 245 870
82	104 140	231 140	358 140	485 140	612 140	739 140	866 140	993 140	1 120 140	1 247 140
83	105 410	232 410	359 410	486 410	613 410	740 410	867 410	994 410	1 121 410	1 248 410
84	106 680	233 680	360 680	487 680	614 680	741 680	868 680	995 680	1 122 680	1 249 680
85	107 950	234 950	361 950	488 950	615 950	742 950	869 950	996 950	1 123 950	1 250 950
86	109 220	236 220	363 220	490 220	617 220	744 220	871 220	998 220	1 125 220	1 252 220
87	110 490	237 490	364 490	491 490	618 490	745 490	872 490	999 490	1 126 490	1 253 490
88	111 760	238 760	365 760	492 760	619 760	746 760	873 760	1 000 760	1 127 760	1 254 760
89	113 030	240 030	367 030	494 030	621 030	748 030	875 030	1 002 030	1 129 030	1 256 030
90	114 300	241 300	368 300	495 300	622 300	749 300	876 300	1 003 300	1 130 300	1 257 300
91	115 570	242 570	369 570	496 570	623 570	750 570	877 570	1 004 570	1 131 570	1 258 570
92	116 840	243 840	370 840	497 840	624 840	751 840	878 840	1 005 840	1 132 840	1 259 840
93	118 110	245 110	372 110	499 110	626 110	753 110	880 110	1 007 110	1 134 110	1 261 110
94	119 380	246 380	373 380	500 380	627 380	754 380	881 380	1 008 380	1 135 380	1 262 380
95	120 650	247 650	374 650	501 650	628 650	755 650	882 650	1 009 650	1 136 650	1 263 650
96	121 920	248 920	375 920	502 920	629 920	756 920	883 920	1 010 920	1 137 920	1 264 920
97	123 190	250 190	377 190	504 190	631 190	758 190	885 190	1 012 190	1 139 190	1 266 190
98	124 460	251 460	378 460	505 460	632 460	759 460	886 460	1 013 460	1 140 460	1 267 460
99	125 730	252 730	379 730	506 730	633 730	760 730	887 730	1 014 730	1 141 730	1 268 730
100	127 000	254 000	381 000	508 000	635 000	762 000	889 000	1 016 000	1 143 000	1 270 000

Umrechnungstabelle: Das Verhältnis der auf Grund der Berliner Probe festgestellten Qualitäts-Gewichte zueinander.

a) Weizen

Gramm pr. Liter	Kilogramm pr. Hektoliter	Pfd. Troy holl. pr. Zack	Pfd. engl. pr. Quarter	Pfd. engl. pr. Bushel	Pfd. russ. pr. Tscherwert
750	74·7	126·6	479	58·0	383
752	74·9	127·0	480	58·2	384
754	75·15	127·4	482	58·4	385
756	75·4	127·8	483	58·6	386·5
758	75·6	128·2	485	58·7	387·5
760	75·85	128·6	486	58·9	389
762	76·1	129·0	488	59·1	390
764	76·3	129·3	489	59·3	391
766	76·55	129·8	491	59·5	392·5
768	76·75	130·1	492	59·6	393·5
770	76·95	130·5	493	59·8	394·5
772	77·2	130·9	495	60·0	395·5
774	77·45	131·3	496	60·2	397
776	77·65	131·6	498	60·3	398
778	77·9	132·1	499	60·5	399·5
780	78·1	132·4	501	60·7	400·5
782	78·35	132·8	502	60·9	401·5
784	78·55	133·2	504	61·0	402·5
786	78·75	133·5	505	61·2	403·5
788	79·0	133·9	506	61·4	405
790	79·2	134·3	508	61·5	406
792	79·45	134·7	509	61·7	407
794	79·65	135·0	511	61·9	408
796	79·9	135·4	512	62·1	409·5
798	80·1	135·8	513	62·2	410·5
800	80·35	136·2	515	62·4	412
802	80·55	136·6	516	62·6	413

b) Roggen

Gramm pr. Liter	Kilogramm pr. Hektoliter	Pfd. Troy holl. pr. Zack	Pfd. engl. pr. Quarter	Pfd. engl. pr. Bushel	Pfd. russ. pr. Tscherwert
694	69·0	117·0	442	53·6	353·5
696	69·2	117·3	444	53·8	354·5
698	69·45	117·7	445	54·0	356
700	69·65	118·1	446	54·1	357
702	69·9	118·5	448	54·3	358·5
704	70·1	118·8	449	54·5	359·5
706	70·35	119·3	451	54·7	360·5
708	70·55	119·6	452	54·8	361·5
710	70·8	120·0	454	55·0	363
712	71·0	120·4	455	55·2	364
714	71·25	120·8	457	55·4	365
716	71·5	121·2	458	55·5	366·5
718	71·7	121·6	460	55·7	367·5
720	71·95	122·0	461	55·9	369
722	72·15	122·3	463	56·1	370
724	72·4	122·7	464	56·3	371
726	72·6	123·1	465	56·4	372
728	72·85	123·5	467	56·6	373·5
730	73·05	123·8	468	56·8	374·5
732	73·3	124·3	470	57·0	375·5
734	73·5	124·6	471	57·1	377
736	73·75	125·0	473	57·3	378
738	73·95	125·4	474	57·5	379
740	74·2	125·8	476	57·6	380·5
742	74·45	126·2	477	57·8	381·5
744	74·65	126·6	479	58·0	382·5
746	74·9	127·0	480	58·2	384

Umrechnungstabelle: Das Verhältnis der auf Grund der Berliner Probe festgestellten Qualitäts-Gewichte zueinander.

c) Gerste

Gramm pr. Liter	Kilogramm pr. Hektoliter	Pfd. Troy holl. pr. Zack	Pfd. engl. pr. Quarter	Pfd. engl. pr. Bushel	Pfd. russ. pr. Tschetwert
626	62·2	105·4	399	48·3	319
628	62·4	105·8	400	48·5	320
630	62·6	106·1	401	48·6	321
632	62·8	106·5	403	48·8	322
634	63·0	106·8	404	48·9	323
636	63·2	107·1	405	49·1	324
638	63·4	107·5	406	49·3	325
640	63·6	107·8	408	49·4	326
642	63·8	108·2	409	49·6	327
644	64·0	108·5	410	49·7	328
646	64·2	108·8	412	49·9	329
648	64·4	109·2	413	50·0	330
650	64·6	109·5	414	50·2	331
652	64·8	109·9	415	50·3	332
654	65·0	110·2	417	50·5	333
656	65·2	110·5	418	50·7	334
658	65·4	110·9	419	50·8	335
660	65·6	111·2	421	51·0	336·5
662	65·8	111·5	422	51·1	337·5
664	66·0	111·9	423	51·3	338·5
666	66·2	112·2	424	51·4	339·5
668	66·4	112·6	426	51·6	340·5
670	66·6	112·9	427	51·7	341·5
672	66·8	113·2	428	51·9	342·5
674	67·0	113·6	430	52·1	343·5
676	67·2	113·9	431	52·2	344·5
678	67·4	114·3	432	52·4	345·5

d) Hafer

Gramm pr. Liter	Kilogramm pr. Hektoliter	Pfd. Troy holl. pr. Zack	Pfd. engl. pr. Quarter	Pfd. engl. pr. Bushel	Pfd. russ. pr. Tschetwert
415	41·0	69·5	263	31·9	210
417	41·2	69·8	264	32·0	211
419	41·4	70·2	265	32·2	212
421	41·6	70·5	266	32·3	213
423	41·8	70·9	268	32·5	214
425	42·05	71·3	270	32·7	215·5
427	42·25	71·6	271	32·8	216·5
429	42·45	72·0	272	33·0	217·5
431	42·65	72·3	273	33·1	218·5
433	42·85	72·6	275	33·3	219·5
435	43·1	73·1	276	33·5	221
437	43·3	73·4	278	33·6	222
439	43·5	73·7	279	33·8	223
441	43·7	74·1	280	33·9	224
443	43·9	74·4	281	34·1	225
445	44·1	74·8	283	34·3	226
447	44·3	75·1	284	34·4	227·5
449	44·55	75·5	286	34·6	228·5
451	44·75	75·9	287	34·8	229·5
453	44·95	76·2	288	34·9	230·5
455	45·15	76·5	289	35·1	231·5
457	45·35	76·9	291	35·2	232·5
459	45·55	77·2	292	35·4	233·5
461	45·75	77·6	293	35·6	234·5
463	46·0	78·0	295	35·7	236
465	46·2	78·3	296	35·9	237
467	46·4	78·7	297	36·0	238

Umrechnungstabelle:
Notiz von Neuyork-Chicago per 1000 kg in Mark.

Preis pro Bushel in Cents	Berlin notiert in Neuyork auf telegr. Auszahlung:							
	94¾	95	95¼	95½	95¾	96	96¼	96½
68	105·48	105·20	104·92	104·65	104·38	104·11	103·83	103·57
½	106·25	105·97	105·70	105·42	105·14	104·87	104·60	104·33
69	107·03	106·75	106·47	106·19	105·91	105·64	105·36	105·09
½	107·81	107·52	107·24	106·96	106·68	106·40	106·13	105·85
70	108·58	108·29	108·01	107·73	107·45	107·17	106·89	106·61
½	109·36	109·07	108·78	108·50	108·21	107·93	107·65	107·37
71	110·13	109·81	109·55	109·27	108·98	108·70	108·42	108·13
½	110·91	110·62	110·33	110·04	109·75	109·46	109·18	108·90
72	111·68	111·39	111·10	110·80	110·52	110·23	109·94	109·66
½	112·46	112·16	111·87	111·57	111·28	110·99	110·71	110·42
73	113·23	112·94	112·64	112·34	112·05	111·76	111·47	111·18
½	114·01	113·71	113·41	113·11	112·82	112·53	112·23	111·91
74	114·79	114·48	114·18	113·88	113·59	113·29	113·00	112·70
½	115·56	115·26	114·95	114·65	114·35	114·06	113·76	113·46
75	116·34	116·03	115·73	115·42	115·12	114·82	114·52	114·23
½	117·11	116·80	116·50	116·19	115·89	115·59	115·29	114·99
76	117·89	117·58	117·27	116·96	116·66	116·35	116·05	115·75
½	118·66	118·35	118·04	117·73	117·42	117·12	116·81	116·51
77	119·44	119·12	118·81	118·50	118·19	117·88	117·58	117·27
½	120·21	119·90	119·58	119·27	118·96	118·65	118·34	118·03
78	120·99	120·67	120·36	120·04	119·73	119·42	119·10	118·80
½	121·77	121·44	121·13	120·81	120·49	120·18	119·87	119·56
79	122·54	122·22	121·90	121·58	121·26	120·95	120·63	120·32
½	123·32	123·00	122·67	122·35	122·03	121·71	121·39	121·08
80	124·09	123·77	123·44	123·12	122·80	122·48	122·16	121·84
½	124·87	124·54	124·21	123·89	123·56	123·24	122·92	122·60
81	125·64	125·31	124·98	124·66	124·33	124·01	123·69	123·37
½	126·42	126·09	125·76	125·43	125·10	124·77	124·45	124·13
82	127·19	126·86	126·53	126·20	125·87	125·54	125·21	124·89
½	127·97	127·63	127·30	126·97	126·63	126·30	125·98	125·65
83	128·75	128·41	128·07	127·74	127·40	127·07	126·74	126·41
½	129·52	129·18	128·84	128·50	128·17	127·84	127·50	127·17
84	130·30	129·95	129·61	129·27	128·94	128·60	128·27	127·93
½	131·07	130·73	130·38	130·04	129·70	129·37	129·03	128·70
85	131·85	131·56	131·16	130·81	130·47	130·13	129·79	129·46
½	132·62	132·27	131·93	131·58	131·24	130·90	130·56	130·22
86	133·40	133·05	132·70	132·35	132·01	131·66	131·32	130·98
½	134·17	133·82	133·47	133·12	132·77	132·43	132·08	131·74
87	134·95	134·59	134·24	133·89	133·54	133·19	132·85	132·50
½	135·73	135·37	135·01	134·66	134·31	133·96	133·61	133·27
88	136·50	136·14	135·79	135·43	135·08	134·72	134·37	134·03
½	137·28	136·92	136·56	136·20	135·84	135·49	135·14	134·79
89	138·05	137·69	137·33	136·97	136·61	136·26	135·90	135·55
½	138·83	138·46	138·10	137·74	137·38	137·02	136·67	136·31
90	139·60	139·24	138·87	138·51	138·15	137·79	137·43	137·07
½	140·38	140·01	139·64	139·28	138·91	138·55	138·19	137·83
91	141·16	140·78	140·41	140·05	139·68	139·32	138·96	138·60
½	141·93	141·56	141·19	140·82	140·45	140·08	139·72	139·36

Umrechnungstabelle:
Notiz von Neuyork-Chicago per 1000 kg in Mark.

Preis pro Bushel in Cents	Berlin notiert in Neuyork auf telegr. Auszahlung:							
	94¾	95	95¼	95½	95¾	96	96¼	96½
92	142.71	142.33	141.96	141.59	141.22	140.85	140.48	140.12
½	143.48	143.10	142.73	142.36	141.98	141.61	141.25	140.88
93	144.26	143.88	143.50	143.12	142.75	142.38	142.01	141.64
½	145.03	144.65	144.27	143.89	143.52	143.14	142.77	142.40
94	145.81	145.42	145.04	144.66	144.29	143.91	143.54	143.16
½	146.58	146.20	145.82	145.43	145.05	144.68	144.30	143.93
95	147.36	146.97	146.59	146.20	145.82	145.44	145.06	144.69
½	148.14	147.74	147.36	146.97	146.59	146.21	145.83	145.45
96	148.91	148.52	148.13	147.74	147.36	146.97	146.59	146.21
½	149.69	149.29	148.90	148.51	148.12	147.74	147.35	146.97
97	150.46	150.06	149.67	149.28	148.89	148.50	148.12	147.73
½	151.24	150.84	150.44	150.05	149.66	149.27	148.88	148.56
98	152.01	151.61	151.12	150.82	150.43	150.03	149.64	149.26
½	152.79	152.39	151.99	151.59	151.19	150.80	150.41	150.02
99	153.56	153.16	152.76	152.36	151.96	151.57	151.17	150.78
½	154.34	153.93	153.53	153.13	152.73	152.33	151.93	151.54
100	155.12	154.71	154.30	153.90	153.50	153.10	152.70	152.30
½	155.89	155.48	155.07	154.67	154.26	153.86	153.46	153.06
101	156.67	156.25	155.84	155.44	155.03	154.63	154.23	153.83
½	157.44	157.03	156.62	156.21	155.80	155.39	154.99	154.59
102	158.22	157.80	157.39	156.98	156.57	156.16	155.75	155.35
½	158.99	158.57	158.16	157.75	157.33	156.92	156.52	156.11
103	159.77	159.35	158.93	158.51	158.10	157.69	157.28	156.87
½	160.55	160.12	159.70	159.28	158.87	158.45	158.04	157.63
104	161.32	160.89	160.47	160.05	159.64	159.22	158.81	158.39
½	162.10	161.67	161.25	160.82	160.40	159.99	159.57	159.16
105	162.87	162.44	162.02	161.59	161.17	160.75	160.33	159.92
½	163.65	163.21	162.79	162.36	161.94	161.52	161.10	160.68
106	164.42	163.99	163.56	163.13	162.71	162.28	161.86	161.44
½	165.20	164.76	164.33	163.90	163.47	163.05	162.62	162.20
107	165.97	165.53	165.10	164.67	164.24	163.81	163.39	162.96
½	166.75	166.31	165.87	165.44	165.01	164.58	164.15	163.73
108	167.53	167.08	166.65	166.21	165.78	165.34	164.91	164.49
½	168.30	167.86	167.42	166.98	166.54	166.11	165.68	165.25
109	169.08	168.63	168.19	167.75	167.31	166.87	166.44	166.01
½	169.85	169.40	168.96	168.52	168.08	167.64	167.20	166.77
110	170.63	170.18	169.73	169.29	168.85	168.41	167.97	167.53
½	171.40	170.95	170.50	170.06	169.61	169.17	168.73	168.29
111	172.18	171.72	171.27	170.83	170.38	169.94	169.50	169.06
½	172.95	172.50	172.05	171.60	171.15	170.70	170.26	169.82
112	173.73	173.27	172.82	172.37	171.92	171.47	171.02	170.58
½	174.51	174.04	173.59	173.14	172.68	172.23	171.79	171.39
113	175.28	174.82	174.36	173.90	173.45	173.00	172.55	172.10
½	176.06	175.59	175.13	174.67	174.22	173.76	173.31	172.86
114	176.83	176.36	175.90	175.44	174.99	174.53	174.08	173.63
½	177.61	177.14	176.68	176.21	175.75	175.30	174.84	174.39
115	178.38	177.91	177.45	176.98	176.52	176.06	175.60	175.15
½	179.16	178.68	178.22	177.75	177.29	176.83	176.37	175.91

Umrechnungstabelle:
London Weizen per 500 Pfd. in Mark per 1000 kg.

sh/d	20·40		20·50		20·60		20·70		20·80	
		9232		3640		8048		2456		6864
20	89	92	90	36	90	80	91	25	91	69
21	94	42	94	88	95	35	95	81	96	27
22	98	92	99	40	99	89	100	37	100	86
23	103	41	103	92	104	43	104	93	105	44
24	107	91	108	44	108	97	109	49	110	02
25	112	40	112	96	113	51	114	06	114	61
26	116	90	117	47	118	05	118	62	119	19
27	121	40	121	99	122	59	123	18	123	78
28	125	89	126	51	127	13	127	74	128	36
29	130	39	131	08	131	67	132	31	132	95
30	134	88	135	55	136	21	136	87	137	53
31	139	38	140	06	140	75	141	93	142	11
32	143	88	144	58	145	29	145	99	146	70
33	148	37	149	10	149	83	150	55	151	28
34	152	87	153	62	154	37	155	12	155	87
35	157	36	158	14	158	91	159	68	160	45
36	161	86	162	66	163	45	164	24	165	04
37	166	36	167	17	167	99	168	80	169	62
38	170	85	171	69	172	53	173	37	174	20
39	175	35	176	21	177	07	177	93	178	79
40	179	85	180	73	181	61	182	49	183	37
41	184	34	185	25	186	15	187	05	187	96
42	188	84	189	76	190	69	191	61	192	54
43	193	33	194	28	195	23	196	18	197	13
44	197	83	198	80	199	77	200	74	201	71
45	202	35	203	32	204	31	205	30	206	29
46	206	82	207	84	208	84	209	86	210	88
47	211	32	212	36	213	38	214	43	215	46
48	215	81	216	87	217	92	218	99	220	05
49	220	31	221	39	222	46	223	55	224	63
50	224	81	225	91	227	00	228	11	229	22
51	229	30	230	43	231	54	232	67	233	80
52	233	80	234	95	236	08	237	24	238	38
53	238	29	239	46	240	62	241	80	242	97
54	242	79	243	98	245	16	246	36	247	55
55	247	29	248	50	249	70	250	92	252	14
56	251	78	253	02	254	24	255	48	256	72
57	256	28	257	54	258	78	260	05	261	31
58	260	78	262	06	263	32	264	61	265	89
59	265	27	266	57	267	86	269	17	270	47
60	269	77	271	09	272	40	273	73	275	06
61	274	26	275	61	276	94	278	30	279	64
62	278	76	280	13	281	48	282	86	284	23
63	283	26	284	65	286	02	287	42	288	81
64	287	75	289	16	290	56	291	98	293	40
65	292	25	293	68	295	10	296	54	297	98
d 1	0	37	0	38	0	38	0	38	0	38
2	0	75	0	75	0	76	0	76	0	76
3	1	12	1	13	1	14	1	14	1	15
4	1	50	1	51	1	51	1	52	1	53
5	1	87	1	88	1	89	1	90	1	91
6	2	25	2	26	2	27	2	28	2	92
7	2	62	2	64	2	65	2	66	2	67
8	3	—	3	01	3	03	3	04	3	06
9	3	37	3	39	3	41	3	42	3	44
10	3	75	3	77	3	78	3	80	3	82
11	4	12	4	14	4	16	4	18	4	20

Flächen-, Hohl-Maße, Gewichte u. Verhältniszahlen zur Umrechnung der Ernte-Ergebnisse.

Land	Flächenmaß fremdes	ha	Getreide-Hohlmaß fremdes	hl / ℔	Ver-hältnis-zahl	Gewicht fremdes	kg / Gramm
Dänemark*)	Tönde Land	0.5516	Korntönde	1.3912 hl	2.5	Pfd.	500 gr
Ägypten	Feddan	0.4459	Ardeb	183.48 ℔	4	Rottel	445 gr
Norwegen*)	Tonne Lands	0.3938	Tönde	1.3912 hl	3.5	Pfd. norw.	498.4 gr
Portugal*)	Geira	0.5856	Fanega	55.4 ℔	0.94	Arratel	459 gr
Rußland	Dessjatin	1.0925	Tschetwert	209.91 ℔	1.921	Pud	16.38 kg
Rumänien*)	Faltsch	1.41	Kilé	6.75 hl	3	Oka	1282 gr
"	Pogon	0.499		4.14 hl			
Spanien*)	Mojada	0.49	Cuartera	70 ℔	1.4	Libra	460 gr
,	Fanega de tierra	0.644	Fanega	55.5 ℔	0.9	Oka	1282 gr
Serbien*)	Lanatz	0.5765			0.039	Oka	1282 gr
Schweden*)	Quadratref	0.0689	Tunna	1.649 hl	18.7	Skalpund	425.1 gr
Vereinigte Staaten v. Nordamerika	Acre of Land	0.4047	Bushel	35.288 ℔	0.921	Pfd. engl.	453.5924 gr
Türkei	Donüm	0.0759	Kilé	36.11 ℔	4.3	Oka	1282 gr
Argentinien**)	Acre of Land	0.4047					
Australien			Imp. Bushel	36.37 ℔	7.186	Pfd. engl.	453.5924 gr
Kanada			Imp. Quarter	290.8 ℔	0.998		
Großbritannien						Maund	37.3242 kg
Ost-Indien						Ser	0.933 kg

*) Das metrische System ist das offizielle, doch wird im Verkehr auch noch das alte System angewendet,

**) Sowohl das metrische, als auch das englische System findet gleichmäßige Anwendung.

Zölle.

Land	Maß-Einheit	Währung	Weizen	Roggen	Gerste	Hafer	Mais	Bemerkungen
Argentinien	kg.	Frcs.	—	0.05	0.0375	—	0.15	Im neuen Tarif sollen diese Sätze aufhören u. zollfreie Einfuhr gestattet sein.
Belgien	100 ,,	,,	zollfrei			3.—	zf.	
Bulgarien	ad. val.	10½ %			10½ %			
Canada	Bushel	Dollar	0.15	—	—	—	—	
China			zollfrei					
Costa Rica	1 kg.	Peseta	0.02	0.02	0.02	—	0.02	
Cuba	100 kg.	Dollar	0.60	0.40	0.50	0.40	0.30	
Cypern			zollfrei					Bei Einfuhr aus Östreich-Ungarn, Italien, Rußland, Serbien : 1.60 Futtergerste 2.—
Dänemark			zollfrei					
Deutschland	{100 kg.	Mark	5.— / 5.50	5.— / 5.—	2.25 / 4.—	4.— / 5.—	2.— / —	
Dominika			zollfrei					
Eritrea	100 kg.	Lira	7.50	—	—	—	—	
Finnland			zollfrei					
Frankreich	100 kg.	Frcs.	5.—	3.—	3.—	3.—	3.—	Vertragsmäßige Sätze 2.99 u. 2.16
Griechenland	,, ,,	Drachma	5.25	3.60	3.60	3.60	3.60	
Großbritannien*)			zollfrei					
Holland			zollfrei					
Japan	ad. val.	—	5 %		zf.		5 %	
Jamaika	Bushel	£	-.-. 6	—	-.-. 4	—	-.-. 4	
Italien	{100 kg.	Lira	7.50	4.50	4.—	4.—	7.50 / 1.15	Weißer Mais
Malta	Salme	Sh	10/—	5/—	4/—	5/—	6/—	Ungenießbare Ware 2/—
Marokko	ad. val.		10 %	10 %	10 %	10 %	10 %	
Mauritius	100 kg.	Rupien	—.60	—	—	—	—	
Mexiko	1 kg.	Pesos	0.05	—	—	—	—	
Norwegen	{100 kg.	Kronen	1.— / 0.60	0.80 / —	0.80 / 0.22	0.80 / —	1.20 / 0.30	Grenzbegünstigung: Weizen, Roggen 0.75, Gerste, Mais 0.25, Hafer 0.60.
Östreich	100 kg.	Gold-Gulden	1.50	1.50	0.75	0.75	0.50	
Paraguay	ad. val.	—	5 %	5 %	zf.	—	55 %	
Portugal			zollfrei					
Rumänien			zollfrei					
Rußland			zollfrei					
Serbien	100 kg.	Dinar	2.—	2.—	1. —	1.—	0.75	
Schweiz	,, ,,	Frcs.	0.30	0.30	0.30	0.30	0.30	
Schweden	,, ,,	Kronen	3.70	3.70	—	—	—	
Spanien	,, ,,	Pesetas	8.—	—	—	—	—	
Türkei	ad. val.		8 %	8 %	8 %	8 %	8 %	Grenzbegünstigung: Weizen, Roggen 0.75, Gerste, Mais 0.25, Hafer 0.60
Tunis			zollfrei					
Ungarn	100 kg.	Gold-Gulden	1.50	1.50	0.75	0.75	0.50	
Uruguay								
Venezuela	1 kg.	Centavos	12½	12½	—	—	—	
Ver. Staaten v. N.-Amerika	ad. val.	—	20%	20%	30%	20%	20%	

*) Es besteht die Absicht, einen Getreidezoll von 5/— einzuführen.

E. & W. BOUWMAN,
ROTTERDAM.
Telegramm-Adresse:
„BOUWMAN".

Kontrakt.

Rotterdam, 12. April 1904.

Geschlossen zwischen Herrn Heyum Heymann, Rotterdam als Verkäufer und Herrn Th. Visser, Rotterdam als Käufer, durch Vermittelung der Herren E. & W. Bouwman Quantum: (5 % mehr oder weniger) 30 Lasten, Dreißig Lasten Mais, Fokschan, Muster No. 121 zum Preise von: holl. Gulden 132.—, wörtlich: Hundertdreißigzwei. Rembours: netto Kassa gegen Auslieferung der girierten Dokumente.

Ausladung mit einem oder mehreren Dampfern Juni neuen Stils dieses Jahres.

Versicherung durch Verkäufer bei anerkannt guten Versicherungs-Gesellschaften zu decken mit 2 % über dem Netto-Fakturenbetrage. Verkäufer ist für die Zahlungsfähigkeit der Versicherer nicht verantwortlich.

Das fakturirte Gewicht wird voll garantiert, ein Manko ist vom Verkäufer, ein Überschuß vom Käufer zum Verkaufspreise sofort zu bezahlen. Seeschaden für Käufers Rechnung. In Havariefällen, wo Ware geworfen oder entlöscht wird, bleibt das fakturierte Gewicht endgültig.

Löschtage werden dem Käufer vom Verkäufer in genügender Anzahl laut Usance im Bestimmungshafen garantiert.

Eventuelle Lichterspesen am Bestimmungshafen für Rechnung des Käufers.

Alle auf dieses Geschäft bezüglichen Streitigkeiten, welcher Art auch, heben diesen Kontrakt nicht auf (die Dokumente müssen vielmehr in jedem Falle sofort aufgenommen werden) und werden durch die freundschaftliche Arbitrage in Rotterdam endgültig erledigt.

Antrag auf Arbitrage hat innerhalb 10 Tagen nach Entlöschung des Dampfers im Bestimmungshafen unter gleichzeitiger Nennung des Arbeiters zu erfolgen.

Dieser Kontrakt ist doppelt ausgefertigt und unterschrieben vom

Käufer:	Vermittler:	Verkäufer:
Th. Visser,	*E. & W. Bouwman,*	*Heyum Heymann.*

Der Weltgetreidehandel. 27

PLUMP & HEYE.

Telegraphen-Adresse:
Plumpheye.

№ 256.

BREMEN, den 5. April 1904.

Herrn W. Maldaner, Hier.

Wir bestätigen Ihnen hierdurch den durch Vermittelung des Herrn I. Wiese an Sie gemachten Verkauf von

180 Tonnen Südruss. Gerste $\frac{60}{61}$ kg. p. Hekt. Abl v. Rußland.

Lieferung: je 30 T. in den Monaten Oktober 1903 bis März 1904 im Laufe der einzelnen Monate nach unserer Wahl.

Preis Mark 92.— unverzollt per 1000 kg netto pari frei Waggon oder Schiff Bremen oder von anderen Plätzen unter Verrechnung der Frachtdifferenz.

Verladung in Ihren franko einzusendenden Säcken und nach Ihrer Disposition, welche prompt nach unserer Aufforderung einzuschicken sind. Erhalten wir beides nicht innerhalb 5 Tagen nach Aufforderung hier, so steht uns das Recht zu, für Ihre Rechnung die Ware aufzulagern.

Zahlung: 1 Monat Akzept. Etwaiges Ziel geht immer vom Tage der Verladung an.

Erfüllungsort für beide Teile ist **Bremen.**

Das **Gewicht** wird bei Abladung durch beeidigte Wäger festgestellt, und ist solches maßgebend.

Säcke. Für den Fall, daß Verladung in unseren Säcken gewünscht wird, ist dafür bei Bahnverkehr 5 Pfennig, bei Schiffsverkehr 10 Pfennig per Sack Leihgebühr zu vergüten. Die Säcke, welche wir herleihen, sind innerhalb 14 Tagen franko in gutem Zustande zurückzuliefern und ist uns bei späterer Zurücksendung an Miete $\frac{1}{2}$ Pfennig per Tag und per Stück zu vergüten.

Bei Lieferung aus schwimmenden oder abzuladenden Dampfern ist glückliche Ankunft der Ware in guter Beschaffenheit vorbehalten. Im übrigen gilt gesunde Qualität bei Verladung hier oder an den Unterweserhäfen als garantiert. Für Verderb auf der Reise von hier nach dem Bestimmungsplatz kommen wir nicht auf.

Krieg oder Ausfuhrverbot, welche in der Zeit von jetzt bis zur festgesetzten Lieferfrist die Verschiffung aus dem Bezugslande verhindern, entbinden uns von diesem Kontrakt.

Wir bitten um umgehende Gegenbestätigung; und nehmen an, daß Sie Vorstehendes als richtig anerkennen, wenn Sie uns nicht **umgehend** das Gegenteil melden.

Achtungsvoll

Plump & Heye.

CHAMBRE
Arbitrale et de Conciliation
POUR
GRAINS ET GRAINES
À ANVERS.

Novembre 1901.

No. 2
CONTRAT A TERME

Arrêté ce jour, par le courtier soussigné de Monsieur Jean Vervier à Anvers, pour Monsieur Etienne Wauters ce qui suit: 20.000 q = vingt mille quintaux blé: Walla Walla à livrer à Anvers pendant les mois de juin, juillet et août 1904. à délivrer en état sain, loyal et marchand de la saison, qualité moyenne des arrivages à l'époque de la livraison moins value éventuelle de qualité à taxer par arbitres, et à bonifier à l'acheteur.

Chaque terme de livraison sera considéré comme un contrat séparé.

Prix: cette affaire se fait au prix de frcs 16.— par 100 kilogrammes nets en Entrepôt, rendus franco à bord, par transbordement si la marchandise est renseignée en navire de mer ou en allége; et si elle est renseignée en magasin ou sur quai rendue franco à bord tous frais éventuels de camionnage portage etc. aux frais du vendeur.

Payement à Anvers, au comptant, sous déduction des intérêts à raison de $^1/_2$ % au dessus du taux de la Banque Nationale de Belgique relatif aux effets acceptés, pour le nombre de jours qui courent entre celui du paiement et le trentième après la mise à disposition réelle. La faculté d'escompte sera réciproque.

Vendeurs et acheteurs auront la faculté de faire verser, à titre de dépôt, dans une maison de Banque à Anvers, au choix du déposant, toute différence provenant de la variation constatée dans le cours, du moment où ces différences atteindront un franc par cent kilos.

Le vendeur pourra à son choix renseigner la marchandise à bord, de navires de mer $\frac{et}{ou}$ d'alléges, $\frac{et}{ou}$ en grenier $\frac{et}{ou}$ sur quai. L'agréation devra avoir lieu dans les 24 heures de la mise à disposition effective. Si la marchandise se trouvait placée en

27*

plus de 2 endroits différents le vendeur pourra être passible de frais extra envers l'acheteur.

Toute contestation sur l'exécution du présent contrat, entre vendeur, acheteur $\frac{et}{ou}$ intermédiaire, **sera** jugée par les arbitres de la **Chambre arbitrale et de conciliation pour grains et graines d'Anvers**, dont la décision sera finale, les parties contractantes renonçant ainsi à toute voie judiciaire. **Toute demande d'arbitrage** devra être faite **par écrit** à la partie adverse, soit pendant le cours du déchargement, soit, au plus tard endéans les deux jours francs après la délivraison de la marchandis. **Les compromis** pour la chambre arbitrale devront être envoyés par le dernier réceptionnaire à la partie adverse, endéans les huit jours de la délivraison de la marchandise. **En cas de filière** il sera accordé un jour de plus pour chacun des contrats formant celle-ci. Les parties déclarent connaître et accepter la teneur et les stipulations de la formule imprimée du compromis adopté par la Chambre Arbitrale en Novembre 1901.

Les acheteurs n'habitant pas la place élisent domicile à Anvers, chez le courtier traitant, ou au greffe de la Chambre arbitrale.

Pour toutes autres conditions d'exécution voir au verso.

Le présent contrat devra être retourné approuvé par l'acheteur, **endéans les trois jours,** sinon le vendeur aura la faculté d'annuler le marché.

Fait de bonne foi, en double, à Anvers, le 2. Mai 1904.

L'ACHETEUR, *Etienne Wauters,*

LE COURTIER, *Paul Kaerts,*

LES VENDEURS, *Jean Vervier.*

Weizenernte-Kalender.

September und Oktober: Schottland, Schweden, Norwegen und Nordrußland.

November: Süd-Afrika, Santa-Fé.

Dezember: Birma, Neu-Süd-Wales, Argentinien, Australien.

Neue Frucht aus vorbezeichneten Ernten kommt frühestens in europäischen Häfen an:

Januar: Kalifornien.

Februar: Oregon, Walla Walla.

März: Argentinien, Uruguay.

April: Australien.

Juni: Bombay, persischer Golf, Nord-Afrika.

Juli: Kurrachee.

August: Amerikanischer und russischer Winterweizen.

September: Russischer Sommerweizen, Rumänien, Bulgarien.

Oktober: Amerikanischer Sommerweizen.

November: Kanada.

Maisernte-Kalender.

Januar: Neu-Süd-Wales.

März und April: Argentinien.

September und Oktober: Alle europäischen Länder.

Oktober: Maisernte in den Vereinigten Staaten.

Der argentinische Weizen wird im Mai gesät.

Neue Frucht aus vorbezeichneten Ernten kommt frühestens in europäischen Häfen an:

Januar und Februar: Nord-Amerika.

Juli: Argentinien.

Oktober: Ägypten.

Dezember: Süd-Rußland, Rumänien, wenn die Frucht schnell verschiffbar ist, sonst im folgenden Mai.

Nachtrag.

Auf *Seite 18* unter Anbaufläche ist
zu ändern: 1899 Weizen 2 055 290, Roggen 64 442, Gerste
2 159 414, Hafer 4 109 825; 1900 Weizen 1 901 038, Roggen 65 044,
Gerste 2 172 129, Hafer 4 145 835; 1901 Weizen 1 746 155, Roggen
67 752, Gerste 2 140 908, Hafer 4 112 297; 1902 Weizen 1 772 840,
Roggen 78 164, Gerste 2 083 014, Hafer 4 157 079; 1903 Weizen
1 620 988, Roggen 69 228, Gerste 2 021 823, Hafer 4 257 052.

Nachzutragen: 1904 Weizen 1 375 284, Roggen 55 714,
Gerste 1 840 688, Hafer 3 252 975; 1905 Weizen 1 796 985, Gerste
1 713 664, Hafer 3 051 376.

Unter Durchschnittsertrag ist
zu ändern: 1899 Weizen 32·76, Gerste 34·64, Hafer 40·57;
1900 Weizen 28·61, Gerste 31·67, Hafer 39·97; 1901 Weizen
30·93, Gerste 31·70, Hafer 39·35; 1902 Weizen 32·91, Gerste
35·83, Hafer 40·50.

Auf *Seite 19* ist
zu ändern:

Erntemenge in Quarters (= 8 Bushels)

Jahr	Weizen	Gerste	Hafer
1890	75 993 883	80 793 525	171 295 404
1891	74 742 700	79 555 089	166 472 428
1892	60 775 245	76 939 135	168 181 197
1893	50 912 847	65 745 992	168 588 121
1894	60 704 382	78 600 635	190 862 714
1895	38 285 107	75 028 474	174 476 182
1896	58 247 008	77 824 701	162 859 779
1897	56 295 774	72 613 455	163 556 156
1898	74 885 280	74 730 785	172 578 273
1899	67 260 569	74 532 406	166 139 840
1900	54 322 094	68 545 894	165 137 200
1901	53 927 729	67 643 186	161 174 532
1902	58 278 443	74 439 203	184 184 361
1903	48 818 788	65 309 685	172 940 555

Unter Einfuhr ist

nachzutragen: 1904 Weizen 20 556 500, Gerste 5 430 460, Hafer 2 819 540, Mais 8 579 576.

Auf *Seite 20* unter Ausfuhr ist

nachzutragen: 1904 Weizen 44 743, Gerste 18 761, Hafer 44 822.

Auf *Seite 39* unter Anbaufläche ist

zu ändern: 1901 Weizen 6 794, Roggen 1 412, Gerste 744, Hafer 3 856; 1902 Weizen 6 564, Roggen 1 332, Gerste 694, Hafer 3 832; 1904 Gerste 705.

Nachzutragen: 1905 Weizen 6 497, Roggen, 1ˢ270, Gerste 727, Hafer 3 812.

Unter Durchschnitts-Ertrag ist

zu ändern: 1898 Roggen 16, Hafer 25; 1899 Roggen 16, Gerste 20; 1900 Roggen 15; 1901 Gerste 18; 1902 Weizen 17, Roggen 12, Gerste 21, Hafer 25.

Auf *Seite 40* unter Erntemenge ist

zu ändern: 1902 Gerste 14 783, Hafer 97 596, Mais 8 784.

Unter Einfuhr ist

zu ändern: 1899 Weizen 1 305, Roggen 3, Gerste 1 392, Hafer 1 172, Mais 5 221; 1900 Roggen 0, Gerste 885; 1901 Gerste 1 911, Mais 2 949; 1902 Gerste 1 563; 1903 Weizen 4 726, Roggen 199, Gerste 1 297, Hafer 1 007, Mais 2 881.

Nachzutragen: 1904 Weizen 2 063, Gerste 950, Hafer 774, Mais 2 571; 1905 Weizen 1 826, Gerste 1 132, Hafer 2 853, Mais 2 824.

Auf *Seite 41* unter Ausfuhr ist

zu ändern: 1899 Roggen 82, Gerste 432, Hafer 26, Mais 3; 1900 Weizen 15, Roggen 58, Gerste 752, Hafer 28, Mais 14; 1901 Weizen 6, Roggen 2, Gerste 381, Hafer 20, Mais 5; 1902 Weizen 8, Roggen 2, Gerste 484, Mais 4; 1903 Weizen 6, Roggen 3, Gerste 251, Hafer 24, Mais 20.

Auf *Seite 49* unter Anbaufläche ist

nachzutragen: 1904 Weizen und Spelz 2 258 899, Roggen 6 099 078, Gerste 1 627 430, Hafer 4 189 535; 1905 Weizen und Spelz 2 260 580, Roggen 6 145 663, Gerste 1 633 227, Hafer 4 182 052.

Auf *Seite 50* unter Erntemenge ist

zu ändern: 1895 Gerste 27 940; 1897 Hafer 57 186; 1900 Roggen 85 507.

Unter Einfuhr ist

zu ändern: 1899 Weizen 13 709, Roggen 5 613, Gerste 11 042,

Hafer 2591; 1901 Weizen 21342, Roggen 8637; 1902 Weizen 22745, Roggen 9760; 1903 Weizen 19291, Roggen 8138, Mais 9532.

Nachzutragen: 1904 Weizen 20211, Roggen 4724, Gerste 14304, Hafer 3664, Mais 7735.

Auf *Seite 51* unter A u s f u h r ist

zu ändern: 1899 Weizen 1974, Roggen 1235, Gerste 140, Hafer 684; 1900 Gerste 303; 1901 Weizen 928, Roggen 921; 1902 Weizen 822, Roggen 1046; 1903 Weizen 1803, Roggen 2090.

Nachzutragen: 1904 Weizen 1596, Roggen 3567, Gerste 295, Hafer 2226.

Auf *Seite 92* unter A n b a u f l ä c h e ist

zu ändern: 1899 Roggen und Spelz 1846; 1900 Weizen 1065, Roggen und Spelz 1706; 1901 Roggen und Spelz 1815; 1902 Roggen und Spelz 1836; 1903 Weizen 1052, Roggen und Spelz 1811, Gerste 1205, Hafer 1833, Mais 334; 1904 Roggen und Spelz 1931, Hafer 1822.

Nachzutragen: 1905 Weizen 1126, Roggen und Spelz 1969, Gerste 1188, Hafer 1808, Mais 349.

Unter D u r c h s c h n i t t s - E r t r a g ist

zu ändern: 1900 Gerste 16 · 0; 1903 Weizen 15 · 5, Hafer 21 · 5.

Nachzutragen: 1905 Weizen 17 · 2, Roggen und Spelz 18 · 0, Gerste 19 · 7, Hafer 21 · 7, Mais 17 · 0.

Auf *Seite 93* unter E r n t e m e n g e ist

zu ändern:

Jahr	Weizen	Roggen und Spelz	Gerste	Hafer	Mais
1897	9388 · 6	16037 · 4	11087 · 7	14745 · 4	3792 · 2
1898	12761 · 4	20264 · 2	13822 · 4	18691 · 3	4169 · 7
1899	12664 · 5	21678 · 1	15943 · 0	20205 · 4	3660 · 8
1900	11139 · 1	13935 · 7	13385 · 8	17142 · 9	3923 · 4
1901	11982 · 3	19195 · 5	14607 · 4	17155 · 4	4454 · 2
1902	13514 · 0	20964 · 3	16065 · 5	18212 · 4	3419 · 4
1903	12573 · 0	20622 · 1	16084 · 0	18627 · 1	4078 · 5
1904	14624 · 1	23299 · 8	14547 · 4	15910 · 0	3182 · 6
1905	14823 · 2	24941 · 9	15336 · 8	17981 · 9	4399 · 9

Unter E i n f u h r ist

zu ändern: 1897 Weizen 1275, Roggen und Spelz 1758, Gerste

438, Mais 2312; 1899 Roggen und Spelz 206, 1900 Roggen und Spelz 75; 1901 Weizen 316, Roggen und Spelz 369, Gerste 212, Hafer 422, Mais 2196; 1903 Roggen und Spelz 63.

Nachzutragen: 1904 Weizen 2188, Roggen und Spelz 407, Gerste 700, Hafer 311, Mais 3573.

Auf *Seite 94* unter Ausfuhr ist *zu ändern:* 1899 Roggen und Spelz 8; 1900 Roggen und Spelz 5 1901 Roggen und Spelz 7; 1902 Roggen und Spelz 6; 1903 Roggen und Spelz 5.

Nachzutragen: 1904 Weizen 32, Roggen und Spelz 5, Gerste 2511, Hafer 14, Mais 44.

Auf *Seite 113* unter Erntemenge ist *zu ändern:* Spelz 1890 : 4, 1891 : 0, 1892 : 1, 1893 : 3, 1894 : 3, 1895 : 3, 1896 : 7, 1897 : 6, 1898 : 6, 1899 : 9, 1900 : 8.

Nachzutragen: Spelz 1901 : 8, 1902 : 11, 1903 : 13; 1904 Weizen 1225.

Auf *Seite 114* unter Einfuhr ist *zu ändern:* 1893 Roggen 2876; 1899 Weizen 9358, Roggen 4072, Gerste 3279, Hafer 2855; 1900 Weizen 9972, Roggen 5090; 1901 Weizen 13103, Roggen 5264, Gerste 3059; 1902 Weizen 12871, Roggen 5851, 1903 Weizen 13518, Gerste 5043, Hafer 3312.

Nachzutragen: 1905 Weizen 16871, Roggen 5046, Gerste 5394, Hafer 6357.

Unter Ausfuhr ist *zu ändern:* 1899 Weizen 7215, Roggen 2366; 1900 Weizen 7555, Roggen 3191, Gerste 1942, Hafer 3179; 1901 Weizen 10186, Roggen 2768, Gerste 2063, Hafer 2867; 1902 Weizen 10064, Roggen 3267, Gerste 2397, Hafer 3276; 1903 Weizen 10816, Roggen 3585, Gerste 2940, Hafer 3061.

Nachzutragen: 1905 Weizen 14437, Roggen 2684, Gerste 3480, Hafer 5349.

Auf *Seite 122* unter Ausfuhr ist *nachzutragen:* 1903 Roggen 0 · 11.

Auf *Seite 123* unter Einfuhr ist *nachzutragen:* 1903 Roggen 97; 1904 Weizen 4687, Roggen 100, Gerste 153, Hafer 1103.

Auf *Seite 128* unter Erntemenge ist *zu ändern:* 1896 Weizen 5180, Spelz 1641, Roggen 5596, Gerste 882, Hafer 4221; 1897 Weizen 3160, Spelz 1005, Gerste 778'

1898 Weizen 3 284, Spelz 986, Roggen 5 327, Gerste 853, Hafer 5 558; 1899 Weizen 2 977, Spelz 1 019, Roggen 4 776, Gerste 919, Hafer 4 596; 1900 Weizen 3 752, Spelz 419, Roggen 5 043, Gerste 1 036, Hafer 5 687; 1901 Weizen 3 849, Spelz 423, Roggen 5 382, Gerste 1 056, Hafer 5 888; 1902 Weizen 3 952, Spelz 443, Roggen 5 683, Gerste 1 083, Hafer 6 617; 1903 Weizen 3 361, Spelz 379, Roggen 5 526, Gerste 854, Hafer 7 017.

Auf *Seite 129* unter Ertrag ist *zu ändern:* 1898 Spelz 39 · 90, Roggen 22 · 75, Sommer-Gerste 29 · 19, 1899 Winter-Weizen 23 · 39, Spelz 41 · 25, Roggen 23·09, Sommer-Gerste 34 · 00, Hafer 40 · 62.

Unter Ausfuhr ist *zu ändern:* 1898 Weizen und Spelz 3 511, Roggen 602, Gerste 738, Hafer 1 429; 1899 Weizen und Spelz 3 610, Roggen 308, Gerste 562, Hafer 1 552; 1900 Weizen und Spelz 2 404, Roggen 192, Gerste 354, Hafer 1 584; 1901 Weizen und Spelz 3 584, Roggen 296, Gerste 347, Hafer 1 216; 1902 Gerste 380, Hafer 1 079; 1903 Gerste 447, Hafer 1 674.

Nachzutragen: 1904 Weizen und Spelz 4 029, Roggen 155, Gerste 469,

Auf *Seite 130* unter Einfuhr ist *zu ändern:* Hafer 1890: 4 032, 1891: 2 554, 1892: 2 637, 1893: 3 689, 1894: 3 355, 1895: 3 105, 1896: 4 033, 1897 Roggen 828, Hafer 4 699; 1898 Weizen und Spelz 12 772, Roggen 840, Gerste 3 284, Hafer 4 920; 1899 Weizen und Spelz 13 699, Roggen 266, Gerste 3 286, Hafer 5 595; 1900 Weizen und Spelz 11 071, Roggen 432, Gerste 2 599, Hafer 6 068; 1901 Weizen und Spelz 14 951, Roggen 646, Gerste 2 561, Hafer 4 328; 1902 Gerste 3 105, Hafer 3 917, Gerste 3 525, Hafer 5 265.

Auf *Seite 137* unter Erntemenge ist *zu ändern:* 1898 Weizen 814 · 2, Roggen 4 188 · 5, Gerste 5 123 · 7, Hafer 7 353 · 7; 1899 Weizen 905 · 0, Roggen 4 766 · 5, Gerste 5 083 · 0, Hafer 6 573 · 6; 1900 Weizen 981 · 3, Roggen 5 180 · 9, Gerste 5 348 · 8, Hafer 7 151 · 1; 1901 Weizen 256 · 5, Roggen 4 311 · 2, Gerste 5 221 · 0, Hafer 6 632 · 9; 1902 Weizen 1 232 · 8, Roggen 4 875 · 6, Gerste 5 456 · 1, Hafer 7 238·1; 1903 Weizen 1 214·8, Roggen 5 012 · 2, Gerste 5 468 · 5.

Nachzutragen: 1904 Weizen 1 100, Roggen 4 600, Gerste 5 600, Hafer 7 200; 1905 Weizen 1 200, Roggen 4 500, Gerste 5 700, Hafer 7 000.

Auf *Seite 138* unter Einfuhr ist
zu ändern: 1898 Weizen 749, Roggen 900, Gerste 544, Hafer 131; 1899 Weizen 750, Roggen 898, Gerste 241, Hafer 137; 1900 Weizen 611, Roggen 935, Gerste 104, Hafer 297; 1903 Weizen 1003, Roggen 1379, Gerste 922, Hafer 269.

Unter Ausfuhr ist
zu ändern: 1898 Weizen 241, Roggen 71, Gerste 480, Hafer 15; 1899 Weizen 145, Roggen 61, Gerste 573, Hafer 21; 1900 Weizen 230, Roggen 38, Gerste 422, Hafer 35; 1901 Hafer 19; 1903 Weizen 254, Roggen 93, Gerste 344, Hafer 71.

Auf *Seite 143* unter Erntemenge ist
zu ändern: 1896 Weizen 1293·24, Roggen 5871·60, Gerste 3064·96, Hafer 8958·24; 1897 Weizen 1285·44, Roggen 5832·72, Gerste 3084·80, Hafer 9162·24; 1898 Weizen 1235·76, Roggen 5025·27, Gerste 3190·30, Hafer 10561·14; 1899 Weizen 1251·90, Roggen 5007·80, Gerste 2723·66, Hafer 8191·92; 1900 Weizen 1497·84, Roggen 5932·05, Gerste 3116·80, Hafer 10593·60; 1901 Weizen 1152·84, Roggen 5523·84, Gerste 2831·22, Hafer 9166·41; 1902 Weizen 1240·24, Roggen 5263·52, Gerste 2510·24, Hafer 8686·00; 1903 Weizen 1524·57, Roggen 6232·67, Gerste 3282·07, Hafer 10622·46; 1904 Weizen 1506·48, Roggen 5401·27, Gerste 3205·68, Hafer 8501·03.

Nachzutragen: 1905 Weizen 1909·80, Roggen 8881·50, Gerste 4778·90, Hafer 21624·30.

Auf *Seite 144* unter Einfuhr ist
zu ändern: 1898 Weizen 1323, Roggen 926, Gerste 29, Hafer 83; 1899 Weizen 1567, Roggen 1442, Gerste 4, Hafer 202; 1900 Weizen 1579, Roggen 1322, Gerste 103, Hafer 588; 1901 Weizen 1720, Roggen 477, Gerste 3, Hafer 163; 1902 Weizen 2044, Roggen 1582, Gerste 66, Hafer 502; 1903 Gerste 61, Hafer 599.

Unter Ausfuhr ist
zu ändern: Hafer 1890: 681·35, 1891: 1759·17, 1892: 1069·86, 1893: 2117·61, 1894: 1353·12, 1895: 751·83, 1896: 621·25, 1897: 205·58, 1898 Roggen 0·45, Gerste 0·57, Hafer 395·73; 1899 Weizen 0·30, Roggen 0·56, Gerste 2·01, Hafer 389·80; 1900 Gerste 1·46, Hafer 125·97; 1901 Weizen 0·78, Roggen 0·27, Gerste 0·41, Hafer 305·04; 1902 Weizen 0·36, Roggen 0·23, Gerste 0·71, Hafer 132·86; 1903 Weizen 0·46, Roggen 0·45, Gerste 0·56, Hafer 31·29.

Auf *Seite 146* unter Einfuhr ist
zu ändern: 1898 Weizen 105, Roggen 2006, Gerste 909, Hafer
28; 1899 Weizen 90, Roggen 1932, Gerste 1070, Hafer 81; 1900
Weizen 77, Roggen 1842, Gerste 1040, Hafer 126; Weizen 73,
Roggen 2018, Gerste 900, Hafer 32; 1902 Weizen 109, Roggen
2368, Gerste 1001, Hafer 92; 1903 Weizen 171, :Gerste 1410,
Hafer 130.

Auf *Seite 148* unter Erntemenge ist
zu ändern: 1897 Weizen 25288, Roggen 4804, Gerste 9976,
Hafer 3364; 1898 Roggen 5373, Gerste 15851, Hafer 2461;
1900 Roggen 5442; 1902 Weizen 36839; 1903 Weizen 35102.
Nachzutragen: 1904 Weizen 25856.

Auf *Seite 150* unter Anbaufläche ist
nachzutragen: 1897 Weizen 3857731, Roggen 773680, Gerste
1258325, Hafer 354033; 1898 Weizen 3861977, Roggen 718645,
Gerste 1493246, Hafer 379613,
zu ändern: 1899 Gerste 1404312; 1900 Roggen 728018; 1902
Weizen 3692924.

Auf *Seite 153* unter Getreidebau ist
nachzutragen: 1905 Weizen 320000 ha, Roggen 90000 ha
Gerste 170000 ha, Hafer 150000 ha, Mais 250000 ha.

Auf *Seite 155* unter Ertrag der gesamten Getreidesorten ist
nachzutragen: 1905 Weizen 2400000, Roggen 20000, Gerste
530000, Hafer 60000, Mais 900000.

Auf *Seite 156* unter Anbaufläche ist
nachzutragen: 1902/03 Weizen 1236737,15, Bohnen 618903,—,
Gerste 537292,03; 1903/04 Weizen 1248875,03, Bohnen
673570,—. Gerste 474340,07; 1904/05 Weizen 1179483,15, Bohnen 585216,15, Gerste 460034,—.

Auf *Seite 159* unter Ausfuhr ist
zu ändern: 1898 Gerste 89; 1899 Weizen 34, Gerste 155, Mais
27, Mehl 9; 1900 Weizen 14, Gerste 8, Mais 16, Mehl 6; 1901
Weizen 8, Gerste 30, Mais 12, Mehl 2; 1902 Weizen 22, Gerste
82, :Mais 92, Mehl 4; 1903 Weizen 49, Gerste 92, Mais 20, Mehl 6.

Unter Einfuhr ist
zu ändern: 1901 Weizen 174, Gerste 124, Mais 108, Mehl 666;
1902 Weizen 113, Gerste 99, Mais 14, Mehl 584; 1903 Weizen
70, Gerste 150, Mais 36, Mehl 678.

Auf *Seite 162* unter Erntemenge ist
zu ändern:

Jahr	Weizen	Roggen	Gerste	Hafer	Mais
1899	91551	221684	43528	130057	5751
1900	92229	227685	44770	115423	6495
1901	95851	185663	45735	85020	15451
1902	131605	224983	64677	126422	10255
1903	128950	221578	67602	102924	10261

Nachzutragen: 1904 Weizen 106030, Roggen 1528, Gerste 66577, Hafer 146805, Mais 4817.

Auf *Seite 163* unter Ausfuhr ist *zu ändern*:

Jahr	Weizen	Roggen	Gerste	Hafer	Mais
1896	219588		81605	·	12935
1897	213307	73487	89441	43617	21160
1898	177544	66914	106320	25264	46317
1899	107107	60671	74549	28463	28609
1900	116876	93227	53676	80047	19057
1901	138580	82735	77631	80317	29711
1902	186046	98221	104165	63333	68461

Auf *Seite 181* unter Anbaufläche ist *zu ändern*:

Jahr	Weizen	Roggen u. Spelz	Gerste	Hafer	Mais
1899	3158	1052	1016	964	2129
1900	3295	1031	1006	981	2217
1902	3344	1051	1021	985	2166
1903	3445	1053	1039	1023	2268
1904	3400	1038	1020	994	1964

Auf *Seite 182* unter Erntemenge ist *zu ändern*: 1899 Weizen 38452, Roggen 11990, Gerste 13409, Hafer 11789, Mais 29461; 1900 Weizen 38429, Roggen 10213, Gerste 11730, Hafer 10253, Mais 32426; 1901 Weizen 33730, Gerste 10902; 1902 Weizen 46507, Roggen 12563, Gerste 13575, Hafer 12019, Mais 26556; 1904 Weizen 37307, Gerste 10868, Hafer 9112.

Auf *Seite 194* unter Anbaufläche ist *zu ändern*: 1897 Roggen 235770; 1898 Hafer 305950; 1900

Weizen 1 589 490, Roggen 104 270, Gerste 438 900, Hafer 255 280, Mais 2 035 270, 1901 Mais 2 128 020; 1902 Gerste 507 777.

Nachzutragen: 1904 Weizen 1 721 824, Roggen 133 918. Gerste 534 218, Hafer 425 720, Mais 2 093 763; 1905 Weizen 1 958 250, Roggen 161 199, Gerste 528 758, Hafer 372 730, Mais 1 975 761.

Auf *Seite 195* unter Ertrag ist *zu ändern:* 1898 Hafer 20·0.

Nachzutragen: 1905 Weizen 18·6, Roggen 16·1, Gerste 17·6, Hafer 17·9, Mais 10·6.

Unter Erntemenge ist *nachzutragen:* 1905 Weizen 36 413, Roggen 2 588, Gerste 9 297, Hafer 6 686, Mais 20 888.

Auf *Seite 196* unter Ausfuhr ist *nachzutragen:* 1904 Weizen 7 105, Roggen 453, Gerste 2 117 Hafer 941, Mais 4 583.

Unter Einfuhr ist *zu ändern:* 1896 Roggen 1; 1897 Gerste 8; 1898 Hafer 7.

Auf *Seite 200* unter Ausfuhr ist *nachzutragen:* 1904 Weizen 5 237, Roggen 625, Gerste 1 034, Hafer 1 034, Mais 2 480.

Auf *Seite 204* unter Anbaufläche ist *nachzutragen:* 1903 Weizen 348 063, Roggen 42 546, Gerste 95 064, Hafer 108 282, Mais 533 828; 1904 Weizen 366 400, Roggen 45 120, Gerste 98 998, Hafer 104 868, Mais 540 890.

Unter Erntemenge ist *nachzutragen:* 1904 Weizen 3 177 734, Roggen 261 834, Gerste 688 549, Hafer 459 749, Mais 2 412 533.

Auf *Seite 205* unter Ausfuhr ist *nachzutragen:* 1904 Weizen 831 850, Roggen 23 590, Gerste 90 390, Hafer 75 840, Mais 33 060.

Auf *Seite 216* unter Anbaufläche ist *nachzutragen:* 1903/04 Reis 49 461 465, Weizen 28 413 743; 1904/05 Reis 51 537 842, Weizen 28 166 706.

Auf *Seite 246* unter Anbaufläche ist *nachzutragen:* 1904 Weizen 4 298 002, Gerste 1 298 477, Hafer 4 294 636, Mais 295 005; 1905 Weizen 4 779 475, Gerste 1 245 528, Hafer 3 254 739, Mais 329 882.

Auf *Seite 281* unter Anbaufläche ist *zu ändern:* 1904 Weizen 493 615 ha, Gerste 482 658 ha, Hafer 48 181 ha, Mais 11 240 ha.

Die Mühle.

Wochenschrift zur Förderung der deutschen Mühlenindustrie.

**Die neuesten Fortschritte im Mühlenwesen
und den damit verwandten Geschäftszweigen.**

Redakteur: **Wilhelm Kunis in Leipzig.**

Erscheint seit 1864. — Wöchentlich eine Nummer
von 8—12 Großquartseiten (Petitschrift) mit vielen Abbildungen.
Auflage 10 000 — Preis 4 Mark jährlich.

„**Die Mühle**" ist das älteste, größte und bestgeleitete von allen in deutscher Sprache erscheinenden Mühlenfachblättern. Sie erscheint wöchentlich im Umfange von 8 bis 12 Seiten Großquart und enthält in jeder Nummer eine Fülle von Aufsätzen und Mitteilungen über technische und wirtschaftliche Fragen, so daß sie für jeden Müller eine wahre Fundgrube von Anregungen, nützlicher Winke und Belehrungen bildet. Die Vortrefflichkeit der Wochenschrift „Die Mühle" findet ihre Anerkennung in dem Umstande, daß sie die größte Verbreitung von allen in deutscher Sprache erscheinenden Mühlenfachblättern hat.

Jeder Müller, der für sein Gewerbe Interesse hat, ist Leser dieser Wochenschrift, die über alles, was auf dem Gebiete der Müllerei, des Getreide- und Mehlhandels in Deutschland und im Auslande vorgeht, berichtet.

Bestellungen nimmt jede Buchhandlung und Postanstalt an. Probenummern liefert (unentgeltlich und postfrei) die

Verlagsbuchhandlung
Moritz Schäfer in Leipzig,
Salomonstraße 8.

Verlag von **Moritz Schäfer** in **Leipzig**, Salomonstraße 8.

Der Bau der

Getreide-Mahlmühlen.

Lehr- und Handbuch des Mahlmühlenbaues

Nach dem neuesten Stand der Technik bearbeitet

von

James P. Stockli, Mühlen-Ingenieur.

Format geb. 273 : 177 mm.

ERSTER TEIL:

Arbeitspläne

zur Anlage von

Getreideputzereien, Weizen-, Roggen- und Maismühlen

verschiedener Systeme,

**Postenmüllerei, halbautomatisch und automatisch
für Leistungen von 2500 bis 100 000 kg in 24 Stunden.**

Mit 11 Doppeltafeln.

ZWEITER TEIL:

Der Mühlenbau.

Erfahrungssätze und Regeln bei der Bau-Ausführung

von

Getreide-Mahlmühlen.

Mit 18 Doppeltafeln.

Preis 2 Bände gebunden 10 Mark.

Bei dem Mangel an Werken über den Mühlenbau ist es mit Freuden zu begrüßen, daß ein tüchtiger Fachmann seine reichen, in der Schweiz, Frankreich, England, den Vereinigten Staaten und Deutschland gesammelten Erfahrungen in diesen Werken niedergelegt hat. Nachdem im 1. Teile die Arbeitspläne, die der Vermahlung zugrunde zu legen sind, eingehend behandelt und erklärt worden sind, wird im 2. Teile die Bauausführung in knapper, klarer Weise erläutert. Das Werk enthält eine große Menge nützlicher Winke und Ratschläge und eignet sich zum Studium nicht nur für Ingenieure, Mühlenbauer, Techniker usw., sondern auch ganz besonders für Mühlenbesitzer, Direktoren und Leiter von Mühlen, Obermüllern, Werkführern usw.

Druck von Richard Schmidt, Leipzig-R.

14 DAY USE

RETURN TO DESK FROM WHICH BORROWED

LOAN DEPT.

This book is due on the last date stamped below, or
on the date to which renewed.
Renewed books are subject to immediate recall.

NOV 3 1965 25

REC'D

DEC 5 - '65 -5 PM

LOAN DEPT.

LD 21A—60m-3,'65
(F2336s10)476B

General Library
University of California
Berkeley